조선부문사

조선토지제도발달사
(원시-고려편)

사회과학출판사

조선로동당출판사

차 례

머리말 ·· (6)

제1편. 원시 및 고대사회의 토지제도 ·································· (9)

제1장. 원시사회의 토지제도, 토지소유권의 발생 ················(10)

제1절. 토지소유권의 발생, 공유와 사유 ······················(10)
제2절. 원시공동체적토지소유의 여러 형태,
    우리 나라에서의 공동체적토지소유 ···················(16)
 1. 씨족공동체적토지소유 ···(17)
 2. 가족공동체적토지소유 ···(20)
 3. 농촌공동체적토지소유 ···(23)

제2장. 노예소유자사회의 토지제도, 고조선, 부여, 구려, 진국에서의 토지소유관계 ························(27)

제1절. 노예소유자적토지소유 ···(29)
제2절. 소농민적토지소유의 발생 ···································(36)
제3절. 농촌공동체적토지소유와 하호 ···························(40)

제2편. 확립기 봉건사회의 토지제도 ·································(52)

제1장. 봉건적토지소유의 형성과 그 류형들 ······················(54)

제1절. 봉건적토지소유형성의 일반적합법칙성 ············(54)

1. 노예사회로부터 봉건사회에로의
      이행의 일반적합법칙성 ·· (54)
   2. 자유로운 토지소유로부터 봉건적
      토지소유에로의 이행 ·· (61)
   3. 《아시아적형태》의 공동체적토지소유로부터
      봉건적토지소유에로의 이행 ·· (67)

  제2절. 봉건적토지소유의 여러 류형과
         소농민적토지소유 ·· (70)
   1. 령주적토지소유와 그 특징, 령주와 농노 ················· (71)
   2. 지주적토지소유의 발생과 그 특징,
      지주와 소작인 ··· (74)
   3. 소농민적토지소유와 그 특징 ··· (79)

  제3절. 봉건사회의 기본경제법칙과 착취제도 ················ (83)
   1. 봉건사회의 주요특징과 기본경제법칙 ························ (83)
   2. 경제외적강제와 봉건지대 ·· (87)

제2장. 고구려의 토지제도 ·· (93)

  제1절. 고구려에서의 봉건적토지소유의 확립 ················ (94)
   1. 반령주적토지소유의 발생, 대가(大加)와 하호 ········· (94)
   2. 지주적토지소유의 형성, 대가(大家)와 하호 ············ (103)
   3. 국가적토지소유와 그밖의 소유형태들 ······················ (108)
   4. 식읍 및 사전(賜田)제도 ·· (110)

  제2절. 소농경리의 확대와 용작제도 ································ (113)
   1. 소농경리의 확대발전 ·· (113)
   2. 용작제도의 보급 ·· (118)
   3. 봉건적토지소유이전의 유제들 ····································· (119)

  제3절. 착취관계 ·· (121)

제3장. 백제의 토지제도 ·· (127)

제1절. 백제에서의 봉건적토지소유의 확립 ·················· (128)
  1. 령주적형태의 토지소유의 형성 ·················· (128)
  2. 지주적토지소유와 식읍제도 ····················· (131)
제2절. 소농민적토지소유와 봉건적토지
      소유이전의 유제들 ·································· (135)
  1. 소농민적토지소유의 확대 ·························· (135)
  2. 봉건적토지소유이전의 유제들 ···················· (139)
제3절. 착취관계 ·· (141)

제4장. 전기신라의 토지제도 ································ (147)

제1절. 국가적토지소유의 장성, 사전(賜田)과
      식읍제도 ··· (148)
  1. 국가소유지의 장성과 그 류형 ···················· (148)
  2. 사전(賜田) 및 식읍제도 ·························· (153)
제2절. 지주적토지소유의 형성과 발전 ················ (157)
  1. 관료귀족 및 호민들의 토지소유 ················ (157)
  2. 사원전의 발생 ······································ (161)
제3절. 소농민적토지소유와 봉건사회이전의 유제들 ·············· (164)
제4절. 착취관계 ·· (167)

제5장. 발해의 토지제도 ···································· (172)

제1절. 토지소유의 여러 류형 ··························· (174)
제2절. 10분의 1세제의 실시 ···························· (177)
제3절. 관료전시과와 식읍제도 ·························· (180)
제4절. 경제의 발전, 정전법의 실시 ··················· (183)

제6장. 후기신라의 토지제도 ······························· (187)

제1절. 록읍제도의 실시 ·································· (188)

1. 직전제도의 시초, 록읍제도의
      실시와 록읍의 본질 ················· (188)
   2. 학전의 시원 ······················· (194)
  제2절. 정전제도의 실시와 소농경리의 발전 ······· (196)
   1. 정전의 내용 ······················· (196)
   2. 정전제도실시의 전제조건과 목적 ········· (204)
   3. 소농민적토지소유의 장성과 쇠퇴 ········· (209)
  제3절. 지주적토지소유의 확대 ··············· (217)
   1. 국유지의 축감, 왕실소유지의 확대 ········ (217)
   2. 관료귀족적대토지소유의 장성 ············ (222)
   3. 서민지주적토지소유와 용작제도 ·········· (225)
   4. 사원전의 팽창 ····················· (227)
  제4절. 식읍제도의 발전, 지방봉건세력의 강화 ······ (230)
   1. 식읍제도의 발전 ···················· (230)
   2. 봉건통치의 문란, 토호적할거세력의 강화 ···· (233)

제3편. 발전기 봉건사회의 토지제도(1) ·············· (237)

 제1장. 고려왕조에 의한 봉건적토지제도의 정비 ········· (238)
  제1절. 고려왕조의 회유정책, 록읍과
       식읍제도의 실시 ·················· (238)
  제2절. 사전(私田)제도의 확립, 전시과
       제도의 발전 ····················· (242)
   1. 사전(私田) 및 공전론 ················ (242)
   2. 역분전제도의 실시 ·················· (249)
   3. 량반전시과의 발전 ·················· (251)
   4. 군인전 ··························· (262)
   5. 서리전시 ························· (271)
   6. 공음전시와 투화전 ·················· (274)

7. 식읍제도의 발전 …………………………………… (279)
 제3절. 공전 및 국유지의 류형 ……………………………… (283)
   1. 공해전시와 그밖의 공전들……………………………… (284)
   2. 적전의 설치 ……………………………………………… (291)
   3. 학전의 연혁 ……………………………………………… (292)
   4. 둔전제의 발전 …………………………………………… (296)
 제4절. 사적토지소유의 발전, 소작제의 보편화 ………… (302)
   1. 내장전과 궁원전, 왕실소유지의 팽창……………… (303)
   2. 사원전의 농장화 ………………………………………… (309)
   3. 사적지주소유지에서의 병작반수,
      소작제의 보편화 ………………………………………… (312)
   4. 소농민적토지소유 ……………………………………… (319)

제2장. 고려 후반기 봉건적토지제도의 문란 ……………… (322)
 제1절. 토지겸병의 급격한 증가와 공, 사전제도의
        문란, 록과전제도의 실시 ……………………… (323)
   1. 권세가들에 의한 토지겸병의 급격한 증가………… (323)
   2. 식읍 및 사패전의 람발 ………………………………… (328)
 제2절. 전시과의 조락, 록과전제도의 실시 …………… (332)
 제3절. 대농장의 출현, 농장의 경영방식과
        곳한의 예속적처지 ……………………………… (336)
 제4절. 봉건적착취의 강화, 농민생활의 령락 ………… (344)
   1. 전조, 공물 및 부역에 의한 봉건적
      착취의 강화 ……………………………………………… (344)
   2. 농민생활의 파탄과 농민의 계급분화 ……………… (354)

머 리 말

토지제도의 발달사를 연구하는것은 자연과 사회를 개조하기 위한 인민대중의 투쟁의 력사, 창조의 력사를 과학적으로 체계화하는데서 선차적으로 나서는 기초적인 과제이다.

인류력사가 시작된이래 토지는 자연을 개조하고 사회를 변혁하기 위한 사람들의 창조적활동에서 항상 중요한 대상으로 되여왔다. 토지는 사람들에게 먹을것, 입을것, 쓰고 사는것을 보장해주는 귀중한 수단이며 지난 력사적시기 자연을 개조하는 투쟁에서 주되는 로동대상으로 되여왔다.
또한 토지는 중요한 생산수단이였으므로 지난 시기 토지소유권을 둘러싸고 착취계급과 피착취계급사이에는 치렬한 계급투쟁이 벌어졌다. 계급사회에서 인민대중은 토지를 빼앗긴탓으로 항상 지배계급의 착취대상으로 되여왔으며 인간이하의 비참한 생활을 강요당하였다. 인민들은 이 비참한 처지에서 벗어나기 위하여 토지의 주인이 되기 위한 투쟁을 끊임없이 벌려왔다. 그리하여 토지문제는 인민대중이 정치적자주성을 실현하는 문제와 밀접히 결합되였다. 특히 봉건사회에서 인민대중이 토지를 획득하기 위한 투쟁은 자주성을 실현하기 위한 계급투쟁의 주요목적으로 되였으며 사회개조운동의 중심내용을 이루고있었다.
다른 한편 력대 지배계급들은 토지를 기본착취수단으로 삼고 인민들에 대한 착취를 강화하기 위하여 토지제도를 저들의 계급적리해관계에 맞게 끊임없이 개편해왔다. 그리하여 력사에는 당대 사회발전의 합법칙성을 반영한 기본토지소유형태들이 있은외에 그에 기초하여 지배계급의 불로소득을 보장하기 위하여 법적으로 제정한 각종 류형의 수조지들이 있게 되였다.

《조선토지제도발달사》는 무엇보다먼저 현대이전시기 조선력사에 존재한 이 모든 토지소유의 류형들과 수조지형태들의 변천에 대한 고찰을 통하여 계급사회에서 인민대중이 자주성을 옹호하여 창조적투쟁을 벌리게 된 력사적필연성을 론증하였다.

《조선토지제도발달사》는 다음으로 원시, 고대, 중세 및 근대 우리 나라의 토지제도, 토지소유관계 및 토지경영방식에 대한 연구에 기본을 두면서 토지소유권의 발전력사를 체계화하고 조선력사발전의 일반적합법칙성을 밝히며 특히 조선봉건사회는 발전된 토지소유관계에 기초한 사회였다는것을 론증하였다.

우리 나라에서도 토지소유의 첫 형태는 공유제였다. 토지공유제에는 씨족공동체적 및 가족공동체적 및 농촌공동체적소유가 있었다.

토지사유화가 이루어지면서 고대국가들이 형성되였고 사적토지소유는 그후 계급사회의 기본토지소유형태로 되였다. 노예소유자사회에서는 노예소유자적토지소유가 사회의 경제적기초로 되였으며 봉건사회에서는 지주적토지소유가 사회의 경제적기초를 이루고있었다.

우리 나라 고대국가들은 위치상《고대동방국가》에 이웃한 나라였고 고구려, 백제, 신라와 발해, 고려는《아시아형》의 봉건국가들이였으나 토지국유제가 지배한 시기는 없었다. 토지국유제는 지배계급들이 유교적《왕토》관념에만 존재한 환각이였고 실제에 있어서는 국가토지소유가 지주적토지소유의 한 류형으로서 사적토지소유(노예소유자적 또는 지주적)와 병존하고있었다. 왕실일족들의 왕실소유지들도 본질에서는 사적, 지주적토지소유의 한 형태였다.

지주적토지소유가 봉건사회의 첫 시기에 발생하여 봉건제도의 기초를 이룬것은 우리 나라 봉건사회의 주요특징이였다.

우리 나라에는 고유한 의미에서의 령주적토지소유는 존재하지 않았다. 그와 류사한 류형의 토지소유로서는 《후국》들의 토지소유가 있었으나 그것은 명색이 분봉관계이지 실제에 있어서는 반령주적인것에 지나지 않았다. 또한 고려-리조때에 있은 대관료량반들의 《농장》도 령지는 아니였다. 그 대신 령주적토지소유보다 더 발전된 지주적토지소유가 봉건사회의 첫 시기부터 지배적형태로 존재하였다.

알려진바와 같이 《유럽형》의 봉건사회에서는 지주적토지소유가 봉건사회의 말기, 근대사회의 려명기에 발생하였다. 그러므로 지주적토지소유가 봉건사회의 첫 시기에 발생한것은 유럽에 비한 우리 나라 봉건사회의 발전상을 보여준 한 측면이라고 말할수 있다.

소농민적토지소유는 우리 나라에서 가장 오랜 력사를 가지며 가장 강한 생명력을 지닌 사적토지소유의 한 류형이였다.

세계력사에서는 소농민적토지소유는 원시사회의 말기, 고대사회의 첫 시기에 존재하였다가 곧 소멸되고 근대사회에로의 이행기에 재생한 《자유로운 소토지소유》형태로 알려지고있다. 그러나 우리 나라에서 소농민적토지소유는 봉건사회에서도 전기간 완강히 존속하면서 경제의 주요명맥으로, 봉건적전제군주정치의 물질적기초로 되였다. 이것 역시 유럽과 현저한 대조를 이룬 토지소유관계에서의 특징이였다.

도서는 우리 나라에서의 이와 같은 토지소유발전의 합법칙성과 특징을 해명하기 위하여 국가 및 사적소유지에서의 토지경영방식을 밝히고 체계화하는데 힘을 넣었다. 따라서 소작제연구에 많은 지면을 돌렸으며 그 시초형태인 병작제의 발생과 《용작》제의 진면모 및 대농장의 경영방식, 도지의 류형들을 밝히는데 많은 관심을 돌렸다.

다른 한편 일제의 강점으로 하여 조선은 식민지반봉건사회로 되였고 일제의 식민지정책으로 하여 농촌에서 봉건적관계가 의도적으로 보존, 유지, 강화된 사실을 토지소유관계와 토지경영방식을 통하여 론증하는데 힘을 넣었다.

《조선토지제도발달사》는 토지제도의 변혁을 통하여 력대 지배계급과 노예적 및 봉건적착취관계의 가혹성, 일제의 식민지농업정책의 교활성과 반동성을 발가놓으면서 착취계급 및 착취제도청산의 력사적필연성을 론증하려고 하였다.

제1편. 원시 및 고대사회의 토지제도

인류는 지구우에서 자기 생활을 시작한이래 생활상요구를 실현하기 위하여 자연과 사회를 개조하면서 끊임없는 창조적활동을 벌려왔다

인류는 자주적인 생활을 개척하기 위하여 자연과 사회를 개조해 나가며 이 과정에서 물질적, 문화적부를 만들어내고 새 제도, 새 생활을 창조한다.

토지는 인류가 농업에 종사하게 되면서 처음으로 개조하게 된 대자연이며 주되는 로동대상이였다.

원시공동체사회에서 사람들이 집단적으로 살면서 땅을 일구고 씨를 뿌리며 낟알을 거두어들이는 창조적활동과정에서 토지를 둘러싼 사람들의 사회적관계가 형성되였다. 토지에 대한 첫번째 소유관계는 공유제였으며 토지공유제에 기초한 사람들의 생산활동은 공동체적집단로동이였다.

자연을 개조하기 위한 투쟁속에서 생산력이 발전하고 이에 따라 공동체적토지소유도 씨족공동체적, 가족공동체적 및 농촌공동체적소유에로의 순차적이행단계를 밟으면서 발전하였으며 공유제로부터 점차 사유제도에로의 이행조건이 갖추어져갔다.

계급사회에 들어서면서 공유제에 기초한 공동체적토지소유는

점차 분해되여 사적토지소유에로 발전하였거나 혹은 사적소유를 기본으로 한 공동체적토지소유로 변화되여 후세까지 남아있었다.

아시아의 적지 않은 나라들에서는 노예사회에 와서도 원시사회말기의 공동체적토지소유-가족공동체적 또는 농촌공동체적토지소유관계가 의연히 사회관계의 기초로 되고있었다. 우리 나라에서 토지소유의 공동체적관계는 계급사회에 들어오면서 제도적으로만 남아있었지만 노예사회에서는 사적토지소유가 지배적이였다. 고조선, 부여, 구려, 진국 등 우리 나라의 고대국가들에서는 노예소유자적토지소유뿐아니라 소농민적토지소유도 발생발전하였다. 토지공유의 유습은 토지국유로 전화하였는데 토지국유제는 사실상 나라의 최고통수자인 국왕과 그의 측근자들의 관념속에만 존재한 허구에 지나지 않았고 사회의 밑바탕에는 토지사유제가 주추돌처럼 놓여있었다.

제1장. 원시사회의 토지제도, 토지소유권의 발생

제1절. 토지소유권의 발생, 공유와 사유

자연과 마찬가지로 사회도 자기의 고유한 발전법칙을 가지고있으며 인류사회는 자기 발전의 합법칙성에 따라 원시사회로부터 오늘에 이르렀다. 인류사회의 이 발전과정은 사람들의 창조적로동에 의하여 로동도구를 개량하고 자연을 정복하여 물질적재부를 창조하여 온 과정이였고 사회관계를 개조하기 위한 인민대중의 목적의식적인 창조적활동과정이였다.

　토지제도, 토지소유관계는 지금까지의 사회력사관계에서 중심내용의 하나를 이루고있다. 따라서 토지소유관계도 자체의 고유한 법칙에 따라 발생하고 변화발전하여왔다.

　토지제도에서 기본은 토지소유권의 발생발전문제이며 토지소유권에는 여러가지 서로 다른 력사적형태가 있다.

　어떠한 사회이든 그에 맞는 일정한 형태의 소유관계가 없이는 생산이 진행될수 없으며 사회자체가 존재할수 없다. 사람들이 생산을 진행하려면 일정한 생산수단을 가져야 하며 생산수단을 소유하면 사람과 사람과의 사이에는 일정한 사회관계가 형성된다. 이러한 사회관계가 우연적으로 발생된것이 아니고 사회적으로 공인되거나(계급사회에서) 국가법률이나 관습법 등 사회상부구조의 보호를 받게 될 때 곧 일정한 소유제가 형성되는것이며 이러한 소유제에 기초하여 생산이 진행되고 생산이 진행됨으로써 사회도 유지한다. 따라서 매개 사회에는 그에 맞는 소유형태가 있기마련이다. 토지에 대하여 말할 때 원시사회에서는 공동체적토지소유가 유일한 소유형태로 있었으며 봉건사회에는 령주적 또는 지주적토지소유가 지배적소유형태로 있었다. *

> ＊ 이것은 모든 사회제도마다 다 자기의 고유한 토지소유형태만을 가지고있다는것을 의미하는것은 아니다. 원시사회에서 발생한 공동체적토지소유는 나라와 민족에 따라 노예사회나 봉건사회 혹은 근대시기까지 존속하였으며 원시사회의 붕괴기에 발생한 소농민적토지소유는 사회제도의 변화에 관계없이 자본주의사회까지 존속하였고 지주적토지소유는 혹은 노예사회의 말기와 봉건사회초기 혹은 봉건사회말기에 발생하여 지배적토지소유형태로서 근대사회까지 유지되였다.

　그러면 토지소유란 무엇이며 그것은 언제 발생하였고 력사적으로 어떤 형태들이 있었는가?

　원래 토지소유란 일정한 사람들이 토지의 일정한 부분들을 다른 모든 사람들을 배제하면서 독점하는것을 의미한다. 토지소유의 법률적표상은 《모든 상품소유자들이 자기의 상품을 다루는것과 마찬가지로》 토지를 자유롭게 팔고살수 있다는데 있다.

다시말하여 토지소유권의 중요한 전제는 령토의 일정한 부분들을 독점하고 그것을 《자기들의 사적의사의 배타적인 령역》으로 간주하면서 다른 사람(또는 집단)의 지배를 배제하는것이며 그 기본징표는 사적소유에서는 토지를 상품처럼 마음대로 매매, 저당, 이양, 상속시킬수 있다는것이다. 토지에 대하여 이러한 권리를 가진 사람이 토지소유자이며 이런 토지점유형식이 토지소유이다. 이와는 반대로 토지는 리용하고있으나 그것에 대하여 배타적, 독점적지배권을 가지지 못하였다면 그는 다만 토지점유자일따름이며 토지소유자가 아니다.

인류력사에서 토지소유의 《원시적형태》는 공유(공동소유)제였다.

토지공유제는 토지에 대한 사적소유제가 발생하기 전에 발생한 첫 토지소유형태였다. 이것은 최초의 토지소유가 공유의 형태를 띠고 나타났다는것을 의미한다.

토지공유제는 인류가 정착 또는 반정착생활을 하게 되면서 발생하였다. 사람들이 무리를 이루고 먹을것을 찾아 정처없이 떠돌아다니던 원시무리시대에는 그 어떤 소유형태도 있을수 없었다. 토지소유는 사람들이 일정한 지역에 머물러살면서 원시농업(괭이농사)을 하거나 목축업을 하게 된 씨족공동체시대에 와서야 비로소 발생하였으며 농경지 또는 초원, 방목지에 대한 소유권이 생겨났다.

우리 나라에서는 구석기시대 후기(5만년전-9 000년전)에 이르러 모계씨족사회가 형성되였으나 아직도 짐승사냥과 물고기잡이, 채집을 기본으로 하였으므로 토지가 기본생산수단으로 되여있지 못하였으며 따라서 토지소유권은 발생하지 않았다. 신석기시대 전기(B. C. 7000년기-B. C. 5000년기)에 와서 항구적인 정착생활을 하게 되고 원시농업발전의 첫 단계에서 괭이농사를 짓게 되면서 토지에 대한 씨족적공동소유관념이 생겨났으며 다른 씨족에 대한 한 씨족의 토지공유제가 발생하였다. 이 씨족공동체의 경작지와 산림, 목장은 씨족성원전체의 소유였으며 매 개인은 그 집단의 한 성원으로서만 토지를 소유하고 리용할수 있었다.

그들에게는 아직 사유관념이란 전혀 없었다. 그들은 《소박하고도 천진하게 토지를 집단의 재산이라고 간주》하고있었으며 집도 생산도구도 네것내것의 구별이 없었다. 그들은 평등한 관계에서 집단생활을 하면서 생산도 함께 하고 로동의 열매도 공동으로 향유하였다. 이것은 당시의 매우 낮은 생산력발전수준에 부합되는 생활방식이였다.

이리하여 생산수단 특히 토지에 대한 공유제는 원시공동체존립의 물질적기초로 되였으며 공동체성원들의 원시적집단생활을 보장하는 견고한 뉴대로 되였다.

그러나 이 사실은 결코 토지공유제가 씨족공동체형성의 물질적 전제였다는것을 의미하는것이 아니다. 다시말하여 토지공유제가 생겨남으로써 씨족공동체가 형성된것이 아니라 인류가 원시무리생활로부터 씨족공동체생활에로 이행하게 되면서 토지공유제가 형성되였다.

토지소유권의 다음단계의 형태는 토지사유제였다.

토지사유 역시 토지소유의 한 형태이며 토지에 대한 개인 혹은 일가(일부일처제의 한가족)의 소유를 의미한다.

로동도구가 개량되고 생산력이 발전하여 자연을 정복하는 원시인들의 힘이 커져갔다. 팽이농사는 보습농사로 이행하고 목축업이 농업에서 분리되였으며 잉여물이 생겨나서 공동체들사이에 교역이 진행되였다.

이 과정에 모계씨족사회는 부계씨족사회에로 이행하였고 부가장적인 대가족은 소가족으로 분할되여갔으며 씨족공동체를 대신한 가족공동체도 점차 생명력을 잃고 농촌공동체로 바뀌여졌다. 농촌공동체내에서는 분할된 소가족단위로 토지의 정기적분배를 실시하였으나 인구가 증가하고 생산력이 발전함에 따라 처음에는 집터와 그 부근의 토지에 대한 정기적분배가 정지되고 나중에는 모든 토지에 대하여 《영원한 분배》로 변하였다. 이것은 자영소농경리의 출현을 의미하였다. 이제 와서 공유지는 실제상 산림, 목장, 소택지, 황무지 등에만 국한되였다. 이것이 바로 토지사유의 시초였다.

인디아의 공동체를 조사한 막심 꼬와레브스끼의 보고에 의하면 《마누법전》당시(B. C. 2세기－A. D. 2세기) 고대인디아노예소유자사회에서 사적토지소유는 공동체에서 분배하던 《분여지》로부터 생겨났으며 새로운 이주민들이 공동체의 황무지를 개간, 경작한데로부터도 생겨났다고 한다. *

* 《사학역총》(중문) 1958년 5호, 121페지

공동체의 분해와 함께 발생한 사적토지소유형태는 공동체의 토지경영상특성과 공동체성원의 소농민적성격으로 하여 일반적으로 《자유로운 소농민적토지소유》, 자영농민의 소토지소유였다.

일반적으로《자유로운 사적토지소유》라는 법률적표상이 고대사회에서는 유기적사회체제가 분해되는 시기에만 그리고 근대사회에서는 자본주의적생산의 발전에 따라서만 나타난다고 말하는것은 곧 이와 같은 토지사유제의 발생을 념두에 둔것이라고 볼수 있다.

물론 이 말은 토지에 대한 《완전한 소유》, 《아무런 저애나 제한을 받지 않는 점유》로서의 《자유로운 사적토지소유》에 대하여 지적한것이며 이러한 사유제는 유럽에서는 《고전적》노예제국가라고 하는 그리스나 로마에서 그리고 그밖의 지역에서는 근대 자본주의사회에만 있었다.

그러나 제한적이고 불완전한 소유라 하더라도 토지를 자유롭게 팔고살수 있는것이라면 그것은 두말할것없이 사유이다. 이러한 토지사유제는 우리 나라를 비롯한 아시아의 많은 나라들에서 공동체가 분해되면서 발생하였다. 다만 고대동방국가들에서는 공동체의 존립기간이 기본적으로 노예사회까지 지속되였던 사정으로 하여 그 발생과정이 완만하였고 사유의 정도가 불철저하였다는데 그 특징이 있었다.

우리 나라에서 사적토지소유는 대동강류역일대에서 청동기문화가 창조된 B. C. 4000년기 후반기부터 발생한것으로 인정되고있다.

이때에 조선옛류형사람들은 발전된 보습농사를 하고있었으며 (북부초원지대에서만 목축업을 하였고 해안지대에서는 반농, 반어업에 종사) 소와 말을 밭갈이에 리용함으로써 깊이갈이를 보장하고 생산량을 높이였다. 그들에게는 교환할수 있는 잉여물이 생겼으며 이에 따라 상품교환이 빈번해지고 상품교환이 발전하면서 재산의 축적과 재산소유의 불평등현상이 발생하였다.

생산이 발전하고 인구가 늘어남에 따라 부가장적가족공동체는 상당한 정도로 발전하여 분해단계에 이르렀다.

대가족은 소가족으로 끊임없이 분화되여가고 일부일처제적인 단혼적소가족이 생겨났으며 이러한 새 가족들이 늘어나면서 새로운 부락들이 형성되였다. 각이한 씨족에서 분화되여온 소가족들은 새로 이루어진 부락에서 지연적뉴대에 기초한 새로운 공동체생활을 하게 되였으며 여기서 단혼적소가족들은 점차 독립적인 생산 및 소비단위로 전화되여갔다. 이것은 농촌공동체의 형성을 의미하며 재산의 사적소유화의 시작을 의미한다.

그러나 우리 나라에서 다른 아시아의 많은 나라들과 마찬가지로 가족공동체와 농촌공동체의 차이는 가족공동체와 《마르크》(게르만족의 농촌공동체)와의 차이에서 보는것처럼 뚜렷하지는 않았다.

농촌공동체는 자체에 고유한 소유의 2중성(공유와 사유의 결합)으로 하여 장구한 기간 공동체의 뉴대를 유지할수 있었으나 궁극에 가서는 독립적인 소농경리를 분화시키고 가족경작지의 영구분배가 고정되면서 붕괴의 길을 걸었다. 이리하여 우리 나라에서 사적토지소유는 소농민적토지소유의 형태로 발생하게 되였다.

사유제의 형성은 시초에는 순전한 《경제적원인에 의하여 이루어진것》이였으나 일단 사유제가 형성된 다음에는 기만과 강제, 폭력적방법에 의하여 재산이 권세있는자들의 손에 집중되기 시작하였으며 그 결과로 소농민적토지소유이외의 여러가지 사유형태가 발생하였다. 노예주의 장원적토지소유와 지주적토지소유, 령주적토지소유 및 자본주의적소유 등등이 곧 그것이다. 이 사실은 사유제가 《자신의 로동에 기초》한 형태로부터 《남의 로동에 대한 착취에 기초》한 형태에로 발전하였다는것을 말해준다.

총체적으로 우리 나라에서도 토지소유는 공유로부터 시작하여 사유에로 이행하는 과정을 밟았다. 이후 이 사유는 다시 한 형태로부터 다른 형태에로의 이행과정을 거쳐 새로운 높은 단계의 공유에로 발전하게 된다. *

* 토지소유의 력사적형태들을 경영방식상특성에 따라 구분하면 다음과 같다.

표 1 　　　　　토지소유의 력사적형태들

공, 사유별	소유형태별
공유제	씨족공동체적 또는 가족공동체적소유 농촌공동체적소유 공동체유제(문중소유)
사유제	소농민적토지소유(전자본주의적 또는 소상품적소유) 노예주의 장원적토지소유 지주적토지소유 령주적토지소유 자본주의적토지소유
공유제	사회주의적협동소유 전인민적소유

※ 이밖에 《고대동방》노예소유자국가의 국유 및 아시아 봉건국가들의 국가적소유 등이 있다.

토지소유발전의 이 장구한 로정은 바로 공동체적소유의 형성에서 그 첫발자국을 내디디였던것이다. 이것이 바로 토지소유발전의 일반적합법칙성이다.

제2절. 원시공동체적토지소유의 여러 형태, 우리 나라에서의 공동체적토지소유

세계의 매개 민족이 걸어온 계급사회의 로정과 양상은 꼭같지 않았으나 원시사회의 양상과 생활방식은 거의 비슷하였다. 고고학적유물이 그것을 말해주며 근대나 현대에 지구상의 여러 지역에서 살고있는 소수 종족, 민족들의 원시생활을 통하여 자기 민족이 걸어온 먼 옛날의 원시사회생활을 그려보는것도 이때문일것이다.

　우리 나라에서도 원시공동체에 각이한 형태가 있었듯이 공동체적토지소유에도 여러가지 형태가 있었다. 씨족공동체와 가족공동체 및 농촌공동체 등이 바로 원시사회에 존재한 계기적인 공동체들이며 이 매개 공동체에는 자기의 고유한 토지소유가 있었다. *

> * 세계력사학계에서는 맑스의 《자본주의생산에 선행한 제 형태들》에 기초하여 크게 《아시아적형태》와 《고전적형태》 및 《마르크형태》의 3개 류형으로 나누었다.
>
> 《아시아적형태》는 모든 인류가 례외없이 통과한 단계의 소유형태였으나 《고전적형태》는 고대 그리스, 로마 등에만 있은 《국가 또는 도시공동체》적소유였으며 《마르크형태》는 게르만인들에게 고유하였던 유럽 중세기의 공동체적소유였다.
>
> 또한 공동체적소유라 하여 곧 공유가 아니며 모든 공동체가 다 공유제에 기초한것이 아니였다. 공동체적소유의 《아시아적형태》는 인디아, 고대에짚트 등의 고대사회에서도 공유제를 기초로 하였으나 《고전적형태》는 《공유와 사유의 대립》이라는데 그 특징이 있었으며 마르크공동체의 《게르만적형태》는 사유제를 기본으로 하였다.

1. 씨족공동체적토지소유

　앞에서 본바와 같이 토지소유의 시초는 인류가 정착생활을 하게 되고 류동적인 어로와 짐승사냥으로부터 괭이농사와 집짐승기르기로 이행한 모계씨족공동체의 공유제로부터 시작되였다.

표 2　　　　　공동체의 여러 류형과 소유형태

소유형태 및 존재한 시대	공동체 류형	토지소유 관계	주요지역	존속기간
아시아적형태(원시사회 및 《고대동방》노예사회)	원시공동체 씨족공동체	공유		모든 민족의 원시사회

표계속

소유형태 및 존재한 시대	공동체 류형	토지소유관계	주요지역	존속기간
	가족공동체	공유	인디아, 에짚트, 바빌로니아	인디아에서는 9세기까지
	농촌공동체	공유와 사유의 결합(집터, 터밭은 가족사유, 경작지, 산림, 목장은 공유)	로씨야(슬라브공동체) 중국(전국, 진한시기까지)	유럽에서는 18세기 말까지
고전적형태(《고전적》노예사회)	도시 또는 국가공동체	공유와 사유의 분렬, 대립	고대그리스, 로마	로마제국의 멸망과 함께 소멸
게르만적형태(서유럽 봉건사회)	마르크공동체	사유(경작지는 사유, 산림, 목장은 공유)	중세기 서유럽	

　　씨족공동체소유는 공유제형태였다. 경작지는 물론 사냥터와 집, 정원, 배 그리고 모든 로동도구는 씨족집단의 공동소유였다. 따라서 공동체의 매개 성원은 오직 점유권과 리용권이 있을뿐이였다.

　　생산로동의 기본형태는 단순협업 즉 씨족집단의 공동로동이였다. 산림에서의 사나운 짐승사냥, 강 또는 바다에서의 물고기잡이는 몰이군이나 그물을 들어주는 협조자가 없이는 불가능하였다. 원시농업이 발전한 후에도 집단로동의 필요성은 조금도 감소되지 않았다. 아직도 원시적인 생산수단을 사용하고있는 조건에서 황무지를 개간하고 괭이농사를 짓는 일은 간고하였으며 따라서 그것은 씨족집단의 힘이 아니고서는 감당해낼수 없었다. *

　　* 아프리카의 바푸아인이 농사짓는 방법은 원시농업의 집단적성격을 잘 보여준다. 씨족성원모두가 밭에 나가 일했는데 남자들이

앞에서 끝이 뾰족한 몽둥이로 땅을 파면 녀자들이 원시적인 삽을 들고 그뒤를 따랐으며 어린이들이 손으로 흙덩이를 부스러뜨리고 돌을 주어냈다. 그 다음의 작업 — 씨뿌리기, 김매기 그리고 가을걷이는 거의 모두 녀자들이 도맡아하였다. (《고대세계사》 상무인서관, 1954년, 26페지)

생산수단이 공동소유였으므로 집단로동에 의하여 얻어지는 생산물과 로획물은 공동분배, 공동소비되였다. 비록 개인이 잡아온 짐승이라 하여도 그것은 씨족집단의 소유로 되였으며 씨족성원이 공동으로 소비하였다.

모계제의 대우혼가족경리도 공동체적성격을 띠였다. 수백명, 지어는 700명이나 되는 집단이 한《집》안에서 살았다. 아무하의 하류에 살고있는 한 종족은 원형으로 된 큰《집》안에서 살았는데 한복판에서는 끄지 않는 불을 피워놓는 화덕이 있고 여러 대우혼가족들은 그안의 작은 부엌칸에 거처하면서 음식을 만들어먹었고 거기에서 잤다.

그러나 씨족공동체 말기에 이르러 생산로동이 가족단위로 개별화되는 경향이 나타났다. 모르간이 조사한 이로꿰이인은 대우혼가족별로 공동체토지를 분배받아 경작하고있었다. 대 가족집단이 함께 살고있는 큰 집안에는 5~20쌍의 대우혼가족들이 각기 자기의 살림칸을 가지고 살았다. 그러나 토지는 의연 공동체소유였다.

우리 나라에서 조선옛류형사람들이 신석기시대 전기(B. C. 7000년기-B. C. 6000년기 전반기)에 바로 이러한 토지소유제에 기초한 씨족공동체에서 생활하였다.

이 시기에 그들은 항구적인 정착생활을 하면서 원시농업(또는 사냥과 어로)에 종사하였다. 농사와 관련한 도구들은 주로 돌로 만든 팽이와 뿔팽이, 뚜지개, 갈돌 등이였다. 이 로동도구들은 씨족공동소유였다.

오랜 세월의 채집생활에서 경험을 쌓은 사람들은 봄이 되면 뚜지개 또는 괭이로 땅을 파고 씨를 심었으며 가을이 되면 농작물을 세워둔채 낟알을 털어내거나 손으로 이삭들을 잘라내였다. 이러한 생산활동은 씨족단위로 집단적으로 진행되였다. 남자들이 앞에서 땅을 파면 녀자들이 따라오면서 씨를 묻었다. 이러한 생산방법은 신석기시대 중기(B. C. ˚6000년기 후반기)에 발전된 보습농사에로 이행한 후에도 변함이 없었다. 땅에 구멍을 파고 씨를 심던 원시적인 씨붙임법이 보습으로 땅을 갈아엎고 씨를 뿌리며 김을 매주는 높은 수준에 이르렀다. 공동로동에 참가하는 인원은 씨족공동체의 크기에 따라 각이하였지만 50명이상 최고 100명정도는 되였을것으로 추측된다.

씨족공동체의 로동생활에서 녀성들이 주되는 역할을 놀았다. 오랜 세월 채집을 생업으로 하던 녀성들이 자연히 농사의 선구자로 되였으며 황무지개간이나 씨붙임농사일도 녀성들의 지휘밑에 진행되였다. 남자들은 다만 힘들고 보조적인 일을 하였는데 례하면 질그릇 제조용바탕흙을 운반해온다든지 땅을 파거나 가는 일 등이 그들의 몫으로 되였다.

생산물의 분배와 소비도 공동체적범위에서 집단적으로 진행되였다. 수확한 낟알이나 사냥한 짐승, 물고기 등은 그것이 공동체적인 집단로동의 열매이건 개별적인 대우혼가족의 로동결과이건 관계없이 대체로 추장의 지휘밑에 공동으로 분배되고 소비되였다.

2. 가족공동체적토지소유

부계사회에 와서 씨족공동체는 가족공동체에 의하여 교체되였다.

가부장적가족공동체는 아버지를 중심으로 한 여러 세대의 친족들 즉 아버지의 자손들과 그 자손들의 처자들로 이루어진 대가정으로서 가장 많은 대가족은 가족성원이 100명이나 되였으며 그들은 하나의 뜰안에서 살았다. 가장이 이 독립적집단의 지배자였으며 그의 지배밑에 모든 생활과 생산이 진행되였다. 가부장적대가족은 부계씨족사회의 생산 및 소비의 독립적경제단위였다. 토지를 비롯한 생산수단은 대가족집단의 공동소유였으며* 생산도 분배도 공동으로 진행되였다.

> * 고대 바빌로니아에서는 가족공동체를 《아버지의 집》이라고 불렀고 공동체의 재산을 《아버지집의 재산》이라고 하였다. 《함무라비법전》에는 개인재산에 대한 그 어떤 명사도 없으며 토지, 가옥, 건물, 집짐승, 노예, 가정용구, 보물 등을 모두 《아버지의 재산》에 포함시켰다. (《고대세계사》 상무인서관, 1954년, 88페지)

대동강류역일대에 퍼져살던 조선옛류형사람들은 B.C. 5000년기 후반기부터 부계씨족사회에로 이행하여 가부장적가족공동체생활을 하였다. 한개 마을이 한사람의 가부장에 의해 통치되였는데 가족공동체성원은 수십명으로부터 100명정도에 이르렀다.

후기에 오면서 한개의 대가족성원은 3~4호의 작은 가족, 그러나 아직은 여러 쌍의 부부와 그 자식들이 공동생활을 하는 가족으로 갈라져나갔다. 한 친척이 따로 사는 이 새로운 가족은 모계가족과 구별되였으며 한쌍의 부부와 그 자식들로 이루어진 일부일처제의 보다 작은 단혼적가족으로 발전하는 과도적인 형태였다. 그러나 이 소가족들은 한지붕밑에서 여전히 한 가장의 지배를 받았으며 그들을 합친 가족공동체가 의연 하나의 생산단위, 소비단위를 이루고있었다.

이와 같이 수십명의 성원이 한개의 움집에 살았다는것은 여러 쌍의 부부와 그 자식들이 하나의 지붕밑에서 살았다는것을 말해준다. 아직은 일부일처의 소가족이 아니라 단순히 식구가 많아지고 생활이 불편한데로부터 사람만 갈라놓은데 지나지 않았다.

그러나 생산력이 발전하여 능히 소가족이 독립적으로 생산을 진행할수 있게 되면서 여러 쌍의 부부와 그 자식들이 공동생활을 하던 가부장적가족공동체에서 단혼적인 소가족이 끊임없이 분리하여 독립적인 경제단위로 발전하였다. B.C. 4000년기 후반기에 이르러 대동강류역일대에서 이러한 소가족화경향이 다른 지방보다 앞서 현저히 진행되였다. *

* 례컨대 침촌리유적에서 발굴된 3개의 집자리는 각각 22.65㎡, 20.59㎡, 24㎡의 면적을 가졌는데 이것은 매 가정의 가족수가 7~8명정도밖에 안된다는것을 말해준다. (《조선전사》 1권, 302페지) (경제, 문화수준의 발전에 따라 한사람이 차지하는 방면적이 늘어나 3㎡정도 된것으로 환산) 이것은 가부장적대가족이 단혼적인 소가족으로 분화되였다는것을 의미한다.

그런데 단혼적소가족의 형성은 일반적으로 공동체적소유의 분해와 사적소유의 형성을 의미한다. 다시말하여 이 소가족이 자기의 개별적인 집과 재산을 가지며 독립적인 경제를 관리하며 가장이 그 가정의 지배자로, 가족재산의 소유자로 된다. 따라서 소가족은 사회의 세포로, 생산과 분배, 소비의 기본단위로 되여갔던것이다. 당시의 무덤들에서 한쌍의 부부가 합장된것, 가장의 시체옆에 사유재산으로 인정되는 로동도구와 장식품 등이 껴묻혀있는것 그리고 집집마다 알곡저장용벽장과 움, 쌀독 등이 있은 사실은 이러한 사회경제적 변화를 반영한것이라고 볼수 있다.

토지공유와 함께 농업과 수공업의 결합, 고정적인 분업은 이 공동체의 기초를 이루고있었다. 매 공동체는 자급자족적인 생산단위였으며 생산물의 주요부분은 상품으로 되는것이 아니라 공동체자신의 직접적수요에 충당되였다.

그러나 쑹화강이남지역 특히 내륙 강하천류역 주민들은 주로 발전된 농업(보습농사와 휴경농법의 광범한 보급, 소, 말 등 부림짐승의 리용, 깊이갈이, 이랑농사의 발전, 황무지의 개간, 토지리용률의 제고, 알곡생산의 증가)에 종사하고 지린이북지방의 주민은 목축업에, 동서해안 주민들은 반어, 반농업에 종사함으로써 첫번째 사회적대분업이 발생하였다. 그후 청동기의 광범한 보급으로 두번째 사회적분업인 농업과 수공업이 분리되였다. 이에 따라 농업과 목축업, 어업, 수공업에 종사하는 사람들사이에 물물교환이 광범히 진행되였다. 교환은 물론 공동체의 대표인 족장들에 의해 진행되였으며 그것은 차츰 교환된 상품과 잉여생산물을 족장과 그의 측근자들이 사유물로 전환시킬 가능성으로, 계급분화의 요인으로 되였다. 부유한 공동체와 가난한 공동체, 부유한 가정과 가난한 가정으로의 분화가 끊임없이 진행되였으며 귀족층이 생겨나고 착취관계가 이루어졌다. 이러한 과정은 B. C. 3000년기 전반기에 들어서면서 급격히 추진되였다.

가부장-군사추장들은 종족들사이의 충돌과 략탈전쟁 등을 통하여 사유재산을 늘여갔으며 전쟁포로들을 가내노예로 삼았다. 포로노예는 소가족들에게 분배되기도 하였다. 가족공동체내에 비자유민 (노예)이 사유재산으로 있게 된 첫번째 계기는 여기에 있었다.

그러나 재산의 사유화에서 가장 기본적인것은 토지가 단혼적소가족의 소유로 되여간것이였다. 유목종족이나 농업종족이나 할것없이 처음에는 나무로 엮은 작은 움집이, 다음에는 그 집이 세워진 터가 가장의 《불가침》의 사유재산으로 되였다. 그리하여 토지사유화의 첫걸음은 가족공동체의 집터로부터 시작하였다.

이에 따라 토지경작도 점차 집단경작으로부터 개인경작에로의 과도단계에 이르렀다. 다시말하여 공동경작이 점차 씨족집단이 아니라 가족적집단, 대가족집단으로부터 소가족성원의 개별경작으로 넘어갔다.

이렇듯 일부일처의 단혼적소가정의 분화와 그 역할의 제고, 사유재산의 발생과 토지사유화의 시작, 분산적로동의 싹의 출현 그리고 소유의 불평등의 형성 등은 가부장적가족공동체의 마지막단계에 나타난 주요한 변화였으며 모계제의 씨족공동체와 구별되는 본질적차이였다.

3. 농촌공동체적토지소유

사유제의 두번째 단계를 보여준것은 농촌공동체였다.

농촌공동체는 원시사회의 마지막단계의 공동체이며 원시사회로부터 노예사회에로 이행하는 과도적형태의 공동체였다. 그것은 우리 나라와 중국을 비롯한 아시아의 넓은 지역과 이전 쏘련의 유럽지역에서 봉건사회, 근대초기까지 남아있던 생명력이 가장 강한 공동체였다.

농촌공동체의 일반적특징은 다음과 같은것이였다. 첫째로, 혈연친족관계에 기초하였던 선행한 공동체들과는 달리 농촌공동체는 자유롭고 혈연적련계가 거의 없는 사람들의 사회련합조직이였다. 둘재로, 농촌공동체에서 집과 그 부속물인 정원, 터밭은 이미 농민의 사적소유물로 되였다. 셋째로, 경작지는 의연 공동체의 양도할수 없는 공동재산이였다. 그러나 그 토지는 공동체성원들사이에 정기적으로(후에는 영구히) 분배되였으며 매 공동체성원은 분배된 그 땅을 자기 힘으로 경작하였고 그 땅의 수확물은 자기가 가졌다. 이것은 공동으로 생산하고 재생산용이외의 나머지몫을 소비자의 수요에 따라 공동으로 분배하던 선행한 공동체와 현저한 대조를 이루었다. 이것이 바로 농촌공동체에 고유한 2중성이였다. 2중성이란 강인하고 협애한 혈연적구속에서 벗어나 토지공유제와 토지공유로 하여 산생한 각종 사회관계를 자기의 공고한 기초로 한것이 그 하나이며 동시에 개별적가족소유로 된 집과 정원, 분산적경영과 생산물의 사적점유가 개체경리의 발전을 촉진시키게 된것이 다른 하나였다. 농촌공동체의 이러한 2중성은 공동체의 거대한 생활력의 원천으로 된 동시에 그자체를 해체에로 이끈 원인으로도 되였다. 토지사유제는 터밭이 달린 집이라는 형식으로 공동체내부에 침입하였으며 터밭은 공유토지에로의 공격을 준비하는 보루로 되였다.

여기서 가장 중요한것은 분산적로동이였다. 분산적로동은 사적점유의 원천으로서 집짐승, 화페, 심지어 노예와 농노 등 공동체의 통제를 받지 않는 동산까지 개인에게 집중시킬 가능성을 주며 원시상업의 발전을 촉진시킴으로써 궁극에 가서는 경작지의 공유제를 파괴하고 산림, 목장, 황무지까지 사유화에로 변화시킬수 있었던것이다. 바로 이때문에 농촌공동체는 원생적사회형태의 마지막단계인 동시에 노예제 또는 농노제우에 세워지는 사회로 과도하는 단계로도 되였다. 이리하여 농촌공동체는 공유제에 기초한 사회로부터 사유제에 기초한 사회에로 이행하는 과도적형태로 되였다.

농촌공동체와 가족공동체의 기본차이점은 첫째로, 가족공동체가 혈연적뉴대에 의한 생산조직이라면 농촌공동체는 지역을 단위로 하는 조직이라는데 있으며 둘째로, 가족공동체는 대가족집단이 공동경작하고 공동분배를 실시한다면 농촌공동체는 개별적소가족이 단위로 되여 생산을 진행한다는데 있었다.

그러나 농촌공동체라고 하여 혈연적관계를 완전히 끊어버린것이 아니였다. 게르만족들의 경우를 보면 그들이 로마를 점령한 후의

연히 씨족제도의 질서에 따라 토지를 분배하였다. 매 씨족은 추첨방법에 따라 경작지와 방목지를 각 농호에 평균 분배하였다. 비록 한 마르크공동체의 성원이 같은 씨족의 성원이였다 하더라도 마르크는 농촌공동체였다. 이 혈연적관계는 그들이 촌락에 오래 살게 되면서 그리고 로마인들과 융합되면서 점차 약해졌으며 나중에는 지역적조직으로 되였다. 그러므로 중요한것은 개별적가족을 단위로 생산을 진행한다는데 있었다.

가족공동체는 한 남자가 낳은 몇대의 후예와 그들의 처자들을 포함한 대가족집단으로서 공동체가 한 가장의 관리밑에 있었으나 농촌공동체의 세포인 개별적가족은 다만 부모와 그의 자녀들로만 이루어진 소가족이며 이 소가족들로 무어진 공동체가 곧 농촌공동체였다. 이러한 가족이 진행하는 생산을 독립적소생산이라고 하며 독립적생산이 진행된것은 벌써 로동의 분산성에 기인한 재산의 사유화가 실현될 기초로 되였다.

개별적가정을 단위로 분산적로동이 실시됨으로써 공동로동은 뒤자리에 밀려나고 경작지의 정기적분배도 차츰 영구분배로 변해 갔다. 이것은 토지사유화의 단서였다.

유감스럽게도 우리는 아직 우리 나라 농촌공동체의 구체적양상을 보여주는 자료를 찾지 못하고있다. 그것은 끊임없는 전란에 의하여 고대문헌자료들이 잃어졌고 토지경영방식에 대한 고고학적유물은 남을수 없었던 사정과 관련된다. 그러나 다음의 몇가지 사실을 통하여 우리 민족도 농촌공동체단계를 거쳤다는것을 알수 있다.

우선 B. C. 4000년기 말엽－B. C. 3000년기 초엽에 걸쳐 이미 높은 발전단계에 이르렀던 가부장적가족공동체가 단혼적소가정으로 분화되면서 와해단계에 들어섰다는 사실은 이 시기에 바로 다음단계 즉 농촌공동체단계에로 이행하고있었다는것을 말해 준다.

그리고 공동소유제를 보여주는 후세의 자료들을 통해서도 농촌공동체의 존재와 그 존재방식에 대하여 추측할수 있다. 고구려의 제천풍습과 근대에까지 남아내려온 동성부락에서의 공유지(문중, 문내 땅)관습 등이 바로 농촌공동체의 공유지분배유습을 반영한것이라고 볼수 있다.

우리 나라 농촌공동체에서도 매 가정들에 대한 토지의 정기적분배는 처음에는 집터부근의 토지를 포함하여 모든 경작지들에 대하여 실시되였을것이다.*

> *로씨야의 슬라브공동체의 토지분배방법은 우리 나라의 농촌공동체를 리해하는데 일정한 도움을 준다. 슬라브공동체에서 집과 집터 및 터밭은 사유재산으로 되여있었으며 매 농촌은 이러한 사유재산을 가진 농호들로 이루어졌다. 마을뒤에는 수많은 필지로 나뉘여진 공동체토지가 있었다. 3년 1차의 휴경법(역전법)이 선행한 곳에는 농호들이 그 매 경지에 자기의 《분여지》를 가지고있었다. 그《분여지》뒤에는 나누지 않는 공동체의 토지 즉 산림과 목장이 있었다.

그러나 생산력이 발전하여 공동경작을 할 필요가 없게 되고 특히 일부일처의 단혼적소가정이 많아지면서 공동경작은 점차 매 가정에게 분배된 분여지단위의 《개별경작》에로 이행하였을것이며 이러한 소가정단위의 분산적로동은 필연적으로 처음에는 터밭과 그 부근의 땅을 소가정의 사유재산으로 전환시켰고 동시에 그밖의 기본면적들에 대한 분배방식에도 영향을 주어 결국은 토지의 정기적분배를《영원한 분배》로 변화시켰을것이다. 이렇게 되여 개인농민경리가 발생하고 공유지는 점차 사유화의 길을 밟게 되였다. 그러나 매 가정은 의연히 농업과 수공업이 결합된 자급자족적경제단위였으며 따라서 이들로 이루어진 공동체도 폐쇄적인 사회조직이였다.

고조선과 부여지역의 유목생활을 기본으로 한 공동체들도 처음에는 터밭과 그 부근의 땅들을 경작지로서 정기적으로 분배한외에 사료지들에 한해서도 같은 방법을 실시하였을것이며 여기서도 점차 터밭과 그 부근의 경작지에 대한 사유화가 시작되였을것이다. 이 경우 후세에도 그러하였던것처럼 목장과 산림은 의연히 공동체공유로 리용되였는데 바로 여기에 공동체성원들의 공고한 결합의 원천이 있었으며 계급사회에 와서도 장구한 기간 존속할수 있은 공동체의 강한 생명력이 있었다.

    이렇듯 우리 나라에서도 토지의 사유화는 농촌공동체의 집터의 사유화로부터 시작되였으며 집터는 사유지발생의 시초로 되였다. 이것을 기점으로 하여 다음에는 그 부근의 땅, 터밭이 사유화되였다. 이와 함께 경작지분배도 점차 영구한 분배로 되여 사유화의 길을 밟게 되였으나 아직은 완전한 사유가 아니였고 공동체소유였다. 또한 각 농호에 분배한 토지외에 공동체가 상당한 면적의 공용토지-산림, 목장, 소택지, 황무지를 공유지로 보유하고있었다.

    이러한 소농민적개인경리와 과도기적소유형태는 그후 계급사회에 와서도 오래동안 존속하였다.

제2장. 노예소유자사회의 토지제도, 고조선, 부여, 구려, 진국에서의 토지소유관계

    원시사회가 붕괴되면서 우리 민족은 인류력사의 첫번째 계급사회인 노예소유자사회에로 이행하였다.

    고조선, 부여, 구려, 진국은 우리 나라 력사에서의 첫 노예소유자국가들이였다.

    고조선은 우리 민족의 원시조 단군에 의하여 B.C. 30세기초에 평양을 수도로 하여 건립되였다. 단군조선(전조선)은 B.C. 15세기경에 후조선에 의하여 교체되였으며 B.C. 194년에 만이 후조선을 전복하고 만조선을 세웠으나 B.C. 108년에 종말을 고하였다.

    고조선의 세왕조는 모두 각기 전왕조때의 국토와 주민, 제도와 문화를 계승하고 통치하였다.

    전, 후조선이 교체하던 시기와 그후에 부여, 구려, 진국 등 소국들이 분립하여 고조선의 후국으로 있었다.

    고조선의 주민들은 주로 세계5대문명의 하나인 대동강문화의 창조자들로서 본토기원의 단혈성 조선옛류형사람의 후손들이였다.

이 고대국가들의 경제적기초를 이룬 토지소유관계를 정확히 분석하기 위해서는 먼저 이 국가들의 성격부터 고찰하여야 한다.

알려진바와 같이 지금까지의 인류력사에는 크게 두가지 류형의 노예소유자사회가 있었다. 그 하나는 《고대동방》형의 노예소유자사회였고 다른 하나는 그리스, 로마형의 《고전적》노예소유자사회였다.

고대 동방국가들의 노예제는 본질에서 가내노예제였으며 그 특징은 직접적생활수단의 생산을 목적으로 한 가부장적노예제, 상품생산의 상대적미숙성과 자연경제의 지배, 사적소유의 미발달, 농촌공동체의 광범한 존재와 《아시아적소유》에 기초한 전제주의 등이였다. 동방에서의 가내노예제는 직접적으로 생산의 기초를 이루지 못하고 간접적으로 가족의 성원으로서 가족내부에 융해되여있었으며 전제국가의 주요기능은 관개공사의 조직과 관개수리의 리용이였다. 그렇다고 하여 동, 서방의 모든 노예소유자국가의 사회경제구조가 꼭 이 두가지 류형의 어느 하나에 속한것은 아니였으며 동방국가라 하여 반드시 모든 면에서 우에 든 《고대동방》국가의 특징을 다 갖춘것은 아니였다. 같은 고전적고대국가에 속하는 그리스에는 로마에서와 같은 라디푼디아적토지소유는 없었으며 고대동방국가가운데서도 아씨리아 등 량강류역의 나라들은 전제주의국가가 아니라 도시국가였고 에짚트, 바빌로니아의 노예제는 동방의 그 어느 나라보다도 발전하였었다.

그러면 조선의 고대국가들은 과연 어느 형에 가까운 노예소유자국가였던가. 가내노예제의 지배, 공동체와 공동체적토지소유의 잔존, 전제주의 등 사회경제의 기본구조상의 류사성으로 하여 조선고대국가들은 고대동방형에 가깝다고 말할수 있다. 그러나 이것은 고조선, 부여, 구려, 진국의 특성을 배제하는것이 아니다. 우선 정치적으로 조선고대국가들은 기능에서 차이가 있었고 노예제의 규모도 그리 크지 못하였다. 다시말하여 고대국가령역내의 강하천들인 랴우하, 압록강, 대동강, 한강 등은 에짚트의 닐강이나 량강, 황하의 그것과는 달리 정기적으로 범람하지 않았으므로 중앙집권적전제국가가 관개수리사업을 조직하거나 운영할 필요가 없었다. 우리 나라의 고대농업은 주로 하늘에서 내리는 비에 의존하고있었으며 따라서 대규모의 하천언제를 쌓기 위한 방대한 노예로동을 필요로 하지 않았다. 그밖의 농업생산 및 수공업생산부문에 종사하는 로동노예의 수도 중국이나 인디아, 에짚트 등 고대동방나라들보다는 적었던것으로 보이며 사치노예, 채무노예도 그리 많았던것으로는 보이지 않는다.

이렇듯 우리 나라 고대국가들의 노예제는 고대동방나라들과 일련의 차이를 가지고있었다. 그러나 토지소유관계에서와 국가형태, 노예제의 성격 등에서 고전적노예제국가들과는 류형에서 달랐고 고대동방나라들에 가까왔다. 조선고대국가들의 토지소유관계도 이러한 특징에 기초하여 분석하여야 할것이다.

제 1 절. 노예소유자적토지소유

고조선(단군조선, 후조선, 만조선), 부여, 구려, 진국은 여러 경제형태들이 병존한 노예소유자국가였다.

이 고대국가들의 사회에는 재산에 대한 노예소유자적소유와 공동체적소유 및 소농민적소유가 병존하고있었으나 지배적인 경제형태는 노예소유자적경리형태였다.

토지소유관계에서도 역시 사정은 마찬가지였다. 고조선, 부여, 구려, 진국에서 지배적인 토지소유형태는 노예소유자적대토지소유였고 소농민적 및 공동체적토지소유는 비록 면적비률에서는 전자보다 많았을수 있지만 사회관계를 규정하는 기본소유형태는 아니였다.

토지소유의 노예소유자적성격은 자료의 제한으로 다른 경리형태의 고찰을 통하여 간접적으로 추론하는수밖에 없다.

우선 고조선, 부여, 구려, 진국의 경제에서 농업이 주요한 자리를 차지하였다는것을 중시할 필요가 있다. 이것은 생산수단의 소유관계에서 토지소유가 기본을 이루었다는것을 의미한다.

농업은 고조선 및 진국인민들의 기본생산부문이였다. 그것은 료동지방과 조선반도의 서북지방 및 남부지역이 비옥한 벌방지대였으며 신석기시대부터 이미 발전된 농업지대로 되여왔다는 사정과 관련되였다. 고조선인민들은 발전된 청동제로동도구와 나무후치, 말과 소, 수레 등으로 농사를 지었으며 조, 기장, 수수, 콩, 팥 등 오곡과 대마, 황마 등의 섬유작물을 심었다. 진국은 온화한 기후조건과 관개에 유리한 큰 강하천(한강, 금강, 락동강) 그리고 비옥한 벌방지대를 가지고있었으며 특히 후조선 전기에* 철제농기구를 생산에 광범히 도입함으로써 농업생산을 획기적으로 늘이였다. 그리고 이른 시기부터 논농사를 시작하여 벼재배의 시초를 열어놓았으며 밀, 보리 등 새로운 밭곡식도 심었다.

> * 고고학계는 철기사용시기를 B. C. 2000년기 말엽으로, 광범히 보급된 시기를 B. C. 1000년기 중엽으로 보고있다.

부여도 송화강류역의 비옥한 벌방지대를 끼고있었으므로 농업이 사회의 기본생산부문으로 되고있었으며 철제농기구도 사용되여 농업생산을 발전시킬수 있었다. 그러나 부여에서는 다른 나라들보다 목축업이 발전하여 당대 이웃나라들에 집짐승을 잘 기르는 나라로 알려졌으며 나라의 관직이름까지도 마가, 우가, 저가, 구가 등 집짐승 이름과 관련시킬 정도였다.

구려의 형편도 이와 비슷하였다.

다음으로 조선의 고대국가들에서 노예제경리가 상당한 정도로 발전하였다는 사실이다.

고조선의 기본법으로 알려진 《범금8조》에 《남의 재물을 도적질한 자는 남자이면 그 집의 노예로 삼고 녀자이면 비로 삼는다. (죄를 벗고 면천하려는자는 속금 50만을 물어야 한다.)》고 규정하였고*[1] 부여의 법은 《사형된자의 가족은 모두 노비로 만든다.》고 규정하였다. *[2] 이 법조항은 명백히 노예주의 계급적리익을 보호하고있다.

> *[1] 《한서》 권28 지리지 8하
> *[2] 《후한서》 권85 부여

《범금8조》와 부여의 법은 노예소유자계급의 리익과 노예소유자사회의 정치를 반영하고있다. 이 규정들은 사회에서 일반범죄를 없애려는 법의 일반적사명과 함께 노예주의 사유재산을 보호하고 노예의 원천을 늘이며 노예제도를 반대하는 정치범들을 제거하려는 노예소유자의 계급적리익을 옹호하고있다. 돈《50만》이 얼마나 큰 가치를 가진것인지 짐작하기 어려우나 50만이라는 속금이 보통 소농민으로서는 쉽게 갚기 어려울 정도의 액수였을것임은 명백하다.

그러면 노예주들은 어떤자들이며 그들의 노예제경리의 규모는 어느만큼 컸을것인가.

고대동방나라들의 경우를 참작하면 국왕을 비롯하여 정부의 대신들과 장군들, 지방의 대소 관리들, 공동체 추장들이 우선 첫째가는 노예소유자들이였고 대, 중, 소토지소유자였다고 볼수 있다. *

> * 고조선의 상들과 장군들, 부여의 마가, 우가, 저가, 구가, 견사, 대사자, 사자들과 읍루의 호민들, 진국의 지방행정관(즉 소국들의 거수)들인 신지, 험측, 번예, 살해, 읍차 등이 바로 고대조선의 대, 중, 소노예소유자군의 주요 계층을 이루었을것이다. 그들 또는 그들의 조상들은 이미 부락공동체해체기에 권력을 리용하여 많은 공유지를 사유지로 점유하였던것이다.

그들의 노예소유규모에 대해서는 문헌자료와 함께 고고학적자료들이 구체적으로 말해주고있다.

고조선을 상징하는 대표적인 유적유물이라면 누구나 다 고인돌무덤과 룡산리순장무덤, 강상, 러우상무덤, 비파형단검을 꼽는다.

우리 학계는 대형, 특대형고인돌무덤을 상층지배계급의 무덤으로 인정하고있으며 그 크기는 귀족관료들의 권력과 재부의 크기에 비례한다고 보고있다. 그리고 그 무덤들은 귀족관료들에게 권리를 빼앗긴 노예들의 집단로동의 창조물이라고 확언하고있다. 그것은 권력의 상징이며 재력의 산물로서 권력의 크기, 재산의 크기와 함께 그 축조에 구현된 로동의 성격을 반영하고있다.

현재까지 알려진 고인돌무덤가운데서 특대형에 속하는 안악군 로암리의 고인돌(112.4t)과 연탄군 오덕리1호고인돌무덤(94.12t)을 축조하는데 적어도 4 000~5 000공수가 들었을것으로 전문가들은 계산하고있다.

이 방대한 규모의 고인돌무덤공사는 고대사회에서는 오직 노예소유자의 강권에 의한 노예로동이 아니고서는 실현될수 없다.

이로부터 우리는 특대형고인돌무덤의 주인공은 국왕이나 대관료귀족이며 그 규모가 작을수록 직위가 낮은 중소관료노예주였을것이라고 보고있다.

고조선지역에 분포되여있는 178기의 대상을 선정하여 대중소의 3부류로 나눈데 의하면 뚜껑돌의 크기가 5m이상의것이 16기(9%)이고 3~5m의것이 44기(24.7%), 그 이하 1~3m의것이 118기(66.3%)인데 이 수자들은 고조선시기 국왕을 최고통치자로 하는 대, 중, 소관료들이 노예와 평민대중의 우에 군림하고있었다는것을 말해 준다.

그러면 이 귀족관료노예주들이 소유한 노예의 수는 얼마나 되였겠는가.

성천군 룡산리 순장무덤(B.C. 3000년기초)에 순장된 노예의 수는 30~40명정도였다. 후조선시기에 와서 부여의 대노예주는 100명을 순장할 정도의 재부와 권력을 가진 세력으로 장성하였으며 강상, 러우상무덤의 주인공은 130여명의 노예를 순장할 수준에 이르렀다. 러우상무덤에서는 8자루의 청동단검을 비롯한 160여점의 청동기가 나왔다. 이 수자들은 그대로 고조선노예제의 발전수준을 보여준다. 그러나 여기서 놓치지 말아야 할것은 주인과 함께 따라 묻힌 노예의 수자는 그 노예주의 노예재산전부가 아니며 노예모두가 가내노예가 아니라는것이다.

당시 노예가 재산으로 간주되고있었던것만큼 노예주는 림종에 앞서 반드시 다른 동산, 부동산과 함께 노예도 자손들에게 분배상속시켰을것이므로 순장한 노예는 현존노예의 일부에 지나지 않았을것이다.

그 노예주가 평시에 수백명의 노예를 모두 비생산적인 사치노예로 두었다면 자기 경리를 유지할수 없었던것만큼 필경 적지 않은 수의 노예는 생산에 종사하는 로동노예로 부리였을것이다.

　이러한 사실들은 조선고대국가들에서의 노예제도가 상당히 발전하였으며 많은 노예들을 소유한 노예주들이 장성하였다는것을 보여준다.

　문제는 오직 그리스와 로마에만 있은 《고전적》노예제를 기준으로 삼아서는 안된다는것이다. 노예의 수가 사회성원의 기본을 이루어야 된다거나 로동노예가 사회의 기본생산부문의 주력을 담당해야 노예소유자사회라고 규정할수 있다고 하는 주장은 유럽중심주의적 견해이다.

　그러면 이들 노예주들의 주되는 경리는 무엇이였으며 노예소유자들은 노예들을 어떻게 착취하였는가.

　발전된 농업이 나라의 기본경제부문을 이루고있었다는 사실은 노예주의 재부의 주요원천이 토지였을것이며 따라서 노예로동의 적지 않은 몫이 농업로동에 리용되였으리라는것을 알수 있게 한다.

　앞에서 언급하였지만 고조선, 부여, 구려, 진국의 노예제는 고대동방의 나라들과 마찬가지로 기본적으로는 가내노예제였다. 가내노예제의 주요특징은 노예의 기본군중이 사회의 기본생산부문이 아니라 주인의 생활을 시중드는 가내로동(정신로동을 포함)에 종사한다는데 있다. 또한 국가기관 및 왕실에서 잡사무를 보거나 시중드는 노예들도 본질에서 가내노예였다.

> ※ 고대중국의 은허에서 발굴된 수천명의 노예들과 고대 바빌로니아의 왕릉에 순장된 50여명의 노예들도 모두 가내노였다고 말하는 것은 이때문이다.

　그러나 가내노예제라고 하여 사회의 모든 노예들이 다 가내로동에 종사하였다는것을 의미하지 않는다. 고대동방나라들에서 볼수 있는바와 같이 적지 않은 노예들은 힘겨운 광산로동이나 정교한 기술을 필요로 하는 전업적수공업로동에 종사하였다.

　고조선의 노예소유자들의 무덤에서 순장된 노예의 뼈와 함께 각종 청동기를 부어만드는데 쓰인 거푸집과 실낳이에 쓰인 가락바퀴들이 껴묻혀있었다는 사실은 이 노예들이 생전에 청동주조나 실낳이에 종사하였다는것을 말해준다. 물론 이 사실자체는 그들의 로동이 주인의 생활자료를 보장하기 위한 가내로동인가 아니면 잉여가치생산, 다시말하여 상품생산을 목적한 생산로동이였는가 하는 질문에 대한 대답으로는 되지 않는다. 그러나 이 사실은 우리 나라 고대국가들의 노예소유자적경리에서 수공업생산이 무시할수 없는 비중을 차지하고있었다는것을 말해준다.

문제는 사회의 기본생산부문인 농업에 노예로동이 사용되였는가, 사용되였다면 어느만 한 규모에서인가 하는데 있다. 인류력사의 노예사회에서 라티푼디아와 같은 대농장경영은 오직 로마뿐이였다는데 대해서는 앞에서 언급하였다. 고대동방나라들에서는 에짚트로부터 인디아에 이르기까지의 넓은 지역에서 예로부터 《농촌공동체가 시종 기본적인 생산세포》로 되여있어서 토지사유제는 기본적으로 형성될수 없었다. 바빌로니아의 경우 전국토지면적의 겨우 1~2%만이 사적소유지로서 소생산자들에게 빌려주었고 농업생산의 기본담당자는 노예가 아니라 공동체농민이였다. 조선고대국가들에는 사유지가 많았으나 로동노예가 적었다는 점에서는 이와 큰 차이가 없은것으로 보인다. *

> * 조선고대국가들의 부유한 계층(호민)이 다 노예소유자계급은 아니였다. 그가운데는 상인, 고리대업자와 몇명의 몸종을 둔외에 전적으로 국가의 보수(례컨대 공납제의 착취몫에 대한 재분배)에 의존하는 관리, 장군들도 있었다. 선양시 정쟈와쯔 제3지점에서 발굴된 나무곽무덤의 주인공을 비롯하여 호화로운 생활을 보여주는 수백점의 껴묻거리를 《저승》으로 가져가면서도 한명의 노예도 데려가지 못한자들이 바로 그러한 계층에 속할것이다. 정쟈와쯔 3지점의 주인공의 무덤에는 797점의 유물이 함께 묻혔는데 그가운데는 3자루의 비파형단검을 비롯한 600여점의 값비싼 청동기와 각종 몸치레거리, 마구류들이 있었으나 순장된 노예는 없었다.

그러나 이 사실은 농업부문에 노예로동이 적용되지 않았다는것을 의미하지 않는다.

조선고대국가들에서는 노예들이 농업생산부문에 일정하게 사역되기도 하였으며 노예소유자의 재산에서 토지와 토지를 통한 착취물이 간과할수 없는 몫을 차지하고있었다.

《위략》이 전하는 렴사치에 관한 기사는 포로노예들이 전야작업에 종사하였다는 사실을 보여주고있다. 진국의 렴사읍의 우거수 치가 읍을 나왔을 때 밭에서 참새를 쫓고있는 호래라고 부르는 한인노예를 만났다고 전하는 이 기록은 다음과 같은 사실을 알수 있게 한다. 1) 밭에서 참새를 쫓는다는것은 곡식을 보호하기 위한것이며 2) 노예들이 보호해야 할 그 곡식은 자기들이 자신의 노력으로써 주인을 위하여 가꾼것이며 3) 호래와 함께 포로가 된 1 500명은 모두 같은 지방에서 혹은 서로 가까운 지방에서 같은 로동에 종사하였을것이다. 만일 그들이 먼곳의 광산이나 수공업장에서 일하였거나 다른 지방의 토지에서 일하였다면 치가 한인포로들을 데리러 왔을 때 즉시에 살아남은 1 000명을 얻어낼수 없었을것이다. 이것은 1 500명의 한인노예가 한사람(국왕) 또는 몇사람의 왕족을 위하여 농업로동에 사역되였다는것을 말해준다. 살아남은 포로노예 1 000명을 락랑군에 돌려보낼 때 부린 값을 진국에서 치르었다는 사실은* 노예들이 국유지 또는 왕실소유지에서 로동하였을 가능성이 크다는것을 보여준다. 그렇다면 렴사읍교외에 있는 이 국유지 또는 왕실소유지는 노예로동에 의해 경작되는 농장일수 있다.

* 《삼국지》권30 위지 한전에 인용된 위략

이들 농업로동에 종사하는 노예들에게는 다른 생산부문의 노예와 마찬가지로 토지소유주를 위한 잉여로동과 자기자신의 생존과 재생산을 위한 필요로동이 따로 구분되여있지 않았다. 그들의 로동은 명실공히 완전한 무상로동이였으며 소나 말과 같이 혹사당하였다. 3년동안에 전체 포로노예의 3분의 1인 500명이 죽었다는 사실은 농업노예로동의 가혹성을 말해준다. 그러나 가내노예제사회에서 노예로동은 사회생산부문에서 주력을 이루지 못하였고 더우기 농업생산부문에서는 보잘것 없는 비중을 차지하고있었으며 노예주의 한 가족성원으로서 직접적생활수단의 생산에 종사하였다.

생산수단인 토지에 대한 소유권과 직접적생산자인 노예의 인신에 대한 완전소유에 기초하여 노예로동을 가혹하게 착취함으로써 생산물의 전부를 무상으로 취득하는것, 이것은 노예소유자적대토지소유의 기본특징이였다. 노예소유자들가운데는 중소토지소유주들도 있었겠으나 토지경영에서 노예로동을 착취하는 이상 노예소유자적토지소유의 이 본질적특성에는 조금도 다름이 없을것이다.

끝으로 놓치지 말아야 할것은 노예소유자들가운데는 설사 그들이 재산수입의 기본원천을 토지에 두고있다 하더라도 노예로동이 아니라 공동체에 대한 공납제적착취를 통하여 부를 늘여가는자들도 있었을것이라는것이다. 이 경우 그들의 노예의 대부분은 가내노예이며 그들자신은 관리로 복무한 대가로 일정한 면적의 토지를 《은사지》(후기의 개인밭 또는 록읍)로 받았을것이다.

이렇듯 우리 나라의 고대국가들에는 B. C. 30세기초부터 기원전후시기까지 노예소유자적대토지소유가 국가 또는 왕실 및 사적노예주의 소유지들에 존재하였다. 비록 그 수는 적었고 사유지에서 노예로동을 적용한 실례를 찾기 어렵다고 하여도 노예소유자적대토지소유가 존재하였다는 엄연한 사실은 부인할수 없다.

제2절. 소농민적토지소유의 발생

소농민적토지소유란 소경리를 가진 농민의 토지소유를 말한다.
소농민에는 자기의 적은 소유지에서 농사를 하는 자영농민(자작농)과 남의 땅을 경작하는 대가로 차지료를 지불하는 차지인(소작인), 인신적으로 봉건주에게 예속되여있으나 자가경리를 가지고 있는 봉건적예속농민-농노들이 포함된다. 분해기의 농촌공동체농민들도 소농민의 범주에 속한다. 이들과 함께 고대초기의 자작농과 근대려명기의 자작농 및 고용농을 자유농민이라고 부른다. 소농민적토지소유자는 바로 이들 자유농민가운데서 적은 면적의 자기 토지를 가지고있는 농민의 토지소유를 가리킨다. 때문에 그것을 자유로운 소토지소유라고도 불러 자유롭지 못한 봉건시대의 소농민적토지소유와 구별한다.

자유로운 소농민적토지소유는 원시사회의 말기에 발생하여 《고대의 최성기에 사회의 경제적기초》를 이룬다. 봉건시대에 유럽에서는 농노화과정에서 소멸되였다가 근대에 와서 봉건적토지소유의 해체로부터 나오는 토지소유형태의 하나로서 재현되였다. 우리 나라를 비롯한 일부 아시아나라들에서 그것은 원시사회말기부터 노예사회에 이르는 장구한 세월 농촌공동체의 서서한 분해과정을 통하여 발생하였으며 봉건사회에 이르러 소멸하는것이 아니라 소토지소유로서 존속하며 지주적대토지소유와의 경쟁에서 흥망성쇠의 과정을 반복하면서 현대에까지 이르렀다.

그러면 소농민적토지소유는 구체적으로 어떻게 발생하였는가.

우리 나라에서는 B. C. 3000년기 후반기에 부락공동체의 분해과정이 시작되고 사회가 최초의 대분렬-노예주와 노예, 착취자와 피착취자의 2대계급으로의 분렬이 일어나면서 그 틈바구니에서 자유로운 소농민이 발생하기 시작하였다고 볼수 있다. 이 과정은 매우 완만하였다. 게르만인의 경우 마르크공동체의 력사가 무려 1 500년이였고 집터의 사유화과정이 시작된 때로부터 경작지의 사유화가 완성되기까지 400~500년이라는 긴 세월이 필요하였다.

생산력이 발전하고 사람들이 토지의 정기적분배보다 토지 그자체를 사유하는것이 낫다고 인식하게 되면서부터 재분배방법은 점차 페지되고 한번 분배된 토지는 《영원한 분배》로 개별적농가에 고착되게 되였다. 이에 따라 집단로동은 분산적개별로동으로 교체되여갔는데 이것은 토지사유화를 완성시키는 기본조건이였다.

원시사회에서 공동체성원들이 집단로동을 하게 된것은 로동도구의 원시적수준으로 하여 자연에 대한 자신의 힘이 너무도 약하기 때문이였다. 금속도구(청동기와 철기)가 로동도구로 사용되면서 인간의 자연에 대한 힘이 그만큼 커졌으며 토지를 가족단위로 분배하여도 세대로력만으로 능히 경작할수 있게 되였다. 이리하여 농가호단위의 분산적로동이 공동체적인 집단로동을 밀어제꼈으며 이로부터 더는 농경에 집단로동이 적용되지 않고 분배된 토지는 매 농호에 튼튼히 고착(즉 사유화)되여갔다.

최초의 소농민적토지소유는 터밭의 사유화에 이어 주로 황무지개간에 의해서도 형성되였다. 공동체토지의 사유화경향이 중대되고 있을 때 토지개간에 유리한 조건을 가지고있는 일부 공동체농민들이 분산적로동의 유리성을 리용하여 어제까지도 공동체의 공유지였던 황무지를 개간하여 자기 소유로 만들었다.

이리하여 공동체는 아직 완전히 붕괴되지 않았으나 공동체의 소유지의 일부가 개별적농민의 소유로 전화되여갔다. 집터와 터밭이 사유화된 다음 세번째로 묵은 땅이 공동체소유에서 떨어져나갔다. 그다음 마지막으로 농민의 사적소유의 울타리속에 들어온것이 공동체의 경작지였는데 이때는 거의 모든 공동체성원이 소농민으로 전화되였다. 고대조선에서도 이러한 근본적변화들이 서서히 일어나고있었다.

고조선의 《범금8조》에 《남에게 상처를 입힌자는 곡식으로 보상한다.》는 규정은 독립적경리를 가진 소농민의 존재를 전제로 한것이라고 볼수 있다. 자영농민이 아니고서는 노예에게 상처입힌 죄를 보상할만 한 곡식이 있을리 만무하였다. 또한 도적질한자가 돈 50만을 물어야 속죄할수 있다는 규정도 아무런 재산을 가지고있지 못한 노예를 대상한것이 아님은 명백하다. 속죄용곡식이나 돈은 오직 일정한 사유재산을 가진 소농민이나 부유한 상인, 고리대금업자들만이 지불할수 있었을것이다.

고고학적자료들도 소농민적토지소유의 존재를 확인해주고있다. B. C. 3000년기 전반기의 고조선지역의 무덤가운데 껴묻거리가 없거나 얼마간의 껴묻거리만 있는 빈약한 무덤의 주인공이 바로 이들 소농민들이였다. 이러한 소박한 무덤이 떼를 지어있는것은 소농민(또는 원시공동체성원)이 상당한 수를 차지하고있었다는것을 보여준다.

부여(후부여)에서도 원사사회분해기에 이런 소농민이 발생하였다. 《후한서》(권85) 부여전에는 《활, 화살, 칼, 창을 병기로 하였다.》는 기록만 있었는데 《삼국지》(권30) 위지 부여전에 와서는 그 글귀뒤에 《집집마다 갑옷과 병기를 갖추고있다.》는 새로운 사실을 첨가하였다. 동서고금으로 직업군인을 제외한 병역의 주요담당자는 자가경리를 가지고있는 소농민들이였다. 그들은 싸움터에 목숨을 걸고 나갔을뿐아니라 일정한 기간의 식량과 피복, 무장까지 자체로 준비하여야 되였다. 그러므로 《갑옷과 병기를 갖추고있는》 집집들이 소농민가정이라는것이 명백하며 그들은 자기 소유지에서 자기 노력으로 걷어들인 곡식을 팔아 이러한 무장을 갖추었을것이다.

구려의 형편도 이와 비슷하였을것이다.

진국에도 기원전시기에 이미 소농민적토지소유가 발생한것으로 보인다. 《삼국지》 한전에 마한사람들이 《나들이옷을 입고 망건을 쓰기를 즐기는데》 하호들이 이웃군에 나들이할 때 《모두 옷과 망건을 빌려입고 쓰며 스스로 도장과 인끈을 달고 좋은 옷과 망건을 입고 쓴 사람만도 1 000여명이나 된다.》고 한 기록들이 있다. 이 기사는 마한에서 하호가 부유한 소농민이 아니면 상인층이였다는것을 말해준다. 이들이 부유한 계층이 아니고서는 자기 돈으로 옷을 사입고 망건을 사쓰며 관료들처럼 인끈을 늘어뜨리고 멋을 부릴수 있는 재력과 여유를 가질수 없다.

그 수가 1 000여명이라고 하였으니 상인보다도 소농민이 더 많았다는것을 시사해준다. 그렇다면 진국에 소농민적토지소유가 상당한 정도로 뿌리내리였다는것을 알수 있다.

이렇듯 조선의 고대국가들에서는 노예사회의 초기에 소농민적 토지소유가 발생하고있었으며 농촌공동체의 분해과정이 심화되면서 그 대렬은 끊임없이 확대되여갔다.

그들은 토지와 생산도구 및 부림짐승에 대한 소소유자였으므로 이 생산수단과 로동수단들을 가지고 자기 힘으로 농사를 지었으며 수확물은 자기가 차지하고 소비하였다. 소농민의 가정은 독립적인 자급자족적경제단위였다. 농민들은 뽕밭, 삼밭을 가꾸어 누에도 치고 베도 짰으며 살림살이에 필요한 소비품을 자체로 해결하였다. 이들은 노예사회의 자유민이며 중간층이였다.

소농민들은 국가조세의 주요담당자였다. 조세와 부역 및 병역의무는 자영소농민들에게 있어서 무거운 부담이였다. 그들로부터 수탈하는 조세는 국가재정의 주요원천이였으며 소농민대중은 고대국가 군대의 주력을 이루었다.

조세는 토지를 기준으로 부과한것으로 보인다. 물론 조세액에 대하여 전하는 자료는 없다. 그러나 맹자가 동이족의 세법에 대하여 20분의 1세였다고 말한것을 참작한다면 조세는 경작지면적을 단위로 수확량에 따라 최하 20분의 1까지 착취하였을것이라고 추측할 수 있다. *

    * 《맹자》권12 고자 하

그러나 국가에 의한 착취는 날을 따라 심해갔고 권력에 의거한 노예소유자들의 침해도 커갔다. 이런 속에서 원래 공고치 못한 소농민들은 파산의 운명을 면할수 없었다. 파산된 소농민은 선참으로 고리대에 매달리게 됨으로써 결국 채무노예의 신세를 면하기 어려웠다. 이리하여 끊임없는 산생과정에 있던 소농민적토지소유는 사회의 중간층으로서의 소농민의 계급적처지의 특성, 강자들의 침습과 생산의 불안정성 등 요인들에 의하여 부단히 파산몰락되기도 하였다.

제3절. 농촌공동체적토지소유와 하호

고조선, 부여, 구려, 진국에서 농촌공동체의 유제는 의연히 사회의 기본생산단위로서 행정기관의 말단조직으로 되여있었다.

농촌공동체는 계급국가가 형성되면서 이미 낡은 사회의 유제로 되였으나 그 생명력은 매우 강하였다. 그것은 토지에 대한 공유와 사유의 결합체로서의 농촌공동체의 2중성과 관련되였으며 마치 중세기 서유럽의 마르크와도 같이 한떼기의 공유지가 남아있는 이상 공동체는 존속하였다. 다만 공유제에 기초한 공동체가 사유제에 기초한 공동체로 전화하였을뿐이였다. *

    * 이전 쏘련학계에서는 일부 학자들이 맑스주의를 《형편없이 도식화》하여 노예사회에는 노예주와 노예만 있은듯이 력사를 외곡하면서 주민의 막대한 부분을 이루었고 노예소유자사회의 주요한 사회력량으로 되여있었던 공동체성원들에게 응당한 주의를 돌리지

않은 경향에 대하여 날카로운 비판을 전개한바 있었다. (《꼼무니스트》 1956년 8호, 109페지)

우리 나라 고대국가들에서의 공동체적관계를 구체적으로 보여주는 문헌자료는 없다. 때문에 《후한서》나 《삼국지》 등 중국봉건사가들이 편찬한 고조선, 부여, 구려, 진국관계 자료들가운데서 중국의것과 같은 술어개념이 나왔을 경우 중국의 력사를 참고하는것도 한가지 방법으로 될것이다.

그러면 조선고대국가들에서의 부락공동체는 어떤 양상을 띠였는가, 중국문헌자료에 기록된 읍락이 곧 농촌공동체였다고 볼수 있다.

읍락에 대한 기록은 부여와 마한 그리고 이전의 고조선판도에서 살던 옥저족과 예족들의 전기들에 보인다.

문제의 해명을 위하여 먼저 읍락의 본질부터 밝혀야 할것이다. 《사해》에 의하면 읍락이란 ① 촌락, 《읍가운데 촌락을 의미한다.》 이것은 읍락이 읍과 부락의 총칭이 아니라는것을 말한다. ② 부락을 의미한다. 이 부락은 공동체일것이다. 례문으로 든 《후한서》 읍루전에 《읍루에는 임금이나 관리가 따로 없고 읍락마다 대인(큰 어른)이 있다. 읍락은 산림과 산림사이에 놓여있다.》는 구절이 그것을 말해준다. *

* 중국력사학계에서는 은대의 복사에 기록된 읍자를 부락공동체로 해석하고있다는것은 앞에서 소개하였다. 그들의 견해에 의하면 읍=부락공동체의 생산자대중은 갑골문의 중, 중인(众人)이며 갑골문자 협전(協田)의 협자가 사람들이 힘을 합쳐 밭을 가꾼다는 뜻을 상징하고있는바와 같이 중인들의 농업로동은 집단적협력방식을 취하였다. 이런 읍락의 크기는 마르크의 크기와 비슷하였던것으로 보인다. 한개의 마르크는 몇개의 농호로 구성된 촌락 6~12개에 의하여 이루어져있었다. 마르크우에 백호가 있었고 백호우에 구(또는 주)가 있었으며 모든 구가 합쳐서 《민족》을 이루었다. 이 마르크의 매 단위마다 공유지(촌락, 백호구 또는 주 공유지)가 있었으며 사회적피라미드의 절정에 《전 민족의 대표자》인 국왕의 점유지 즉 왕유지가 있었다.

그러면 아래에 우리 나라 고대국가들에서 농촌공동체인 읍락이 어떻게 존재하고있었던가를 살펴보기로 한다.

① 부여…《그 읍락들은 모두 주로 제가(諸家)들에게 속해있다.》(《후한서》 권85 부여전)

이것은 부여건국초기에 마가(加), 우가, 구가 등 관리들이 여러 부락을 통솔, 지배(추장격으로)한다는 뜻이다. 여기서 읍락은 동시에 말단행정단위이다. 그러나 말기에 이르러서는 인구가 증가되고 부락도 늘어나기때문에 마가, 우가, 저가, 구가 등 중앙관리들(대가)이 아니라 소가인 제가들이 읍락을 통치하였다. 《삼국지》 위지 부여전에는 《제가(加)들이 4개 방향의 행정단위(道)를 통치하였는데 큰 세력자는 수천호 작은 세력자는 수백호를 다스렸다.》고 썼다. 당시 부여의 총호수는 8만호였다. 성아래 촌은 농촌공동체였을것이다.

② 마한…《(사람들은) 읍락에 잡거하고있는데 역시 성곽이 없다.》(《후한서》 권85 한전)

잡거하고있다는것은 씨족적, 혈연적관계에 의하여 성씨부락을 이루고 살고있는것이 아니라 지연적관계에 의하여 잡다한 혈연적가족들이 섞여살고있다는것을 말한다. 이러한 촌락이 바로 농촌공동체이다. 《성곽이 없다》는것은 읍이 아니라는 뜻이다. 마르크공동체에서도 촌락에 일단 성곽을 쌓기만 하면 《촌락마르크제도는 도시제도로 바뀌여졌다》고 한다.

③《그(예) 풍속이 산`천을 존중히 하는데 산천마다 (자기의) 부분이 있어 함부로 나들지 못한다. 동성끼리 결혼하지 않는다. …서로 남의 읍락을 침범하면 그 벌로서 늘 소, 말과 같은 집짐승을 변상한다. 이것을 〈책화〉라고 부른다.》(《삼국지》 권30 위지 예전)

예는 고조선의 옛땅, 지금의 함경남도, 강원도 북부지역에 있던 같은 족속이다. 자기 산천을 존중히 하는것은 종교신앙과 관련된 공동체의 유습이며 공동체는 토지공유단위이기때문에 남의 토지를 침범할수 없었던것이다. 원시시대의 《피의 복수》단계는 지나고 집짐승의 변상으로 읍락을 침범한 죄를 다스리는 단계에 들어섰다.

그밖에 공동체적생활풍습을 보여주는 자료는 많다.

부여에서 《영고》라고 불리우는 《국중대회》는 국가성립이전시기부터 있은 년중행사였다. 이때 각 계층이 다 한데 모여 하늘제사를 지내면서 며칠씩 음식을 차려놓고 노래부르고 춤을 추었는데 동시에 여기서 《죄인》들을 판결하여 처형하기도 하고 감옥에 갇힌 죄수들을 놓아주기도 하였다.＊

＊ 《후한서》 권85 부여전, 《삼국지》 권30 위지 부여전
　　마르크공동체에서도 게르만인들의 《인민대회》가 정기적으로 혹은 림시로 소집되여 마르크의 실무문제를 토의하기도 하고 주요하게는 법률을 통과시키거나 범죄행위나 분쟁을 판결하였다. 또한 공무원을 선출하거나 그들의 직무집행정형을 검사하기도 하였다. 이때에 대회의 《수석》은 문제를 제기할뿐 판결은 회의참가자들이 공동으로 내리였으며 토지분배와 리용에서 평등한것처럼 립법, 행정, 사법상의 권리도 모든 마르크성원들에게 평등하였다. (《독일 고대의 력사와 언어》 인민출판사, 1957년, 143페지)
　　그러나 부여국가의 《영고》에서의 《국중대회》는 이미 계급사회에 들어선 후 그 성격도 변하였다. 나라안의 모든 계층인민들이 다 여기에 참가할수 없었으며 꼭 같은 권리를 행사할수도 없었다. 그것은 이미 특권계급의 일로 변하고있었다.

또한 부여의 옛 풍속이 날씨가 나빠서 농사가 잘되지 않으면 그 책임을 왕에게 지우면서 사람들이 왕을 응당 갈아야 한다고 말하기도 하고 죽여버려야 한다고도 말하였다는것＊ 역시 공동체추장을 선출하던 유습의 반영일것이다.

＊ 《삼국지》 권30 위지 부여전

우의 사실은 고대국가들에서의 농촌공동체가 몇세기를 두고 내려오면서 변하였다는것을 보여주며 동시에 그 강한 생명력을 중시하고있다. 고조선이 망한 후에도 바로 그 땅에서 옥저, 예족들이 고조선주민과 꼭 같은 공동체적생활을 하고있었다는 사실이 그것을 말해준다.
　　농촌공동체유제가 존재하였다는것은 공동체생존의 기초로 되는 토지공유제가 있었다는것을 전제로 한다. 농촌공동체적소유와 그 경

영 방법은 세계적으로 비슷하였다. 원시시대와 고대에서는 물론 현시대에서까지도 무릇 농촌공동체가 있는 곳에서는 토지에 대한 공동체적소유가 보존되였다. 더 정확히 말한다면 토지공유제가 있는 곳에는 반드시 공동체적잔재가 남아있었다. *

> * 례컨대 1949년 중국 하이난도가 해방되기 전 그곳에 살고있던 려족은 유럽의 고대게르만족과 비슷한 공동체생활을 하였으며 마르크에서와 같이 경작지의 정기적분배에서 추첨제를 실시하고있었다. (《독일 고대의 력사와 언어》인민출판사, 1957년, 138페지 역자의 주)
>
> 슬라브족들의 농촌공동체도 공유제에 기초하여 토지(경작지와 방목지)의 정기적분배를 실시하였고 그것이 농노제개혁까지는 점차 《영구적인 분배》로, 사유화의 방향으로 나갔었다.

우에 든 읍락의 자료를 참고한다면 공동체와 그 토지소유의 변화과정을 다음과 같이 추론할수 있다. 고대국가들의 초기에 이미 임금이 없이 《큰 어른》들이 제각기 농촌공동체를 대표하던 원시시대는 끝나고 몇명의 《큰 어른》(거수, 장수 등)들가운데 한사람이 임금이 되여 공동체의 《아버지》로 행세하였다. 이에 따라 공동체들은 전제군주제의 말단행정기구로 전변되였으며 나머지 《큰 어른》들은 중앙정부의 관료로 또는 옥저의 삼로들처럼 지방행정관으로 되였다. 이때에 공동체의 분해과정이 촉진되여 공동체존립의 발판이였던 토지공유제가 깨지기 시작하여 한편으로는 독립적자영농민이 파생되여나왔고 다른 한편으로는 하호와 같은 빈농민들이 생겼다.

토지의 정기적분배기간은 1년으로부터 3년, 6년, 9년, 12년…으로 연장되여갔고 먼저 집터와 주택, 터밭의 사유화가 완성되여갔다. 그다음 지형적제한을 받는 마을(공동체)에서 먼저 경작지를 농민들의 《세습재산》으로 영구히 분배하였다. 부여나 옥저, 예의 산악지대 읍락들에서는 지형적조건으로 하여 정기적분배가 어렵고 시끄러운 것으로 간주되기 시작하였다. 읍락의 촌집들은 심히 분산고립되여있었고 집집들은 경작지에 둘러싸여있었으므로 그들사이에 경작지를 서로 바꾸어 분배한다는것은 매우 불편한것으로 간주되였다.

그러나 산림과 목장 또는 강하천, 어장 등은 여전히 부락공동체의 공동소유로 남아있었으며 후에는 국왕의 소유로, 국유지로 되였다. 이러한 공유지는 봉건사회에 와서도 의연히 국가소유로 간주되였다.

뿐만아니라 영구분배된 경작지나 방목지도 명목상은 공동체소유로 되여있었고 공동체추장이 그 리용에 대하여 간섭하였으며 마르크에서처럼 《국중대회》에서 론의대상으로 되였을수 있다. 그러나 전제군쥬제하에서는 토지에 대한 공동체적소유는 명목상에 불과하고 공동체의 《아버지》이며 최고주권자인 국왕이 실제적인 《유일한 소유자》로 행세하였다. 때문에 국가는 공동체농민들로부터 경제외적강제에 의한 생산물수탈을 감행하였으며 부역과 병역의무를 들씌웠다. 이 경우 공동체농민들의 잉여로동은 토지소유권의 경제적실현형태인듯 한 외피를 쓰게 된다. 그러나 그것은 본질에서 국가의 정치적권력에 의한 공납제착취에 불과하고 현실적인 소유자는 공동체였다.

그리하여 재산의 소유자로 될수 없었던 어제날의 점유자가 오늘은 진정한 소유자로 전변되는 력사적변화가 일어났다. 삼국시기 초기에 소농민적토지소유가 급격히 많아진 사정을 고려한다면 우리 나라에서 공동체소유의 경작지사유화과정은 대체로 고대사회후기에 이르러 완성된것으로 보인다. 그러나 이러한 력사적변화과정에서 절대다수의 공동체농민은 매우 어려운 처지에 놓이였다. 공동체농민을 비참한 처지에로 몰아넣는 주되는 요인은 전제국가의 각종 착취가운데서 첫자리를 차지하는 공납제적착취였다.

원래의 공납제는 피정복민들에 대한 정복자의 착취형태를 이르는 개념이였다. 그러나 농촌공동체농민들에 대한 전제국가의 착취도 이와 류사하였으므로 아래에 그 착취의 일면을 보기로 한다.

《삼국지》위지 동옥저전에 다음과 같은 기사가 있다.

《동옥저는 나라가 작아서(5 000호) 큰 나라들사이에 눌리워있었는데 끝내 고구려에 예속되였다. 고구려는 다시 그들가운데 대인(大人)을 사자로 임명하여 다스리였다. 또 대가(大加)에게 책임을 지워 조세와 맥포, 물고기, 소금, 해산물 등을 천리밖에서 등짐으로 지어 날라오게 하였다. 그리고 미인들도 보내게 하여 비첩으로 삼았는데 그들을 노복처럼 대하였다.》

이 자료는 공납제적착취가 얼마나 가혹하였는가를 단적으로 보여준다. 읍락의 공동체농민들에 대한 노예소유자적전제국가의 공납제적착취도 이와 못지 않게 가혹하였으며 이때문에 나라의 모든 공동체농민들의 처지는 노예와 다를바없이 비참하였다. 《삼국지》에 부여의 《하호들이 모두 노복》이라고 쓴것도 령세한 공동체농민들의 노복이나 다름없는 처지를 두고 한 말일것이다. 에짚트를 비롯한 고대동방국가들에서의 공동체농민들의 처지도 이렇듯 비참하였기때문에 고대동방노예제를 일반적노예제(혹은 보편적노예제, 총체적노예제로도 번역)라고 불렀다. 그러나 이것은 공동체농민, 일반백성이 곧 노예라는 의미는 아니였다.

　　이제 우리 나라 고대국가들에서의 부락공동체농민들의 생활을 구체적으로 보기로 한다.

　　력사기록들에서는 고대국가들의 빈민을 하호라고 불렀는데 하호의 절대다수는 명목상의 공동체농민이였다. 그러므로 공동체농민들의 계급적처지와 구체적생활을 알기 위해서는 하호에 대한 분석으로부터 시작해야 한다.

　　원래 하호라는 말은 고조선이나 부여, 구려, 진국사람들이 부른 말이 아니라 중국사가들이 자기 나라의 농민과 비슷하다고 하여 갖다붙인 말이였다. 중국에서 하호란 넓은 의미에서 하층인민을 가리켜 말한 백성의 범칭이였다. *

> * 지난 시기 우리 학계에서는 하호에 대한 연구사업이 상당한 정도로 진행되였다. 그 의견을 종합하면 계급적구분에서 노예적농민, 독립적가정을 가진 노예주의 경작농민, 초기적인 봉건적예속민, 령락된 공동체농민, 부용민, 노예적인 공동체농민 등등 구구하였다. (《삼국시기의 사회경제구성에 관한 토론집》,《조선전사》2) 필자는 그 대부분이 공동체농민이였다는 견해에 동감을 표시하면서 그것이 노예아닌 하층의 가난한 민의 신분적범칭이였다고 생각한다.

　　《사해》는 하호를 빈민이라 하였고 그와 대칭으로 쓰이는 상호는 부자집이라고 해석하였다. 당나라의 안사고는 《한서》권24 상 식화지에서 《혹은 호민(부자)의 땅을 부쳐 10분의 5세를 물었다.》는 기록에 하호란 자기 땅이 없어 남의 땅을 경작하여 그 소출의 절반을 지주에게 바치는 가난한 농민이라는 주석을 달았다.

이 자료는 하호란 일반적으로 빈민을 이르는 말이며 중국 한나라때의 하호는 가난한 소작인이였다는것을 말해준다. 혹시 안사고가 당나라때의 하호에 대해 쓴것일수 있으나 어떻든 고조선의 호가 중국의 하호와 같은 존재였다면 노예가 아니였다는것은 명백하다.

(1)《삼국지》위지 부여전의 기록

①《읍락에는 호민이 있으며 〈민〉의 하호(혹은《하호》라고 불리우는 민－인용자)는 모두 노복이다.》

②《적이 오면 제가들이 스스로 싸우며 하호들은 모두 식량을 날라다 먹인다.》

①의 기록은《후한서》부여전에 없던 새로운 내용을 첨가한것이다. 읍락의 공동체성원이 호민과 하호, 부자와 빈민으로 갈라지게 되였다는 이 기사는 그후의 공동체내의 계급분화를 반영한것으로서 매우 중요한 가치를 가진다. 여기서 말한 호민은 부유한 민이라는 일반적통칭으로서 귀족신분은 아니지만 추장을 포함한 부락공동체의 상층을 의미한다. 그들은 읍이 아니라 촌락에서 사는 중소노예주일수 있고 남보다 많은 땅과 재물을 가진 부자일수도 있다.

앞에 인용한《한서》식화지의 자료를 참작하면 호민은 기본상 자기 소유지의 일부를 하호에게 빌려주어 5/10의 지대를 받아먹는 마을의 지주일수 있다.

그러나 일반적으로 고대사회의 전성기에 소농민적토지소유가 광범히 존재하는것이 인류력사의 보편적현상이였으므로 소농민이 농촌의 기본계층을 이루고있는 조건에서 소작농이 많을수 없으며 따라서 모든 호민이 다 지주였다고 보기는 어렵고 그 수도 부락에 몇명밖에 안되였을것이다. 호민에는 많은 토지와 로동력(가족 및 머슴)을 가진 부유한 농민도 있고 일부 부자도 있었을것이다.

여하튼 호민은 민으로서의 부자였으며 제가급의 정치적지배자는 아니였다. 기껏하여 마을에서《어른》대접을 받는 상층신분의 민이였거나 지주였을것이다.

다음으로 자료에 읍락의 주민을 크게 호민과 하호의 두 계층으로 나누었는데 하호를 노복이라고 하였으니 그의 처지가 매우 어렵고 예속적이였다는것을 알수 있다. 따라서 하호는 공동체의 령세농민으로 해석되며 《모두 노복이다.》라는 표현은 고대동방의 보편적노예제처럼 전제군주제하의 그들의 비참한 처지를 두고 형상적으로 비유해 말한것이지 노예라는 뜻은 아니다.

②의 기록은 전쟁시기의 하호의 역할을 묘사한것이다. 《적이 오면 제가들이 스스로 싸운다.》는 말은 제가들이 전쟁을 조직지휘한다는 뜻이며 《하호들이 식량을 날라다 먹인다.》는 말은 하호들이 전시에 주로 군수물자를 담당하였다는 뜻이다. 제가들은 여러개 읍락을 통치하며 수백, 수천호의 공동체농민을 통솔하는 족장, 부족련합의 장수이므로 전시에 장군으로 되는것은 자연스러운 일이였다.

그렇다면 직접 전투를 하는 병졸은 누구였겠는가. 하호 전부가 치중부대의 역할만 한다고 볼수 없다. 일반적으로 병역의 주요담당자는 소농민이였는데 민가운데는 상호(호민), 중호도 있었고 하호-빈민은 그 다수를 이루는 계층이였다. 빈민이 아닌 자유농민만으로 수천, 수만의 군대를 다 편성할수 없었을것이다. 또 고대동방나라들에서 병력의 주요원천이 공동체의 모든 농민이였다는 점도 고려할 필요가 있다.

하호들이 식량을 날라다 먹이는 대상은 제가만이 아니라 자기자신을 포함한 광범한 병졸들이였을것이다. 병졸들이 식량을 휴대하는 일은 후세에도 마찬가지였다. 그들이 날라오는 식량은 평소에 국가에 바치던 공납의 일부였을것이다. 그러므로 《먹인다》는 대상을 제가에게만 국한시키거나 하호가 싸우지 않고 식량을 등짐으로 날라만 오는 노예로 해석하는것은 잘못이다. 하호는 어디까지나 민이지 노예가 아니였다.

(2) 《삼국지》 위지 예전의 기록

예족의 벼슬들인 후(侯)는 예족의 최고통치자이고 읍군은 읍의 통치자이며 삼로는 말단행정단위 즉 부락공동체의 통치자였다.*1 이 3급의 관리들이 전체 예족(호 2만)을 다스렸으므로 여기서 말한 호-하호가 그 어떤 특정한 계급이나 계층을 말하는것이 아니라 하층인민 전체에 대한 범칭이며 예족의 모든 공동체성원을 의미한다는것을 알수 있다. *2

> *1 《옥저의 여러 읍락거수들이 모두 삼로라고 자칭하였다.》(《삼국지》위지 동옥저전)라는 기록에서 알수 있는바와 같이 초기의 삼로는 공동체-읍락의 추장이였다.
> *2 여기서 피지배자가운데 노예가 루락되였다. 일부 론자들은 하호가운데 노예가 포함되여있는것으로 보지만 하호는 민이였지 결코 노(노예)가 아니였다. 노는 민으로 간주되지 않았다. 《삼국지》의 저자 진수는 같은 책에서 왜족의 풍습을 전하면서 왜족을 크게 대인과 하호로 나누고 대인은 4~5명, 하호는 2~3명의 처를 데리고 산다고 하였다. 이 경우의 하호도 노가 아니라 일반백성-민에 대한 범칭이였다는것은 명백하다. (《삼국지》위지 왜전)

(3)《삼국지》위지 마한전의 기록

마한족은 그 풍습이 좋은 옷을 입고 망건을 쓰기를 좋아한다. 하호들이 이웃 군에 나들이할 때 《모두 옷과 망건을 빌려 입고 쓰며 도장과 인끈을 달고 좋은 옷과 망건을 입고 쓴 사람만도 1 000여명이나 된다.》고 한 이 자료는 하호들가운데 두 계층이 있었음을 말해준다. 하나는 나들이할 때 옷과 모자를 빌려 입고 쓰고 가야 하는 빈민이고 다른 하나는 자기 힘으로 나들이에 필요한 의관을 갖출수 있는 유족한 계층이다. 두번째 부류의 하호는 자기 사유지를 가진 소농민층 특히는 유족한 농민으로서(도장을 가지고 다니는것으로 보아) 공동체추장의 대리인이였을 가능성도 있다. 물론 락랑군이나 대방군에 무역하러 다니는 상인도 있었겠으나 1 000여명이 모두 상인일수는 없다. 이것은 공동체성원의 계급분화와 공동체의 분화상태를 보여준다.

우의 자료들을 종합하면 다음과 같은 결론을 내릴수 있다.

첫째로, 하호는 신분적으로 민에 속하는 사회생산의 기본담당자이다. (자료 〈1〉, 〈2〉) 당시 사회의 기본생산자는 공동체농민이였다. 따라서 하호의 절대다수는 부락공동체농민이였다.

둘째로, 부락공동체내에서 계급분화가 일어나 하호에는 유족한 계층과 가난한 계층이 생겼다. 유족한 계층은 소농민적토지소유자이며 자유민이다. 이와 반면에 가난한 계층은 국가의 가혹한 공납제적착취에 의하여 노예와 다름없는 처지에 빠진 최하층령세농민이다. 이들은 분해되여가는 공동체성원의 절대다수를 이루고있었다. (자료 〈1〉, 〈3〉)

셋째로, 하호는 노예가 아니다. 그들은 자기의 독립적경리를 가지고있는 소작농일수 있으며 전시에는 군역의무를 지였다.

넷째로, 호민은 하호와 대칭되는 상호로서 그들가운데는 하호를 지대로써 착취하는 지주계급도 있었을것이다.

하호의 계급적처지는 사회의 발전에 따라 변하였다. 봉건사회에 와서 하호는 농노적농민(소작인)으로 되고 공납제는《로동지대》로 전화한다.

이와 같이 우리 나라 고대국가들인 고조선, 부여, 구려, 진국에는 여러가지 형태의 토지소유가 있었는데 노예소유자적토지소유와 소농민적토지소유, 농촌공동체적토지소유가 그 주되는 형태였다.

노예소유자적토지소유는 노예소유자들의 대토지소유를 말하며 그 토지에서의 기본생산자는 노예였다. 진국에서의 노예소유자적토지소유에서 기본은 국가 또는 왕실소유지였다. 물론 고대동방에서처럼 많지는 않았어도 개별적노예주들의 사적소유지가 있었을것이고 그것을 일부 호민의 경작지에서처럼 하호와 같은 령락한 공동체농민이 빌려서 소작지를 경작하는 경우도 있었을것이다. 노예로동에 기초한 노예소유자의 토지경영에서는 잉여로동과 필요로동이 구분되지 않았으며 노예로동의 결과는 모두 노예소유자의 몫으로 되였다. 우리 나라의 고대국가들에는 국유지나 왕실소유지, 후(侯)급의 몇몇 대토지소유자들을 제외하고는 로마의 라티푼디아와 같은 대농장은 없은것으로 생각된다. 그러나 이 소유형태는 다른 소유형태들을 희생시키면서 발전하는 새로운 소유형태이며 후에는 지주적토지소유에로 이행하게 되는 소유형태였다. 따라서 노예소유자적토지소유는 비록 량적으로 적었어도 당시 사회의 본질을 규정하게 된다는 의미에서 지배적인 소유형태였다고 할수 있다.

소농민적토지소유는 원시사회말기 공동체의 붕괴로써 발생하는 자유로운 소소유자들의 토지소유였다. 유럽나라들에서 소농민적토지소유는 노예사회의 전성기에 사회의 경제적기초를 이루었다가 봉건화과정에서 소멸되였으나 우리 나라에서는 부락공동체의 분해기로부터 노예사회의 전기간에 걸쳐 서서히 발생하고 장성하여 봉건사회에 와서 전성기를 이루게 된다. 이것은 농촌공동체유제의 오랜 존속과 관련되였다.

농촌공동체적토지소유는 고조선, 부여, 구려, 진국의 기본토지소유형태의 하나였다. 공동체는 고조선, 부여, 구려, 진국의 전제정권의 사회적기초로, 당대 사회의 기본생산 및 경제단위로 되여있었다. 따라서 사회의 기본생산자대중은 노예가 아니라 공동체농민이였다. 노예소유자국가의 가혹한 착취에 의하여 공동체의 분해과정이 촉진되고 계급분화가 끊임없이 일어나 한편으로는 노예소유자적토지소유(또는 노예소유자의 다른 경리)에 침식되여갔고 다른 한편으로는 호민들의 토지소유 또는 소소유자적토지소유로 분화되여갔다. 그러나 사회에서 노예는 농업부문의 기본생산자대중이 아니였으며 농업생산의 기본담당자는 자영농민으로서의 소농민, 하호였다.

토지소유에서의 이러한 특징들이 우리 나라 고대국가들로 하여금 유럽의 고전적고대국가들과는 다른 자체특성을 가지게 하였고 지주적토지소유의 형성을 핵으로 한, 봉건화과정에 유리한 조건을 지어준 기본요인으로 되였다.

제2편. 확립기 봉건사회의 토지제도

우리 민족은 B.C. 3세기 전반기이후에 노예소유자사회로부터 봉건사회에로의 이행과정을 완성하였다. 고구려는 B.C. 277년에, 그의 뒤를 이어 부여(후부여), 백제, 신라, 가야가 봉건국가로 성립되여 2 000여년동안 존속하였으며 당나라의 침략에 의하여 고구려와 백제가 망한 후에는 고구려옛땅에 고구려를 계승한 발해가, 그 남쪽에 후기신라가 병립하였다. 936년에 고려왕조가 후백제를 통합하고 조선반도를 통일하기 전까지는 대체로 2개이상의 왕조가 병존하는 국면이 계속되였는데 이 시기에 정치, 경제, 문화, 군사의 모든 부문에서 봉건화과정이 완성되여갔다. 그러므로 고려에 의한 국토통일이전시기는 우리 나라 봉건사회의 첫 단계로서 봉건제도가 확립, 공고화된 시기로 특징지어지며 이것을 봉건제도의 발전기 및 분해기와 구별하여 확립기 봉건사회라고 부르기로 한다.

확립기 봉건사회에서는 봉건제도가 여러면에서 끊임없이 형성되고 완성되여갔던것만큼 토지제도의 발전에서도 근본적인 변화가 일어났다.

고대사회의 노예소유자적토지제도는 쇠퇴몰락하여 유제로만 남게 되고 그대신 사적, 지주적토지소유와 봉건국가의 토지소유 및 소농민적토지소유가 발생발전하였으며 공동체적토지소유의 흔적은 일부 공유지와 그 리용관습에서만 찾아볼수 있었다.

우리 나라 고대 말기와 중세 초기에 토지소유관계에서 노예제적인것으로부터 농노제적, 봉건적인 관계에로의 이행은 일반적인 합법칙적과정이면서도 특색있는 로정을 밟으면서 진행되였다.

알려진바와 같이 인류는 노예소유자사회로부터 봉건사회에로 이행함에 있어서 크게 두가지 각이한 길을 걸어왔다. 고전적고대국가들의 령역에서는 노예소유자적대토지소유의 페허우에서 노예로동을 소농민의 농노적로동으로 교체하는 방법으로 혹은 자유로운 공동체적토지소유를 령지제로 바꾸는 방법에 의하여 토지의 봉건화과정이 완성되였다. 그러나 고대동방나라들에서는 그 과정은 국왕이 최고토지소유자로서의 지위를 유지하고 원래의 공동체적소유를 보존하면서 공납제적착취관계를 부역제와 조세제도로 바꾸고 사적소유지에서의 소농민에 대한 착취관계를 지대착취관계로 전환, 확대하는 방법으로 완성되였다.

고구려, 후부여, 백제, 신라에서의 토지소유의 봉건화과정은 고대동방나라들과 기본적으로 흡사하였으나 공동체적소유를 보존하는 방법으로가 아니라 그것을 파괴하고 소농민적경리를 확대함으로써 지주적토지소유가 팽창할수 있는 물질적, 로력적원천을 보장하는 방향에서 진행되였다. 령주적토지소유는 형성되지 않았으나 왕권을 강화하기 위한 일시적필요에 의한 령주적형태의 토지소유가 발생하였다. 그러나 봉건적토지소유를 대표하는 형태는 사적, 지주적토지소유였으며 지주적소유지에서의 토지경영방식은 초기의 소작제형태로서의 병작제와 용작제였다.

사적, 지주적토지소유의 범주에는 사원전과 왕실소유지도 속하였으며 봉건국가는 상당한 면적의 국유지를 가지고있었다. 국유지는 사전(사여지)의 형식으로 관료들에게 나누어주게 됨으로써 관료들의 지주화경향을 촉진하였다. 이 토지들은 모두 봉건적토지소유의 각이한 류형이였다.

우리 나라의 확립기봉건사회에는 또한 토지를 통한 특유한 착취형식이 있었는데 그것이 곧 수조권에 의한 착취였다. 이 류형의 대표적인것은 식읍과 록읍이였다.

조선봉건사회의 토지제도에서 특징적인것은 또한 소농민적토지소유가 광범히 존재하여 중앙집권적봉건국가의 물질적, 재정적, 인적원천으로 되고있은것이였다.

지주적토지소유와 소농민적토지소유가 확립기봉건사회에 광범히 존재한 사실은 우리 나라 봉건사회로 하여금 유럽형의 봉건사회와 뚜렷한 차이를 이루게 하였으며 정치경제적으로 중앙집권적전제주의왕권의 존립을 가능하게 한 물질적기초로 되였다.

제1장. 봉건적토지소유의 형성과 그 류형들

제1절. 봉건적토지소유형성의 일반적합법칙성

1. 노예사회로부터 봉건사회에로의 이행의 일반적합법칙성

인간의 창조적인 활동에 의하여 사회는 끊임없이 전진하며 발전한다.

봉건사회가 노예사회를 대신하게 되는것은 어길수 없는 사회발전법칙이지만 그 과정의 완성은 인간이 자기의 자주성과 창조성, 의식성의 발전수준에 맞게 자연과 사회를 개조하는 창조적운동을 끊임없이 벌린 결과에 이룩되였다.

인민대중의 모든 인식활동과 실천활동의 근본목적은 자기 운명을 자주적으로 개척하는데 있다. 그러나 노예사회의 근로인민대중은 당시의 주어진 의식수준에서 가혹한 노예제도의 전복의 필요성을 인식할수 있었으나 그 사회가 새로운 착취계급인 령주나 지주계급이 주인으로 되는 봉건사회로 된다는것은 예견할수 없었다. 그럼에도 불구하고 인민대중의 창조적활동의 결과 세워진 봉건사회는 노예사회에 비하여 한계단 높은 사회였으며 인민대중의 자주성도 그만큼 높아지게 되였다. 농노는 노예에 비하여 보다 자주적이였다. 노예소유자사회에 비한 봉건사회의 진보성은 바로 인민대중의 자주성이 이전단계보다 제고되였다는데 의하여 규정된다.

그러나 력사의 현상은 복잡하며 천태만상의 력사적현상가운데서 법칙성을 찾아낸다는것은 어려운 일이다. 각이한 민족국가들이 노예소유자사회로부터 봉건사회에로 이행하는 합법칙성과 공통한 이행조건이 무엇인가 하는 문제도 바로 그러한 복잡한 연구과제의 하나이다. 이러한 복잡성은 비록 사회와 력사가 기본법칙에 의하여 발전한다고 하지만 현상으로 표현되는 매 민족의 력사는 무한히 다양한 양상을 띠게 되는 사정과 관련된다.

크게는 아시아와 유럽나라들이 력사에서 차이가 있고 토지소유관계에서는 《아시아적형태》가 지배한 나라와 고전적형태가 지배한 나라의 민족들이 봉건사회에로 과도하는 로정이 다르다. 유럽에서는 노예소유자사회와 봉건사회에 구분이 명백하지만 아시아나라들에서는 두 사회의 차이가 그렇게 뚜렷한것이 아니다. 따라서 노예소유자사회로부터 봉건사회에로의 이행조건의 기준을 설정하며 두 사회의 계선을 긋는 문제는 간단하지 않다. 례컨대 소유의 《아시아적형태》에 기초한 고대동방사회와 고전적형태에 기초한 그리스, 로마사회가 봉건사회에로 이행하는 과정이 같지 않았고 그 터전우에서 생겨난 봉건사회의 양상도 달랐다. 농촌공동체의 특징은 지역적뉴대에 의한 사람들의 결합체라는데 있었으나 아시아나라들의 농촌공동체는 이 기본특징을 보유하고있으면서 흔히 가족공동체와 결합되여있었다. 다시말하여 하나의 농촌공동체를 이루고있는 마을들이 각이한 씨족의 가족집단으로 이루어진 부락이 아니라 하나의 씨족에서 파생된 동성부락이였다. 또 노예라고 하여 모든 노예가 다 가족도 없고 생활수단도 못가진 존재가 아니였으며 노예소유자사회의 농민이라고 하여 다 자유농민이고 봉건사회의 농민은 모두 농노이거나 예속농민인것은 아니였다. 고대그리스, 로마의 농민만이 자유농민이였고 그밖의 나라들에서는 일부 농민만이 소토지소유자였으며 고대에짚트의 농민은 거의 절반이나 노예상태에 있었다.

우리 나라 봉건사회의 농민은 봉건관계에 의하여 인신적으로 예속되여있었다는 의미에서는 예속농민이라고 하겠으나 모든 농민이 다 유럽의 농노와 같은 존재는 아니였다. 노비적농민만이 명실공히 농노에 해당하였다.

그리고 차지관계가 꼭 봉건적토지소유의 속성으로 되는것도 아니였다. 고대바빌로니아에는 차지관계가 있었으나 그후에도 2 500년을 지나서야 봉건사회에로 이행하였다. 때문에 차지관계 하나만 보고 봉건사회의 형성에 대하여 속단할수 없다.

이렇듯 노예소유자사회의 농민과 봉건사회농민과의 구별, 두 사회의 차지관계의 계선을 확정하기는 매우 어려우며 따라서 봉건사회에로의 이행조건과 기준에 대하여 한가지로 규정을 내릴수 없다.

그렇다고 하여 현상에만 매달려서는 어느 문제도 바로 해명할수 없다. 문제의 해명을 위하여서는 주체사상을 지도적지침으로 하여 사물의 본질을 밝혀야 하며 노예사회로부터 봉건사회에로의 이행의 조건들을 탐구해내여야 한다.

봉건사회에로의 이행에서 무엇보다 중요한것은 자주성을 위한 인민대중의 투쟁의 성격이 변한다는것이다.

혁명의 원인은 반동적착취계급이 인민대중의 자주성을 억압유린함으로써 낡은 제도가 사회발전의 질곡으로 된데 있다. 이때 인민대중은 자기 운명을 자신의 힘으로 개척하기 위하여 력사의 반동을 쓸어버리고 사회를 개조하기 위한 결정적인 투쟁에 나선다. 이 투쟁은 치렬한 계급투쟁으로 표현되며 사회를 개조하기 위한 진보적사회운동으로 된다.

노예소유자사회에서 착취계급은 노예를 마소와 같이 부려먹고 공동체인민들을 가혹하게 착취하여 노예와 같은 처지에 빠뜨려놓음으로써 자주성을 유린당한 이 사회의 기본생산자대중으로 하여금 인간의 존엄과 생존의 권리를 위한 투쟁을 끊임없이 벌리게 한다.

그리하여 노예사회가 사회발전의 질곡으로 되였을 때 사회적위기는 혁명을 배태하게 되며 결국 노예와 공동체인민들의 폭동이나 국내전쟁에 의하여 노예제도의 붕괴와 노예사회안에서 자라고있던 봉건제도의 승리가 촉진됨으로써 질곡은 제거되고 사회는 전진하게 된다. 그러므로 사회의 이행조건을 분석함에 있어서 사회개조를 위한 계급투쟁의 성격발전에 선차적주목을 돌려야 하며 계급투쟁의 성격을 정확히 해명하기 위해서는 폭동군이 반대한것이 무엇이고 그들이 들고나온 요구(구호)가 무엇인가를 먼저 따져보아야 한다.

또한 사회개조를 위한 인민들의 투쟁의 성격을 고찰함에 있어서 똑같은 공식을 적용하여서는 안된다.

계급투쟁은 의심할바없이 언제나 사회발전의 동력이다. 물론 낡은 사회를 최종적으로 전복한 최후타격이 왕왕 외부에서 가해지는 경우가 있었던것은 사실이다. 그러나 이 경우에도 외적요인은 언제나 내적요인을 통해서 작용하였다. 인민대중이 끊임없는 투쟁으로써 자주성을 구속하는 노예제도에 타격을 주고 노예제도에 조종을 울리고 있을 때 외부적세력이 이 기회를 리용하여 그 나라를 정복함으로써 노예제도의 최종적멸망을 가져왔던것이다.

고조선이 망한 후 그 판도에서 고구려가 일떠섰으며 부여(후부여)는 고구려에 병합되고 진국은 백제에 의하여 멸망되였다. 고대국가들의 멸망과 신흥세력에 의한 병합과정은 동시에 노예제도의 붕괴와 봉건제도의 승리를 촉진시킨 과정이기도 하였다. 그러나 여기서도 결정적요인은 언제나 내부적요인이였다.

봉건사회에로의 이행에서 다음으로 중요한것은 자연개조를 위한 인민대중의 창조적활동의 내용이 변한다는것이다.

인민대중은 자연의 구속에서 벗어나 자주적인 생활을 누리기 위하여 자연을 개조하는 투쟁을 벌려 물질적부를 창조한다.

인민대중이 자연에 작용하여 창조한 사회의 모든 재부가운데서 가장 중요한것은 생산력이다. 인민대중은 자연을 개조하고 정복하기 위한 투쟁과정에서 무엇보다 로동수단, 생산도구의 발전에 선차적인 힘을 넣어 그것을 끊임없이 개조발전시켜왔다. 석기와 청동기 및 철기는 인민대중이 자주적인 생활을 누릴수 있는 물질적조건을 마련하기 위한 투쟁과정에서 이룩한 중요한 창조물이며 이 창조물들은 인류사회발전의 일정한 단계를 대표한다.

일반적으로 석기는 원사사회를 대표하고 야금기술의 출현은 원시사회의 붕괴를 촉진하였으며 청동기시대와 노예소유자사회, 철기시대와 봉건사회가 기본적으로 일치한다고 말한다.

그러나 모든 나라에서 모든 경우에 꼭 이렇게 된것은 아니였다. 청동기시대의 후반기가 노예소유자사회에 적응하였고 봉건제도도 철기가 상당한 정도로 광범히 보급된 기초우에서 발생한 실례도 있었다. 그러나 석기시대에 봉건사회가 출현한다고 생각할수 없는 것이며 자본주의시대의 로동자들이 청동기를 다룬다고 가상할수도 없다. 이것은 자연을 개조하기 위한 인민대중의 창조적활동이 일정한 사회발전단계의 요구에 맞게 진행된다는것을 말한다. 그러므로 청동기시대와 노예제도, 철기와 봉건제도가 기본적으로 대응한다는것을 무시하여서는 안되며 따라서 사회의 계급구성, 자주성에 대한 인민대중의 요구와 함께 생산력의 발전수준에 대한 연구는 노예사회로부터 봉건사회에로의 이행과정을 연구하는데 기본징표의 하나로 된다고 말할수 있다.

철기에 의한 청동기의 구축은 생산력발전에서의 하나의 혁명이였다. 비록 사회관계의 변화가 생산력의 변화와 꼭 일치하는것은 아니지만 철기의 광범한 사용이 노예제를 붕괴에로 이끌고 봉건제도의 승리를 앞당기는데서 사회를 개조하기 위한 인민대중의 계급투쟁 다음으로 의의를 가진다는 사실을 무시하여서는 안될것이다.

조선의 고대국가들에서 B. C. 1000년기 초엽에 철을 생산하기 시작하고 B. C. 3세기이전에는 철제농기구 등이 광범히 사용됨으로써 그에 맞게 그 내부에서 노예제를 대신한 새로운 봉건적관계의 출현을 추동하였다.

또한 봉건사회에로의 이행에서 가장 뚜렷한 징표의 하나로 되는것은 폐쇄적인 신분제도이다.

봉건사회의 신분제도는 모든 주민을 여러 신분으로 갈라놓고 그것을 위계제로 규정하며 벼슬, 관직등급은 물론 농, 공, 상의 직업도 고착시킨다. 유럽의 령주와 기사, 인디아의 카스트제도, 우리 나라의 량반, 중인, 상민제도가 그 대표적인 실례라고 할수 있다. 우리 나라 봉건사회에서는 주민을 사, 농, 공, 상의 순위로 귀천을 갈라놓고 그들사이에 서로 넘을수 없는 《장성》을 쌓아놓았다. 관리는 량반(사)만이 할수 있고 상민(평민)은 농업, 수공업, 상업의 신분에 따른 육체로동에 종사하여 량반을 먹여살리며 조세와 군역, 부역부담을 져야 하였다. 이렇듯 폐쇄적인 신분제도는 봉건사회의 주요 특징으로 되였으므로 그 존재여하는 봉건사회에로의 이행을 판단하는 기본징표의 하나로 된다.

봉건사회에로의 이행에서 중요한것은 또한 차지관계의 발생과 그 변화발전이다.

차지관계는 봉건제도에만 고유한것이 아니다. 노예소유자사회에도 있었고 자본주의사회에도 있다. 또한 차지관계 그자체는 사회적혁명을 가져오지 않는다. 그러므로 차지관계의 발생 그자체는 사회제도의 변화를 설명하는데서 결정적의의를 가지지 못한다. 그러나 차지관계는 일반적으로 봉건사회와 련관된것이며 자본주의적차지관계는 봉건적차지관계를 자본의 요구에 맞게 개조하였을따름이다. 따라서 차지관계의 발생과 함께 그 변화, 발전에 대한 고찰은 봉건사회에로의 이행조건을 밝히는데서 중요한 의의를 가진다고 볼수 있다.

고대로마에서 차지관계가 스파르타쿠스폭동이후인 B. C. 1세기에 이미 보급되기 시작하였다고 하지만 그것이 《예농제》의 성격을 띠고 광범히 보급되기는 고대로마의 말기였다. 예농적성격을 띠였다는것은 봉건제도의 싹을 말하는것이며 바로 그것이 봉건적인 차지관계 즉 소작관계의 성격을 지니게 되였을 때 노예사회는 멸망직전에 이르렀었다.

B. C. 1000년기의 고대바빌로니아에도 차지관계가 있었다. 앞에서 언급하였지만 전국 총경지면적의 1~2%정도의 토지는 사적토지소유자들에게 점유되였으나 그 규모는 가장 큰것인 경우에 31.5정보가량 되였다. 많은 토지소유주들은 자기의 경지

와 과수원을 쪼개여 소생산자들에게 경작시켜 그 대가로 과실수확의 3분의 2를 착취하였다. 알곡재배는 극히 제한되여 토지소유주가 자기 가족과 노예 및 고용자를 먹이는데 필요한 량만큼 극한시켰다.

이러한 차지관계는 물론 노예적착취관계가 아니며 자본주의적차지관계도 아니다. 그렇다면 그것은 봉건적차지관계이외에 다른것이 될수 없다. 이미 선행고전가들에 의해 밝혀졌고 세계력사학계에 의하여 증명된바와 같이 원시사회의 말기에 노예제와 함께 농노제와 토지의 자유로운 소소유가 발생하였으며 공동체적공유제도 존속하였다. 바로 이때문에 고대동방사회는 여러 형태의 제도가 병존한 사회로 특징지어졌다. 고대로마와 바빌로니아의 차지관계는 원시사회말기에 파생된 농노제의 변종일것이다. 그것이 비록 지배적지위를 차지하기까지에는 그후 천수백년이라는 긴 세월이 걸렸지만 봉건사회의 기본착취형태의 싹인것은 틀림없다. 그러므로 차지관계의 발생 그자체가 봉건사회를 의미하는것이 아니라고 하더라도 봉건사회에로의 이행의 합법칙적현상의 하나이며 그 기본조건으로 되는것이다.

봉건사회에로의 이행에서 다음으로 중요한것은 농촌공동체의 변화이다.

우리 나라를 비롯한 아시아나라들에서는 농촌공동체의 소멸 또는 쇠퇴가 봉건사회형성의 주요한 조건으로 되였다.

알려진바와 같이 노예사회에서는 유럽이나 동방이나 할것없이 각종 형태의 공동체(고대그리스, 로마에서는 국가공동체, 동방에서는 농촌공동체)가 사회의 기본경제단위를 이루고있었다. 그런데 봉건사회에 와서 유럽에서는 게르만족들이 자기의 마르크조직을 점령지역에 퍼뜨림으로써 농촌공동체가 견고하게 자리잡게 되였다. 마누팍뚜라의 대토지소유주들은 비경제적인것으로 되여버린 노예로동대신에 령락한 공동체농민에게 자기 토지를 소작시키였는데 봉건적관계는 이런 방법으로도 발생하였다. 그리하여 도이췰란드에서는 19세기까지 공동체의 잔재가 보존되였고 로씨야에서는 농노제개혁 — 사회주의10월혁명전까지 존속하였다. 그러나 우리 나라에서 농촌공동체는 삼국시기에 이미 유제로서만 남아있었다.

우의 사실은 유럽에서는 농촌공동체가 소생된것이 봉건사회형성의 주요한 징표의 하나로 되며 아시아나라들의 봉건사회에서는 그와 반대로 소멸과정이 급속히 추진되여 그 잔재만 남게 되는것이 특징으로 된다.

봉건사회에로의 이행에서 다음으로 중요한것은 지배적사상의식의 변화이다.

력사적으로 선진사상은 항상 토대에 앞서 발생하였다. 우리 나라에서 부르죠아개혁사상으로서의 개화사상은 봉건사회의 말기 19세기 70년대에 발생하였다. 종교를 놓고보아도 유럽에서 봉건사회의 지배적사상이였던 그리스도교는 4세기초에 로마제국의 국교로 되였으며 노예소유자사회는 그후 100년이 지난 5세기에 이르러서야 비로소 멸망하였다. 그러나 이것으로 하여 사상의식과 사회제도의 대응관계를 부인하지는 못한다. 한 사상이 사회의 지배사상으로 되였다면 대체로 그 제도의 성격은 새 사상의 성격과 일치한다. 이것은 하나의 합법칙성이다. 불교나 유교가 사회의 지배사상으로 되였다면 그 사회의 경제구조도 대체로 봉건적이여야 한다. 따라서 지배적인 통치사상의 성격분석을 통하여 해당 사회의 성격을 론할수 있다.

우에 든 몇가지 조건들은 한 사회경제구성상태로부터 다른 사회경제구성상태로의 이행문제를 해명하는 기본징표로 되며 구체적으로는 노예소유자사회로부터 봉건사회에로의 이행에서 반드시 갖추어져야 할 기본조건으로 된다. 그가운데서도 토지소유형태의 변화는 사회경제구성태의 변화에서 근본적인 의의를 가진다.

2. 자유로운 토지소유로부터 봉건적토지 소유에로의 이행

고대의 력사를 더듬어보면 토지소유의 봉건화과정에는 두가지 길이 있었다. 그 하나는 《아시아적형태》로부터의 이행이였고 다른 하나는 그리스, 로마형의 《고전적》노예제사회의 자유로운 토지소유로부터 봉건적토지소유에로의 이행이였다.

《아시아적형태》의 이행에는 두가지 길이 있었는데 하나는 슬라브식길이였고 다른 하나는 《고대동방》식 또는 그와 류사한 길이였다.

원래 토지소유의 고전적형태 즉 노예소유자적대토지소유와 자유로운 토지소유 그자체는 봉건적소유에로 이행할수 없었다. 노예로동에 기초한 대토지소유—라티푼디아가 갈 길은 사멸의 길밖에 없었다. 그 원인은 첫째로, 노예대중의 끊임없는 투쟁(주로는 태공)이였으며 둘째로, 자유민들이 로동을 치욕으로 여기는 악습이였다. 노예들은 자기를 마소처럼 부려먹는 노예주의 학대와 착취를 반대하여 끊임없는 투쟁을 벌렸다. 이런 조건에서 노예주들은 노예로동의 감독자들을 부단히 늘이지 않으면 안되였는데 그 수는 방대하였다.

B.C. 1세기 즉 로마제국의 전성기에 화폐자본과 상인자본, 고리대자본이 고도로 발전된 결과 로마의 소농민들은 완전히 파멸되고 광대한 제국의 령토의 대부분은 노예로동을 대량적으로 사용하는 대장원으로 변하였다. 이 모든 대장원들에서 절반이 일하고 절반이 감독하여야 하였으나 생산비는 배이상으로 뛰여올랐으며 노예경리는 파멸의 운명에 놓이게 되였다.

그렇다고 하여 노예대신에 도시자유민을 써먹을수도 없었다. 그들은 로동을 극히 천시하였으며 로동은 노예들이나 하는 일로 간주하였다. 그들은 《정부의 배급》에 의존하여 놀고먹는데 습관되여있었다. 당시 로마는 한해동안에 180일이나 명절을 쇠였고 일하는 사람이 없는 기괴한 도시로 변모되였다.

노예의 끊임없는 투쟁과 노예로동에 기초한 대농장경영의 늘어나는 결손 등은 결국 라티푼디아적토지소유의 파멸을 가져왔다. 대노예제생산의 운명은 종말을 고하였다.

출로는 어데 있었는가. 그것은 새로운 소생산적소농경리에 의거하는 착취방법이였다. 그리하여 2세기에 이르러 소농경리는 유일한 농업경영형식으로 되였다. 대장원은 수많은 땅뙈기로 나누어져 일정한 액수의 돈을 지불하는 《세습적인 소작농》에게 대차되였으며 혹은 반작제농민에게 소작시켰다. 토지의 기본경작자는 예농이였다. 그들은 매해 일정한 액수의 지대를 지불하였으며 토지에 고착되여 토지와 함께 팔렸다. 이 예농은 노예는 아니였으나 자유민으로 간주되지도 않았다.

이리하여 2세기에 이르러 소농민적소생산이 로마에서 전면적으로 회복되였으며 도시는 급속히 몰락하고 절망에 빠졌던 모든 노예제경리는 5세기에 이르러 완전히 소멸되였다. 다시 회복된 소농민적소생산은 봉건제도의 존립에 유리한 생산적기초로 되였으며 숨겨가는 로마에서 싹튼 유일한 봉건적맹아였다. 바로 이러한 때 《야만족》들이 로마를 정복하고 노예제를 최종적으로 숙청하였으며 점령지역의 모든 토지를 국왕의 소유로 선포하였다. 로마제국내에 싹트고있던 봉건적관계는 보존되였다. 이리하여 게르만인에 의한 노예제의 전복과 토지의 국왕에로의 집중은 봉건화의 물질적전제로 되였다.

게르만인들에 의하여 수행된 유럽에서의 봉건화과정은 크게 두가지 측면에서 고찰할수 있다.

그 하나는 채읍제(은대지제도)의 형성과 령지제(령주적토지소유)에로의 이행이다.

로마를 정복한 후 국가를 형성하고 군주로 된 프랑크국왕은 게르만인과 로마인의 민전과 국유지를 병합하여 나라의 최고토지소유자로 되였다. 그러나 그는 몰락한 공동체농민들을 흡수하여 대토지소유자로 자라난 귀족, 토호세력들로부터의 위협을 받게 되였다. 이런 조건에서 8세기초에 정권을 잡은 칼 마르텔은 토지 그자체를 증여하던 사전제도를 폐지하고 로마제국의 구귀족들, 토호세력을 끌어당기기 위하여 군사복무를 조건으로 왕실토지를 《채읍》으로 주었다. 채읍(《은대지》)이란 사전처럼 토지를 영원히 주는것이 아니라 일정한 조건밑에 그것을 받은자의 당대에 한하여 사용할 권한을 주는 일종의 직전이였다. 채읍규정에 의하면 준자와 받은자의 어느 일방이 죽으면 원소유자(국왕) 또는 그 계승자에게 채읍지를 반환하기로 되였으며 약속한 조건을 어기면 언제든지 회수할수 있었다. 이 경우 그 귀족자신은 국왕의 《소작농》으로 된셈이였다. 이리하여 봉건적토지소유의 맹아가 싹터났다. 국왕은 귀족들의 소작인을 뽑아 군대를 편성할 목적밑에 그들에게 주, 군의 부분적행정권을 주어 자유농민들을 관할하게 하였다.

채읍제를 보편적으로 실시하기 위하여 국왕(칼 마르텔)은 최고소유권을 리용하여 반란을 일으킨 《폭군》들의 토지와 자기에게 순종하지 않는 교회의 토지를 몰수하여 국왕소유지를 대대적으로 보충하였다.

8세기 초중엽에 이르러 채읍제의 규정은 변하여 수급자가 죽어도 그의 계승자에게 상속할수 있게 되였다. 칼 마르텔왕이 히데브란누스가문에 준 채읍지는 4대에까지 전습되였으며 839년에는 토지소유권모두를 제4대 채읍주의 형제들에게 나누어주었다. *

* 《도이췰란드 고대의 력사와 언어》인민출판사, 1957년, 81페지

채읍제는 점차 세습적인 령지제로 변화되여갔다. 이 변화는 채읍지를 주고받는 조건의 변화에서 시작되였다.

채읍은 다음과 같은 조건에서 회수되였다.

첫째로, 위법행위—반란, 폭동 등 정치적범죄와 그밖의 일반범죄, 둘째로, 신하의 의무를 다하지 않았을 때—병역의무를 충실히 수행하지 않거나 요구하는 범죄자를 내놓지 않는 경우, 땅을 묵이는 경우, 국왕의 명령을 존중시하지 않았을 경우이다.

이후에 교회를 비롯한 대토지소유자들과 채읍주들도 국가의 채읍제를 본받아 자기 소유지 또는 채읍지에서의 정기적소작제를 종신적소작제로 바꾸었으며 하급귀족이나 직업적군인(기사층의 전신)들에게 재분배하였다. 채읍주들과 교회 또는 세속귀족들은 차츰 국가기관에서 중요한 직위를 차지하게 되면서 더욱 많은 토지를 차지하게 되고 하급귀족의 상급으로 되였다. 이리하여 채읍제는 채읍지를 준 자와 받은자사이에 신속관계를 이루게 하였고 층층으로 된 사회의 계층제를 만들어내였다. 국왕—대채읍주(공작, 백작의 전신)—중등채읍주(후의 귀족)로부터 최하층에서 생활하는 마르크공동체내의 자유로운 혹은 자유롭지 못한 농민에 이르기까지의 사회의 계층제도는 차츰 페쇄적인 봉건적위계제의 기초로 되였다. 이후 9세기에 이르러 채읍제가 직전의 성격을 띠게 되고 하급채읍주가 상급채읍주에 군사적의무를 지게 되면서 채읍은 세습적령지로 되고 채읍제는 령지제로 발전하였으며 채읍주는 령주로 되였다. 이러한 령주적토지소유의 형성과정은 9~10세기에 이르러 완성되였다.

봉건화의 다음과정은 투탁과 보호관계에 의한 신분적소작관계

의 형성이였다.

서게르만인(프랑크족)들이 점령한 서로마제국령토내의 매개 경작지와 방목지는 6세기말~7세기에 자유로운 땅(알로드)으로 되였다. 자유로운 땅의 출현으로 하여 토지점유의 원시적평등은 곧 그의 대립물에로 전환하였다. 상품생산과 상품교환에 기초한 모든 사회에서 재산분배의 불균등과 가난한자와 부자사이의 모순의 확대, 소수 사람에게로의 재산의 집중은 불가피하다. 토지가 일단 상품으로 되여 자유롭게 매매할수 있게 된 그 순간부터 대토지소유의 발생은 오직 시간문제로 되였다. 프랑크인들이 갈리아를 점령한 후에 서로마제국의 대토지소유자들의 토지를 빼앗아 새로운 대토지소유자로 되였다. 그러나 역시 적지 않은 이전 로마의 귀족-대토지소유자들은 의연히 남아있었는데 그들은 대부분의 토지를 자유농민 혹은 콜로누스(예농)에게 경작시켜 지대를 착취하고있었다. 이것은 시초의 봉건적소작관계였다.

다른 한편으로 칼 마르텔이전의 프랑크국왕들과 그의 친병들인 군사귀족들은 프랑크인대토지소유자로 되였는데 이들이 신하와 부하들에게 나누어준 토지에서도 이러한 차지관계가 발생하였다.

최고의 토지소유자로 된 국왕은 자기의 세력지반을 닦기 위하여 왕실소유지를 교회와 개인들, 프랑크인과 로마인, 시종들과 총애하는자들에게 주었다. 국왕으로부터 땅을 받은자들은 그 땅에서 역시 자유농민이나 비자유농민들을 부려 지대를 착취하였다.

지주의 토지를 빌려 경작한 농민은 소작농이였다. 소작농민의 대부분은 파산된 마르크공동체농민이였다. 이 시기 마르크공동체는 토지사유에 기초하고있었으며 공동체성원은 자유로운 소토지소유자로 이루어져있었다. 그러나 토지가 상품으로 되고 토지매매가 성행하게 되면서 그들 내부에는 빈부의 분화가 일어났으며 빈농민은 대토지소유자들에게 병탄되여갔다.

공동체농민들이 파산되게 된 주요한 원인은 무거운 군사부담이였다. 그들은 군사복무기간을 농사기간에서 짜내야 하였으며 모든 군사장비와 6개월분의 식량을 자체로 마련하여야 하였다. 국내전쟁이 빈번해지면서 그들의 이 부담은 더욱 커갔다. 그 다음원인은 귀족, 지주들이 사기와 기만, 위협, 폭력 등 방법으로 자유농민들의 토지를 수탈하고 그들을 자기의 예속농민으로 만든데 있었으며 끝으로 자연재해의 침습도 그들을 파산시키고 투탁민으로 되게 한 주요한 원인이였다.

　이러한 조건에서 그들은 자기의 토지를 팔아버리거나 혹은 대귀족, 교회, 승려 등 대토지소유자들에게 자기 토지를 들여놓고 그들의 《보호》를 받지 않을수 없게 되였다. 이리하여 인신적인 투탁과 보호관계가 형성되였는데 이것은 자유농민들이 농노로 전락되는 첫걸음이였다. 이 경우 대토지소유자는 투탁자의 상전으로 되였으며 농민들은 점차 경제적으로뿐아니라 인신적으로도 예속되여갔다.

　투탁하여온 농민에 대하여 지주(교회나 세속귀족)들은 그 땅을 계속 경작할 권리를 주었으며 그 대신 지대를 착취하였다. 토지사용기간은 종신이였으며 교회는 투탁민에게 그가 바친 땅보다 2~3배나 더 많은 토지를 경작할수 있게 하였다. 이때문에 토지가 없거나 적은 수많은 농민들이 지주들이 늘여놓은 올가미에 걸려들어 그들의 소작농민으로 되였다.

　자유농민들이 《보호》를 받는 대가는 너무도 값비싼것이였다. 그들은 자기 토지소유권을 《보호자》에게 바쳐야 할뿐아니라 자기의 옛 땅을 계속 경작시킨 《은혜》에 보답하기 위하여, 령주들을 위하여 각종 부역에 동원되여야 하였으며 공물과 지대를 바쳐야 하였고 심지어 자기 개인의 인신적자유마저 깡그리 바쳐야 하였다. 그들은 예농으로 되였으며 몇대후에는 농노로 전락하였다. 이로 하여 자유로운 평민계층은 점차 소멸되여갔고 주민은 크게 대토지점유자인 령주 및 그 신복들과 농노로 분렬되였다.

　자유농민들의 농노화과정은 공동체의 봉건화과정을 동반하였다. 공동체의 빈농민을 예속시키는 방법으로 공동체에 침습하게 된 대지주들은 점차로 공동체전체를 자기의 장원으로 전변시켰다. 어떤 장원들은 몇개의 공동체를 포괄하였다. 처음에는 공동체성원들이 지주들과 신분적으로는 평등하였다. 공동체성원들은 아직은 장원주의 산림, 목장을 공동으로 리용할 권리를 가지고있었으며 공동체의 행정권과 사법권도 완전히 잃지 않았다. 그러나 후에는 이 모든 권리마저 대지주들에게 빼앗겼으며 정치적으로도 장원주의 지배밑에 놓이게 되였다. 장원주는 공동체농민들에 대한 재판권, 수세권, 벌금부과권을 거머쥐였으며 일부 군권까지 가졌다. 공동체는 경제적으로뿐아니라 정치적으로도 장원주의 기반밑에 놓이게 되였다.

이렇듯 공동체의 봉건화과정은 곧 자유로운 소농민들의 농노화과정이였으며 자유로운 토지사유제가 봉건령지제로 전화하는 과정이였다. 게르만인들속에서 이 과정은 8세기에 시작되여 약 100년이라는 기간을 거쳐 완성되였다. 로마전체를 놓고볼 때 2세기 제국의 위기로부터 9세기 게르만인에 의한 봉건사회의 형성까지 무려 근 800년이라는 장구한 세월이 걸렸다.

3. 《아시아적형태》의 공동체적토지소유로부터 봉건적토지소유에로의 이행

우리 나라에서 봉건적토지소유의 형성은 유럽과는 현저하게 다른 방법으로, 고대동방나라들과도 양상을 달리하면서 이루어졌다.

그것을 간단히 개괄하면 우리 나라에서는 분봉제도가 명백한 형태를 띠지 않고 고구려에서와 같이 일시적으로 후국으로 책봉하거나 흔히 식읍형식으로 실현되였다는데 특징이 있었다. 식읍은 토지소유권을 준것이 아니라 수조권을 준것으로써 해당 지역 인민들에 대한 제한된 지배권을 포함하였다. 그러나 유럽에서 볼수 있는것과 같은 령주와 령주적토지소유는 발생하지 않고 그 대신 후국에서의 반령주적인 토지소유관계가 일정한 기간 존재하였다. 또한 토지의 사적소유가 고대부터 있었던 결과로 지주적토지소유가 봉건시대의 초기에 발생하였다. 지주적토지소유의 형성은 노예소유자적토지소유의 변화된 형태 즉 노예로동대신에 령락된 소소유자의 로동을 착취하는 방법에 의하여 이루어질수 있었고 이미 지주화되고있던 호민들과 소농민적토지소유의 상승분화에 의하여 그리고 신흥봉건세력이 새로 토지를 획득한데 의하여 형성될수 있었다. (이에 대해서는 뒤의 장, 절들에서 구체적으로 보게 될것이다.)

《아시아적형태》의 공동체적토지소유에 기초한 고대동방나라들에서의 봉건사회에로의 이행은 토지의 자유로운 사적소유에 기초한 고대로마의 그것에 비하여 훨씬 단순하였다. 그것은 고대동방노예제국가의 특성과 관련되였다.

《아시아적형태》는 한마디로 말하여 토지의 사적소유가 없고 국왕이 최고토지소유자로 되고있었다는 점에서 고대그리스, 로마의 《고전적형태》와 질적으로 구별되였다. 또한《아시아적형태》가 지배한 고대동방나라들에서는 농촌공동체가 의연히 사회의 경제적단위로 되여 일부일처제의 소가족을 단위로 하는 소생산이 농업생산의 기본형태로 되고있었으며 노예제생산에 기초한 대장원경리가 없었다. 이것은 봉건적생산의 형성에 유리한 조건으로 되였다. 그리고 세계시장을 위하여 경영되고 잉여가치생산을 목적으로 한 그리스, 로마의 노예제는 봉건사회에로의 이행에 장애로 되였지만 상품생산이 고전적노예제사회보다 덜 발전하고 농업과 수공업이 결합된 고대동방사회의 경제구조는 봉건제도의 형성에 장애로 된것이 아니라 거의 그대로 자급자족적자연경제에 토대한 봉건사회의 기초로 될수 있었다. 또한 최고토지소유자에게 무상으로 착취되던 공납제적착취형태는 부역제도, 조세제도에로의 이행의 기초로 되였다.

이러한 특징은 총체적으로 노예소유자사회로부터 봉건사회에로 이행하는데 유리한 조건으로 되였다. 아시아나라들에서 봉건국왕은 의연 국가의 최고통치자이면서 동시에 최고의 토지소유자(비록 명목상이기는 하였지만)로 행세하였으며 부역과 조세제도는 농노제발생의 전제로 되였고 자연경제는 그대로 전습되였다.

공동체소유는 령주적(또는 지주적)소유에로 전화하는데 편리하였다. 공동체의 공유지와 공동체가 개인들에게 나누어준 분할지는 원래 사유지가 아니였으므로 국왕이 그 토지소유권을 자기 측근대신이나 권력자들에게 나누어주는데 힘들일것이 없었으며 원래부터 국왕에게 예속되여있던 농민들을 토지를 준자들에게 넘겨주는 일도 어려울것이 없었다. 이때문에 일반적으로 봉건사회의 토지소유권에는 인신적예속이 뒤따랐고 토지소유는 신분성을 띠게 되였다. 토지소유권을 획득한자는 동시에 정치적권력의 소유자였으며 공동체성원(또는 소농민)의 인신적지배자였다.

그리하여 국왕과 공동체성원사이에 하나의 봉건령주(또는 지주)가 끼여들게 되였으며 국왕과 공동체성원과의 관계는 간접적인것으로 되였다. 공동체농민들이 국왕에게 바치던 공납은 령주(또는 지주)에게 바치는 지대로 되고 국가는 그 대신 실제상의 토지소유자(이들속에는 자영소농민도 포함된다.)들로부터 조세(후기의 전조, 전세)를 받아내였다. 농촌공동체의 독립적소농민들은 자기의 경작지를 빼앗김으로써 로동지대 혹은 생산물지대를 지불할 의무를 지니게 되였다. 이리하여 공유지의 략탈자는 략탈한 공유지의 소유자로 되였을뿐아니라 농민토지의 소유자로 되였으며 공동체토지에서의 자유농민들의 로동은 공동체토지의 강점자들에 대한 부역로동으로 되였고 이와 함께 농노제적관계가 발전하게 되였다.

이와 같이 공유지가 국가관료나 권력자들에게 집중되여 공유지에 투하되였던 자유농민들의 의무로동이 부역로동으로 전화되고 자기 경작지에 투하되였던 공동체농민들의 자유로동이 생산물지대로 전화된것은 근본적인 변화였다. 략탈자와 피략탈자사이에는 새로운 관계 즉 령주와 농노, 지주와 소작인의 관계, 봉건적관계가 형성되였으며 인신적지배와 예속관계가 이루어졌다.

※ 유럽의 로씨야나 뽈스까, 체스꼬, 슬로벤스꼬, 벌가리아(《슬라브형태》), 로므니아(《로므니아형태》)들에서는 공동체토지의 략탈자는 령주가 되고 그들이 소유한 토지는 세습령지로 되였으며 령주들은 토지뿐아니라 신하들의 인신까지도 소유하였다.

인디아에서의 봉건사회에로의 이행은 농촌공동체의 봉건화과정이기도 하였다. 4세기초 구프타왕조때부터 봉건화과정이 본격적으로 진행되였는데 국왕은 농촌공동체를 단위로 하여 공동체의 토지와 인민을 자기의 신하나 왕실들에 나누어주었다. 황제의 자제들을 비롯하여 종신토록 군직을 맡은 무사들 및 그밖의 신하들은 국왕으로부터 토지소유권을 받았을뿐아니라 공동체농민들에 대한 인신적지배권까지 가졌으며 이로 하여 그들은 봉건령주로 되였다.

이렇듯 고대동방에서의 공동체의 봉건화과정은 권세있는자들이 공동체의 토지를 소유하고 공동체농민을 인신적으로 예속시키는 방법에 의하여 비교적 쉽게 이루어졌다. 공동체농민들이 종전에 국왕과 가졌던 신속관계와 공납관계는 새로 등장한 령주(또는 지주)와의 인신적예속과 지대착취관계로 바뀌였을뿐이다. 이러한 변화는 본질적인 변화였지만 형태상에서는 그 구별이 뚜렷하지 않았다. 아시아나라들에서 고대사회와 중세사회의 차이가 명백하지 않고 노예제사회로부터 봉건사회에로의 이행과정이 뚜렷하지 못한 리유가 바로 여기에 있다. 그러나 이러한 변화가 오직 자주성을 옹호하여 온갖 형태의 투쟁을 끊임없이 벌려온 인민대중의 투쟁에 의하여 이루어졌다는 점에서는 일치하였다.

제2절. 봉건적토지소유의 여러 류형과 소농민적토지소유

봉건적토지소유에는 사적-지주적토지소유와 령주적토지소유(령지제) 및 봉건국가의 국가적토지소유 등의 형태가 있다.

원래 봉건적토지소유란 말그대로 층층으로 분봉되는 계층적토지소유(령지제)를 의미하였다.

유럽에서 봉건적토지소유는 게르만인의 군사조직의 영향밑에 발생하였으며 공동체소유와 마찬가지로 공동체제도우에 세워졌다. 여기서 봉건적토지소유의 전형적형태는 령주적토지소유였다.

아시아에서는 사정이 이와 좀 달랐다. 일본을 비롯한 일부 나라들에서는 령주적토지소유가 발생하였으나 일부 나라들에서는 고유한 의미에서의 분봉에 의한 령주적토지소유는 발생하지 않고 자연발생적으로 생겨난 지주적토지소유가 국가적소유와 나란히 병존하였으며 다른 일부 나라들에서는 토지사유제의 결핍으로 봉건적토지국유제가 지배하였다. 이것은 아시아형봉건사회의 특징이였다.

봉건적토지소유에서의 직접적생산자는 농노적소농민(령지제)

이거나 예농 또는 소작농민이였다.

　　봉건적토지소유의 특징은 토지가 그 소유주와 함께 인격화되여 있은것이며 직접적생산자인 독립적소농민을 경제외적강제에 의하여 착취한다는데 있었다. 토지는 자기 주인의 위계를 가지고있었으며 토지소유주의 권력과 토지점유는 결합되여있었다.

　　봉건적토지소유의 이러한 속성은 령주제의 쇠퇴와 함께 약해지며 근대적토지소유의 확립과 함께 소멸되였다. 고유한 의미에서의 령주적토지소유가 없이 지주적토지소유로부터 시작한 나라에서는 지주적토지소유가 신분성을 털어버리면서 순수한 경제적형태를 지향하여 발전하였다. 봉건적토지제도의 발전사는 주로 봉건적토지소유에서 이《정치적혼합물》이 제거되고 순수한 경제적형태를 띠게 되는 과정이였다.

1. 령주적토지소유와 그 특징, 령주와 농노

　　일반적으로 령주적토지소유는 봉건사회의 첫번째 단계에서 형성된 봉건적토지소유의 한 형태이다.

　　앞에서 본바와 같이 봉건제도의 형성기에 채읍제도(은대지제도)를 통하여 위계제가 형성되면서 대토지소유자들이 령주로 되였다. 때문에 령주적토지소유는 계층적토지소유라고도 부른다. 계층적토지소유란 령주들이 계층-신분적등급에 따라 토지를 점유하는 제도를 말한다. 등급의 정점에는 국왕이 있었고 그아래에는 큰 령주-공작과 백작이 있었으며 또 그아래에 작은 령주, 다시 그아래에 기사들이 있었다. 이들 매 봉건세력은 상층에 대해 신하였고 하층에 대해서는 령주였다. 모든 령주들은 다 벼슬자리와 작위를 가지고있었으며 령주계급과 농노계급의 경제적 및 계급상의 구별은 곧 그들의 신분적등급에서의 차이와 일치하였다. 그러므로 유럽에서 계급은 곧 신분적등급으로 표현되며 령주적토지소유는 강한 신분성을 띠였다.

　　령주도 토지소유주라는 의미에서 지주이며 령지도 사적소유지이다. 그러나 지주는 령주가 아니며 령지는 령주의 완전한 소유가 아니라 조건적인 소유이다. 때문에 그것을 《봉건적사유》라고 부른다. 그 조건이란 동의없이 마음대로 매매할수 없는것이며 령지를 받은 대가로 그것을 준 국왕 또는 큰 령주에 대하여 군사적의무 즉 군역을 지게 되는것이다. 봉건적장원이 어떠한 경우에서나 《일종의 직전》이라고 하는 뜻도 여기에 있다. 령지가 종신소유이고 세습적인 소유라는 점은 령주적토지소유의 주요한 특징으로 된다.

령주는 령지안의 군주로서 자기 령지에서 정치, 경제 및 군사적권력을 쥐고있었다.

봉건령주의 권력은 모든 주권자의 권력과 마찬가지로 령지의 지대량에 의하여 규정되는것이 아니라 그들의 신민의 수에 의하여 규정되였으며 이 수자는 자립적경리를 가진 농민의 수에 의존하였다.

령주는 비록 국왕에 대하여 가신이지만 그에게도 가신단, 친병들이 있었으며 농노들이 있었다. 령주의 가신, 시종, 신복(본래는 비자유민)들은 자기 주인에게 충실할것을 맹세한 령주의 노복들이였다. *

> * 령주의 가신으로 될 때 서약문을 쓰고 선서하였다. 서약문에는 다음과 같은 내용이 있었다.
>
> 《모두가 알고있는 원인에 의하여 나는 먹을것도 입을것도 없으므로 당신(주인)의 자비를 바랍니다. …그러면 나는 살아있는 동안 당신의 손발이 되여 일할것이며 평생 당신의 권력과 보호밑에 있을것입니다.》(《도이췰란드 고대의 력사와 언어》인민출판사, 1957년, 87페지)

령주는 이들, 자기의 가신들과 친병, 농노들에게 토지를 나누어 주거나 대여해준 대가로 무제한한 권리를 행사하였으며 군사상, 소송상의 결재권을 쥐고있었다. 그는 지주이면서 자기 령지내 군사력의 총대장이였으며 전시에는 모든 군인들을 거느리고 싸움터로 떠났다. 령지에는 요새가 있었는데 그것은 자연경제의 단위였을뿐아니라 령주의 안전과 위엄을 보장해주는 보루였다. 령주가 장악한 이 정치, 경제, 군사적권력은 바로 령주적토지소유의 속성이였으며 바로 이것으로 하여 령주는 지방의 군주로, 봉건사회의 커다란 할거세력으로 되였으며 왕권은 전제주의로 되기 어려웠다.

령지는 그것이 계층적으로 분봉된것이므로 하급은 직속상급에 대하여 공납의무와 출병의무를 지니였다.

령지에서의 직접적생산자는 농노였다.

농노는 노예와는 달리 자기의 소경리를 가지고있었으며 령주에게 불완전점유된, 그러나 매매될수 있는 어제날의 노예 또는 자유소작인이였다. 농노가 생산수단의 점유자이며 농업 및 그것과 결합된 농촌가내공업을 독자적으로 경영하는 소생산자라는 측면에서 노예와 근본적으로 다르며 소작인과 비슷하였다.* 그러나 인신이 토지소유자에게 불완전점유된 존재라는 점에서 소작인과 구별되였다.

> * 농노가운데는 토지의 소소유자도 있었다. 그들은 자기의 집에 붙은 적은 토지의 소유자(비록 공납의 의무가 있는 소유자였지만)였을뿐아니라 공유지에 대한 공동소유자이기도 하였다.

우리 나라에는 유럽에서와 같은 농노는 없었다. 자기의 생산수단으로써 지주의 토지를 경작하는 농민(소작인)은 있었으나 그들의 인신은 지주에게 점유되지 않았다. 노비가운데서 농업을 생업으로 하는 외거노비는 명실공히 농노였지만 그들이 사회적으로는 농업생산의 기본담당자가 아니였으며 법적으로 인신은 주인에게 완전점유되여있다.

유럽의 농노들은 세습령지(령지는 령주의 토지와 농노의 토지의 두 부분으로 나뉘여졌다.)에서 떼여준 분할지를 경작하는 대가로 자기의 로동과 자기의 로동도구로써 령주의 직할토지를 경작해주었다. 농민들의 이 잉여로동으로 생산한 생산물은 모두 지주에게 무상으로 착취당하였다.

농노에 대한 이러한 착취형태는 로동지대이며 로동지대는 봉건적지대의 시초형태로서 채찍을 동반한 가장 가혹한 착취형태였다.

로동지대(혹은 생산물지대)외에 농민들은 도로, 다리, 장원주의 집건설과 수리 등 각종 부역로동에 무상으로 동원되여야 하였고 심지어 자기 로동의 열매인 곡식, 집짐승, 천 등도 무상으로 바쳐야 하였다.

공동체는 령주의 가혹한 착취로부터 농민을 보호해주는 보루의 역할을 하였다. 농민들은 공동체회의를 열고 농사와 농민생활에 관한 문제를 토의하였으며 방목지의 재분배문제, 목장과 산림의 리용규칙의 제정, 지주에 대한 봉건적의무의 수행여부 등을 토의결정하였다. 그들은 지주의 가혹한 착취에 항의하고 의무수행을 거절하기도 하였으며 폭력투쟁으로 항거해 나서기도 하였다.

령주와 농노의 관계는 지배와 예속관계였다.

농노가 당시의 조건에서 자기의 생존을 위하여 령주의 《보호》밑에 그의 토지를 경작하는 이상 이러한 종속관계는 필연적이였다. 이것은 봉건적, 령주적토지소유의 기본속성이였다.

이렇듯 령주적토지소유는 다른 형태의 봉건적토지소유와 현저히 구별되는 자기의 특성을 가지고있었다.

2. 지주적토지소유의 발생과 그 특징, 지주와 소작인

봉건적토지소유의 둘째 형태는 지주적토지소유이다. 일반적으로 지주적토지소유는 령주적토지소유의 《계기적형태》라고 말하고있다. 다시말하여 유럽에서 봉건사회는 령주적토지소유의 형성으로 확립되고 령주적토지소유의 쇠퇴몰락과정에서 신흥한 지주적토지소유가 형성됨으로써 쇠퇴기에 들어섰다.

일본에서는 이러한 지주적토지소유를 기생지주제라고 부르는데 기생지주제는 19세기 80년대～90년대에 확립된것으로 보고있다. 처음에는 에도막부시대(17세기-19세기 중엽)에 묵은 땅의 개간과 상인들에 의한 토지구입 및 집중에 의하여 발생하였는데 그것은 상품경제의 발전과 국부적시장권의 형성, 농민적소상품경제의 발전, 일고용로동력과 마누팍뚜라의 광범한 존재를 전제로 하였다. 이 사실은 지주경제가 자본의 요구에 의하여 발생하였다는것을 말해준다. 때문에 일본학계에서는 지주적토지소유를 봉건적토지소유로 보지 않고 근대적토지소유에로 넘어가는 반봉건적소유형태로 평가하고있다.

유럽의 경우도 마찬가지였다.

지대의 발전사를 놓고볼 때 화폐지대는 봉건지대의 마지막형태 인데 엥겔스는 15세기에 네데를란드, 벨지끄와 도이췰란드 라인강하 류지역의 농민들이 로동지대와 생산물지대를 물지 않고 화폐지대를 납부하게 된것을 《주인과 그 신하들이 그들자신을 지주와 전호(소작 인-인용자)로 전화시킴에 있어서 결정적의의를 가지는 첫번째 절차 를 완성》한 사변으로 묘사하였다.* 이것은 농노제의 붕괴기에 봉건 적토지소유가 지주적토지소유로 전화한다는것을 보여준것이다.

* 《도이췰란드농민전쟁》 조선로동당출판사, 1956년, 213~226 페지

영국에서도 령주제가 쇠퇴기에 들어선 봉건말기에 화폐소유자 들(상인, 수공업자)이 토지를 사들여 대토지점유자로 되였는데 그 들은 봉건령주가 아니라 자본주의적관계를 체현한 기업주로 전환하 였으며 그 토지를 경작한 농민은 단순한 차지농 또는 소작농으로 되 였다.

그러나 세계의 모든 나라들에서 봉건적토지소유가 이렇게 발전 한것은 아니였다. 봉건사회의 말기에 근대적토지소유에로의 과도적 형태로서 지주적토지소유가 발생한것은 대체로 유럽형에 속하는 봉 건국가들에 국한되였다. 서유럽의 몇개 나라들은 지주적토지소유의 형성과정을 거치지 않고 광범한 농민들이 자유로운 상품생산자로 전 화하는 과정을 통하여 자본주의에로 이행하였으며 노르웨이나 인디 아 같은 나라들은 봉건사회에 농노제가 전혀 없었다.

아시아의 많은 나라들에서는 지주적토지소유의 형성과정이 중 세말기에가 아니라 초기에 시작되였다. 중국에서는 전국시대(B. C. 475년-B. C. 221년)에 지주적토지소유가 령주제를 대신하여 발전 한것으로 보고있다. 그리고 B. C. 594년에 로나라에서 《초세무》(면 적에 따라 전세를 받는것)를 실시함으로써 생산물지대가 실시되고 지주경리가 형성된것으로 보고있다. 이것은 로동지대에 맞는 토지소

유는 령주제이고 생산물지대에 맞는 토지소유는 지주적토지소유라는 리론에 기초한 견해이다.

　우리 나라에서의 지주적토지소유는 또 다른 경로를 거쳤다. 봉건사회의 첫 시기에 발생하였다는 측면에서는 중국과 비슷하였으나 그것이 령주제를 대신한것이 아니라는 측면에서는 중국의 길과 달랐다. 지주적토지소유가 노예사회말기~봉건사회의 첫 시기에 발생하여 봉건적토지소유의 기본형태로 되여 봉건사회의 전기간, 지어 인민민주주의혁명단계에까지 존속하였다는것은 그의 주요특징으로 된다. 바로 이때문에 지주적토지소유는 근대에 오면서 자본주의적관계발생의 길을 열어준것이 아니라 그것을 엄중히 방해한 보수적이며 반동적인 소유형태로 되였으며 지주계급은 곧 반동세력의 상징으로 되였다.

　지주적토지소유는 발생기의 차이로 하여 령주적토지소유와 구별되는 일련의 특징을 가지고있다.

　그것은 첫째로, 토지점유가 독점적이고 배타적이며 따라서 토지를 자유롭게 매매할수 있다는데 있다.

　매매, 전당, 양여, 상속 등은 토지소유권의 중요한 발현이다. 비록 아직은 봉건적인 소유이고 자유로운 토지소유까지는 발전하지 못하였다 하더라도 자기 의사에 따라 상품처럼 팔고사고 할수 있다는것은 《완전한 소유》에 가까왔다는것을 말해준다.

　령주적토지소유는 이와는 달리 소유가 조건적이였다. 령주의 작위가 상속되면서 그의 부속물인 토지도 상속되지만 령지를 다른 사람에게 자의로 매매할수 없었다. 령지가 상속 또는 분봉되는 경우 공물, 병역, 부역 등 봉건적의무도 함께 이양되였으며 국왕 또는 큰 령주와의 모든 인신적지배와 예속, 보호관계도 그대로 고스란히 넘겨졌다. 이 의무를 다하지 못하였을 때 국왕은 그것을 조건으로 토지를 회수할 권한이 있었다.

　지주적토지소유는 이 점에서 령지제보다 한걸음 발전하였고 령주가 지배하는 사회보다 지주가 통치하는 사회가 전진하였다고 볼 수 있다.

　그러나 지주적토지소유도 의연 봉건적사유라는 본질적성격에서는 령지와 큰 차이가 없었다. 지주의 토지도 봉건국왕에 대하여 조세등의 일정한 봉건적의무를 지니며 소작농민도 지주에게 지대이외에 각종 부역의무를 비롯한 경제외적착취를 당하였다. 때문에 지주적토지소유도 봉건적인 사유에 속한다. 그것이 순수한 경제적형태를 취하게 되고 토지소유가 통치와 복종관계로부터 완전히 해방되기까지는 아직도 한단계의 발전기를 거쳐야 하였다.

그것은 둘째로, 지주는 기본상 토지소유주일뿐이지 대귀족이거나 대관료와 같이 정치적특권자가 아니며 더우기 령주와 같은 지방군주는 아니였다는것이다. 지주적토지소유는 본질에서 비신분적이고 비특권적이며 직접적생산자와의 관계에서 기본은 경제적관계였다.

그러나 우리 나라에서 지주적토지소유는 령지제를 대신하여 발생하였던 사정으로 하여 그 시초형태는 령지의 인신적관계를 많이 내포한 신분적소유로 되였다. 특히 대부분의 지주들이 대관료귀족들이였던 봉건사회의 초기에 토지소유가 어느 정도 그 주인과 함께 인격화되고 토지소유권이 정치적지배권과 결합되며 지배와 예속관계를 체현한 신분적소유로 되는것은 불가피하였다.

그것은 셋째로, 령주적토지소유에서 적대적계급은 령주와 농노이고 그들사이는 군신관계, 지배와 예속관계로 특징지어지지만 지주적토지소유에서는 적대적계급이 지주와 소작인이며 이들의 관계는 토지소유권의 변화에 따라 점차 경제적관계로 발전한다는것이다.

지주적토지소유가 순수한 경제적형태로 가까이 접근하게 되였을 때 지주와 소작인의 관계는 신분적예속관계가 아니라 경제적예속관계로 되며 소작인의 신분은 자유소작인으로 된다. 봉건사회의 분해기에 나타났던 도지제도하의 도지농민이 곧 《자유소작인》에 해당한다.

자유소작인은 지주를 마음대로 선택할 권리가 있었으며 이사하는것도 직업을 바꾸는 일도 자유롭게 할수 있었다. 비록 봉건적인 법의 허위와 위선에 기인하는것이지만 우리 나라 봉건법의 어느 조항에도 소작인의 불평등한 지위를 규정한 조항은 없었으며 농민에 대한 지나친 학대와 비법 또는 무법의 착취는 금지되여있었다. 지주는 그자신이 관료이거나 관권을 등에 업지 않은 이상 령주처럼 정치적으로 농민을 직접 통치할 권리가 없었다. 그들도 다같이 왕의 《적자》요

《신민》으로 규정되였던것이다. 그러나 물론 이것은 지주의 경제적 또는 경제외적착취강도가 령주보다 약하고 지주가 령주보다 선량하다는것을 의미하는것이 아니다. 자본의 통치밑에서 2중적의미에서 자유로운 로동계급이 임금노예의 처지에 있는것처럼 자유소작인의 운명도 봉건사회에서는 농노적처지를 면할수 없었다.

지대형태의 변화는 농민의 신분적예속상태의 변화를 동반하였다. 지주의 소작인에 대한 기본착취형태는 생산물지대이거나 화폐지대이다. 병작농민은 거의 모두가 생산물지대를 납부하였지만 도지농민은 후기에 화폐지대를 바치는 경우가 많았다.

그러나 령지제하의 농노는 대부분 로동지대(후에는 생산물지대)를 지불하였다. 따라서 령주적토지소유제하의 농노와 지주적토지소유제하의 소작인 및 봉건말기의 《자유소작인》은 기본적으로 로동지대, 생산물지대 및 화폐지대제하의 피착취대중이였다고 말할수 있다. 지대형태의 이 발전과정은 동시에 농민이 토지에서 해방되는 과정, 그들의 자주성이 증대되는 과정이였는데 농민들의 자주성의 증대는 전적으로 그들자신이 줄기차게 벌려온 반봉건투쟁의 결과였다.

그것은 넷째로, 지주적토지소유에 맞는 정권형태가 중앙집권적전제군주제였다는데 있다.

소유의 《아시아적형태》가 동방 전제주의적노예제국가의 기초로 되여있듯이 지주적토지소유는 봉건적전제주의왕권의 경제적기초로 되여있었다.

령주적토지소유는 정치적분산성과 할거성을 띠기때문에 중앙집권과 대립된다. 령주적토지소유가 지배한 유럽 중세나라들에서는 정권이 분산적이였고 왕권이 유명무실하였으며 소국들의 할거가 지배적이였다. 소국으로 분립한 령주들은 국왕에 대하여 명목상의 신속관계를 유지하였을뿐이였다. 령주들은 호상 령지를 넓히려고 싸움을 하였고 큰 령주들은 작은 령주들을 병탄하면서 왕권과 대립하였다. 그리하여 령지제에서는 평화가 아니라 략탈전쟁이 항시적현상으로 되였다. 그러나 15세기이후 대다수 농노들이 해방되여 자유농민(자영농민 또는 자유소작인)이 되고 령주 또는 상인들이 지주가 됨으로써 지주적토지소유가 지배적지위를 차지하게 되였으며 이에 따라 왕권은 신흥지주들과 자본주의발전의 리익의 대변자로, 제후국들에 의한 끊임없는 반란과 항시적분렬상태에서 《질서의 대표자》로 되였다. 이때의 정권이 바로 전제주의적왕권이였는데 그 기초에는 지주적토지소유가 놓여있었다. 이런 점에서 중세유럽과 아시아의 지주적토지소유는 현저한 차이를 가지고있었다.

3. 소농민적토지소유와 그 특징

소농민적토지소유는 《자유농민의 자유로운 소토지소유》 또는 자영농민의 자유로운 토지소유라는 개념으로도 부른다. 자유라는 말은 토지소유권이 인신적예속의 부속물이 아니라는 뜻과 함께 매매의 자유라는 뜻도 가지고있다. 그것은 토지소유에서 매매의 자유가 없는 진정한 소유란 있을수 없기때문이다.

소농민적토지소유는 그것이 발생하여 존속하는 기간 여러가지 우여곡절을 겪으면서 변하였지만 토지소유형태로서는 력사상 가장 오랜 사유제의 한 형태였다. 다른 사유지들은 대체로 한 시대를 유지했지만 소농민적토지소유만은 사유제가 발생하고 사회가 계급으로 분렬된 후 노예소유자사회와 봉건사회를 거쳐 자본주의사회에 이르기까지 적대적계급사회의 전 력사발전단계에 적응하면서 존재하여왔다. 그러나 중세 유럽에서는 소농민적토지소유는 령지제에 의하여 일찍 소멸되였다가 그 말기에 소상품생산자의 소유로서 재생하였다. 아시아나라들에서만 그것이 중세기의 전기간 온갖 봉건적중압밑에서 파산과 재생과정을 반복하면서 봉건통치의 기초로서 존속하였다. 때문에 중세기의 소농민적소유는 원칙상 《자유로운 토지소유》의 범주에 들어갈수 없다.

우리 나라에서 소농민적토지소유는 봉건사회의 발전기까지는 끊임없는 파산과 재생과정을 반복하면서 총체적으로는 증가일로를 걸어온것으로 보인다. 삼국시기의 초기와 고려 초기 및 리조 초기에 소농민적토지소유는 전성기에 들어섰다가 봉건착취가 강화되고 지주적토지소유가 장성함에 따라 줄곧 파산되여가기 시작하였다.
중세말기에 오면서 자영농민의 다수가 파산되여 19세기초에는 소농경리에서 소작인이 절대적우세를 차지하게 되였다.

소농민적토지소유의 주체는 자영(자작)농민이다. 그러나 자영농민과 함께 자유로운 소작농 혹은 농노적예속민의 경리도 자기의 밭과 생산도구를 가지고있다는 의미에서 다같이 소농경리라고 부른다. 이러한 구성을 가진 소농경리는 유럽이나 아시아의 중세농촌에서 다같이 많은 비중을 차지하였으며 농업에서 유일하게 효과적인 경리형태로 되여왔다.

소농민적토지소유의 특성은 우선 그 토지소유주인 자작농(자영농민)이 일정한 물질적자립성과 인신적자주성을 가지고있다는데 있다. 이것은 다른 소농민과 주요하게 구별되는 측면이며 이러한 차이는 자작농민이 자기 가족의 생존에 필요한, 나아가서는 확대재생산까지 할수 있는 면적의 기본생산수단을 소유한것에 의하여 규정된다.

알려진바와 같이 소작인으로서의 전호나 농노가운데는 일정한 면적의 토지와 집짐승, 로동도구를 소유한 농가호도 있었다. 그러나 그들은 그것만으로써는 온 가족의 생존을 보장할수 없었기때문에 다른 사람의 토지를 빌려서 경작하였다. 바로 이때문에 그들은 인신적인 예속관계에 얽매이게 되며 토지의 부속물로서 토지에 결박되지 않으면 안되였다.

다른 한편으로 소농민적토지소유는 지주적토지소유와도 본질적으로 구별되였다. 비록 토지소유주라는 측면에서는 같았으나 그들이 지배하는 토지면적의 크기에서 큰 차이가 있을뿐아니라 주요하게는 자작농은 다른 사람을 쓰지 않고 자기 노력에 의하여 살아가지만 지주는 다른 사람의 잉여로동을 착취함으로써만 살아갈수 있다는데 근본차이가 있다.

소농민적토지소유의 특성은 다음으로 그것이 봉건통치의 기초, 다시말하여 봉건적전제군주통치의 기초로 되여왔다는데 있다.

소농민적토지소유 그자체는 봉건적토지소유가 아니다. 그러나 봉건사회에서 소농경리는 자립적수공업경리와 함께 일정한 정도에서 봉건적생산방식의 기초로 되였으며 봉건군주의 권력은 자립적경리를 가진 농민의 수에 의존하였다.

　봉건적토지소유(령주적 또는 지주적소유)는 비록 봉건사회의 경제적기초를 이루지만 중앙집권적왕권과는 늘 재부와 권력을 위한 아귀다툼을 하고있었다. 그와 반면에 소농경리는 중앙정권의 물질적 및 로력적원천으로, 군비와 병력의 담보로 되였다. 따라서 소농민적토지소유의 성쇠는 봉건적전제주의의 강화와 쇠퇴의 기준이기도 하였다. 력대 봉건왕권이 《애민》, 《보민》정치를 표방하면서 농본주의를 제창하는 리유가 바로 여기에 있었다.

　소농민적토지소유의 특성은 또한 폐쇄성과 분산성에 있다.

　소농민은 방대한 군중을 이루고있었으나 그들의 생산방법은 그들 호상간의 접촉과 련합을 가져온것이 아니라 그들 서로를 고립시키였다. 소규모의 농경지경작에서는 어떠한 분업도, 생산기술의 도입도, 그들 서로의 협조도 필요로 하지 않았다. 개별적농민들의 매 가족은 거의 자급자족적인 생활을 하였으며 생활에 필요한 소비품의 대부분을 자신들이 직접 생산하였다.

　그들의 생활방식은 분산적이였다. 여기에 한뙈기의 땅과 한 농민, 하나의 농가호가 있다면 이웃에는 이와 나란히 또 다른 하나의 경작지와 농민과 농가호가 있었다. 이러한 몇개의 단위가 농촌을 이루었고 이러한 몇개의 농촌이 리를 이루고 군을 이루었다. 각자는 각자에 대해서만 생각하였고 매 농호는 자기 농사일에 대해서만 관심을 돌렸다. 소농민적토지소유의 이와 같은 분산성과 폐쇄성은 농촌경리의 보수성, 기술과 생산의 침체를 가져온 요인의 하나였다.

　소농민적토지소유의 특성은 끝으로 소유의 불안전성, 불공고성에 있다.

　소농민적토지소유는 2중성을 가진 소유형태이다. 잘되면 지주적소유에로 올라갈수 있고 못되면 지주적소유에 병탄될수 있었다. 그러나 소농민은 하층에로 분화될 가능성이 더 많았다. 그것은 그자신을 억압착취하는 계층이 국왕을 비롯한 크고작은 관료들과 승려들, 귀족들, 고리대금업자들이 숨통을 짓누르고있었기때문이다.

　자작농민은 국왕의 직속신민이였다. 때문에 그는 국가에 봉건적의무를 지고있었다. 자작농민에게 부과된 봉건적의무는 주로 전세와 부역과 병역이였다. 자작농민은 소토지의 소유자였기때문에 그에게는 어떠한 차지료도 부과되지 않았다. 다만 국가에 토지세, 소득세의 일종으로서의 전세와 특정한 공물을 바치면 되였다. 그러나 그 부담은 무거웠다. 특히 국왕의 신하로서 지게 되는 병역과 부역의무는 자작농을 파산시키고 소농민적토지소유를 분화시키는 주되는 요인의 하나로 되였다. 여기서 고리대는 더욱 파괴적인 역할을 하였다.

자작농민이 자기 소유지를 잃고 지주의 소작농으로 되는 경우 그는 국가의 자유농민으로서 봉건정부에 전세를 바치던 처지로부터 지주의 소작인으로서 지주에게 지대를 바치는 전호로 굴러떨어졌다. 이 변화는 토지소유권의 전화에서 오는 계급적처지에서의 중요한 변화였다. 그러나 신분적으로 국가의 평민(량인)으로서의 지위는 변하지 않았다. 때문에 전세대신 지대를 물뿐* 국가의 부역의무와 병역의무는 그대로 남아있었으며 벼슬할수 있는 길도 형식상으로는 의연히 열려져있었다. 이것은 노예에게는 있을수 없는것이였다.

> * 전세로부터 지대에로의 착취형태의 변화는 소농민에 대한 부담을 몇곱절 증대시켰다. 전세액은 세계적으로 명목상 수확량의 10분의 1, 20분의 1이였으나 지대는 50%이상, 지어는 70~80% 이상에 달하는 경우가 있었다.

소농민적토지소유의 이러한 불공고성은 소유형태상으로 볼 때 그것이 《미완성된 중도반단의 불완전한 소유》라는데 의하여서도 규정되였다.

알려진바와 같이 일반적으로 봉건사회의 토지사유는 자본주의적토지사유에 비하여 상대적으로 미완성된 불완전한 소유이다. 중세기의 모든 권리형식이 그러한것처럼 토지소유권도 여러면에서 혼합적이고 2원적이며 2중적이였다. 혼합적이라는것은 토지소유가 순수한 경제적형태를 띠지 못하고 거기에 정치적권력의 간섭(신분성)이 끼여들었다는 뜻이며 2원적이며 2중적이라는것은 소유에 경제적관계뿐아니라 정치적관계가 뒤섞이였다는것이였다. 토지소유의 발전력사는 소유의 2원성에서 정치적관계를 털어버리고 순수한 경제적형태를 띠게 되는 과정이다.

　　봉건사회의 소농민적토지소유 역시 사유제의 한 형태이긴 하였지만 그것은 불안전하였을뿐아니라 불완전하였다. 이 불완전성은 그 토지에 공납으로부터 부역에 이르는 각종 봉건적의무가 부과되여있는데서 표현되였다. 소농민적소유가 절대적인 사유제라면 그것은 신성불가침의것이 되여야 하며 국가에서 각종 봉건적의무와 가렴잡세를 부과할수 없게 되여야 하였다. 그러나 봉건정부는 토지소유에 정치적강권을 발동하였다. 이런 의미에서 중세기의 소농민적토지소유도 봉건적사유와 같은 제한적성격을 띠였으며 고대 또는 근대려명기의 자유로운 토지소유와 구별되였다.

　　그러나 중세기의 소농민적토지소유는 중세말기에 상품화폐경제가 발전하면서 소부르죠아적성격을 띠게 되며 명실공히 《자유로운 소농민적토지소유》로 발전하게 된다.

제3절. 봉건사회의 기본경제 법칙과 착취제도

1. 봉건사회의 주요특징과 기본경제법칙

　　봉건사회는 그전단계인 노예소유자사회와 그후단계인 자본주의사회와 구별되는 자기의 고유한 특징을 가지고있었다.

　　그 주요한 특징은 첫째로, 봉건적대토지소유(령주적 또는 지주적소유)가 사회의 기초를 이루면서 사적로동에 기초한 농민 및 수공업자의 개인적소소유와 병존하여있은것이다. 여기서 지배적지위를 차지한것은 봉건적토지소유였다.

　　농업은 봉건사회에서 사회의 기본생산부문을 이루었으며 농촌은 봉건통치를 실시하고 농민에 대하여 농노적착취를 진행하는 주요한 령역으로 되여있었다. 이런 조건에서 토지소유제는 농업생산의 기본조건으로 된다. 봉건사회에 맞는 토지소유제도가 없이는 봉건적생산을 진행할수 없다. 봉건사회에 맞는 토지소유는 령주적 또는 지주적토지소유이다. 이 봉건적토지소유는 농민을 땅에 얽어맴으로써만, 다시말하여 농민의 토지점유에 의존함으로써만 생산을 진행하며 봉건사회를 유지해나갈수 있었다. 그것은 봉건적토지소유의 주인인 령주나 지주가 무위도식하며 자기 힘으로는 생산을 진행할수 없는 사회의 기생충이기때문이였다.

봉건사회에서 병존하고있은 세가지 소유-봉건적소유와 소농민적소유 및 수공업자들의 사적소유가운데서 지배적인것은 봉건적(령주적 또는 지주적)토지소유이며 이것이 바로 봉건사회의 생산과 분배 및 그밖의 모든 사회관계를 규정하는 기초로 되고있었다.

봉건사회의 주요특징은 둘째로, 직접적생산자와 생산수단이 유기적으로 결합되여있은것이다. 이것은 노예사회나 자본주의사회와 구별되는 주요특징이다.

노예사회의 노예와 자본주의사회의 로동자는 생산수단으로부터 분리된 빈주먹밖에 없는 존재이지만 봉건사회의 농민(농노 또는 소작인 등 예속농민)은 일정한 자가경리를 가지고있으면서 동시에 지주의 토지에 얽매인 소생산자였다. 령주(지주)는 령지(소유지)의 일부를 자기의 직속농장으로 한 외에 나머지는 모두 가혹한 조건으로 농민들에게 주어 농민들로 하여금 자기의 로동도구와 부림짐승을 가지고 농장과 자기 분할지를 경작하게 하였다.

이렇듯 봉건사회의 직접적생산자들은 실제상 그자신이 생산수단의 점유자였으며 자영농민의 경우에는 기본생산수단의 소유자였다. 그러므로 그들은 모두 생산수단과 불가분리적으로 결합되여있었다.

봉건사회의 주요특징은 셋째로, 농민들에 대한 지주들의 인신적지배와 경제외적강제였다.

직접적생산자는 지주의 땅을 부치는 대가로 인신적자유를 잃고 부자유한 존재로 되였는데 유럽나라들의 농노제하의 부역로동이나 아시아나라 봉건제도하에서의 공납의무 등은 모두 직접적생산자에 대한 인신적예속의 표현이였다.

경제외적강제는 인신적자주성을 잃은 농민들에 대한 토지소유자의 주요한 착취방법이였다. 경제외적강제는 농노적지위로부터 농민들의 불완전한 위계제적권리에 이르기까지 그 형태와 정도는 각이하였다.

봉건령주에 대한 농민의 인신적예속과 이로부터 나오는 경제외적강제는 봉건사회의 가장 기본적인 특징이며 각종 형태의 지대착취를 가능케 한 기본조건이였다.

봉건사회의 주요특징은 넷째로, 자급자족적자연경제의 지배였다.

매 장원은 하나의 경제단위였고 매 농호는 기층생산단위였다. 지주와 농민들의 식의주생활에 필요한 모든 물건은 장원과 농호에서 생산되였다. 낟알생산, 집짐승기르기, 천짜기, 주택건설 등은 모두 농민들의 손에 의하여 진행되였다. 장원에는 야장간을 비롯한 수공업장들이 있어 무기와 군사장비들을 자체로 생산하였다. 령주들은 자기 령지에서 많은 농산물과 수공업제품을 얻어냈으나 그것을 시장에 내다파는 일은 거의 없고 모두 자체소비에 돌렸으며 사치품을 제외한 물건을 시장에서 사들이는 일도 거의 없었다. 매 농호도 사정은 마찬가지였다.

봉건사회에서 자연경제의 지배는 사회발전의 완만성, 내부의 분렬, 끊임없는 략탈전쟁의 요인의 하나였다. 자연경제의 자급자족적성격은 상품생산의 발전을 저애하였고 령지들의 폐쇄성을 강화하였으며 다른 령주의 지배밑에 있는 토지와 인민, 희귀한 상품과 돈을 빼앗기 위한 령주들사이의 전쟁을 빈번히 발생하게 하였다.

그러나 폐쇄적인 봉건사회의 자연경제속에서도 인민들의 근면한 창조적로력에 의하여 단순상품생산이 진행되였으며 상품생산은 첫 시기에 봉건경제를 보충하면서 봉건제도의 공고화를 촉진하였다.

봉건사회의 주요특징은 끝으로, 농업기술의 락후, 소농민의 빈궁과 사회의 몽매 등이였다.

봉건령주, 봉건지배계급의 가혹한 착취와 보수성, 자연경제는 농업기술의 발전을 저애하고 농민들의 빈궁과 사회의 몽매를 가져왔으며 종교재판은 과학의 발전을 저애하였다. 유럽에서 중세기를 암흑의 시대라고 하는것은 이때문이였다.

이렇듯 토지소유의 봉건적, 대규모적성격과 생산과정의 개인적

성격, 로동력과 생산수단의 결합, 직접적생산자의 인신적예속과 경제외적강제, 자연경제의 지배와 상품생산의 미숙, 생산의 보수적인 기술적토대 등은 봉건사회의 주요한 특징이였다. 이러한 특징은 노예사회에 비한 봉건사회의 진보성을 규정한 요인인 동시에 자본주의사회에 비한 락후성을 규정한 요인으로도 되였다. 특히 착취계급들에 의한 잉여생산물의 비생산적소비는 단순재생산을 재현시킬뿐 확대재생산의 가능성을 극도로 제한하였다. 이것은 봉건사회의 발전을 제동하고 발전속도가 완만성을 띠게 한 기본요인이였다.

우에 든 봉건사회의 주요특징가운데서 가장 본질적이고 동, 서방력사에 일반적으로 적용되는 기본특징은 토지의 봉건적소유와 경제외적강제에 의한 지대착취였다. 이 기본특징은 봉건사회의 본질에 대한 규정으로 되며 따라서 봉건사회 기본경제법칙의 핵으로 된다.

봉건사회의 기본경제법칙을 완전무결하게 정식화하기는 어렵다. 그것은 자본주의 및 사회주의의 생산방식은 세계적인것이기때문에 매 민족국가에 다 적용되는 기본경제법칙을 일반화할수 있으나 폐쇄적인 봉건적생산방식은 농후한 지역적, 민족적특성을 띠기때문이다. 그러나 어떻든 하나의 경제법칙을 이루는 3개의 기본요소 즉 봉건적토지소유와 경제외적강제 및 봉건지대를 포함시켜 지주(봉건국가, 령주, 사적지주)가 봉건적토지소유(령주적 또는 지주적)에 기초하여 지대형태로 표현되는 농민의 잉여생산물을 경제외적강제의 방법으로 착취함으로써 자신의 기생적생활을 보장하는 내용이 반영되면 봉건사회의 본질이 법칙으로 정식화되였다고 볼수 있을것이다.

이로부터 봉건사회의 본질을 아래와 같이 해설할수 있다.

봉건사회란 일반적으로 국가주권과 기본생산수단인 토지가 봉건계급에게 속하여있는 착취사회를 말한다.

봉건적토지소유와 봉건적신분제도는 봉건사회의 주요특징을 이룬다.

봉건사회에서 지배적인 사상의식형태는 종교이다.

봉건사회의 기초는 봉건적토지소유이며 기본계급은 령주와 농노, 지주와 소작농민이다. 봉건사회에서 모든 주민은 봉건적신분제도에 의하여 인위적으로, 천성적으로 귀천이 갈라진다.

봉건사회에서 착취의 기본형태는 봉건지대이다. 봉건국가와 령주 또는 지주들은 여러가지 형태로 토지없는 농민들을 토지에 얽매여놓고 경제외적강제로써 그들의 로동력 또는 로동생산물을 착취한다.

봉건사회에서 사회관계의 기본은 피착취계급인 농노 및 농노적농민들과 착취계급인 봉건령주 및 지주들사이의 계급적대립과 투쟁이며 봉건사회는 자주성을 위한 근로농민들의 투쟁이 강화되고 자본주의적관계가 발생발전함에 따라 붕괴된다.

그러나 이것은 봉건사회의 기본원리, 기본징표들이다. 실제에 있어서 매개 민족이 걸어온 봉건사회의 양상은 천태만상이였다. 어느 나라의 봉건사회치고 꼭같은 양상을 가진것은 없었다. 지어 서로 이웃한 조선과 중국의 봉건사회도 많은 점에서 자기의 고유한 특성을 가졌으며 같은 력사적개념도 판이한 내용을 가지는 경우가 적지 않았다. 다만 사회의 성격을 규정하는 본질적인 징표들에 공통점이 있을뿐이였다.

매개 민족이 걸어온 봉건사회의 이 공통점과 사회정치구조상의 특징을 기준으로 삼아 고찰하면 인류력사에 있은 봉건사회를 크게 두가지 류형으로 나눌수 있다. 그 하나는 아시아형이며 다른 하나는 유럽형이다. *

* 《력사과학》1988년 1호, 2호 《조선봉건사회발전의 일반적합법칙성과 자본주의적관계발생문제에 대하여》

2. 경제외적강제와 봉건지대

경제외적강제는 봉건제도를 유지, 존속하기 위한 필수적조건이며 지주계급이 농민의 잉여로동을 착취하기 위한 수단과 방법이다. 경제외적강제없이는 봉건적착취를 실현할수 없다.

알려진바와 같이 봉건사회에서 생산관계의 기초는 지주의 토지에 대한 소유와 직접적생산자에 대한 불완전점유이다. 이로부터 생산자에 대한 지주의 경제적 및 경제외적강제가 있게 된다.

경제적강제란 착취계급이 순수한 경제수단으로써 계약이나 상품교환 등 형식을 리용하여 어려운 경제적처지에 놓여있는 근로자들을 지배하고 착취하는 수단이며 방법이다. 경제적강제는 필연적으로 그것이 형식적인것이건 실제적인것이건 관계없이 경제적예속을 동반한다.

자유소작인은 인신적으로나 생산수단의 소유관계에서 자유로운 존재이다. 바로 이때문에 그들은 지주의 땅을 소작하지 않으면 안된다. 그들은 이 경우 가혹한 어느 한 지주의 착취에서 자원적으로 나올수 있으나 전체 지주계급의 착취로부터 벗어날수는 없다. 때문에 표면상으로는 소작관계가 자유로운 계약관계이고 그의 로동이 자원적인것처럼 보이지만 실제에 있어서 그것은 강압적인것이며 강요된것이나 다름없다. 다만 이때의 강제가 채찍이나 폭력을 통한 강제가 아니라 기아로써 실현되는 강제일따름이다. 이것이 바로 경제적강제이며 경제적예속관계이다. 노예제도하에서도 경제적강제가 있다.

그러나 노예제도나 봉건제도의 특징은 경제적강제에 있는것이 아니라 경제외적강제에 있다. 그것은 이 두 착취제도가 모두 주로는 인신적지배와 예속관계를 통하여 착취를 진행하는 제도이기때문이다. 이 제도에서는 경제적강제만으로써는 근로자들을 노예적 또는 농노적(혹은 예속민의) 처지에 있게 할수 없다.

노예사회에서 노예들이 억압착취받는 가장 근본적인 원인이 그들이 생산수단을 박탈당한데 있는것이 아니라 그에 앞서 그들의 인신이 점유된데 있는것이다. 노예가운데서 절대다수를 차지하는 포로노예나 형벌노예는 먼저 인신적인 자주성부터 박탈당하였으며 채무노예인 경우에도 그들을 노예로 전락시키는 방법은 강제적이며 야만적인것이였다.

봉건사회의 경우에는 다른 하나의 원인이 더 첨가되였다. 그것은 바로 농민들이 토지에 결박된것이였다.

토지에 결박되였다는 말에는 두가지 뜻이 있다. 하나는 봉건사회의 농민들이 일정한 분할지의 점유자라는 뜻이며 다른 하나는 토지에 고착되여 인신상의 자주성을 잃고 토지의 부속물이 되였다는 뜻이다. 이것이 바로 봉건사회의 경제외적강제의 원인이며 경제외적강제 그자체이다.

봉건제도에서 경제외적강제는 다음과 같은 원인에 의하여 실현된다. 첫째로, 농민들이 일정한 면적의 소작지를 포함하여 상대적으로 독립한 자가경리를 소유하고있는것이며 둘째로, 그들은 자기의 필요로동과 엄연히 구별되는 봉건적부담을 정상적으로 걸머지려고 하지 않는것이였다. 이러한 처지에 있는 농민들에게 인신적자유가 있고 경제적강제만이 적용된다면 농민들은 지주를 위해서 일하려 하지 않았을것이다. 오직 경제외적강제만이 농민을 토지에 얽어맬수 있고 그들을 토지의 부속물로 만들수 있으며 봉건적착취를 보장할수 있었다.

경제외적강제의 본질은 직접적생산자에 대한 인신적예속이며 인신적부자유, 인신에 대한 직접적점유 또는 일반적지배이다. 이러한 인신적부자유는 그 정도에 차이가 있을뿐 부역제에도 있고 생산물지대나 화폐지대에도 있다. 한마디로 말하여 지주에게 착취당하는 농민의 모든 잉여로동은 다 경제외적강제의 힘으로 빼앗아낸것이다.

물론 근로자들에 대한 매질과 징벌, 학살 등 폭력행위와 기만과 협잡, 위협과 공갈에 의한 규정이상의 착취 그리고 법적권력의 발동 등도 역시 경제외적강제의 각이한 표현형태이다. 그러나 이것은 그 본질이 아니다.

경제외적강제는 대체로 경제적강제를 동반하는것이며 그 본질은 각이한 정도의 인신적부자유, 농민을 토지의 부속물로서 토지에 고착시키는 제도, 엄격한 의미에서의 예속제도이다. 따라서 농노적지위는 가장 높은 강도의 경제외적강제의 표현으로 된다. 이로부터 경제외적강제가 봉건제도의 필수적생존조건이며 농민의 잉여로동을 착취하기 위한 기본수단, 방법이라는 결론이 나온다.

그러나 봉건제도의 기초는 봉건적토지소유이다. 그것은 경제외적강제를 통하여 자기 목적을 실현한다. 지대가 바로 이 토지소유의 경제적실현형태이며 존재목적이다. 따라서 토지에 대한 배타적인 소유가 없이는 지대가 발생할수 없다.

지대의 본질은 잉여가치 또는 잉여로동의 정상적인 형태라는데 있다. 다시말하여 지대란 토지소유의 경제적실현형태로서 자신의 재생산에 필요한 로동조건들을 점유하고있는 직접적생산자가 토지소유자에게 무상으로 착취당하는 잉여로동 또는 잉여생산물이다.

봉건적지대에는 로동지대, 생산물지대 및 화폐지대의 세가지 형태가 있다. 전형적인 상태에서는 이 세가지 지대는 봉건사회의 각이 한 발전단계에서의 순차적인 잉여생산물착취형태이다. 즉 봉건지대는 로동지대로부터 생산물지대로, 그후 생산물지대로부터 화폐지대에로 발전하며 이 순차적발전은 동시에 봉건사회의 전 단계를 반영하였다. 그러나 많은 나라에서는 봉건사회초기에 로동지대와 함께 생산물지대가 동시에 출현하였다.

세가지 지대가운데서 로동지대는 가장 단순한 형태이며 시초형태였다.

유럽봉건사회의 첫 단계의 지배적소유형태인 령주적토지소유에서 농노의 잉여로동이 창조한 지대가 바로 로동지대이다. 직접적생산자인 자영적농노가 한주일의 로동일을 두 부분으로 나누어 령지와 자기의 점유지에서 따로따로 일할 때 령주를 위한 부역로동이 곧 잉여로동이며 로동지대를 형성한다. 이 경우에 지대와 잉여가치는 일치한다. 그것은 직접적생산자들의 자기자신을 위한 로동이 공간적으로나 시간적으로 령주를 위한 강제로동과 명백히 분리되여있으며 직접적생산자의 잉여로동전부가 토지소유자에게 착취당하기때문이다. 바로 이때문에 로동지대하에서 농노적농민은 오직 자기 가족에 충분한 로동력이 있고 토지의 자연조건이 좋은 경우에 한해서 작은 규모에서나마 자기 경리의 확대재생산을 진행할수 있다.

로동지대제하에서 농민들은 부역로동의 제한성(사회적생산력의 미발달, 로동방식의 조잡성 등)을 리용하여 로동일의 많고적음에는 관계없이 자기의 총로동가운데서 많은 몫을 자기 땅에 투하하였다. 이것은 곧 령주의 땅에 투하된 로동이 실제에 있어서 농민의 분할지에 투하된 로동보다 량적으로 적어진다는것을 말하며 따라서 령주의 지대수입도 그만큼 적어진다는것을 의미하였다. 이로부터 령주들은 착취방법을 고쳐 생산물지대제로 이행하였다. 력사에서 로동지대의 지배시기가 길지 않은 리유의 하나가 여기에 있었다. *

> * 그러나 모든 나라 봉건사회에서 다 로동지대가 봉건지대의 시초형태로 된것이 아니였으며 로동지대로부터 곧 생산물지대에로 이행한것도 아니였다. 세계의 많은 나라들에서는 생산물지대가 사실상 시초형태로 되였으며 로동지대가 중세말기까지 계속된 나라

도 있었다. (영국, 프랑스를 비롯한 서유럽봉건사회에서는 로동지대의 지배시기가 13세기에 끝났다. 다만 로씨야에서만 이 《시초형태》가 19세기까지 계속되였다.)

중세기 우리 나라를 비롯한 아시아나라에는 로동지대의 지배적인 시기가 없었고 그 대신 로동지대와 함께 생산물지대가 발생하고 생산물지대의 지배시기가 긴것이 특징이였다. 봉건사회에서 지대의 지배적인 형태는 생산물지대였다.

원래 생산물지대는 지주적토지소유에 맞는 지대형태라고 말할수 있다. 령주적토지소유제에서는 로동지대의 일정한 기간의 지배적시기를 거쳐 생산물지대에로 이행하지만 지주적토지소유제에서는 거의 례외없이 생산물지대로부터 시작하여 그것이 오랜 기간 존속하다가 화폐지대와 병존하는것이 특징이였다. 생산물지대는 봉건사회의 보다 발전된 단계의 산물이며 직접적생산자의 보다 높은 문화의식수준의 반영이였다.

생산물지대의 본질은 직접적생산자의 잉여로동이 생산물의 현물형태로 착취된다는데 있다.

생산물지대는 로동지대에 비하여 한단계 발전된 형태의 지대이지만 여전히 자연경제를 전제로 하며 농업과 농촌가내수공업과의 결합을 전제로 하였다. 이로부터 생산물지대를 형성하는 잉여생산물은 농업과 수공업이 결합된 가족로동의 생산물로 되며 생산물지대에 농산물뿐아니라 수공업생산물도 포함될수 있었다. 그러나 지대의 본질에는 변함이 없었다.

생산물지대제밑에서는 농민의 소작지에서 필요생산물과 잉여생산물이 동시에 생산되기때문에 직접적생산자의 자기자신을 위한 로동과 토지소유자를 위한 로동이 시간적으로나 공간적으로 명백히 구별되지 않았다. 물론 당시까지는 부역로동의 잔재가 다분히 동반하지만 농민은 자기의 전체 로동시간을 얼마간 마음대로 처리할수 있었다. 여기서 잉여로동이 더는 그자체의 자연적상태로 착취되지 않기때문에 농민들은 지주의 대리인들의 직접적인 감독과 채찍대신에 자기자신의 책임밑에서 일하게 되였다. 이것은 로동지대와 구별되는 주요한 차이였다.

생산자가 자가 로동시간을 얼마간 자신이 지배할수 있고 생산물지대에 꼭 농촌가족의 초과로동의 전부가 흡수되는것이 아니기때문에 그들은 로동에 리해관계를 느끼며 생산에서 좀더 적극성을 발휘하게 되였다. 지주는 가을에 가서 수확의 절반, 또는 계약된 액수의 지대를 가져가면 되기때문에 생산과정에 일일이 간섭하지 않아도 되였다. 농민은 많은 수확을 내면 좀더 많은 몫을 차지할수 있기때문에 농노보다는 자주적으로, 창발적으로 일하였다. 그러므로 생산물지대제하에서 농민의 확대재생산의 가능성은 커지며 농민의 인신적예속, 부자유도 농노보다는 훨씬 풀리였다.

그러나 생산물지대도 로동지대와 마찬가지로 지대가 자연적성격(즉 토지의 생산물)을 지니고있고 농민경리가 의연 시장과 련계를 가지지 못하며 반작제적소작에서는 지주도 수확고에 관심을 가지기 때문에 대리인들의 감독과 강제로동이 동반하였다. 따라서 직접적생산자의 자주성을 유린하고 생산의 확대를 저애하였다.

그러나 화폐지대에서는 사정이 달라졌다.

화폐지대는 상품생산의 기초우에서만 발생하여 상업, 도시수공업, 상품생산일반의 발전과 화폐류통의 보다 현저한 발전, 생산물의 가격과 가치의 어느 정도의 일치를 전제로 한다.

화폐지대에서는 직접적생산자가 잉여생산물을 토지의 생산물이 아니라 생산물의 가격을 토지소유자에게 지불하게 된다. 이것은 지대가 자연적성격을 벗어나 화폐적성격을 띠게 되였다는것을 의미하는데 바로 여기에 선행한 지대와 구별되는 본질적특징이 있었다. 그러므로 농민은 지대를 지불하기 위하여 반드시 잉여생산물을 시장에 내다팔아서 화폐를 얻어야 하였다. 다시말하여 화폐지대제하에서 직접적생산자는 그의 생산물의 일부를 상품으로서 생산하고 상품으로 전화시키지 않으면 안되였다.

그러나 화폐지대도 봉건적지대인 한에서는 생산물지대의 단순한 형태전화에 불과하였다. 아직은 생산물지대와 마찬가지로 직접적생산자의 잉여생산물과 필요생산물이 뗄수 없는 통일체를 이루고 농민의 경리에서 함께 생산되였으며 생산된 후에는 잉여생산물만이 화폐형태로 전화되여 토지소유자에게 략탈되였다.

그럼에도 불구하고 화폐지대가 지배적지위를 차지하게 된 시기는 봉건사회의 또 하나의 새로운 발전단계, 봉건제도의 분해기를 상징한다. 때문에 화폐지대는 세가지 봉건지대 가운데서 최종형태인 동시에 해소형태로 된다. 그것은 농업생산을 시장과 련결시킴으로써 자연경제의 분해를 촉진시키며 전통적인 농업생산방식의 성격을 다소간 변화시킨다. 화폐지대는 또한 토지소유자와 그에 예속되였던 직접적생산자와의 전통적인 인신적관계를 소작상의 순수한 화폐관계로 전화시키며 경작자인 토지점유자를 사실상의 단순한 차지인으로 되게 한다. 이어 소소유자와 고용로동자가 출현하게 되며 농업에서의 자본주의적관계의 발생을 가능하게 한다.

이와 같이 우에서 든 세가지 지대는 봉건사회의 각이한 발전단계를 반영한 착취형태였다. 비록 력사의 현실은 꼭 로동지대에서 생산물지대로, 생산물지대에서 화폐지대에로 발전한것이 아니라 각종 형태들이 동시에 병존한 경우가 많았다고 하더라고 한 형태로부터 다른 형태에로의 이행은 로동과 생산 및 사회의 발전을 반영한것이며 농민들의 자주성의 확대를 의미하였다. 이러한 사회적전진은 오직 자신의 근면한 로동으로 생산을 발전시키고 끊임없는 투쟁으로써 지주의 봉건적착취에 타격을 준 농민들이 자연과 사회를 개조하기 위한 투쟁의 결실이였다.

제2장. 고구려의 토지제도

B.C. 277년에 건국한 고구려는 세계에서 가장 이른 시기에 형성된 봉건국가의 하나였다.

고구려에서는 고조선판도안의 소국들을 병합하기 위한 끊임없는 전쟁과정에서 왕실소유지와 국유지가 늘어났고 귀순하는 소국들의 왕과 그의 친족들을 책봉하는 방법에 의하여 봉건세력들이 형성되였다. 국내 자유소농민들의 투탁과 보호관계에 대한 자료는 없으나 하호들의 성격변화는 소농민들의 농노화과정과 비슷하였다.

그러나 고구려의 봉건화과정이 가장 이른탓으로 그리고 고조선, 구려노예사회의 특성으로 하여 엄밀한 의미에서의 령주적토지소유는 형성되지 않았다. 분봉제도는 결국 다른 형의 령지제, 다시말하여 형식에서만 령주적이고 실제에 있어서는 신분지주적인 토지소유로 되였으며 그 직접적생산자는 농노가 아니라 농노적예속인(하호)과 소작농민이였다. 이런 토지소유를 유럽형의 령주적토지소유와 구별하기 위하여 편의상 반령주적토지소유로 부르기로 한다.

고구려에서 봉건적토지소유의 기본형태는 지주적토지소유였으며 봉건국가의 토지소유도 상당한 비중을 차지하고있었다.

왕실소유지는 형식상 국가소유지의 형태를 띠였으나 본질은 사적, 지주적토지소유였다. 그밖에 고조선때부터 내려오던 소농민적토지소유와 공동체적유제로서의 공유제가 봉건적토지소유와 병존하고있었다. 그리고 농업에서 품팔이관습으로서의 용작제도 일정한 범위에서 보급되였다.

고구려에서 발생발전한 봉건적토지소유관계는 그후 신라, 백제를 비롯한 우리 나라 봉건왕조들에서의 봉건적토지제도의 원형으로 되였으며 세계적으로도 가장 이른 시기의 봉건적토지제도의 하나로서 이채를 띠였다.

제1절. 고구려에서의 봉건적토지소유의 확립

1. 반령주적토지소유의 발생, 대가(大加)와 하호

령지제의 형성을 국유지의 확장 및 채읍제의 실시와 떼여놓고 생각할수 없는것과 마찬가지로 고구려에서의 반령주적토지소유의 발생을 소국들의 병합과 분봉제도를 떠나서 말할수 없다.

고구려의 주변에는 많은 소국들이 있었다. 이 소국들에는 왕도 있었고 통치기구도 있었다. 이 소국들이 한나라침략세력을 내쫓기 위한 투쟁과정에서 이미 고구려를 중심으로 단합되여가고있었다.

그러나 역시 적지 않은 소국들은 아직 독자적세력으로 활동하고 있었다. 이 분산적인 소국들을 통합하는것은 고구려에 있어서 반침략투쟁의 승리를 위하여서나 자체의 통일적발전을 위하여 절실한 문제로 나섰다. 이로부터 고구려의 통치층은 주변소국들을 정복하고 통합하기 위한 투쟁을 선차적과제로 내세우고 국가형성직후부터 끊임없는 투쟁을 벌리였다.

주변소국들을 통합하는데서 고구려지배층은 두가지 방법을 적용하였다. 그 하나는 무력으로 정복하는것이고 다른 하나는 항복귀순시키는것이였다. 둘째 방법에 의하여 반령주적형태의 토지소유가 형성되였다. 고구려의 통치층은 이 두가지 방법을 적절히 배합함으로써 나라의 판도와 세력을 급속히 넓혀나갔다.

아래에 《삼국사기》 고구려본기에 실려있는 자료들을 들어보기로 한다.

① 《(비류국의 왕) 송양이 나라를 바쳐 항복하여왔으므로 그 땅을 다물도로 고쳐부르고 송양을 주(主)로 삼았다. 고구려말로 옛땅을 회복한것을 〈다물〉이라고 하기때문에 그런 이름을 달았다.》(권 13 시조 동명성왕 2년)

《다물후 송양의 딸을 맞아 왕비로 삼았다.》(권13 류리명왕 2년)

이 자료는 고구려에 항복하여온 비류국을 부용국으로 삼고 비류국왕 송양을 《후》(왕)로 책봉하였다는 기록이다. 이것은 정확히 말하면 비류는 고구려의 후국으로 되고 송양은 동명왕의 신하로 되였다는 뜻이다. 다물도의 령토와 백성들은 송양의 령지와 신하로 되여있으나 그 대신 송양은 우리 력사기록의 표현대로 하면 고구려에 대하여 부용국의 왕으로서의 공납의무를 지게 되였다. 병역의무에 관한 직접적자료는 없으나 부용국왕의 처지로서는 고구려왕의 출병요구에 응하지 않을수 없었으리라는것은 명백하며 또 후(왕)로 책봉된 이상 그의 이 지위는 그가 군신관계를 어기지 않는 한 세습되였을것이라는것은 의심할바 없다.

② 《부여왕의 사촌동생은 나라 사람들에게 〈우리 선왕이 죽고 나라가 망하여 백성들이 의지할 곳이 없는데 왕의 동생은 도망쳐 갈사에서 도읍하였다. 나도 어질지 못하여 나라를 부흥시킬수 없다.〉고 말하고 곧 만여명을 데리고 항복하여왔다. (대무신)왕은 그를 왕으로 봉하고 연나부에 있게 하였다.》(권14 대무신왕 5년)

이 자료는 나라를 바치지 않고 항복한 세력자에게는 《왕》이라는 빈 감투만 씌웠다는것을 보여주고있다. 남의 땅(연나부)에 사는 국호도 없는 왕이 제후국의 왕으로 될수 없었을것임은 명백하다. 그러나 이 자료는 당시 고구려에서 투항해온자들을 제후로 책봉하였다는 사실을 보여주고있다.

《삼국사기》에는 고구려가 건국한 직후 100여년간 소국들을 통합한 사실을 10여곳에서 전하고있으나 실은 이보다 더 많았을것이며 따라서 정복되여 군현으로 편입된 이외에 후국으로 책봉된 소국들도 더 있었을것이라는것을 알수 있다.

③ 《구다국왕이 개마국이 멸망되였다는 소식을 듣고 화가 자기에게 미칠것이 두려워 나라를 바쳐 항복하여왔다.》(권14 대무신왕 9년 12월)

이 자료는 두달전에 고구려 대무신왕의 징벌을 받아 왕이 살해되고 땅이 모두 고구려의 군현으로 편입된 개마국의 전철을 밟지 않기 위하여 구다국왕이 자진 항복하였다는 내용의 기사이다. 이 경우 그는 대무신왕의 제후로, 구다국은 고구려의 후국으로 되였을것이다.

④ 《갈사왕의 손자 도두가 나라를 바쳐 항복하여왔으므로 도두를 우태로 삼았다.》(권15 태조대왕 16년)

이 자료는 도두가 갈사국(부여왕의 아우가 압록곡에 세운 소국)을 바친 대가로 우태라는 고구려왕조의 높은 벼슬등급을 받았다는것이다. 이 경우 우태는 도두에게 준 특별표창이였다.

⑤ 《주나국을 정벌하고 그 왕자 을음을 사로잡아 고추가로 삼

았다.》(권15 태조대왕 22년)

이 자료들은 정복한 나라들에 대한 특례를 보여준것이다. 주나국은 항복하지 않았기때문에 정복하고 그의 왕자만 잡아들여 고구려의 왕족들이나 5부의 대인들만이 받을수 있는 고추가라는 높은 벼슬등급을 주었다. 사로잡았다가 작위를 준것을 보면 주나국은 후국으로 책봉되지 못하고 군현으로 개편된것으로 보인다.

소국들의 책봉과는 내용이 좀 다른 분봉도 있었다.

⑥ 연나부의 명림답부에 의하여 살해된 차대왕의 태자 추안이 도망쳤다가 신대왕이 대사령을 내렸다는 말을 듣고 찾아와《사죄》하면서《죽이지 않고 먼곳에 보내여준다면 다시 살려준 은혜》로 알겠다고 아뢰였다.

《신대왕은 곧 그에게 구산뢰와 루두어 두곳을 주고 그를 양국군으로 봉하였다.》(권16 신대왕 2년)

여기서 추안이 받은 봉호는 왕이 아니라《군》이였지만 (왕과 군은 같은 뜻이다.) 그는 명백히 자기 소망에 따라 먼곳에 있는 구산뢰와 루두어에 갔을것이며 그 두곳을 령지로 받은《령주》로 되였을것이다.

추안은 신대왕의 신하이자 구산뢰, 루두어의 통치자로 된다. 이것은 왕족들에 대한 분봉이기때문에 위험한 세력을 제거하는 효과적인 방법으로도 되였다.

⑦《숙신이 침입하여 변방백성을 죽이였다. …왕이 동생 달가에게 징벌할것을 명령하였더니 달가는 단로성을 점령하고 추장을 죽인 다음 주민 600여호를 부여 남쪽 오천으로 옮기고 6~7개의 부락을 부용으로 만들었다. 왕이 매우 기뻐하여 달가를 안국군으로 봉하고 중앙과 지방의 군사를 총괄하게 하였으며 (지내외병마사) 겸하여 량맥과 숙신 등 여러 부락을 통치하게 하였다.》(권17 서천왕 11년)

이것도 왕족에 대한《군》책봉이다. 추안에게 준 책봉과 다른것은 부용으로 된 부락(부족련합)들에 내려 가지 않는 부재령주가 된것이다. 여기서 새롭게 제기된것은 수도에서 지내외병마사벼슬을 하게 된 그가 어떻게 량맥과 숙신부락들도 겸하여 다스릴수 있었는가 하는 것이다. 이에 앞서 166년(신대왕 2년)에 국상 명림답부도 지내외병마사로 있으면서 량맥부락을 겸하여 다스리게한바 있었다. 수도에 앉아서 변방의 부락들을 통치하려면 그곳에 정치, 경제, 군사권을 가진 자기의 대리인이 있어야 할것이다.

이에 대해서는 아래에서 분석하겠지만 다른 하나의 문제는 《겸하여 다스린다.》의 뜻이다. 왜 국가에서 군현처럼 직접 다스리지 않고 개인에게 이런 통치권을 떼여주었는가? 이것은 공신에게 주는 국왕의 하나의 《혜택》으로 간주된 책봉의 일종일수 있다. 그렇다면 그곳 인민들에 대한 직접적통치자는 국왕이 아니라 분봉된자로 되며 그곳 조세의 수탈자도 국왕이 아니라 안국군과 같은자였다. 이런자들이 형태상 령주와 비슷하다는것은 명백하다.

그러면 고구려의 후국으로 된 귀순한 소국들에서 제후들은 자기 가신들을 어떻게 꾸리고있었는가. 이에 대한 직접적인 자료는 없으나 5부의 우두머리귀족인 대가(大加)의 틀차림을 보면 알수 있다.

《여러 대가들도 스스로 사자, 조의, 선인들을 두고있는데 그들의 이름은 모두 왕에게 알려야 한다. 그러나 마치 경대부의 가신들처럼 모임좌석에서는 국왕의 사자, 조의, 선인들과 같은 항렬에 끼울수 없다.》(《삼국지》권30 위서 고구려전)

이 자료는 후국들의 왕, 후, 주 등 제후들도 중앙정부와 꼭같은 (혹은 비슷한) 명색의 관리들을 두고있었다는것을 말하여준다. 이것이 바로 가신단인데 이 점에서는 전형적인 령주들의 가신단과 흡사하다. 령주의 가신들이 국왕의 대신들보다 급이 낮았던것처럼 고구려 제후들인 대가들의 가신들도 고구려중앙정부의 대신들보다 급이 낮았다. 이들 대가의 가신들인 사자, 조의, 선인들이 대가를 보좌하면서(령주가 없는 경우에는 대신하면서) 자기의 후국(또는 부락)을 통치하였을것이다.

제후들은 사병을 가지고있었다.

조의 명림답부가 차대왕 수성을 죽일 때 동원한 병력이 연나부의 군사였을수 있으며 왕의 명령에 따라 관나부의 패자 달가(서천왕의 아우)가 조나국을 정벌할 때 거느린 병력이나 환나부의 패자 설유가 주나국을 칠 때 거느린 군사들은 다 그 부의 군사였을수 있다.

잘 알려진 사실이지만 연개소문은 서부대인 대대로의 아들이였다.

대인의 자리는 5부가 큰 봉건세력으로 된 다음에도 전통적관습대로 세습되였는데 개소문은 그 자리를 계승한 후 왕과 대신들을 비롯한 100여명의 반대파들을 숙청하는데 자기 부병(중앙정부의 군대라는 설도 있다.)을 동원하였다.*¹ 고구려에서 매해 3월 3일에 거행된 집단적사냥에는 대신들과 5부병사들이 동원되였다.*²

*¹ 《삼국사기》 권49 개소문전
*² 《삼국사기》 권45 온달전

이 사실은 당시 봉건세력들에게 사병들이 있었으며 달가나 설유와 같이 왕의 명령이 있으면 그에 따라 자기 군사를 동원하여 명령을 집행하였다는것을 말하여준다.

후국들에서의 토지경영방식에 대한 구체적자료는 없다. 그러나 후국의 주인으로 책봉된자들(왕, 주, 군)이 그 소국 또는 지역의 최고통치자로 된 사실은 그들이 동시에 그 소국 또는 지역의 최대의 대토지소유자로 되였음을 의미한다. 그들은 자기 통치지역안의 인민들을 정치적으로 지배할뿐아니라 경제적으로 착취할 《권리》를 가졌을것이다. 그들이 자기 가신들인 사자, 조의, 선인들에게 다시 토지를 분봉하였다는 자료는 없다. 그러나 이 가신들이 가신의 구실을 하려면 일정한 물질적담보, 다시말하여 토지에 대한 지배권이 없어서는 안되였을것이다. 이런 론리에서 보면 후국의 왕, 군들이 고구려국왕에 신속된 령주적존재이듯이 그들의 가신들은 왕, 군(또는 대가)들에 신속된 토지소유자였을것이며 따라서 그들의 통치지역전체를 이들 령주적존재들의 《령지》로 볼수도 있을것이다. 그러나 그 령지안에는 가신들이외의 지주나 소소유자 등 본래의 소유주들이 있었을것이다. 바로 이때문에 그 《령지》는 완전한 의미에서의 령지가 아니고 령지의 형태를 띤것이다.

다른 한편 후국의 제후령지에서의 기본생산자는 하호였을것이다.

고대사회에서의 하호는 일반적으로 공동체 하층농민에 대한 범칭이였다. 봉건사회에서도 하호의 계급적처지는 여러가지였는데 주로 그가 얽매여있는 토지의 소유형태가 무엇이였는가에 따라 그들의 처지도 달라졌다. 령지에서의 하호와 지주적소작지에서의 하호는 인신적예속정도, 경제외적강제정도에서 약간의 차이나는 착취를 받았을것이다.

이 하호는 《부세를 무는것이 노와 같다.》고 한데서 알수 있는바와 같이 가난하고 무권리하여 착취를 받는데서는 노예와 별반 차이없는 빈농민이였다. 그러나 그들은 노예는 아니였던것만큼 봉건적령지에서의 그들의 처지도 농노는 아니였다. 이때 농사에 종사하는 노비를 농노라고 한다면 하호는 농노적상태에 있는 예속농민(예농)이였을것이다. 이들이 바로 그《령지》에서의 기본생산자대중을 이루고있었다. 대가(大加)는 대가(大家)이기도 하였을것이므로 대가(大加)의 하호 즉 먼곳에서 쌀과 곡식, 물고기, 소금 등을 날라준다는 하호는 대부분이 지주 또는 《령지》의 예속농민이였을것이다.

하호에 대한 착취형태의 기본은 생산물지대였다. 식량을 바쳤다는 기록으로 보아 그것이 로동지대는 아니였던것으로 보인다. 물고기와 소금은 공물이였을것이며 그밖에 무거운 부역 및 병역의무가 있었을것이다.

지대를 먼곳에서 날라온다는것은 부재지주의 경우에 있는 일인데 이 사실은 하호들이 읍에 있는 후왕이나 그밖의 권력자들을 주인으로 섬기고있었다는것을 의미한다.

어마어마한 가신단과 수만명의 하호들을 거느린 대가(大加)들의 지대 및 공물착취량은 대단하였던것으로 보인다. 연노부의 대가는 3만여명의 하호를 거느리고있었고[*1] 잠우락부의 대가, 대승 등은 1만여명의 하호를 거느리고있었다.[*2] 원래 령주의 세력의 크기는 지대량에 있는것이 아니라 그가 거느린 신하의 수에 의존하므로 이들

봉건세력들은 결코 무시할수 없는 존재였다는것을 알수 있다.

*¹ 《삼국지》 위서 권30 고구려전
*² 《삼국사기》 권14 고구려본기 민중왕 4년 10월조에 인용된 《후한서》의 기록

우의 사실을 종합하면 다음과 같은 결론을 내릴수 있다.

첫째로, 고구려 초기에 있었던 후국의 왕, 군들이 고구려왕실로부터 책봉된 지방의 제후이며 그들은 분봉된 나라 또는 지역의 토지와 함께 인민도 통치하였고 그들의 지위는 세습되는 경우도 있었으며 자기의 가신단과 무력도 가지고있었다. 고구려왕에 대한 신속관계는 고구려왕실에 대한 복종과 공납 및 병역의무를 다하는 조건에서 유지되였다. 이것은 후왕들이 지방군주와 거의 비슷한 령주적존재였다는것을 의미한다. 그러나 고유한 의미에서의 령주 및 령지로 될수 있는 조건들은 어느 하나 그대로 갖춘것이 없고 거의 모두가 유럽형과는 엄연히 구별되는 시초형태의것이였다. *

* 이 시초형태의 령지제는 고구려봉건사회의 조숙성으로 하여 완성되지 못한채 곧 령지제보다 발전된 지주적토지소유제에 의하여 구축, 소멸되였다. 그후 1 000여년이 지난 다음 이 시초형태의 령지제는 유럽과 일본에서 수립되여 세계력사에서 말하고있는 고유한 의미에서의 령지제로 발전하게 되였던것이다.

령주적토지소유의 기본특징은 령지가 세습된다는데 있다. 그러나 고구려에 귀순항복한 세 소국들의 왕과 중앙에서 책봉하여 내려보낸 두 군 그리고 부락들을 겸하여 다스리게 된 지내외병마사들가운데서 그 자리가 명백히 세습되였다고 추측할수 있는 후왕은 송양왕밖에 없으며 그것도 3대까지나 계승되였겠는지 의심스럽다. 갈사국왕이 손자 도두에게 우태의 작위를 주었던것만큼 3대부터는 중앙벼슬에 등용되였을 가능성이 많다. 왕권의 위협으로 되고있던 안양군의 자손을 계속 위험한 할거세력으로 지방에 남겨두었을리 만무하다. 겸하여 다스리는자들은 그 벼슬이 당대에 끝났으며 안국군 달가는 봉

상왕에 의해 살해되였다. 이 사실은 고구려에서 후왕, 군들의 세습이 제도화한것이 아니였음을 의미한다.

둘째로, 고구려는 존속전기간 중앙집권적전제국가였다. 중앙집권과 령주적토지소유는 불상용적이다. 고구려왕조 초기에 약간의 지방소국들을 후국으로 분봉한것은 일종의 회유귀순정책에서 나온것이며 궁극적목적은 고구려의 건국을 완성하려는데 있었다. 때문에 전국이 통합되고 왕권이 강화된 조건에서는 중앙집권과 대치되는 령주적할거세력들을 내버려둘리가 없었고 새로 분봉할 필요는 더욱 없었다. 494년에 부여왕이 오랜 력사전통을 가진 부여국을 송두리채 바쳐 항복하였을 때 그를 후왕으로 책봉하지 않은 리유도 여기에 있었다.

후국에 대한 중앙정권의 간섭은 매우 집요한것으로 보인다. 비류국을 다물도(옛땅을 회복한다는 뜻)라고 고친데서 고구려왕권의 진의도가 뚜렷이 나타나있거니와 송양에게 후왕칭호를 준 다음 그를 곧 고구려왕실에 끌어들인것(류리왕의 비 즉 대무신왕의 어머니는 송양의 딸이다.)은 후국을 중앙정권에 해소시키려는 궁극적목적에서 출발한것임을 보여준다. 갈사국왕의 손자에게 우태의 작위를 준것이라든지 주나국의 왕자 을음에게 고추가의 벼슬등급을 준것도 역시 같은 목적을 추구한것이였을것이다. 이리하여 몇개 안되던 령주적인 할거세력들은 오래가지 못하였다. 그후에 남은 령주적인 세력이란 5부와 비류부, 연노부와 같은 여러 부들이 있었는데 이것들은 할거세력이 아니였다. 그의 우두머리들은 모두 중앙정부의 벼슬등급을 가지고있었으며 부의 부장은 국왕이 임명하기도 하였다.*

> * 대무신왕 15년에 대무신왕은 구도 등 3명의 비류부장을 평민으로 만들고 대신 관노부의 사자 추발소를 부장으로 임명하였다. (《삼국사기》 권14 고구려본기)

셋째로, 후국의 왕, 군들이 유일한 토지소유주가 아니라 그의 가신들과 관계없는 원래의 토지소유주(지주, 소농민)가 의연히 존재하고있었으며 또한 후국에서 기본생산자대중을 이룬 하호의 대부분이 농노가 아니라 일반예속농민이며 부역제적로동지대가 기본이 아니라 생산물지대가 기본착취형태로 되고있었다. 이것은 후국에서의 토지소유관계가 고유한 의미에서의 령지제가 아니라는것을 말해준다. 앞에서 언급하였지만 령주적토지소유에서 령주와 대립된 계급은 농노이며 초기의 주되는 지대형태는 로동지대였다.

끝으로 령주적존재라고 볼수 있는 후국왕(군)의 경우에도 그 수는 몇명 안되였고 령지는 넓지 못하였을뿐아니라 주로 경제적의의가 적은 산간지대였으며 가호도 적었다.* 이것은 후왕(군)들의 토지소유가 전고구려적판도와 전고구려사회경제에서 차지하는 지위는 극히 미미하였다는것을 말해준다.

> * 고구려건국초기 소국들은 대체로 몇십리 또는 100리안팎을 두고 린접한 작은 나라였다. 고구려 말기 전국에 176개 성, 69만여호가 있었는데 이것은 한개 성에 평균 3 920여호가 있었다는것을 의미한다. (《삼국사기》 권22 고구려본기 보장왕 27년 12월) 후국들은 이보다 훨씬 작았다.

이와 같이 제후(왕, 군)의 권리가 제대로 세습되지 못하고 중앙정권의 강한 간섭을 받았으며 전국가적범위에서 극히 보잘것없는 세력을 이루고있은자들이 고유한 의미에서의 령주가 아니며 그들의 토지소유가 령주적토지소유가 아니라는것은 명백하다. 이러한 토지소유를 고유한 의미에서의 령주적토지소유와 구별하여 반령주적토지소유라고 부르게 되는 리유가 여기에 있다. 이러한 반령주적토지소유도 고구려왕조에서 주로 건국초기에 존재하였다.

2. 지주적토지소유의 형성, 대가(大家)와 하호

일반적으로 유럽에서 지주적토지소유는 농노제가 붕괴기에 들어선 시기 령주적토지소유를 대신하여 발생하였다. 그의 주요특징은 토지의 자유매매와 령주 대 농노대신에 지주 대 소작인이라는 새로운 계급관계를 내용으로 하고 생산물지대를 주요착취형태로 하고 있다는데 있다.

그러나 우리 나라에서 지주적토지소유는 고조선 후기에 일부 호민들의 토지경영에서 부정형적으로 나타났었지만 주로는 봉건사회의 첫 시기에 와서 발생하였으며 바로 이것으로 하여 지주적토지소유는 자체의 고유한 일련의 특징을 가지게 되였다.

지주적토지소유발생의 주요한 력사적전제는 토지의 자유로운 매매에 있다.

토지의 자유로운 매매가 없이는 지주의 토지를 경작할 소작인대렬이 생겨날수 없으며 토지의 집중도 성과적으로 실현할수 없다. 물론 봉건사회에서 토지집중의 방법이 매매에만 있지 않았다. 첫 시기의 지주들은 대체로 관료들이였고 토지소유의 성격도 신분적이였던것만큼 토지집중의 기본방법은 정치적권력에 의한 략탈이였다. 봉건정부의 무거운 부역로동과 병역부담, 가렴잡세에서 벗어나기 위하여 무권리한 빈농민들이 권세있는 관료들에게 투탁하고 《보호》를 요구하였을 때 관료지주들은 소농민들의 토지를 병탄하고 농민들을 자기의 《보호》밑에 넣었다. 이런 《보호》방법은 본질에서 정치적권력의 발동이며 강제이다. 빚에 눌리여 자기의 경작지를 파는 농민들의 땅을 사들이였을 때 그것 역시 강권을 배경으로 한 《억매》였다. 그러나 어떻든 토지매매가 없이는 농민들이 자기의 토지에서 리탈할수 없는것이며 억매에 의한 토지겸병도 있을수 없다. 령주적토지소유가 분해되여가고 농노제의 질서가 문란해지지 않고서는 지주적토지소유가 발생하지 못하는 리유가 여기에 있다.

고구려에서는 일찍부터 토지매매가 허용되고있었다. 다음의 자료가 그것을 말해주고있다.

평강(평원)왕의 공주는 《금팔찌를 팔아서 땅과 집, 노비, 소와 말, 기물들을 사들여 살림을 완전히 갖추었다.》(《삼국사기》 권45 온달전)

이 자료는 당시(6세기 후반기) 토지를 아무런 제한없이 자유롭게 팔고사고할수 있었다는것을 말해준다. 물론 이 기록은 설화처럼 쓴것이기때문에 좀 과장된것으로 보이지만 문맥그대로 해석하면 토지는 상품처럼 매매되였다. 돈으로 땅을 마음대로 팔고 살수 있다는것은 토지소유권의 자유로운 이양—매매, 저당, 상속을 의미한다. 고구려의 그밖의 사회관계들을 종합해보면 토지매매는 건국초기부터 있었으나 특히 후기에 성행한것으로 보인다.

토지매매는 고구려에서 사적지주형성의 중요한 계기로 되였다. 파산된 소농민들은 빚을 갚기 위하여 또는 국가조세를 물기 위하여 얼마 안되는 자기의 소유지들을 팔았으며 그 다음에는 온달처럼 걸식하였거나 혹은 부유한 집에 가서 품팔이 또는 소작살이를 하였다. 고리대금업자나 부유한 농민들은 이 기회를 리용하여 토지를 사들여 지주가 되였다. 중소지주들은 이렇게 발생 하였다.

그러나 대지주들은 거의 모두가 고구려의 귀족들이였다. 다음의 자료가 그것을 말해준다.

《그 나라에서 대가(大家)들로서 농사를 짓지 않고 앉아서 놀고 먹는자는 만여명이나 되는데 하호들이 먼곳에서 쌀, 량식, 물고기, 소금 등을 날라다 바친다.》(《삼국지》권30 위서 고구려전)

이것은 3세기이전시기의 고구려의 계급관계를 반영한 자료이다. 여기서 보는 대가는 높은 관료들을 가리키는 대가와는 구별되는 말이다. 즉 이것은 글자그대로 큰집을 쓰고사는 사람들—부유한자들을 가리키는 말이다. 그들의 대부분은 물론 귀족관료이자 지주인 지배계급이였으나 그가운데는 귀족이 아닌 부자—평민가운데 살림이 넉넉한자도 들어있었을것이다. 대가들은 이처럼 농사도 짓지 않으면서 하호들이 날라다주는 잉여생산물을 먹고살았다.

> ※ 하호가 날라다주는 물고기와 소금이 지대가 아니라는 점을 중시하여 그것을 노비신공으로 해석하면서 대가들가운데는 노예소유자도 있었겠다고 보는 견해도 있다. 그러나 이 시기 대가는 어느 의미에서나 노예주는 아니다. 그가 말그대로 《대가》이므로 가내노예를 둘수는 있으나 가내노예는 신공이 없었다. 그러므로《앉아서 먹는》대가의 대부분이 지주일수밖에 없다.

그러면 하호들은 구체적으로 어떤 계급이였던가.

봉건사회의 하호도 역시 넓은 폭을 가진 농민이였다는 점에서는 고대사회의 하호와 같았다. 그러나 그 성격은 근본적으로 달라졌다.

첫째로, 대가(大家)가 대가(大加)와 같은 령주적존재인 경우 그 예속민인 하호는 먼곳에서 수도에 있는 부재지주에게 지대 또는 공물 등을 날라다주어야 하였을것이다. 이때의 하호는 앞에서 언급한바와 같이 《부세를 무는것이 노객과 같다.》는 농노적농민이다. *

> * 비록 하호가 노비처럼 략탈당하지만 외거노비는 아니고 부곡이나 장들에서 사는 하층인민일것이라고 주장하는 설도 있다. (《조선봉건시대 농민의 계급구성》 과학원출판사, 1957년. 96~97페지) 이 견해는 하호를 예속민으로 보면서도 노비가 아니라는 점을 강조하고있다.

둘째로, 국가의 예속농민이다. 대가를 포함하여 농사를 안 짓고 앉아서 놀고먹는 관료집단의 록봉을 위하여 하호들은 수도 또는 성읍들에 공물 혹은 생산물지대(국가소유지의 소작농민의 경우)를 날라와야 하였다. 이때의 하호는 국유지를 경작하는 국가의 예속농민이며 그들의 처지도 일반하호와 큰 차이가 없었다.

셋째로, 현지에서 지주의 땅을 경작하는 빈민으로서의 하호, 《자기 땅이 없어 부호, 귀족의 땅을 경작하여 10분의 5세를 지주에게 날라다주는》* 소작인으로서의 하호이다.

> * 《한서》권24 상 식화지 안사고의 주

이 셋째 류형의 하호가 바로 고구려시기 지주적토지소유에서의 전형적인 소작인이였다. 여기서 명백히 해야 할것은 하호들이 착취당하는 량식과 물고기, 소금 등이 모든 하호들이 일률적으로 략탈당하는 잉여로동이 아니며 또 그 전부도 아니라는것이다. 그것은 하호가 총체로서 착취당하는 항목을 렬거한것이다. 다시말하여 모든 하호들이 다 일률적으로 량식과 물고기, 소금을 바친것이 아니라 어떤 하호들은 쌀을, 어떤 하호들은 물고기나 소금 등 특산물을 공물로 착취당하였던것이다. 강이나 바다를 끼지 않은 산골의 하호들이 물고기와 소금을 공물로 바칠수 없었을것이며 산골 하호는 또 다른 종류의 특산물을 바쳤을것이다.

　지주적토지소유에서의 하호들은 지주의 토지를 소작한 대가로 잉여생산물을 생산물지대형태로 착취당하였다. 생산물지대는 벌써 로동지대보다 직접적생산자의 높은 문화의식수준, 그의 로동과 사회일반의 비교적 높은 발전단계를 상징하는것이다.

　하호들을 착취하는 지주들이 령주적존재는 아니라고 하더라도 대체로 신분지주, 다시말하여 관료귀족지주이며 따라서 고구려의 지주적대토지소유는 신분적소유이고 인신적예속관계, 경제외적강제가 강하였다고 볼수 있다.

　고구려의 지주에 대한 자료를 보기로 하자.

　《중외대부 패자 어비류와 평자 좌가려는 모두 왕의 친척으로서 나라의 권력을 틀어쥐고있었으니 그의 자제들도 세도를 믿고 교만하고 사치하였으며 남의 자녀들을 략탈하고 토지와 가옥을 빼앗았다.》 (《삼국사기》권16 고구려본기 고국천왕 12년)

　어비류와 좌가려는 정치적권력을 배경으로 하고있는 관료귀족지주의 전형이다. 권세를 믿고 남의 집 자녀와 토지, 가옥까지 마음대로 로략질하는 관료귀족지주들의 하호들에 대한 경제적 및 경제외적강제가 얼마나 가혹하였는가 하는것을 짐작하고도 남음이 있다. 그들은 이런 강권적방법에 의하여 토지와 재부를 늘여갔으며 대지주로 자라났다.

　또한 초기의 신분지주들가운데는 령주와 다름없이 사병까지 거느린자들도 있었다. 좌가려 등이 저들의 비행이 인민들의 저주와 국왕의 제재를 받게 되자 왕권을 반대하여 수도로 쳐들어간 사실이 그것을 말해주고있다. * 봉건적토지소유의 발전추세는 우선 신분지주들로부터 병권이 떨어져나가고 다음은 정치권력이 분리되여가는것이다.

> * 좌가려나 어비류와 같은 대토지소유자가 당시에 얼마나 있었는지 알수 없으나 앞에서 인용한《삼국사기》고구려본기 민중왕 4년 조의 기사는 잠우락부의 대가(大家), 대승 등도 바로 그러한 신분지주였다는것을 보여주고있다.

　중소지주들은 대체로 관료귀족이 아닌 서민계층이였으므로 이들의 토지소유를 서민지주들의 토지소유라고 불러 관료지주들의 토지소유와 구별한다. 서민지주들은 자기 직영지를 자가로력(노비로동 포함)으로 경작한외에 대부분의 토지는 소작농과 품팔이군들의 잉여로동으로 경작하였다. 이 잉여로동이 지대형태로 실현되는 이상 그 착취는 경제외적강제를 동반하게 되지만 직접적생산자의 인신적예속정도는 관료지주들의 신분적토지소유의 경우보다 약하였고 그들의 처지도 어느 정도 자유로왔다.

3. 국가적토지소유와 그밖의 소유형태들

봉건적토지소유의 다른 한 형태는 국가소유지와 왕실소유지이다. 국가소유지는 공전이라는 의미에서 사적지주의 토지소유와 구별되지만 계급적본질에서는 다 같은 지주계급의 소유이며 왕실소유지는 개별적지주로서의 국왕 및 왕족들의 사적소유지이다.

국가소유지는 토지국유제하의 토지와 엄격히 구별된다.

봉건적토지국유제는 아시아나라 봉건사회에 고유한것으로서 고대사회의 《아시아적소유형태》에 뿌리를 두고있다. 《고대동방》에서 국왕들은 전국의 모든 공동체우에 군림한 최고주권자, 유일한 토지소유자로 행세하였었다. 그것이 비록 명목적인것에 불과하였지만 봉건사회에 와서도 국왕들은 《하늘의 아들》, 《만민의 아버지》로 자처하였으며 전국의 토지를 왕의 소유로, 전체 인민을 《적자》라고 선언하였다. 고구려에 전파된 유교는 봉건국왕의 우상화에 더욱 부채질하면서 토지국유제에 리론적기초를 제공해주었다. 《시경》에서 말한 《하늘아래 백성으로서 왕의 신하아닌 사람이 없고 온 나라 땅치고 왕의 땅이 아닌 땅이 없다.》는 구절은 움직일수 없는 신조로, 철칙으로 간주되였다. 그러나 이것은 하나의 허구에 지나지 않았고 현실적으로는 나라의 모든 토지에는 크고작은 임자들이 따로 있었다. 그러나 국왕은 나라의 최고주권자로서 전국의 모든 토지들에 세를 부과하였고 모든 백성들에게 공물, 병역 및 부역의 의무를 들씌웠다. 이 경우의 조세(전조 또는 전세)는 지대가 아니였으며 공물, 병역 및 부역의

무도 토지국유제의 속성이 아니라 정치적권력의 발현이였다.

　고구려에는 국가소유지가 많았던것으로 보아진다.

　당시 전국에 주인없는 황무지*가 많았는데(그것은 경작지보다 더 많았다.) 이것이 우선 국유지로 간주되였다.

> * 주인없는 황무지는 엄밀한 의미에서 《공전》(公田공유지)이다. 《공전》은 관유지, 국유지도 아니고 민유지도 아닌 말그대로 누구나 경작하면 다 그 소유자로 될수 있는 공동소유지를 말한다. 그러나 봉건국왕은 이것을 국가의 소유로 간주하였다.

　다음은 전국의 산림, 방목지, 수렵지 등 본래 농촌공동체의 공유지로 되였던 토지들도 국가의 소유로 간주되였다. 건국초기에 정복한 주변소국들의 토지도 국가소유지로 선포되였을것이지만 실지로 국유지로 된것은 소국의 왕유지나 국유지 및 그곳 공동체의 공유지 등이였을 것이다.

　후세 봉건국가의 국가소유지에는 관전, 둔전, 역전, 학전 등 여러가지 류형이 있었다. 고구려에도 이런 류형의 국가소유지가 있었다고 보아야 할것이다. 그러나 사료에 전하는것은 단 한건밖에 없다.

　《왕이 질산에 사냥갔다가 닷새동안이나 돌아오지 않으므로 대보 협보가 간하니 왕이 노하여 협보를 관직에서 파면하고 관원을 관리하게 하였다.》(《삼국사기》권13 류리왕 22년 12월)

　관원은 관청의 포전이다. 이것은 일종의 관전이므로 국가소유지의 한 형태이다. 관원을 관리하는 관리가 있으니 그것을 가꾸는 농민도 있었을 것이다. 이 농민은 국가의 소작인이거나 노비였을 것인데 농작물의 종류로 보아 관노비였을 가능성이 크다. 관노비였을 경우에 이런 국가소유지에서는 지대가 산생되지 않고 노비로동전체가 국가에 무상으로 략탈당하였다.

　국가소유지이외에 왕실을 먹여살리기 위한 방대한 왕실소유지도 있었을 것이다.

　왕실소유지의 경작자도 량인소작인과 노비의 두 부류가 있은것으로 보인다.

　특히 고구려는 여러차례의 전쟁을 겪었고 전쟁에서 수많은 포로들을 사로잡아왔던것만큼 포로의 절대다수는 국가의 노비로서 왕실의 사치노예 또는 왕실소유지의 경작자로 되였을것이다.

> ※ 전쟁포로들의 기록가운데서 큰것만 몇개 추려보면 다음과 같다.
> 302년(미천왕 3년) 9월에 현도군을 쳐서 8 000명의 포로를 로획하여 평양에 옮겨왔다. (《삼국사기》 권17)
> 385년(고국양왕 2년) 6월에 료동, 현도를 함락하여 남녀 1만명을 포로하였다. (《삼국사기》 권18)
> 그밖에 391년 거란과의 싸움에서 500명, 395년 백제와의 패수전투에서 8 000여명, 475년 백제의 수도 한성을 함락하고 8 000명, 512년에는 1 000여명, 607년에는 3 000명, 608년에는 신라 북쪽경계를 쳐서 8 000명을 포로하였다.

고구려에는 지주적토지소유의 다른 형태로서 사원소유지도 있었다.

375년 2월에 소수림왕은 초문사를 짓고 3년전에 진나라왕 부견이 보낸 중 순도가 있게 하였으며 이어 이불란사도 지었다. 392년에 고국양왕은 불교를 숭배하라는 교서를 내리였다. 이무렵부터 고구려에서 불교가 점차 성행하게 되였는데 초문사, 이불란사를 비롯한 사원의 운영을 위해서는 그 비용을 마련해줄 토지가 있어야 하였다. 그러므로 고구려에도 적지 않은 사원전들이 있었을것이다.

후세의 경우로 미루어 사원전의 경작자는 대체로 신도들중의 소작농민이였던것으로 보인다. 사원들은 사원전의 소작농민들로부터 거두어들인 지대로써 사원의 운영과 불교의식에 필요한 경비를 충당하였다. 사원의 노비로동은 아직도 주로 사원내부의 잡무를 시중드는 일에 쓰인것으로 추측된다.

4. 식읍 및 사전(賜田)제도

고구려에서의 식읍은 봉건적토지제도의 한 류형이였다.
원래 식읍이란 분봉된 읍(지역)의 조세를 받아먹게 하는 봉건적특혜제도이며 령주적토지소유의 시초형태이다. 식읍은 채읍과 같은 뜻으로서 제도상으로는 오직 분봉된 지역의 조세만 받을수 있을뿐 인민은 지배할수 없으며 식읍특전은 본인 당대에 한하였다. 이 점이 령지와 근본적으로 다른 식읍의 특징이였다. 식읍이 한걸음 더 발전하면 령지로 될수 있으나 고구려력사에는 령지로 전화한 식읍은 없었다.

《삼국사기》고구려본기에서는 식읍에 대하여 다음과 같이 전하고있다.

① 《왕은 (선비와의 전투에서 특공을 세운) 부분노의 군공을 생각하여 상으로 식읍을 주었는데… 사양하면서 끝내 받지 않으므로 황금 30근과 좋은 말 10필을 주었다.》(권13 류리왕 11년)

② 한나라군대를 좌원에서 격멸시킨 국상 명림답부의 군공을 표창하여 《좌원과 질산을 식읍으로 주었다.》(권16 신대왕 8년)

③ 위나라군대와의 전투에서 특공을 세운 《밀우에게는 거곡과 청목곡을, 류옥구에게는 압록과 두눌하원을 식읍으로 주었다. (전사한) 뉴유에게는 구(대?)사자(벼슬등급)를 추증하고 그의 아들 다우를 대사자로 삼았다. (권17 동천왕 20년)

④ 신성성주 북부소형 고노자가 모용선비의 침략군을 격퇴하자 《왕은 기뻐서 고노자에게 대형작위를 주고 아울러 곡림을 식읍으로 주었다.》(권17 봉상왕 2년 8월)

우의것이 고구려 식읍제도를 반영한 자료의 전부이다. 이 자료들을 통하여 다음과 같은 사실을 알수 있다.

첫째로, 고구려의 식읍은 후세의 그것과는 달리 가호를 기준으로 그 크기를 표시한것이 아니라 고을의 크기와 수에 의하여 표시하였다. 그러나 이것은 그 고을자체와 그곳 인민모두에 대한 지배권을 준것이 아니였다.

둘째로, 식읍은 엄격히 본인당대에 국한되고 자손에게 상속되지 않았다. 때문에 가장 큰 공을 세운 뉴유는 전사한탓으로 식읍을 받지 못하였고 그와 그의 아들이 벼슬등급만 받았다.

셋째로, 식읍으로 된 고을들은 모두 좌원, 질산, 곡림, 거곡, 압록과 두눌하원 등 벌, 산, 숲 등과 관련되여있으며 그 대부분은 애국

명장들이 군공을 세운 전투지역(좌원, 압록, 곡림)이다. 그러나 원, 곡, 림 등은 황무지, 방목지와 같은 무인지경의 이름이 아니라 군, 읍, 성급에 해당하는 고구려의 행정구역단위이다. 전투에서 공로를 세운 지역을 식읍대상지로 한것은 전투승리와 그의 공로를 영원히 기념하려는 뜻이였을것이다.

넷째로, 식읍은 고구려 건국초기 즉 후국을 책봉하면서 소국들을 통합하던 시기와 때를 같이하여 모두 군공을 세운자에게만 주었다.

이것은 식읍제도가 고구려의 령토확장정책의 한 고리로서 실시되였으며 고구려의 강성을 촉진하기 위한 수단으로 리용되였다는것을 말해준다. 그러나 령지의 시초형태인 식읍을 많이 주는것은 그만큼 할거세력을 많이 키우는것으로 되며 따라서 고구려전제국가의 건립에 부정적결과를 줄수 있었다. 식읍은 후국의 책봉과 마찬가지로 오직 일시적으로만 의의있는것으로 간주되였다. 때문에 고구려왕권이 강대해진 3~4세기이후에는 책봉이나 식읍을 주는 일은 완전히 중지되였다. 그후의 사료들에 식읍기록이 보이지 않는것은 바로 이때문일것이다.

사전(賜田)도 봉건왕권이 자기의 지지자를 끌어당기기 위한 목적에서 실시되는 표창제도의 하나였다.

사전이 식읍과 다른것은 수조권이 아니라 토지 그자체를 영원히 준다는데 있었다. 때문에 사전을 받은자는 표창으로 받은 땅의 소유자가 되며 그 소유권은 자손에게 상속할수 있었고 면세의 특권을 가졌다. 또한 사전은 식읍처럼 고을전체를 주거나 호를 주는 법이 없었고 경작지면적을 단위로 수여되였다.

사전의 이런 특성으로 하여 사전제도를 실시하려면 국가가 자기 소유의 경작지를 가지고있어야 하였으며 많은 면적의 토지를 여러 사람들에게 줄수 없었다. 《삼국사기》에서 고구려왕이 사전을 준 기록을 단 한건밖에 찾아볼수 없는것은 이러한 사정과 관련된다.

《왕자가 나루에 갔다가 물에 빠져죽었다. 왕이… 사람을 시켜 시체를 찾게 하였으나 찾지 못하였다. 후에 비류사람 제수가 시체를 찾아 아뢰였다. …(왕은) 제수에게 금 10근과 밭 10경을 주었다.》
(《삼국사기》 권13 고구려본기 류리왕 37년 4월)

관료귀족이 아닌 일반 백성인 비류사람 제수는 왕자의 시체를 건져준 공로로 하루아침에 호부자가 되였다. 사전은 본래 국유지였기때문에 제수에게 준 10경*의 토지에는 그것을 경작하는 국가소작인이 있었을것이다. 이들은 제수가 사전을 받은 후부터 그의 소작인으로 전환되고 따라서 평민 제수는 지주로 되였을것이다. 이것은 문헌자료에 나오는 첫번째 서민지주이다.

> * 고구려를 계승한 발해에서 건국 첫날부터 결부제도를 사용하였으므로 고구려에서도 결부를 지적단위로 하였을것이다. 《협계태씨족보》(1805) 서문의 기록에 의하면 고구려의 지적단위는 《경무법》이 아니라 결부제였다. 고구려에서 결부제도를 사용하였다면 1경은 1결의 중국식표기일것이다.

그러나 원래 사전이란 임금이 관료귀족들에게 표창으로 주는 땅이였던만큼 고구려왕조에 공로를 세운 관료귀족들가운데는 사전을 받은 자들이 한두명만이 아니였을것이다. 사전제도는 관료량반들이 대토지소유자로 장성하고 토지를 팽창해나가는 중요한 공간으로 리용되였다.

제2절. 소농경리의 확대와 용작제도

1. 소농경리의 확대발전

소농경리의 확대발전은 봉건사회의 주요특징이며 일반적합법칙성이다. 그것은 령주의 권력이나 봉건왕권의 흥망성쇠가 주로 신민의 수 특히는 자가경리를 가진 농민의 수에 의하여 규정되였기때문이다. 이로부터 유럽령주들은 토지를 될수록 많은 신하들에게 나누어주려고 하였으며 아시아의 전제군주들은 소농경리를 보존육성하려고 애썼다.

고구려에서 경제형태의 봉건화과정이 추진되면서 농촌공동체의 분해과정이 더한층 촉진되였으며 이에 따라 소농민의 대렬이 끊임없이 확대되여갔다.

　　소농민가운데서 소소유자, 자유로운 소농민적토지소유자들은 원시사회말기, 고대국가 형성초기에 이미 세상에 생겨나 서서히 장성하여왔다. 봉건사회에 들어서면서 새로운 계층이 소농민대렬을 보충하였는데 그것이 바로 농노적예속민과 일반 소작농민이다. 노예사회때에 몰락한 공동체농민이였던 하호가 이제는 봉건사회의 농노적예속농민 또는 소작농민으로 되였다. 그러므로 고구려에는 세가지 종류의 소농민이 있었다고 볼수 있다. 그가운데서 초기에는 자유로운 소토지소유자로서의 소농민 즉 자영농민이 기본을 이루었고 그 다음자리는 인신적예속정도에서 구별되는 두가지 계층의 하호들이 차지하였다.

　　과장된 수자이긴 하지만 2세기에 신대왕의 아들 발기와 연노부의 우두머리가 각기 하호 3만여명씩 거느리고 공손강에게 갔다고 하니*¹ 온 나라 소농경리의 량적장성모습을 가히 추측할수 있다. 고국천왕이 진대법을 처음으로 제정하여 앞으로 봄에 국가에서 제힘으로 살아갈수 없는 빈민들에게 낟알을 꾸어주었다가 초겨울에 받으라고 명령하였는데*² 봄에 꾸어먹은 낟알을 겨울에 국고에 바칠수 있는 사람은 주로 가을의 수확에 명줄을 걸고있는 소농민이였다. 이들을 위하여 국가적으로 진대법을 실시하게 된 사실은 이러한 소농민이 전국적으로 광범히 존재하고있었다는 증거로 된다.

　　　*¹ 《삼국지》권30 위서 고구려전
　　　*² 《(고국천왕은) 해당 관청들에 홀아비와 과부, 고아와 자식없는 늙은이, 늙고 병든 사람 등 가난하여 제힘으로 살아갈수 없는 사람들을 널리 알아내여 구제하라.》고 명령하였으며 또한 해당 관청들에 매해 봄 3월부터 가을 7월까지 사이에 관청곡식을 내여 백성들의 식구수에 따라 구제용으로 꾸어주었다가 10월에 상납하게 하는것을 관례로 하라고 명령하였다.》(《삼국사기》권16 고구려본기 고국천왕 16년 7월)

　　또한 《삼국지》에 《큰 창고는 없고 집집마다 자기의 작은 창고를 가지고있는데 이것을 부경이라고 부른다.》고 한 기록도 자영농민을 기본으로 한 소농민들의 부락모습을 그린것이다. 마을의 큰 창고라는것은 나라의 창고를 말하는것이 아니라 공동체적경리에서 공동분배, 공동소비하던 때의 공동체창고를 가리킨것이며 부경은 가족단위의 소농경리를 반영한것이다. 즉 3세기이전의 고구려농촌은 공동체적경리가 파괴된 부락, 집집마다 작은 창고를 가진 소농민의 부락이였던것이다.

고구려에서 하호들이 대가나 지주들에게 등짐으로 날라다주는 식량과 물고기, 소금 등도 모두 하호들의 소농경리에서 그들이 생산한 잉여생산물이였다.

고구려의 건국초기 소농경리에서 기본으로 되고있는 소농민적 토지소유는 을파소의 농경생활에서 찾아볼수 있다.

《서압록곡 좌물촌에 사는 을파소라는 사람은 류리왕의 대신이였던 을소의 손자인데 성격이 굳세고 지혜가 깊으나 세상에 쓰이지 못하므로 농사에 힘을 들여 자급자족하고있었다.》(《삼국사기》권16 고구려본기 고국천왕 13년)

이것은 2세기말의 자영농민에 대한 기록이다. 을파소는 당시에 비록 스스로 농사를 지어 자급하는 소소유자이긴 하였지만 원래 몰락한 대신의 손자였기때문에 가난한 소농민은 아니였을것이다. 곧 국상으로 제발되여 정치가로 되였으니 어려서 많은 학식을 닦을수 있는 가문의 넉넉한 자영농민이였다고 볼수 있다.

후에 미천왕이 된 을불을 고용한 수실촌의 음모도 부유한 소농민적토지소유자였다.

투화인들도 소농민의 대렬을 보충하였다.

고구려 전반기에 중국 한나라사람을 비롯하여 부여, 백제 등에서 수천명의 이주민들이 귀화하여왔는데 고구려정부에서는 그들을 놀고먹이지는 않았을것이다. 그들은 노예는 아니였으며 포로도 아니였다. 례컨대 507년에 《백제의 민들이 굶주려 2 000명이 귀화하여왔다.》*고 하였는데 이때의 《민》이 바로 그러하다. 봉건정부는 굶주린 이들을 먹여살리기 위하여 첫해에는 구제해주었겠지만 이듬해 봄부터는 종자를 주고 황무지를 개간하여 농사를 짓게 하였을것이다. 그렇다면 투화인의 대부분이 자영소농민으로 혹은 국가 또는 개인의 소작농으로 되였다는것을 말한다.

* 《삼국사기》권19 고구려본기 문자명왕 8년

공신들의 묘를 지키는 수묘인들도 내부의 계층구성은 각이하지만 사실상은 독립적소농민들이였다.

질산에 있는 국상 명림답부의 묘지기 20호가 바로 자가경리를 가진 그러한 소농민이였다. 질산은 본래 답부의 식읍지였으며 179년에 답부가 죽은 다음 새로 지정된 수묘호도 질산의 농가호였다. * 이들은 수묘호로 지정된 다음부터 답부에게 생전에 바치던 조세를 죽은 답부의 제물로 바치게 되였으며(정부의 립장에서 보면 면세) 국가의 부역이나 병역대신 묘의 수리와 보수 등의 임무를 수행하였다. 이러한 의무를 수행할수 있는 계층은 소농민적토지소유자일수밖에 없었다.

* 《삼국사기》권16 고구려본기 신대왕 15년 9월

광개토왕비문에 나오는《국연》과《간연》은 이보다 좀 복잡한 계층이다.

비문의 내용을 보면 무엇보다 수묘인의 구성과 처지가 달라졌다는것을 알수 있다. 즉 본래는 고구려인들로만 수묘인으로 하던것을 광개토왕의 유언에 따라 그가 정복한《한예》인도 데려다가 묘지기를 시켰다. 그리하여 고구려인 묘지기 110호에 한예인묘지기 220호를 데려왔는데 그중 국연 30, 간연 300 계 330호로써 광개토왕릉의《수묘인연호》로 삼았다. 그러나 호단위인것으로 보아 그리고 일정한 정도의 자립적경리를 가진 호라야 수묘연호로서의 의무를 다할수 있다는 점, 더 주요하게는 비문에서 고구려수묘인을《구민》이라고 하였는데 봉건사회에서 노예를 민이라고 부르지 않았다는 사정을 고려한다면 이들이 노예아닌 소농민이였다는것을 알수 있다. 그런데 이 소농민의 대부분이 농노적예속농민이였다는데 종전과의 차이가 있었다. 그것은 비문의 다음과 같은 구절에서 알수 있다.

《수묘인을 이제부터는 서로 팔수 없다. 비록 부유한자라 할지라도 함부로 살수 없다. 이 령을 어기는 경우에는 파는자에게는 형벌을

가하고 산자는 법에 따라 수묘인으로 만든다.》

보는바와 같이 수묘인은 팔릴수 있는 존재이다. (비문에서 지적된 부유한자는 대체로 수묘인밖의 사람일것이다.) 노예가 아니고 자가경리를 가진 소농민으로서 팔릴수 있는 존재는 오직 농노뿐이였다.* 간연이 바로 그러한 농노적농민이였다고 볼수 있다.

> * 《광개토왕릉비문에 보이는 〈수묘인연호〉의 계급적성격과 립역방식에 대하여》필자는 국연을 량인, 간연을 신량역천인으로 보고 국연 1호에 간연 10호가 한 립역단위를 형성한것으로 추측하면서 간연을 후세의 봉족(여정)일것이라고 가정하였다. (《력사과학》 1986년 3호) 그러나 계급관계에서는 국연이나 간연은 다같은 소농민이였다.

이렇듯 고구려에는 소농경리가 상당한 범위에서 확대발전하고 있었다. 그가운데서도 을파소와 같은 자영농민으로서 농사에 힘써 자급자족하는 소농민적토지소유자들이 아직은 상당한 비중을 차지하고있었으며 하호의 상층과 같은 소작농민을 비롯하여 하호의 하층과 같은 농노적예속민 또는 간연과 같은 농노도 소농경리에서 큰 비중을 차지하고있었다. 그러나 봉건사회의 발전법칙에 의하여 고구려에서도 지주적토지소유가 발전함에 따라 소농민적토지소유는 점차 줄어들고 하호의 대렬이 늘어갔다.

소농경리의 발전은 고구려의 국력강화의 중요한 경제적기초로 되였다. 광범한 소농민대중은 강대한 고구려군의 인적자원으로 되였고 그들이 국가에 납부한 조세는 군력강화의 재정적원천으로도 되였다. 또한 나라의 마을마다에 경당을 세워놓고 결혼전의 청년들(이 청년들의 대부분은 소농민의 자제)을 교육하여 상무기풍을 확립한것은 고구려가 동방의 천년강국으로 발전할수 있은 주요요인으로 되였는데 이 모든것은 봉건사회의 전성기를 장식하는 소농민적토지소유의 확대발전과 떼여놓고 생각할수 없다.

B.C. 2세기초에 봉건국가로 등장한 부여(후부여)에서도 국가적토지소유와 함께 사적, 지주적토지소유와 소농민적토지소유도 있었으며 식읍, 사전 등 수조지 또는 소유지분급제도도 있었을것이다.

2. 용작제도의 보급

고구려에는 소작제와 함께 용작제도도 있었다.

용작이란 삯을 받고 남의 농사를 지어주는 품팔이농사를 말한다. 품팔이 일반 즉 고용로동은 원래 고대의 려명기부터 노예제, 농노제와 함께 발생하여 노예사회에도 일정한 범위에서 존재하였다.

그러나 용작은 농사에 적용(《용경》)되는 품팔이인것만큼 그것이 확대되기는 봉건사회때부터의 현상이였다고 말해야 옳을것이다. 우리 나라에서 용작제는 고구려에서 일정하게 보급되였고 후기신라에서 더 광범히 보급되여 존속하다가 중세말기에는 고지제도로 발전하였다.

용작제는 이런 장구한 발전경로를 걸었기때문에 초기에는 고용형태가 뚜렷하지 않았으며 발전속도도 매우 굼떴다.

고구려때의 용작의 실례를 들면 다음과 같다.

① 194년 10월에 고국천왕이 사냥갔다가 길에 앉아 우는자를 보고 왜 우는가고 물었더니 그는《신이 가난하여 늘 품을 팔아 어머니를 봉양하여왔는데 올해에 흉년이 들어 품팔이(용작)할 곳이 없으니 한되, 한말의 낟알도 얻을수 없어 울고있소이다.》라고 대답하였다. (《삼국사기》권16 고구려본기 고국천왕 16년)

② 3세기말에 을불(후의 미천왕)이 자기 아버지 돌고가 큰아버지인 봉상왕에 의하여 살해되자 화를 피하여 도망쳤다.《처음에는 수실촌사람 음모의 집에 가서 용작하였는데 음모는 그가 누구인지 알지 못하고 혹사하였다. 집옆에 있는 늪에서 개구리가 울었는데 밤이면 돌맹이를 던져 개구리가 울지 못하게 하였고 낮에는 종일 나무를 해오라고 독촉하여 잠시도 쉬지 못하였다. 고생을 이기지 못하여 1년만에 떠나고말았다.》(《삼국사기》권17 고구려본기 미천왕 즉위년)

자료 ①은 품팔이삯이 쌀이며 흉년이 들어 품팔 곳이 없다는것은 용작이 품팔이농사일이라는것을 말해 준다. 수공업이나 광석채취라면 고용주들이 농사의 흉풍에는 관계하지 않았을것이다. 또한 그가 늘 품팔이로써 어머니를 공양하였다는것으로 보아 용작은 봄의 바쁜 농사철부터 가을 추수때까지 계속 있은것으로 보인다.

자료 ②에서 수실촌사람 음모는 지주인것 같지는 않고 머슴을 둘수 있는 부유한 농민이였던것 같다. 을불의 일은 부자집의 머슴들이 하는 잡일이지 밭갈이로부터 씨뿌리기, 김매기, 가을걷이 등 그 어느 공정에도 을불의 로력을 쓰지 않았다. 이것은 음모가 자영농민이였다는것을 말한다. 그는 을불에게 나무하기 등 품이 드는 막일을 맡기고 알뜰히 가꾸어야 할 농사일은 자가로력으로 한것 같다. 왕궁에서 살면서 농사일이 무엇인지 알지 못하는 을불에게 씨붙임이나 김매기를 시킬수도 없었던것이다. 어떻든 음모와 같은 농민이 품팔이군을 쓴다는것은 당시 고구려에서 용작제도가 일정한 정도로 보급되였다는것을 말해준다.

3. 봉건적토지소유이전의 유제들

고구려에는 봉건적토지소유와 함께 봉건적 토지소유이전의 유제들도 적지 않게 남아있었다. 농촌공동체적토지소유와 노예소유자적 토지소유의 잔재가 바로 그것이다.

농촌공동체는 고대사회에서 노예소유자적전제주의의 기초로 되여있었으나 《고대동방》나라들에서처럼 《공고한 기초》로 되지 못하고 전면적붕괴단계에 있었다. 봉건국가로서의 고구려에 와서는 이미 공동체는 외피만 남아있고 그 잔재들이 새로운 사회적조건에 적응해가고있었다.

앞에서 인용되였지만 부락들에 《큰 창고가 없다.》는것은 공동체가 고유한 면모를 잃었다는것을 말한다. 이제는 씨족들의 공유지(후세의 문중땅이나 부락내의 산림, 방목지 등)가 유지되고있을뿐이였다. 문중땅과 같은 류형의 공유지는 같은 씨족들이 동성부락형태로 살아왔기때문에 그 유제는 뿌리깊이 남아있었다. 읍락은 여전히 남아있어 밤이면 남녀들이 모여 노래하며 즐기는 생활단위로 되고있었으나 그것은 공동체적소유가 아니라 사유제에 기초한 읍락이였다. 읍락의 경작지는 소농민의 소유, 귀족지주의 소유로 되고말았다. 마을에는 옛날 추장격의 《어른(대인)》들이 있어 명색만 남은 공동체를 유지하여갔다. 현존자료는 5부의 공동체적유제밖에 전하고있지 않으나 그것을 통해서 벽촌들에서의 공동체의 잔존모습을 추측할수 있다. 공동체적토지소유는 특히 변강의 동옥저나 숙신부락들에 많이 있었던것으로 보인다.

　5부의 추장은 여전히 대인이라고 불렀다. 대인의 자리는 상속되였으나 반드시 씨족상층(《국인》)들의 동의를 받아야 하였다. 나라에는 동맹이라고 부르는 국중대회가 의연히 존재하였다. 그러나 물론 그 내용은 달라졌다. 인민대중이 동맹회의에 참가하는것이 아니라 봉건귀족상층만이 참가하였다. 사법을 주관한 《제가평의회》도 이때에 와서는 귀족적민주주의자문기관으로 되였다.

　　노예소유자적토지소유의 유제들도 있었다. 그것을 유제라고 하는것은 노예제적토지경영방법이 잔재로서 존속하였기때문이다.

　　우에서 분석한 봉건적토지소유의 류형들은 순수한 상태에서 고찰한것이였다. 실제에 있어서 반령주적토지소유에서나 지주적토지소유에서 노예로동이 완전히 배제된것이 아니라 일정한 범위에서 리용되였다. 고구려의 관료귀족들은 노비없이는 살아갈수 없는 기생충적존재이기때문에 그들의 경리에는 노비로동이 광범히 리용되였다. 특히 고구려에서는 전쟁이 잦았기때문에 수천명씩 잡아오는 전쟁포로들은 노비의 주요원천으로 되였고 군공을 세운자, 장수들을 표창하는 《상품》으로 되고있었다.

　　그러나 아직은 후세에서 볼수 있는 외거노비와 같이 독립적경리를 가진 소농민으로서의 농노는 그리 많지 못하였을것이다. 왜냐하면 노비를 표창으로 받는 군공을 세운자의 수는 얼마 안되였으며 주인들은 알몸뚱이 노비들에게 집과 로동도구와 살림살이를 갖추어 세간을 내보내는것과 같은 돈먹는 일을 하려고 하지 않았을것이기때문이다. 많은 경우에 포로를 솔거노비로 쓰면서 농사일을 시켰을것이고 혹은 토지경작은 하호들에게 맡기고 노비들은 음모가 을불을 부리듯 잡일을 시켰을것이다. 농사일을 시키는 경우에도 가내노비로서 가족의 한 성원으로 시켰을것이다. 이런 노비는 외거노비—농노가 아니다.

　　이렇듯 고구려에는 봉건적토지소유외에 봉건적토지소유이전의 유제들이 아직은 일정한 생명력을 가지고 완고히 남아있었다. 그러나 이것은 어디까지나 유제였지 봉건적생산방식에 영향을 미칠 정도의 힘을 가지고있는것이 아니였다. 유제는 낡고 소멸되여가는 세력의 여운에 지나지 않았다.

제3절. 착취관계

고구려에서 봉건착취의 기본형태는 지대였다.

지주적토지소유에서 소유권은 지대형태로 실현되였으며 지대의 주되는 형태는 생산물지대였다.

대관료량반들의 토지소유에서 하호들은 인신적예속관계가 지주적토지소유에서 보다 강한 농노적예속민으로 착취당하였기때문에 착취률은 높았을것이다. 지대률이 높았을뿐아니라 지대외의 착취도 심하였을것이다. 그들이 농노적농민이였기때문에 비록 로동지대가 아니라 생산물지대에 의한 착취를 받았다고 하더라고 농노와 다름없이 온갖 부역로동을 무시로 강요당하였을것이며 공물이라는 명색으로 각종 특산물을 재배, 채취, 사냥하여 바쳐야 하였을것이다.

지주적토지소유제하의 하호농민들은 후세의 병작반수제에서와 같이 대부분 수확의 절반이상을 현물로 착취당하였을것이다. 동서고금의 력사에서 소작제의 생산물지대률은 거의 모두가 수확의 절반이상이였다. 고구려와 같은 시대의 한나라 당나라에서도 하호들은 수확의 10분의 5를 전주에게 빼앗겼다. 《한서》식화지에서 하호에 대한 안사고의 주석과 설명이 그것을 말해준다. 같은 중국사가들의 관점에서 쓰인 하호이므로 고구려의 하호가 안사고가 주석한 한나라때의 하호와 비슷한 처지에 있었다고 볼수 있다.

그러나 고구려 초기의 소작농민들이 당하는 착취는 단순히 지대에 국한되지 않았으며 또 관습법상의 지대률 절반에 머물지 않았다. 지주들은 관권과 신분적특권을 등에 업고 각종 롱간을 다 부려 지대률을 높였을것이며 경제외적착취를 끊임없이 강화하였을것이다. 흉년에도 수확고를 평년과 같이 매겨놓고 그 절반을 강요하면 벌써 지대률은 현저히 높아지는것이며 지대이외의 특산물이나 부역로동을 강요한다면 소작농의 처지는 농노적예속민과 별 차이없이 된다.

다음의 기록은 인민들에 대한 관료귀족지주들의 착취와 략탈이 얼마나 가혹하였는가를 보여주고있다.

대신 구도, 일구, 분구 세사람은 비류부장으로 있을 때 모두《탐욕스럽고 야비한짓을 일삼아 탐나는대로 남의 처, 첩과 소, 말, 재물등을 빼앗았다. 만일 주지 않으면 곧 매를 치니 사람들이 모두 분개하며 원망하였다.》(《삼국사기》권14 고구려본기 대무신왕 15년)

이것은 고구려건국초기에 있은 일이였다. 경제형태의 봉건화과정에서 먼저 관료귀족들의 토지략탈이 중요한 자리를 차지하며 따라서 지주적토지소유의 구성에서 봉건사회의 초기에는 신분적토지소유가 절대적비중을 차지하였다. 비류부장이였던 구도, 일구, 분구 등이 바로 자기의 정치적직권을 리용하여 령주처럼 행세한 지주들이였다. 인민들에 대하여 탐나는대로 략탈하는것, 이것이 바로 관료귀족들의 신분적토지소유의 속성이며 이런 폭력적방법에 의하여 토지를 집중해가는것이 그 주되는 팽창수법이였다.

고구려봉건국가는 봉건적조세제도를 정해놓고 인민대중을 착취하고 략탈하였다.

고구려봉건국가의 기본착취대상은 소농민과 수공업자 및 노비 등 생산자대중이였다. 그가운데서 소농민들은 봉건정부의 중요한 물질적 및 로력적원천이였다. 국가는 농호를 단위로 조세와 공물을 받아냈으며 장정로력에게서 인세를 착취하였고 그들에게 따로 부역과 병역의무를 들씌웠다. 그 구체적내용은 중국의 정사들인 《주서》와 《북사》 및 《수서》에 전해지고있다. *

> * 지금까지 중국 정사자료에 기초하여 고구려의 조세제도를 해석한 글이 몇편 나간것이 있다. 그러나 사료해석에서는 모두 무리

가 있었다. 그것은 이 자료들이 내용을 명백히 전하지 않는데 근본원인이 있다. 그러나 그 자료들을 모두 일축해버릴수는 없다. 우선 현전하는 자료를 그대로 옳게 해석해보아야 할것이다. 특히 《수서》에만 매달리거나 《수서》의 기록을 일축해버리고 막연한 《주서》의 기록만 취하는것도 편견적이라고 생각한다. 필자는 이 자료들을 다 결합시켜 발전사적으로 고찰하며 일단 원문의 뜻을 그대로 놓고 해석해야 한다고 생각한다.

그 자료를 소개하면 다음과 같다.

① 《부세는 비단, 베 및 곡식을 그것이 있는데 따라(즉 생산한 현물을) 그리고 빈부의 차이를 헤아려 차등있게 바친다.》(《주서》권 49 이역 고구려)

② 《세는 베 5필, 곡식 5섬이다. 유인(遊人)들은 3년에 한번 세를 내되 10명이 함께 가는 베 1필을 낸다. 조(租전조)는 호당(상등호) 1섬, 차등호는 7말, 하등호는 5말이다.》(《북사》권94 고려전)

③ 《수서》고구려전에는 《북사》와 꼭 같은 내용을 적었는데 다만 세를 인세로 고쳤다.

보는바와 같이 시대가 흐름에 따라 《주서》의 소략한 내용을 《북사》가 보충하고 《북사》의 모호하던 곳을 《수서》가 보충하였다. 《수서》를 편찬한 사람은 당나라의 위징이다. 위징이 살던 시기는 당 태종이 집권한 때였는데 당시에 수, 당왕조는 고구려에 대한 대규모적인 침략전쟁을 하였기때문에 고구려내부사정을 잘 알고있었다고 볼수 있다. 특히 위징은 고구려의 실정을 꿰뚫고있었기때문에 당 태종의 고구려침략을 강경히 반대하였었다. 이런 점을 고려한다면 이 자료가 전혀 엉터리없는것이라고 말할수 없다. 문제는 그들이 주관주의적으로 써놓은 자료를 어떻게 해석하는가에 달려있다.

《주서》의 기록은 고구려의 조세제도가 천 또는 곡식가운데서 농가에서 생산된 현물을 빈부의 차이에 따라 바치게 되여있다는 일반원칙을 설명한것이다. 여기서 곡식은 전조로서 벼, 조, 기장 등 생산된 현물을 의미하는것이며 천류는 공물에 대한 수탈제도인 조(調)이거나 아니면 부역의 대가로 바치는 용일것이다. 《북사》를 보충한 《수서》의 인세가 문제인데 여기서 《사람 인》자를 백성으로, 장정으로 해석할수 있으며*¹ 장정을 기준으로 하여 매 가호에 부과된 호조(戶調)라고 보는것이 합리적일것이다. 즉 인세라는 말을 《백성들의 세로서》라고 풀이해야 한다. 백제와 신라에는 모두 전조로서의 조와 함께 호조가 있은 사실을 고려하면 유독 고구려에만 호조가 없었다고 볼 근거가 없다. 따라서 인세는 호세 즉 호조일것이다. 북위에서 486년에 제정한 호조법을 보면 《일부일처의 민은 조(調)로서 천 1필, 조 2섬을 바쳐야 한다.》고 규정하였는데 여기의 민은 인세의 인과 통한다. 그러므로 인세를 장정을 기준으로 한 호조공물로 해석할수 있다.

혹은 인세를 용(庸)으로도 해석할수 있을것이다. 즉 부역에 안 나가려는 사람에 한해서 베 5필 또는 곡식 5섬을 바친다는 뜻으로 해석할수도 있다. 이 수탈액수는 매우 높다. 그것은 다음과 같은 사정에 기인한다고 생각한다. 고구려에서는 빈번한 전쟁과 관련하여 성쌓기와 왕궁건설 등 공사가 많았으며 로력이 무한정 필요하였다. 이 방대한 로력수요를 충족시키려면 막대한 자금과 로력이 항시적으로 보장되여야 하였는데 인세의 높은 액수는 이런 요구에서 출발한것이라고 볼수도 있다.*²

> *¹ 장정은 봉상왕 9년에 왕궁수리에 15살이상 남녀를 동원시킨 사실에 기초하여 15~60살까지로 보았다. 《신라장적》에 의하면 호당 평균 식구는 10.3명이고 장정은 2.2명이였다.
> *² 인세를 후세의 군포로 해석하는 견해도 있는데 당시 고구려에서 병역의무는 원칙상 대신 지는것을 허용하지 않고 각자는 부여사람들처럼 장비를 자력으로 갖추고 의무적으로 군역에 복무하게 하였을것이다.

다음 유인은 말그대로 떠돌아다니는 사람이기때문에 토지와 리탈되고있다는 점을 고려하여야 할것이다. 당시 고구려사회에 적지 않았다고 보이는 품팔이군도 유인의 범주에 속할수 있다. 그러므로 토지와 관련이 없는 유인을 3등급으로 나누어 조를 바치게 했다고 해석하는것은 잘못이다. 유인은 직업이 없기때문에 10명이 묶어서 3년에 한번씩 가는 베 한필을 바치는것만으로도 그들에게는 매우 가혹한 수탈로 되였다.

끝으로 자료 ②의 조(租)는 전조로 해석하여야 한다. 그것은 호조(戶調)의 조로 될수 없으며 유인의 세도 아니다. 흉년이 들면 품팔곳이 없어 부모공양도 못해 길가에 나앉아 울어야 하는 유인들이 쌀을 어디서 구하며 그들을 상, 중, 하등호로 구분할 여지가 어디 있었겠는가. 쌀로 받는 세는 쌀을 생산하는 사람들에게만 부과할수 있는 일이다. 그러므로 《수서》의 마지막 조에 대한 규정은 소농민에 대한 전조수탈규정으로밖에 달리 해석될수 없다.

자료 ②에서 가호등급의 기준을 재산 즉 토지로 보아야 한다. 당나라 조용조법에 가호등급을 《그 자산에 따라 3등급으로 정한다.》고 한것을 참고할수 있다.

우의 근거로 하여 고구려의 조세제도를 다음과 같이 리해할수 있다.

첫째, 무릇 각종 세는 생산한 현물을 빈부의 차이에 따라 내는것을 원칙으로 한다.

둘째, 모든 백성들은 인세(즉 호조)로서 호당(또는 장정당) 베 5필 또는 낟알 5섬을 내야 한다. 유인들은 3년에 한번 10명이 합해서 가는 베 1필을 바쳐야 한다.

셋째, 모든 농가호는 토지소유면적의 크기에 따라 상, 중, 하의 세 등급으로 나누며 상등호는 1섬, 중등호는 7말, 하등호는 5말을 전조로 바쳐야 한다.

여기에서 우리는 고구려인민들에게 있어서 가장 무거운 부담이 전조가 아니라 호조 즉 공물이였다는것을 알수 있다. *

> * 전조액이 고려때의 결당 2~1섬에 비하여 좀 낮은데 이것은 당시의 생산력발전수준을 반영한것이라고 볼수 있다. 《수서》의 인세를 전세의 오기라고 보는 견해도 있으나 호의 등급이나 경지면적의 크기에 관계없이 일률적으로 5섬을 부과한다는것은 말도 되지 않으며 특히 전조로서 베 5필을 낸다는것은 그 어디에도 없었던 일이다.

고구려인민들에게 있어서 부역은 고역이였으며 감당하기 어려운 힘든 부담이였다.

표 3   고구려인민들이 부역에 동원된 주요공사

년대(왕년) 월	공사내용	년대(왕년) 월	공사내용
3(류리왕 22) 10	위나암성축조	342(고국원왕 12) 2	환도성수축, 국내성축조
198(산상왕 2) 2	환도성축조	393(광개토왕 3) 8	남쪽의 7성 축조
247(동천왕 21) 2	평양성축조	406(광개토왕 16) 2	궁궐수축
298(봉상왕 7) 10	왕궁중축	408(광개토왕 18) 7	동쪽에 독산 등 6성 축조
300(봉상왕 9) 8	왕궁수리	552(양원왕 8)	장안성축조
334(고국원왕 4) 8	평양성증축	571(평원왕 13) 8	궁궐수리
335(고국원왕 5) 1	신성축조	631(영류왕 14) ~ 647(보장왕 6)	장성축조(길이 1 000여리)

※ 《삼국사기》 해당 조항 참조

부역가운데는 16년동안이나 계속된 천리장성의 축조 등 국방상 중요한 역도 있었으나 왕궁건축과 수리 등도 적지 않았다. 봉상왕은 자기의 사치스러운 생활을 위하여 300년에 심한 흉년이 들었음에도 불구하고 굶주린 백성을 왕궁수리에 내몰았다. 여기에는 전국의 15살이상의 남녀를 다 동원시켰다. 굶주림에 시달리고 부역에 지친 인민들은 살아갈수가 없어 정든 고향을 등지고 류랑걸식의 길에 나서지 않으면 안되였다.

지주계급과 봉건국가의 가혹한 착취와 압박, 혹독한 부역은 농민을 령락파산시킨 근본요인으로 되였다. 봉건적착취와 압박으로 항시적인 기아상태에 있던 인민들은 조그마한 자연재해가 있어도 곧 파산되여 류랑걸식하지 않으면 안되였다. 당시 자료에 《백성이 굶주렸다.》, 《국가창고를 열어 진휼하였다.》는 기록이 많이 나오는것은 이러한 현실을 반영한것이다.

봉건지배계급에 의하여 자주성을 유린당한 고구려인민들은 생존의 권리를 위하여 끊임없이 투쟁하였다. 봉건제도를 반대한 인민들의 줄기찬 투쟁은 고구려의 사회발전을 힘있게 떠민 기본동력이였다.

제3장. 백제의 토지제도

백제는 B.C. 1세기 말엽에 성립된 봉건국가로서 (봉건소국은 B.C. 3세기 중엽에 성립) 660년에 망할 때까지 근 800년동안 조선반도의 서남부를 지배하고있었다.

백제는 그 건국전설이 말해주는것처럼 고구려와 함께 부여에 뿌리를 두었으며 그 왕실은 주몽의 후예들이였다.

538년 사비성에 천도한 다음에는 국호를 남부여라고 하였으며 고구려와의 관계가 나빠지기 전까지 력대 왕들은 고구려와 동조라고 하면서 온조왕이 세운 동명왕묘를 시조묘로서 제사하였다. 언어와 음식, 의복 등 풍속도 대략 고구려와 같았다. 이 사실은 다른 문물제도와 마찬가지로 토지제도에서도 고구려와 백제의것이 기본적으로 비슷하였을것이라고 추측할수 있게 한다.

그러나 백제의 봉건적토지소유에는 일련의 특징이 있었다.

백제에는 봉건국가의 소유지가 있었고 령주적형태의 토지소유도 있었겠으나 봉건적토지소유에서 기본형태는 사적, 지주적토지소유였으며 사적, 지주적토지소유에서 기본은 왕족과 8대 성씨의 대귀족들의 토지소유였다.

백제에서는 일찍부터 왕족들을 지방통치자로 내려보냈기때문에 중앙의 왕실소유지보다도 사적, 지주적토지소유로서의 왕족들의 소유지가 더 많았으며 서민지주들보다 관료귀족들의 토지소유가 압도적우세를 차지하였다.

백제에서는 또한 반령주적토지소유도 발전하지 못하였으나 식읍이 많이 분봉되였다.

소농민적토지소유는 백제국가성립과정의 특성으로 하여 광범위하게 존재하여 전제주의적백제봉건왕조의 재정, 경제 및 로력의 원천으로 되였다.

제 1절. 백제에서의 봉건적토지소유의 확립

1. 령주적형태의 토지소유의 형성

백제에서는 진국의 노예소유제도의 터전우에서 그것을 서서히 변혁하면서 새로운 봉건적토지소유관계가 확립되여갔다. 그러나 백제에서도 령주적토지소유는 형성되지 않았다. 특히 백제는 령토가 작아서 가장 강대하였을 때에도 동서가 450리이고 남북이 900리정도밖에 되지 않았으므로 중앙집권적전제국가로 발전한 백제왕권으로서는 지역을 다시 분봉할 여지가 없었으며 고구려처럼 건국초기에 할거세력들을 회유, 포섭하기 위하여 후국제도를 실시할 대상도 없었다. 이것이 백제국내에 령주적토지소유가 발생할수 없었던 주되는 요인이였다.

그러나 백제에서는 전혀 다른 조건에서 조선반도밖에 후국적존재들이 형성되였다. 그것이 바로 탐라국(제주도)과 료서의 백제군이다.

탐라는 언제부터 백제의 령토로 되였는지 자세히 알수 없으나 498년 8월에 탐라가 공물과 조세를 바치지 않는다고 하여 왕이 직접 군사를 거느리고 정벌하러 떠난 사실[1]로 보아 이미 그 이전에 오랜 기간 백제에 신속되여있었음을 알수 있다. 백제왕의 군대가 무진주(전라남도 광주)까지 이르렀을 때 탐라에서 소문을 듣고 사죄하였으므로 일은 그것으로 끝났다. 이때 탐라가 계속 공물과 조세를 바치겠다고 약속하였기때문에 탐라의 우두머리는 백제왕과 계속 신속관계를 유지한것으로 보인다. 이런 의미에서 탐라의 령토는 백제왕이 분봉하여준것으로 되였으며 탐라는 백제의 후국으로, 그 우두머리는 백제왕의 제후로 되였다. 탐라후왕의 직위는 세습되였을것이다. 《수서》에 탐라가 백제의 부용국이라고 쓴것을 보아 탐라의 후왕은 해마다 백제에 공물을 바쳤다는것을 알수 있다.[2] 이 경우 탐라는 백제의 식민지가 아니라 한 나라안의 후국이였다고 보아야 할것이다. 고유한 의미에서의 토지와 민의 책봉관계는 없었다.

*¹ 《삼국사기》권26 백제본기 동성왕 20년 8월
*² 《수서》권81 백제전

　백제가 료서에 개척한 백제군은 백제와 속국의 위치에 있었다.
　《량서》에 의하면 중국의 진(晋)왕조때에 백제가 후연이 망한 기회를 리용하여 바다로부터 기습하여 료서 2군(郡)을 얻었다고 한다.
　료서에 설치된 백제군은 백제의 식민지격인데 백제는 고구려가 동옥저를 다스리듯이 여기에 총독비슷한 관리를 두고 통치하였거나 혹은 후국으로 봉하고 공부를 받는것에 만족하였을수 있다. 뒤의 경우 백제군은 후왕의 령지로, 후국적존재로 되였을것이지만 그것은 아직 억측에 불과하다.
　여기서 놓치지 말아야 하는것은 왕으로 책봉되였다고 하여 곧 후국으로 되고 봉건적토지소유관계가 이루어지는것이 아니라는것이다.
　백제에는 왕으로 책봉된 귀족들도 많았으며 왕의 친척들은 중앙정부와 지방행정기관에서 모두가 중요한 자리를 독점하고있었다. 그러나 이것 역시 령주적토지소유는 아니였다.
　특히 동성왕때에 《먼곳과 사귀고 가까운 곳을 친다》는 《원교근공》의 방략에 따라 백제군을 위협하는 위나라를 치기 위하여 중국남쪽의 제나라와 제휴하였는데 이때에 류례없이 많은 장군들이 왕, 후로 책봉되였다. 면중왕이였던 녕삭장군 저근은 도한왕으로, 팔중후 여고(余古)는 녕삭장군, 아착왕으로, 건위장군 여력은 룡양장군 매로왕으로, 광무장군 여고(余固)는 건위장군 불사후로 책봉되였으며 495년에는 수십만의 위나라 기병을 격멸한 전투에서 특출한 공로를 세운 장군들인 사법명은 정로장군 매라왕으로, 찬수류는 안국장군 벽중왕으로, 해례곤은 무위장군 불중후로, 목간나는 광위장군 면중후로 책봉되였다.*¹ 이에 앞서 개로왕은 472년 위나라에 보낸 편지에서 자기가 사신으로 가는 여례에게 불사후의 호를 주었음을 강조하고있으며*² 458년에 송나라 세조에게 보낸 편지에도 관군장군 여기는 우현왕이며 정로장군 여곤은 좌현왕이라는것을 지적하고있다.*³ 이것은 백제왕들이 일찍부터 자기 왕족 또는 대귀족들을 왕, 후로 책봉하고있었음을 말해준다.

*¹ 《남제서》권58 백제전

*² 《삼국사기》권25 백제본기 개로왕 18년
　　　성 여씨는 왕족인 부여씨를 줄여서 쓴것이다. 부여씨는 모두 왕족이였다.
　　*³ 《송서》권97 백제전

　그러나 백제의 왕, 후는 모두 령주도, 제후도 아닌 빈 칭호에 지나지 않았다. 그것은 령지의 분봉과는 아무런 인연도 없었으며 그에게는 가신단도 없었고 왕, 후의 칭호는 세습되지도 않았다. 따라서 이 왕, 후들을 제후 또는 령주적존재로 보는것은 전혀 근거없는 주장으로 된다.
　백제왕족들은 지방행정의 벼슬을 독차지하였으나 이것도 역시 제후로서의 분봉은 아니였으며 따라서 그들은 령주적할거세력은 아니였다.
　《량서》(권79 백제전)에는 다음과 같은 기록이 있다. 《(백제에서는) 도성을 고마라고 부르며 읍을 〈담로〉라고 한다. 담로는 중국말로 군현과 같은것이다. 나라에 22개의 담로가 있는데 모두 왕의 아들과 동생들이 나누어 차지하였다.》
　중앙으로부터 군현에 이르기까지의 높은 벼슬을 모두 왕족이 차지하였고 본토로부터 멀리 떨어진 탐라나 백제군을 내놓고 지방행정을 다 군현제로 개편한것은 백제의 통치제도상의 특징이라고 볼수 있다. 군현제의 실시는 곧 중앙집권제를 의미한다. 그러므로 비록 왕의 친족들이 군태수자리를 독점하였다고 하여도 그것은 왕권을 강화하기 위한 조치였지 결코 지방할거세력을 키우기 위한 조치는 아니였다.
　백제의 지방통치제도는 지역단위였으며 매우 째이고 고도로 집권화되였다.
　온조왕 31년에 전국민호를 남, 북 2개 부로 쪼개였고 2년후에는 동, 서 2개 부를 더 두었다. 그러다가 부는 수도의 구역명칭으로 바꾸어 고마성(부여성)은 상부, 전부, 중부, 하부, 후부의 5개 부로 나누었으며 매 부는 다시 5개 항으로 세분하였다. 각 부에는 500명의 군대가 있었다. 지방에는 지방군사행정중심지로서 5개의 방(중, 동, 남, 서, 북)이 있었으며 매개 방은 방령이 통솔하였고 10개의 군이 한개의 방에 소속되게 되였다. 군에는 3명의 장수들이 있어 700～1 200명의 군사를 거느리였다. *¹ 방, 군아래에 200개의 성이 있었는데 *² 성은 군에 소속된것으로 보인다.

*¹ 《주서》권49 이역 상 백제전
  그러나 6세기초까지 실지 있은 군(담로)은 22개였고 백제멸망 직전에 37개였다.
*² 《삼국사기》권28 백제본기 의자왕 20년 6월

보는바와 같이 백제에서는 전국이 군사체계를 축으로 하여 중앙집권화되였다. 온 나라가 왕을 정점으로 하여 삼각형의 두변처럼 5부, 5방, 22~23개 군으로 뻗어내렸으며 지방군의 모든 병력은 200개의 성에 집중배치되였다. 백제왕권이 의거한 군사력은 후국, 령주의 군사력이 아니라 바로 5부, 5방, 50군제에 기초한 정부의 군사력이였다. 이런 곳에서 할거적인 령주와 령주적토지소유가 형성될수 없었다는것은 명백하다.

2. 지주적토지소유와 식읍제도

백제에서 지주적토지소유의 주인은 거의 모두가 왕족들을 비롯하여 중앙과 지방정권의 실권을 거머쥔 관료귀족들이였다.

봉건사회에서 기본생산수단인 토지에 대한 소유관계는 계급을 규정하는 기본요인으로 된다.
백제의 왕족과 대귀족들은 넓은 토지를 소유함으로써 관료귀족적대지주집단을 이루었다.
전국 22개 담로에 내려가 지방의 군사행정권을 틀어쥔 왕의 자제, 족속들은 그들의 지위가 상속되든 안되든 관계없이 세월의 흐름과 더불어 해당 지방에서 으뜸가는 토호세력으로 되여갔다. 그들이 지방에 내려가 국가에서 주는 록봉에만 의존하여 살아갔다고는 생각할수 없다. 그들에게는 정치적권력과 군사력이 있었고 노비를 비롯한 로동력도 유족하였으며 지방에는 국가소유로 간주된 황무지들이 많았다. 때문에 그들은 정치, 군사적권력을 배경으로 하여 농민들의 토지를 략탈할수 있었으며 헐값으로 빼앗을수도 있었고 노비로동으로 새땅을 개간하여 사유지를 얼마든지 늘굴수 있었다. 그리하여 이들은 쉽게 지방의 대토지소유자로 장성하여갔다.

백제에는 부여성을 가진 왕족외에 이른바 8대 성이라고 하는 8개 성씨의 대귀족들이 있었다. 《북사》이후의 《24사》의 기록에 의하면 사씨, 연씨, 협씨, 해씨, 진씨, 국씨, 목씨, 백씨가 그것이였는데 이들은 대를 물려가면서 백제왕정의 주요관작을 독점하였다. 260년(고이왕 27년)에 제정한 16품의 계층적인 벼슬등급과 6좌평이하 내관, 외관에 속한 21개 중앙관청의 최고위급자리는 모두 이들 8대 성씨귀족들이 차지하였다. 이들은 어떻게 살아갔으며 이 방대한 관청은 어떻게 유지되였겠는가.

관리들의 생활을 보장하고 방대한 국가기구유지비를 마련하는것은 력대 봉건통치계급들이 선차적으로 관심을 돌리고 우선적으로 해결하는 문제였다. 방대한 관료귀족군을 먹여살리고 관청을 유지하는데만 드는 비용은 소농민을 비롯한 전국의 토지소유자들로부터 수탈하는 조세수입으로 충당할수 있었을것이다. 그러나 봉건관료귀족들의 사치한 생활을 위하여서는 별도의 수입원천이 있어야 하였다. 이로부터 봉건국가는 국왕과 그의 일족들, 대귀족관료들에게 봉건사회의 기본생산수단이며 물질적부의 원천인 토지를 소유하도록 백방으로 보장하여주었던것이다. 백제에서도 지배계급의 이런 수요를 충족시켜주기 위하여 국가소유지와 왕실소유지 및 관료귀족들의 사적소유지를 설정하였을것이다.

전국의 토지는 명목상 의연히 국왕의 소유로 간주되여있었다. 온조왕이 웅천목책을 세웠을 때 마한왕이 사신을 보내여 항의하기를 온조왕이 처음 강을 건너왔을 때는 발붙일 곳이 없어하기에 《내가 동북방 100리땅을 떼여주어 안착》시켰는데 이제 와서 《남의 강역을 침범하니 이것이 무슨 의리인가?》*라고 말한데서 알수 있는바와 같이 당시 왕들은 나라의 땅을 모두 자기가 마음대로 처리할수 있는 국가소유지로 간주하고있었다. 따라서 백제에서도 사적소유지가 아닌 모든 토지는 황무지를 포함하여 다 국가 또는 왕실소유지였을것이다.

* 《삼국사기》권23 백제본기 온조왕 24년

국가소유지에 관한 구체적인 자료가 없을뿐 백제는 조선반도의 서남부지역에 이동하여 건국하였던만큼 건국초기의 무인지경은 모두 국가소유로 간주되였을것이며 그후 세월이 흘러 사적소유지가 늘어나면서 국유지는 점차 축소되였을것이다.

백제의 봉건적토지소유의 형성에서 특징적인것의 하나는 왕족들의 지주화경향이 그 어느 나라보다 강한것이였다. 거의 모든 왕족들이 지방에 나가있은 조건에서 많은 왕족들은 왕권을 등에 업고 사적지주로 장성하여갔으며 직접 농민의 잉여로동을 착취하여 자기의 재부를 늘구어갔다. 때문에 고유한 의미에서의 왕실소유지는 다른 나라들에 비하여 적었을것이다.

그 반면에 왕족들의 자립화경향이 그 어느 나라보다 강하였을것이다. 262년에 《무릇 관리로서 재물을 받거나 도적질한자는 3배로 변상하며 종신토록 금고형을 받는다.》는 명령이 내리였는데 이것은 그대로 당시 관료귀족들의 략탈상을 반영한것이다. *

* 《삼국사기》 권24 백제본기 고이왕 29년

나라의 거의 모든 왕족들과 관료대귀족들이 사적지주로 되여감으로써 지주적토지소유의 신분성은 다른 나라들보다 강하였다고 볼수 있다.

사적, 지주적토지소유는 봉건왕권의 적극적인 비호밑에 팽창하여갔다. 그 주요한 수단은 식읍과 사전제도였다.

고구려에서 본바와 같이 식읍은 원래 큰 군공을 세운 장군이나 국력의 강화에 크게 기여한 공신들에게 주는것이 상례였다. 백제에서의 식읍은 고구려의 식읍제도와 큰 차이는 없었겠으나 《삼국사기》에 의하면 식읍을 모든 왕자들에게 동시에 주는것이 특이하였다.

《왕의 서자 41명에게 좌평의 벼슬등급을 주고 각각 식읍을 주었다.》 (《삼국사기》 권28 백제본기 의자왕 17년)

모든 왕자들에게 식읍을 주었다는것은 어느 측면에서는 제후의 분봉이나 채읍과 비슷하며 반령주적토지소유의 형성을 가능하게 할수 있었다. 그러나 식읍은 토지소유권의 분봉이 아니며 따라서 왕자들에 대한 이 식읍 분봉은 다른 결과를 가져왔다. 당시 백제의 군은 통털어 37개였으므로 매 군에 1명의 식읍지를 정한다 하여도 4개 군이 부족하다. 그러니 한개 군에 몇명의 서자들이 동시에 식읍을 받은것으로 된다. 41명의 왕자들이 다 사적지주였다고 보는것은 무리겠지만 왕자들이 자기 궁과 궁에 배정된 왕실직속지를 가지고있었을것이다. 혹시 의자왕과 같이 방탕한 왕으로서 서자들이 너무 많아서 왕실소유지를 다 주지 못하였기때문에 이때에 식읍으로 대체하였을수도 있다. 그런 경우 이 식읍은 후세 리조때에 무토궁방전에 해당할것이다. 어떻든 식읍의 규모는 밝히지 않았어도 41명의 왕자가 동시에 식읍을 받은것은 그 어느때도 없는 일이였으며 그것이 백제의 토지제도에 미친 영향은 부정적인것으로 보인다.

백제에는 사전(賜田)제도도 있었을것이다. 그러나 사료에는 조(조세)를 준 사실만 전하고있기때문에 백제에는 토지 그자체를 주는 제도보다 곡식을 주는 제도가 더 중시된것으로 보인다.

《삼국사기》 백제본기에 실려있는 조 또는 곡식을 준 기사는 다음과 같다.

《406년 해충에게 달솔의 벼슬등급과 함께 한성의 조 1 000섬을 주었다.》(권25 전지왕 2년 9월)

해충은 8대 성씨중의 하나이며 왕의 외척이였다. 그에게 토지를 주지 않고 한성의 조세가운데서 1 000섬을 표창으로 주었다. 그러나 이것은 해마다 한성의 조세에서 떼준다는것이 아니라 당년에 국한시킨것으로 보인다. 이것이 식읍과 다른 점이다.

213년에는 《서부사람 회회가 흰 사슴을 잡아바치니 왕이 상서로운 일이라고 하여 곡식 100섬을 주었다.》고 하였으며(권23 초고왕 48년) 642년 8월에는 《신라의 대야성을 함락시킨 장군 윤충에게 표창으로 말 20필과 곡식 1 000섬을 주었다.》(권28 의자왕 2년 8월)

이 곡식도 실제에 있어서는 조세로 받아들인것이겠지만 어떻든 《한성의 조세》가운데서 주는것보다는 급이 낮은 표창이였을수 있다. 왕의 외척인 해충은 특별한 공로없이도 대귀족이기때문에 식읍다음에 가는 표창을 받았으나 윤충은 장군으로서 큰 전투공로를 세웠음에도 불구하고 문벌상 차이로 하여 그보다 못한 표창을 받았다.

그러나 그 차이는 어떻든 왕족들과 관료귀족들은 식읍이나 곡식을 주는 등 여러가지 방법에 의하여 재산을 늘여갔으며 그 재산은 곧 토지팽창의 수단으로 리용되였다. 그리하여 대관료귀족신분지주를 중심으로 한 사적지주들의 토지소유는 나날이 팽창하여갔다.

지주적토지소유의 다른 한 형태는 사원의 토지소유였다. 백제는 고구려보다 불교수입년대가 9년 늦었으나 사원은 더욱 성하였다.

384년(침류왕 1년)에 인디아의 중 마라난타가 진나라로부터 백제에 와서 불교를 보급하였는데 이듬해에 한산에 불사를 짓고 중 10명에게 도첩을 주었으며 392년 2월에 아신왕이 불교를 믿을것을 명령한 이후부터 불교가 성행하기 시작하였다. 599년(혜왕 2년)에 왕흥사를 지었고 634년(무왕 35년)에는 강가에 왕흥사를 지었는데 《채색장식이 웅장화려》하였으며 왕은 늘 배를 타고 절에 가서 향을 피웠다고 한다. 당시까지 절간과 중이 얼마 있었는지는 알수 없으나 599년에 법왕이 칠악사에 가서 비오기를 기도하였다고 한것으로 보아 그밖에 크고작은 절간들과 중들이 적지 않았던것 같다. 때문에 《주서》는 백제에 《중들과 절탑이 매우 많다.》고 전하였다.

중들을 먹여살리고 절간을 유지하기 위해 백제국가는 왕흥사와 같은 큰 절을 지어준 다음 일정한 면적의 토지를 주어야 하였다. 이것이 사원전의 시원이였다. 그러나 차츰 불교가 보급되고 불교신자가 많아지면서 특히 관료귀족들이 저들 가문의 명복을 빌어 토지와 재물, 노비 등을 절간에 기증함으로써 사원은 대지주로 장성하였다.

사원전은 대체로 농민들에게 경작시켜 반작을 하는것이 상례였으나 사찰부근의 땅은 중들에게 경작시켜 자급자족하는 경우가 많았다.

제2절. 소농민적토지소유와 봉건적 토지소유이전의 유제들

1. 소농민적토지소유의 확대

백제건국초기에 소농민적토지소유가 광범히 존재하였다.
백제건국과정의 특징과 광범한 황무지의 존재는 소농민적토지소유를 많이 낳게 한 전제로 되였다.

백제시조 온조가 부여에서 내려와 위례성에 도읍하였을 때 백제소국의 령역은 사방 100리에 지나지 않았다. 그러나 B.C. 1세기 말엽에 이르러 그의 북쪽 국경은 이미 패하에 이르렀고 서쪽은 바다, 동남쪽경계는 마한의 대부분지역을 포괄하였다. 백제의 이러한 급속한 령토확장은 끊임없는 축성공사와 정복전쟁에 의하여 이루어졌다. 이 공사와 전쟁에서 주력을 이룬것은 소농민들이였다. 자료에 온조왕을 따라 위례성까지 온 고구려갈래의 백성들이 많았다고 하였는데 옛 진국의 소농민과 함께 이들이 바로 백제국가 소농민의 시원으로 되였다.

온조왕과 그 일족들 그리고 오간, 마려 등 10명의 신하를 비롯한 귀족들은 처음에는 소농민들이 벌어놓은 수확물을 공납의 형태로 수탈하여 살아갔을것이다.

초기에 아직은 지주 대 소작인관계는 형성되지 않았다. 백성들은 자가로동으로 황무지를 개간하여 경작하기만 하면 자기 소유로 되였다. 다만 고대사회때 공동체농민들에게 강요되였던 전통적관습대로 자기우에 군림하고있는 최고의 주권자로 행세하는 국왕과 그의 보좌관들에게 규정된 조세를 바치면 그만이였다. 로동과 생산, 소비는 경작자의 자유였다. 백제에서의 소농민적토지소유는 이렇게 발생하였다.

백제에서는 이러한 소농민들을 편호소민이라고 불렀다. 편호란 토지 및 호구대장에 등록된 민호를 말하는것이며 소민은 하층백성을 이르는 말이다. 따라서 편호소민은 백제에만 고유한 개념이 아니며 또 꼭 소농민만을 의미하는것도 아니다. 그러나 봉건사회의 주민의 절대다수가 소농민이였기때문에 일반적으로 소농민(소작인 포함)을 편호소민이라고 불렀다. 개로왕때(455년-475년)의 매우 의리가 깊었다는 백제사람 도미가 바로 그러한 편호소민이였는데 그의 집살림은 비교적 넉넉하여 녀종(비)까지 가지고있는 수준이였다.* 《삼국사기》의 이 자료는 도미가 부유한 소농민적토지소유자였으며 백제의 소농민가운데는 도미와 같은 층도 있었다는것을 말해준다.

* 《삼국사기》권48 도미전

아름다움과 굳센 절개로 알려진 도미의 처를 겁탈하러온 개로왕의 폭행으로 도미는 두눈을 잃었고 부부는 풀뿌리로 목숨을 이어가다가 고구려에서 나그네의 생활로 일생을 마치였다는 이야기는 당시 소농민들의 무권리한 처지를 보여준다.

백제의 건국초기에 소농민적토지소유가 광범히 존재하였다는 사실은 온조왕때의 빈번한 이민정책을 통해서도 알수 있다.

온조왕 13년 7월에 한산아래에 목책을 세우고 위례성의 민호를 이주시켰으며 다음해 7월에는 한강성북에 성을 쌓고 한성민을 갈라서 옮겼고 36년 7월에는 탕정성을 쌓고 대두성의 민호를 갈라서 여기에 이주시켰다.

이러한 이주는 물론 정부의 강권에 의한것이지만 이주된 민호는 옮긴 곳에서 농사를 지어야 하였기때문에 성밖에 펼쳐진 임자없는 넓은 땅을 이들 이주민들에게 자유경작시켰을것이다. 그들이 새로 경작한 땅은 물론 국유지로 간주된 황무지였지만 실제에 있어서는 누구든지 먼저 개간하고 경작하면 소유주의 자격을 가지게 되는 공전이였다. 혹은 임자가 없어 묵은 땅일수도 있었다. 례컨대 19년에 흉년이 들어 한수동북부의 부락들에서 무려 1 000여호나 고구려에 옮겨갔으므로 패수―대수사이에는 완전한 무인지경으로 되였는데* 이들이 버리고 간 땅은 누구나 다시 기경하기만 하면 그의 소유로 될수 있었다.

* 《삼국사기》권23 백제본기 온조왕 37년 6월

백제에서는 축성사업이 끊임없이 벌어졌다. 온조왕 36년 8월에 고사부리성이 축성된데 이어 다루왕 29년에는 동부인민들이 우곡성을 쌓았으며 초고왕 45년(210년)에는 적현성과 사도성을 쌓고 동부민호들을 여기에 이주시켰다. 문주왕 2년(476년)에는 대두산성을 고쳐쌓고 한북민호들을 이주시켰다. 이 새 성에 이주된 이민들도 역시 그곳에 뿌리박고 농사지으면서 살아간 소농민적토지소유자로 되였을것이다.

그러나 소농민적토지소유는 자체의 고유한 특성과 불공고성, 분산성 등으로 하여 쉽사리 분해되였다. 봉건적착취와 기후조건의 변화에 따라 끊임없이 발생하면서 끊임없이 파산되여가는것은 봉건사회 소농경리의 특징적현상이였다. 특히 전제주의적왕권의 정치는 소농민의 생존에 결정적인 영향을 주었는데 그것은 마치 기후조건이 농사에 미친 영향과 비슷하였다. 때문에 벌써 건국초기에 조금만 흉년이 들어도 그들은 기근에 시달렸으며 령락된 농민은 류랑걸식하다가 굶어죽기도 하고 고구려, 신라 등에 옮겨가기도 하였다.

다루왕 11년에 정부는 곡식이 잘되지 않아 백성들이 사사로 술을 빚는것을 금지하였는데 흉년에 술을 빚을수 있는 층은 명백히 관료귀족층과 도미와 같은 부유한 소농민이였을것이다. 그러나 절대다수의 인민들은 가난하여 제힘으로 살아갈수 없는 빈민들이였으므로 나라의 동, 서부를 순시하던 다루왕은 이들에게 한사람당 2섬의 곡식을 (꾸어)주는 조치를 취하지 않으면 안되였다. *1 이후에도 《흉년이 들어 백성들이 굶주렸다.》는 기사가 많다. 108년(기루왕 32년), 211년(초고왕 46년), 248년(고이왕 15년), 331년(비류왕 28년), 382년(근구수왕 8년), 447년(비유왕 21년), 506년(무녕왕 6년) 등 거의 모든 왕대에 걸쳐 대기근이 있었다. 지어 382년의 기근때에는 인민들이 굶주리다 못해 자식을 노비로 파는 일들도 있었다. *2 국가는 소농민을 토지에 고착시킴으로써 착취원천을 확보하려는 목적밑에 창고를 열어 구제를 실시하거나 혹은 조세를 감면해주는 조치를 취하였다.

*1 《삼국사기》권23 백제본기 다루왕 11년
*2 《삼국사기》권24 백제본기 근구수왕 8년

이러한 흉년은 봉건착취의 중압에 짓눌리고있던 자영소농민들이 파산몰락하여 소작인으로 전락되게 하는 주요한 계기였다. 대부분의 소농민들은 그해 소출로 겨우 연명할수 있었는데 조금만 흉년이 들어도 봉건국가의 조세를 물지 못하여 고리대금업자에게 손을 내밀어야 하였다. 그 결과는 필연적으로 땅을 팔지 않으면 안되였으며 그래도 안되여 결국 류랑걸식하거나 떠돌아다니다가 다시 토지에 얽매이지 않으면 안되였다. 510년(무녕왕 10년)에 《수도와 지방의 류랑

결식자를 몰아 귀농시켰다.》고 한 기사는 그 일단을 보여주고있다. 다시 토지에 결박되게 된 농민가운데 소소유자도 적지 않았겠으나 나머지는 남의 땅을 부쳐 지대를 무는 소작농으로 굴러떨어졌다. 이것이 봉건사회 소소유자로서의 자영농민의 일반적운명이였다.

2. 봉건적토지소유이전의 유제들

백제에도 이전 봉건적유제들이 상당히 남아있었다.

원시공동체적유제들은 백제건국초기인 온조왕때에 많이 남아있은것으로 보인다. 소국으로서의 백제에는 진국의 노예제와 새로 싹터나온 봉건관계와 함께 아직 존재하고있던 공동체적유제가 뒤섞여 있었고 졸본부여에서 남하한 사람들도 노예제와 함께 공동체적유제를 가지고왔었다.

《삼국사기》에 나오는 온조왕 14년 2월에 왕이《각 부락들을 순시하면서 농사에 힘쓸것을 권고》하였다는 기사와 37년에 《한수의 동북부락들에 흉년이 들었다.》는 기사에서 부락은 그 어떤 공동체집단의 부락일수 있다. 국내의 민호를 지역을 단위로 하여 남, 북, 동, 서로 나누기는 이보다 4~6년전에 있은 일이며 주, 군이라는 이름이 처음 보이기는 이보다 14년후의 일이다.*

  * 《남쪽 주, 군들에 령을 내려 처음으로 논을 만들게 하였다.》
 (《삼국사기》권23 백제본기 다루왕 6년)

이 자료들은 온조왕때까지는 아직 군, 현이 없고 부락이 지방행정의 자연적인 기층단위였으며 4부를 설치한 이후시기에 와서 비로소 부락이 없어졌다는것을 말해준다. 만일 부락이 혈연적씨족들의 공동체(농촌공동체 포함)였다면 건국초기까지는 토지소유의 공동체적유제들이 아직 남아있었다는것을 말해준다.

그러나 전 봉건적유제에서 기본은 노예제적착취관계였다.

백제에서는 주민들속에 아직 노예가 상당한 비중을 차지하고있었으며 생산에서도 일정한 역할을 한것으로 보인다. 노예의 주요원천은 포로노예였으며 다음으로 채무노예였고 그밖에 형벌노예도 있었다.

《삼국사기》에 의하면 온조왕 8년에 위례성을 포위한 말갈족을 대부현에서 격파하여 500여명을 살상포로하였는데 온조왕 22년에는 부현동쪽에서 포로한 말갈인들을 장병들에게 나누어주었다. 369년(근초고왕 24년)에도 치양에서 고구려군을 격파하고 5 000여명을 포로하였는데 역시 장병들에게 나누어주었다. 이처럼 장병들에게 표창으로 나누어준 포로들은 의심할바없이 표창을 받은자의 노로 되였을것이다.

그러나 포로들을 개인에게 나누어주어 노로 삼은것은 군인포로에 국한되였고 전쟁에서 로획한 남녀인민들은 이주시켜 농사짓게 하였다. 642년 (의자왕 2년) 8월에 윤충이 신라의 대야성을 공격하여 성우두머리 품석의 항복을 받은 다음 생포한 남녀 1 000여명을 《나라의 서쪽 주현들에 분산거주시켰다.》는 사실이 이것을 말해준다.

앞의 자료에서 본바와 같이 포로노예의 많은 부분을 개인들에게 나누어주었는데 그들의 일부는 주인집의 가족성원으로서 가내로동에 종사하였을것이며 일부는 주인집의 토지경작을 도왔을것이다. 주인이 지주인 경우에는 소작인과 함께 농사를 하였거나 텨밭농사 혹은 지주직할지의 경작을 도말아하였을것이다. 이 경우 포로에게 가족이 없고 그 어떤 로동조건도 보장되지 않았다면 그는 명실공히 노예이며 그의 로동은 노예로동으로 된다. 그러나 개중에는 시간이 흐름에 따라 자기 경리를 가진 외거노비-농노로 된자도 있었을것이다.

포로들가운데서 일부는 관청노예로 되였다. 관청노예는 주로 광산분야에서 고된 로동을 강요당하였을것이며 혹은 관청수공업공장에서 일하였거나 관청의 잔심부름군(사치노예)으로 되였을것이다. 그러나 이 포로들이 국가소유지의 대농장에서 일하였다고 볼 근거는 없다. 당시 국가에 그런 대농장이 없었거니와 있다고 치더라고 농업에 노예의 집단로동을 대량적으로 사용하는 일은 생산노예제에 기초한 노예소유자사회에서만 있은 일이였다. 아직은 외거노비도 많지 못하였던 백제에서 노예의 집단로동에 의한 대농장경영이 있었다고 생각하기는 어려우며 만일 있었다면 기본생산부문의 주력이 노예인 그런 사회는 봉건사회가 아니라 노예사회로 될것이다.

이렇듯 백제에는 노예와 노예제의 잔재가 아직 적지 않게 남아있었으나 그것은 한갖 낡은 사회의 유제에 지나지 않았다.

제3절. 착취관계

백제국가의 토지소유에서의 일련의 특징은 그대로 착취관계에 반영되였다.

8대 성씨의 대토지소유자들을 비롯한 관료귀족들의 소유지들에서는 소작농민 또는 농노적예속농민의 잉여로동을 생산물지대형태로 착취하였다. 여기에서는 착취관계가 직접적생산자들에 대한 인신적예속과 경제외적강제, 지대착취로 표현되였다. 기본생산자대중이 농노가 아니였던 관계로 지배적인 지대형태는 처음부터 생산물지대였다. 그러므로 지대률은 수확의 절반이상이였다고 볼수 있다.

반령주적토지소유에서의 착취관계는 고구려와 비슷하였을것이라고 추측된다. 앞에서 언급된 탐라(제주도)에 대한 공물착취에서 볼수 있는바와 같이 백제의 전제주의적왕권과 탐라후국과의 관계는 한 나라안에서의 황제와 제후사이의 신속관계와 같은것이였으므로 착취의 기본형태는 공납제였다.

공납관계는 강압적인 방법으로 유지되였으며 공납물은 주로 해산물이였을수 있다. 《신증동국여지승람》에 의하면 제주도의 특산으로 해달, 노루(누렁이) 등 동물들과 감, 귤 등 과일이 예로부터 이름높았으므로 수탈대상으로 되였을것이다.

그러나 백제봉건국가가 경제, 재정적으로 의존하고있은 토지소유는 지주적토지소유나 반령주적토지소유인것이 아니라 소농민적토지소유였으며 착취의 주요대상은 소농민이였다.

소농민은 자기의 잉여로동으로써 국왕과 그 일족 및 관료집단을 먹여살리고 입혀주었으며 궁전을 지어주고 나라를 지켜주었다. 따라서 소농민적토지소유는 봉건왕권의 경제, 재정, 로력 및 병력의 주요원천으로 되였다. 바로 이런 사정으로 하여 백제봉건정부는 소농민에 대한 지배와 통제, 착취와 억압을 최대한으로 강화하면서 단순재생산이나 보장할수 있도록 착취의 한계점을 유지하기에 애썼다.

농민에 대한 착취를 강화하기 위하여 백제봉건국가는 무엇보다도 토지와 호구에 대한 장악(편호)과 통제에 선차적인 관심을 돌렸다.

백제국가는 토지와 로동력을 장악하기 위하여 일정한 주기를 두고 토지측량과 호구조사를 실시하였으며 그에 기초하여 전, 정(장정)대장을 고쳤고 전정대장에 기초하여 조세, 공물, 부역 등 착취량을 규정하고 부과하였다. 《삼국유사》에 기록된 백제의 수도 사비성(소부리군)의 전정대장인 《소부리군 전정주첩》(일연은 이 주첩을 《량전장적》이라고 하였다.)이 그것을 말해준다. * 그 《전정주첩》이 소부리군의것이였다는것으로 미루어보아 백제에서는 사비성에 수도를 옮긴 538년이전시기부터 이미 토지 및 호구대장을 작성하고있었다는것을 알수 있다.

  * 《삼국유사》권2 기이 남부여, 전백제
    소부리군을 후기신라의 소부리주로 보면 《전정주첩》은 후기신라의것으로 되겠으나 일연은 명백히 《부여군은 전 백제수도인데 혹은 소부리군이라고도 불렀다.》고 썼으므로 이 소부리는 백제의 지명을 가리킨것임을 알수 있다.

백제에서 《편호소민》에 대한 착취의 기본형태는 토지에 부과하는 조세였다.

자료들에는 백제의 착취형태에 대하여 다음과 같이 전하고있다.

248년 《겨울에 백성들이 굶주리므로 창고를 열어 진휼을 실시하였으며 또한 1년의 조(세)와 조(호조)를 면제하여주었다.》(《삼국사기》권24 백제본기 고이왕 15년)

이 자료는 백제의 농산과 관련한 착취형태로서 토지에 부과하는 조세와 특산물이라는 명목밑에 수탈하는 호조가 있었다는것을 말해준다. 그 수탈내용과 방법에 대하여 《주서》는 다음과 같이 기록하였다.

《부세는 베, 비단, 명주실, 삼 및 쌀 등을 그해의 흉풍에 따라 차등있게 바친다.》(《주서》권49 이역 백제) 여기에서 쌀은 전조(후세의 전세)일것이며 베, 비단, 명주실, 삼 등은 공물(조) 또는 부역의 대납으로서의 용일것이다. 그러나 공물은 우의 천류에 국한된것이 아니라 희귀한 짐승가죽이나 해산물, 수산물, 꿀, 과일 등 지방특산물도 수탈하였을것이다.

다음 여기에서 문제로 되는것은 《흉풍에 따라 차등있게 바친다.》는 부세부과의 기준이 무엇이였겠는가 하는것이다. 우에 인용한 《소부리전정주첩》에 대하여 일연이 《량전장적》이라고 한 점에 주의를 돌린다면 부세부과는 조세에 대하여서는 토지면적을 단위로 하였고 부역에 대해서는 장정을 기준으로 하였다고 단정할수 있다. 《전정주첩》은 어디까지나 토지와 로동력을 장악하기 위한것이며 토지와 로동력에 대한 장악은 그것을 효과적으로 착취하기 위한것이였다. 따라서 당시의 사회력사적조건이 일정한 단위의 경지면적을 착취의 유일한 기준으로 제정할수 없게 하였고 조세는 일정한 경지면적이 아니라 장정수를 기준으로 부과하였다는 주장은 성립될수 없다. *

> * 당시의 사회력사적조건이라는것은 생산력발전수준이 낮아서 불역전이 적고 역전이 많았기때문에 경지면적을 장악할수 없는 것이라고 하는데 이것도 성립될수 없는 주장이다. 역전이 많아도 국가가 얼마든지 경지면적을 장악할수 있다는것은 이웃나라의 력사를 보아도 알수 있으며 론리적으로도 리해할수 있다. 하물며 불역전인 논농사가 성행한 백제의 력사적조건에서는 더욱 그러하다.
>
> 《삼국사기》에 의하면 다루왕 6년 2월에 나라의 남쪽 주, 군들에서 논을 풀어 벼농사를 하게 하였고 고이왕 9년(242년) 2월에는 남쪽의 진펄을 모두 논으로 일굴것을 명령하였다. 이렇듯 논농사가 보편화되여간 백제에서 토지면적을 장악할수 없어 장정기준으로 조세를 부과하였다는것은 어느모로 보나 설득력이 없다.

조세를 《전정주첩》에 기초하여 토지면적단위로 부과한것은 호의 등급(물론 가호등급의 기초는 토지면적이였다.)에 따라 조세를 차등있게 받은 고구려의 조세수탈방법과는 현저한 차이를 이루었다.

그러나 이것은 백제의 봉건착취가 고구려보다 약하였거나 롱간이 없었다는것을 의미하는것은 아니였다. 리조때에 볼수 있는것처럼 량전사업자체가 불공평하였을수 있고 설사 토지면적과 법정액에 따라 수탈하였다고 하여도 관리들의 중간착취가 심하였을것이다. 특히 공물수탈은 의례히 봉건관리들의 롱간을 동반하는것이기때문에 그 착취의 가혹성은 형언할수 없을 정도이며 농민들의 파산의 중요한 원인의 하나로 되였을것이다.

그러나 백제에서 농민들을 못살게 군 주요한 착취형태는 부역이였다. 백제는 특히 초기부터 남의 땅(마한)을 차지하여 나라를 세웠고 외적(초기에는 말갈, 락랑)의 침입을 막고 령토확장을 위한 정복전쟁을 끊임없이 벌리였기때문에 많은 성을 쌓지 않으면 안되였던 사정으로 하여 온조왕시기부터 성쌓기공사가 수많이 벌어졌으며 개로왕, 의자왕과 같은 왕들은 사치한 궁궐건설에 수많은 자재와 로력을 탕진하였다. 때문에 나라의 창고는 텅 비고 인민들은 부역에 시달려 가난해졌다.

백제에서 부역동원의 대상인 장정은 15살이상의 남정이였다. 빈번한 부역동원은 농사를 망치게 하였고 앓거나 다른 원인으로 부역에서 면제되려고 하면 해마다 많은 량의 천들을 대납하여야 하였기때문에 농민들은 빚을 내였고 결국은 파산, 류랑걸식의 운명을 면할수 없었다.

표 4   백제에서 인민들의 부역정형

년대(왕년) 월	부 역 내 용	비 고
B.C. 11(온조왕 8). 7	마수성쌓기, 병산책설치	
B.C. 6(온조왕 13). 9	성쌓기, 궁궐건설	
B.C. 4(온조왕 15). 1	새 궁궐건설	
4(온조왕 22). 8	석두성, 고목성쌓기	
6(온조왕 24). 7	웅천목책설치	
9(온조왕 27). 7	대두산성쌓기	
18(온조왕 36). 7	탕정성쌓기	

표계속

년대(왕년) 월	부역내용	비고
18(온조왕 36). 8	원산성 금현성 고쳐쌓기, 고사부리성 쌓기	한수의 동북부락민 15살이상 동원
23(온조왕 41). 2	위례성 고쳐쌓기	
56(다루왕 29). 2	우곡성 쌓기	
132(개루왕 5). 2	북한산성 쌓기	
188(초고왕 23). 2	궁실수축	
210(초고왕 45). 2	적현성, 사도성 쌓기	
286(책계왕 1)	위례성보수, 아단성, 지성 고쳐쌓기	
333(비류왕 30). 5	궁실건설	
373(근초고왕 28). 7	청목령에 성 쌓기	
386(진사왕 2)	청목령－팔곤성－바다에 이르는 관방건설	온 나라 15살이상 장정동원
391(진사왕 7). 1	궁궐고쳐쌓기, 못파고 산만들기	동북부인민 15살이상 동원
417(전지왕 13). 4	사구성 쌓기	
469(개로왕 15). 8	쌍현성 고쳐쌓기, 청목령에 목책설치	
476(문주왕 2). 2	대두산성 고쳐쌓기	
486(동성왕 8). 7	궁실수축, 우두성 쌓기	
490(동성왕 12). 7	사현성, 이산성 쌓기	북부인민 15살이상동원
498(동성왕 20)	웅진교, 사정성건설	
507(무녕왕 7). 5	고목성 남쪽에 목책설치, 장령성 쌓기	
523(무녕왕 23)	쌍현성 쌓기	한북의 주, 군민 15살이상동원
526(성왕 4). 10	웅진성수축, 사정목책설치	
630(무왕 31). 2	사비(부여) 왕궁 고쳐쌓기	
632(무왕 33)	마천성 고쳐쌓기	

표계속

년대(왕년) 월	부역내용	비고
634(무왕 35) 3	궁궐남쪽에 못을 파고 20여 리밖에서 물을 끌어들인 다음 언덕에 나무를 심고 물가운데에 섬을 쌓음	
655(의자왕 15). 2	태자궁, 망해정 등을 건설, 마천성 고쳐쌓기	

* 이밖에도 성쌓기, 궁궐건설, 제방쌓기, 절간건설 등이 많았다. (《삼국사기》백제본기)

《삼국사기》백제본기에 나오는 인민들의 주요부역을 묶어보면 우의 표 4와 같다.

봉건적학정에 참을수 없게 된 인민들은 삶의 권리를 위하여, 인간의 존엄을 위하여 봉건통치를 반대하는 투쟁을 줄기차게 벌리였다. 《삼국사기》에 《백성들이 굶주려… 도적이 크게 일어났다.》(권2 온조왕 33년, 권26 동성왕 21년) 《곡식이 잘되지 않아 도적이 많이 일어났다.》(권23 초고왕 43년)고 한것은 바로 이러한 사정을 반영한것이였다.

인민들의 줄기찬 투쟁은 봉건통치배들에게 커다란 타격을 주었다. 특히 4세기말 5세기초이후 고구려의 적극적인 남방진출정책에 의하여 백제국가는 더욱더 위축되였다. 백제통치배들은 내리막길에 들어선 쇠퇴의 운명을 건져보려고 비렬하게도 외세에 의존하는 정책을 실시하였으나 이미 기울어지기 시작한 운명을 되돌려세울수 없었다. 그리하여 660년 라당련합군의 공격에 의하여 백제는 드디어 멸망하였다.

제4장. 전기신라의 토지제도

　　전기신라는 신라봉건국가가 형성된 B.C. 1세기 초중엽부터 백제와 고구려의 남부령역을 병합한 7세기 중엽 문무왕대까지의 신라왕조를 말한다.
　　신라는 노예소유자국가였던 진국의 경주지방을 중심으로 한 사로소국이 봉건화과정을 완성하면서 점차 주변소국들을 통합하여 형성된 봉건왕조였다.
　　《삼국사기》에 의하면 사로소국의 봉건세력들은 유리니사금 32년에 6부제도를 정하고 17등급의 위계제를 설정하였으며 탈해니사금 11년에는 박씨왕족들을 주, 군의 지방장관으로 파견하여 주주, 군주로 임명하였고 파사니사금 11년에는 각지에 10명의 사신들을 보내여 군주, 주주들의 정사를 사찰하게 하였다. 이것은 봉건적질서와 왕권의 강화과정을 반영한것이라고 볼수 있다.
　　사로소국은 국가형성초기에 주변소국들을 통합하기 위한 싸움을 빈번히 벌리였다. 그러나 소국병합방법은 고구려, 백제와 차이가 있었다. 고구려, 백제는 주변소국들에 대하여 강경정책과 회유정책을 병행하여 귀순자는 추장으로 봉하고 항거자는 멸망시켜 군현에 편입시켰다. 신라는 거의 모든 소국을 무력으로 정복하였을뿐아니라 항복자에 대해서도 본인만을 수도에 데려다가 토지와 집을 주어 안착시킨 외에 그의 본토는 신라의 주, 군으로 통합해버리였다.
　　신라의 령토팽창과정에서의 이러한 특징은 신라의 토지제도에 큰 영향을 미치지 않을수 없었다. 즉 봉건국가의 소유지를 급속히 늘일수 있게 한 반면에 후국적인 반령주적형태의 토지소유의 형성을 거의 불가능하게 하였다. 신라의 통치배들은 주로 무력에 의한 정벌정책만 실시하고 후왕의 존재를 허용하지 않음으로써 고구려에서와 같은 반령주적형태의 토지소유조차 형성될 가능성이 적었다. 그 대신 소국들의 왕실소유지, 미개간지들, 산림과 목장 등을 무력으로 병합해버림으로써 신라왕실소유지와 국유지들은 급속히 팽창하였다. 력사책들에 신라의 국유지, 왕실소유지들에 대한 기록이 고구려, 백제보다 많이 나타나는것은 이러한 사정과 관련된것으로 보인다.

또한 주변소국들의 사회발전수준이 각이하였고 사로소국자체에 공동체적유제들이 많이 남아있은 사실은 신라봉건국가로 하여금 방대한 국유지에 토대하여 정전제도와 같은 균전제를 일정한 범위에서 실시할수 있는 가능성을 주었으며 자유소농민의 토지소유가 비교적 많이 그리고 오래 존속할수 있는 조건을 제공하였다.

제 1 절. 국가적토지소유의 장성, 사전(賜田)과 식읍제도

1. 국가소유지의 장성과 그 류형

신라봉건국가의 형성과 령토팽창은 이웃 소국들에 대한 정복전쟁을 동반하면서 진행되였다.

《삼국유사》에 의하면 이웃 소국들에 대한 정복전쟁은 유리니사금 19년 이서국(경상북도 청도군)에 대한 정복으로부터 시작하여 탈해니사금때에는 우시산국(울산)과 거칠산국(동래)을 통합하였으며 파사니사금 23년(102년)에는 음집벌국과 실직국, 압독국(경산) 등을 투항시켰고 108년에는 비지국(창녕)과 다벌국(대구), 초팔국 등을 정복하여 통합하였다. 정복전쟁은 그후에도 계속되여 231년에는 감문국을 정복하였고 236년에는 골벌국의 항복을 받았으며 사벌국, 소문국들도 신라의 주, 군으로 병합되였다.

이 정복전쟁은 령토팽창을 위한 전쟁이였으며 소국세력들을 신라의 봉건적인 계층적관료반렬에 흡수하여 지배하기 위한 전쟁이였다.

6세기에 이르러 가야의 전 지역을 정복함으로써 신라의 봉건통치배들은 신라의 령토를 멀리는 한강하류일대와 함경도 일부 지역까지 확대할수 있었다. 동시에 정복된 소국들의 지배계급을 항거, 투항, 귀순여하에 따라 처벌하거나 저들의 관료대렬에 편입시켰으며 피정복주민들도 정복당시의 그들의 태도에 따라 량인, 노비(또는 부곡민), 자영농민, 농노의 어느 한 신분에 고착시켜 착취하였다. 이 과정에서 국유지와 왕실소유지가 넓어져갔고 지주관료배들이 늘어났으며 중앙과 지방의 봉건적통치체제가 확립되여갔고 봉건화과정이 완성되여갔다.

토지소유의 견지에서 볼 때 정복전쟁의 주되는 결과는 봉건국유지와 왕실소유지가 팽창된것이였다. 무력에 의하여 정복된 소국들은 거의 례외없이 모두 신라의 주, 군으로 통합됨으로써 신라왕권의 직접적지배밑에 들어갔다. 스스로 항복한 골벌국왕 아음부도 집과 전장을 받았을뿐 골벌국전체는 신라의 군으로 병합되였다.*

* 《삼국사기》권2 신라본기 조분니사금 7년 2월

그밖의 모든 소국들이 신라의 주, 군으로 병합되였으리라는것은 의심할바 없다. 이것은 건국초기에 지방세력을 통합하기 위한 회유정책으로서 후국으로 책봉하던 고구려의 정책과는 현저한 차이를 이룬다. 이런 사정으로 하여 신라력사에서는 후국에 대한 기록을 볼수 없으며 령주적 또는 령주적형태의 토지소유가 형성될 가능성이 적었다. 따라서 신라건국초기에 령주세력이 상당한 정도로 남아있었다고 볼 근거는 전혀 없다. 신라통치배들에 의하여 통합된 소국은 옛 소국왕의 령지로 된것이 아니라 신라의 국토로 되였으며 소국의 공유지와 왕실소유지는 직접 신라의 국유지 또는 왕실소유지로 전화되였다. 이것이 바로 신라봉건국가에 국유지가 많게 된 객관적요인이였다.

국유지의 첫째 류형은 산림, 초원, 방목지 등 비경지와 불모의 땅이였다. 이것은 국가소유지의 절대다수를 차지하였다. 《삼국유사》의 무진주의 주리 안길에 대한 이야기는 전국의 산림이 원칙상 국유지로 되여있었다는것을 말해준다. 문무왕(661년-681년)은 차득공의 간청에 따라 이전에 차득공이 국내각지를 돌아볼 때 그를 후대하였던 무진주 주리 안길에서 성부산밑에 있는 땅을 《상수소목전[수도로 번살이가는자의 소목전(후세의 궁중용 신탄을 보장하기 위하여 마련한 토지)]으로 주어 사람들이 마음대로 나무를 하거나 가까이에 접근하는것을 엄금하였다.》* 이 기록은 안길이 받은 소목전이 봉건국가가 마음대로 양도할수 있는 국유지였다는것을 말해준다.

    * 《삼국유사》권2 기이 문무왕 법민

    원래 사유화 또는 씨족집단에 의해 공유화되지 않은 산림, 초원, 방목지, 애초지 등은 고금동서로 국가소유로 간주되여왔다. 신라의 경우도 례외가 아니였기때문에 성부산기슭의 산지를 국왕이 개인에게(물론 무진주의 상수용으로 준것이지만) 떼줄수 있었던것이다. 또한 문무왕 9년(669년)에 말목장 174개소를 나누어 소내(왕실)에 22개소, 관청에 10개소를 주었고 김유신에게는 6개소, 김인문에게는 5개소를 주었으며 이하 7명의 각간과 5명의 이찬, 4명의 소판, 6명의 파진찬, 12명의 대아찬 및 그 이하의 공신들에게 적당한 수의 목장을 차등있게 주었다는 《삼국사기》(권6)의 기록은 이 방목지들이 원래 국가의 소유였음을 말해준다.

    황무지는 고대로부터 공전의 범주에 속하였다.

    누구든 공전을 개간한자는 일정한 조건부로 소유할 권리를 가졌다. 그러나 이 권리는 국가가 주는것이기때문에 형식상으로는 국가소유지로 되여있었다. 사다함에 대한 이야기는 이러한 관계를 말해주고있다. 가야정벌에서 공을 세운 진골출신의 소년 사다함이 진평왕(579년－632년)이 주는 기름진 논밭을 사양하고 알천지방의 불모의 땅만을 줄것을 간청하였다는 기록*은 불모의 땅도 원칙상 국유지이며 따라서 그 소유권은 국가에 있었다는것을 말해준다.

    * 《삼국사기》권44 사다함전

    국유지의 둘째 류형은 경작지였다.

    신라에서는 비경작지뿐아니라 경작지의 많은 면적도 국가소유로 되여있었다. 이 농경지의 원경작자는 포로된 노예이거나 농노적 농민, 량인소작인일수 있었다. 어떻든 신라에는 국가소유의 경작지도 특별히 많았기때문에 고구려나 백제보다 국왕이 공신들에게 토지를 주는 경우가 자주 있었으며 지어 김유신의 경우와 같이 한번에 500결의 넓은 토지를 주는 경우도 있었다.

진흥왕순수비 창녕비문중에 있는 촌모전답도 국유전답이였을수 있다. 《조선토지제도사》(상)에서는 촌모를 《신라장적》에서 나오는 관모전답의 준말로 보고 촌안에 있는 관모답, 다시말하여 촌안에 있는 국유지로 해석하였다.* 그렇다면 창녕순수비에 기록된 촌모는 그 소출을 주, 군관리들의 록봉과 관청비용으로 쓰기 위한 촌안의 국유지일것이다. 이것은 국유지의 한 류형인 관전에 해당할것이다.

* 《조선토지제도사》(상) 과학원출판사, 1960년, 30페지

국유지는 그 용도에 따라 여러가지로 불리웠는데 신라에도 후세에 와서 볼수 있는 그러한 류형의 토지가 있었을것이다. 그가운데 사료에서 전하는것의 하나는 릉원위전이다.

《삼국유사》(권2 기이 가락국기)에 다음과 같은 기록이 있다.

661년에 문무왕(법민)은 가야 수로왕의 명복을 빌기 위하여 제사비용으로 쓸 릉원위전을 할당할것을 명령하였다. 그리하여 옛 가야땅에 사람을 보내여 《릉 근처의 상상전 30경을 떼여 제사용전으로 하고 왕위전이라고 불렀다. 그것을 본래토지에 붙이고 왕의 17대손 갱세 급간이 조정의 령을 받들어 왕위전을 주관하였다.》 이 왕위전을 농민의 소유토지라고 해석한다면 그것은 국유지가 아니며 제사비용은 지대에 의해서 충당한것이 아니라 전조(전세)에 의하여 마련되게 되는것이다. 그러나 같은 책의 다른 기록에 의하면 이 왕위전은 국가소유였다.* 따라서 당시 신라봉건국가는 도처에 경작지를 국유지로 가지고있었다는 사실을 알수 있다.

* 991년 김해부량전사 조문선의 장계에 의하면 수로왕릉에는 종전부터 관례로서 15결의 릉원전이 배속되여있었다. 그런데 그후 그 면적이 초과되여있으므로 15결이외의 《남은 몫은 응당 (김해)부의 부역담당 장정들에게 나누어주자》(《삼국유사》권2 가락국기)고 제기하였다. 이것은 문무왕때 배정한 왕위전이 국유지의 일부였다는것을 말해준다.

또한 664년(문무왕 4년)에 《모든 왕의 릉전에 백성 20호씩을 이사시킬것》을 명령하였는데* 이것은 먼저 왕 29명의 묘에 580명의 민호를 이사시켰다는것을 의미한다. 이 민호들은 수묘호들인데 새로 옮겨온 이들에게 경작지가 차례지지 않고서는 수묘호를 증가시킨 의의가 없게 되였을것이므로 580호의 수묘호들에게 땅이 분배되였을것인데 그 땅은 국가소유의 릉원위전일것이다.

> * 《삼국사기》권6 신라본기 문무왕 4년 2월

우에 든 릉원위전(왕위전)은 국유지가 아니라 후세의 왕 개인소유지로서의 내수사전이거나 왕실소유지로서의 궁방전이였을수도 있다.

아시아나라들의 봉건사회에서는 흔히 왕의 사적소유와 국가소유, 왕실소유와 국가소유가 명백히 구분되지 않은 경우가 많다. 이러한 혼동은 봉건사회초기일수록 더 심한것인데 그것은 봉건전제군주의 특성과 관련되여있었다. 국왕은 온 나라의 백성을 다 자기《적자》라고 불렀고 하늘아래 모든 땅을 다 《왕토》라고 하였다. 때문에 봉건사회초기에 토지를 포함한 재산관리에서 국왕의 몫과 국가의 몫이 따로 명백히 구분되지 못하였다.

그러나 실제에 있어서 왕의 사유재산과 국가재산은 엄격히 구별되여있었으며 그 재산을 관리하는 기관도 따로 있었다.

신라에서도 사정은 비슷하였다. 후세에 와서 내수사전으로 불리운 왕의 사유지도 처음에는 독자적인 이름이 없은것 같고 궁방전 같은것도 후기에 와서야 자기 이름을 가지게 된것 같다. 《삼국사기》직관지에 의하면 진평왕 7년(585년)에 와서 대궁, 량궁, 사량궁 등 3궁방에 사신을 두었으며 후에 본피궁이 신설되였다. 이 궁방들에는 막대한 량의 토지와 재물이 속해있었다.

《군공을 평가하여 김유신과 김인문에게 본피궁의 재물과 전장, 노복을 절반 갈라서 주었다.》(《삼국사기》권6 문무왕 2년 2월)고 한 자료는 각 궁방들이 토지뿐아니라 그밖의 재물과 노비까지 소유하고 있었으며 토지를 국유지처럼 간주하고있었다는것을 말해준다. 그러나 실제에 있어서 김유신과 김인문에게 준 본피궁의 전장과 나머지 토지는 리조때의 유토궁방전(소유권이 궁방에 속한 토지)에 해당하는 왕궁소유지였다.

이와 같이 신라에는 방대한 면적의 국가소유지가 있었으며 국유지의 적지 않은 부분이 경작지였다.

국가는 자기 권력에 의거하여 이 토지들을 독점적으로 지배하면서 그 일부를 공신들에게 주었고 릉원위전으로도 제공하였으며 각 궁방에 왕실소유지로도 주었다. 고구려에서처럼 왕실이나 국가에 공헌한 일반 평민에게도 표창으로 주었을수 있다. 방대한 면적의 국유지의 존재는 후에 정전제를 실시할수 있는 밑천으로 되였다.

그러나 방대한 면적의 토지가 국가소유로 되였다고 하여 결국 일부 론자들이 말하는것처럼 신라봉건사회가 《토지국유제의 유일적지배에 기초한 사회》였다는것을 의미하는것은 아니다. 신라국왕은 나라의 최대의 지주이긴 하였지만 유일한 지주는 아니였으며 국가소유는 유일한 소유형태가 아니였다. 신라의 봉건적토지소유에도 국가적소유이외에 사적, 지주적토지소유가 있었으며 그밖에 소농민적토지소유와 공동체적유제로서의 공유도 있었다. 따라서 신라봉건사회는 토지소유와 국가주권이 일치한 사회, 지대와 전세가 동일한 그러한 《아시아적봉건사회》는 아니였다.

2. 사전(賜田) 및 식읍제도

신라봉건국가에는 많은 국가소유지가 있은 사정으로 하여 사전제도와 식읍제도가 발전하였다. 봉건적국유지는 사전의 물질적원천이였다. 봉건국가가 자체의 소유토지가 없이는 사전을 할수 없으며 식읍도 광범하게 실시할수 없었을것이다.

신라에서 사전에 관한 최초의 기록은 236년(조분니사금 7년)에 백성들을 거느리고 신라에 투항해온 골벌국왕 아음부에게 《저택과 전장을 주어 안착》시켰다는 기록이다. 562년(진흥왕 23년)에는 가야정벌에서 군공을 세운 사다함에게 《왕은 좋은 땅과 포로 200명을 상으로 주었다. 사다함은 세번이나 사양하였으나 왕이 억지로 권고하므로 포로는 받아서 모두 량인으로 놓아주고 토지는 병졸들에게 나누어주었다.》*

* 《삼국사기》권4 신라본기 진흥왕 23년 9월
　　같은 책 권44 사다함전에는 놓아준 포로수는 300명으로 되여있고 토지를 받아 병졸들에게 나누어준것이 아니라 불모의 땅을 줄것을 간청한것으로 되여있다.

우의 자료는 사전이 토지 그자체를 주는것, 토지소유권의 이양이라는것을 다시금 확증해주며 받은 땅은 마음대로 처분할수 있었다는것을 말해준다. 사다함의 사전을 나누어 가진 병졸들은 소농민일것이므로 이 경유 국유지는 사적, 소농민적토지소유로 전환하였으며 포로된 가야사람들은 노예의 처지를 면하고 다시금 자유로운 소농민으로 되였을것이다.

661년(문무왕 1년) 9월에는 투항해온 백제의 달솔 조복과 은솔 파가에게 모두 급찬의 벼슬등급과 함께 토지와 집, 옷을 주었으며[1] 663년(문무왕 3년) 11월에는 임존성을 제외한 백제땅 전부를 정복하고 돌아온 김유신에게 토지 500결을 주고 그밖의 장졸들에게도 상을 주었다.[2]

[1] 《삼국사기》권6 신라본기 문무왕 원년 9월
[2] 《삼국사기》권42 김유신전(중)

여기에서 주목되는것은 사전의 규모가 방대한데 그 경작자가 누구였겠는가 하는것이다.

김유신은 앞서 김인문과 함께 본피궁의 토지도 절반씩 나누어 가졌는데 그우에 또 500결이나 되는 방대한 면적의 경작지를 받았다.

이 토지의 경작자는 십분 본래 국유지였을 때의 그 땅의 경작자일수 있다. 그러므로 수백결의 땅을 경작할 방대한 로력을 새로 구할 필요가 없었을것이다. 사다함의 경우에는 본래 가야의 량인농민이였던 200~300명의 포로노예를 새 경작자로 쓸수 있었는데 그렇게 하였다면 본래 국유지였을 때의 경작자는 모두 살길을 잃게 되였을것이다.

만일 500결의 토지를 모두 공노비들의 로력에 의해 경작하였다면 새 임자로 된 김유신은 공노비들을 국가에 돌려보내야 하며 수백명의 경작자를 새로 채용해야 할 복잡한 문제가 제기되였을것이다.

그러나 사료들에는 이러한 문제들이 반영되지 않았다. 이것은 경작자들이 병작농민이였다는것을 의미한다. 그것은 량인소작농민인 경우에는 토지주인이 바뀌여도 그들의 토지점유권, 토지사용권에는 큰 영향이 미치지 않은것이 상례였기때문이다.

　　이밖에 신라에서는 무진주의 상수소목전에서 볼수 있는것처럼 토지를 주는 대상이 개인이 아니라 국가의 지방기관인 경우도 있었고 사원인 경우도 있었으며(이때에는 《납전》의 형식을 취하였다.) 이때 준 토지는 경작지가 대부분이였으나 불모의 땅도 있었고 목장, 황무지 등도 있었다. 그러나 그 어느 경우를 물론하고 그것은 신라왕조를 위해 큰 공로를 세운자들에게만 주었고 신라왕실을 위해 싸우도록 하기 위한 수단으로 리용되였다.

　　신라에서 식읍도 사전과 마찬가지로 흔히 신라왕실을 위하여 공을 세운 귀족관료들에게 수여되였다. 신라에서의 식읍도 토지와 인민에 대한 지배권을 주는것이 아니라 전조를 주었으며 따라서 토지소유권과는 원칙상 아무런 관계도 없었다. 국가는 그들에게 준 식읍의 가호수에 해당하는 일정한 지역의 전조수입을 식읍을 수여받은자에게 넘겨주면 되였다. 중국에서의 식읍처럼 국가의 기본조세인 조용조의 징수권을 다 넘겨주었는지는 명확치 않다.

　　식읍도 오직 국왕만이 줄수 있었으며 임의의 시각에 회수할수도 있었다. 식읍을 받은자는 식읍지의 토지를 사유할수 없고 식읍을 상속할수도 없었다. 이 점에서는 사전과 본질적으로 구별되였다.

　　식읍과 사전이 다 같은 물질적표창의 한 형식이며 그 넓이는 받는자의 벼슬등급과 신분 및 공적 등에 따라 결정되였다는 측면에서는 공통점이 있었다. 그러나 식읍은 사전처럼 평민에게 주는 일은 절대로 없었고 관료가운데서도 왕의 친척이거나 높은 문벌의 최고위급 관리들에게만 주었을뿐아니라 식읍주는 일을 극력 삼가하였다. 때문에 전기신라 전기간을 통하여 식읍을 받은자는 불과 3~4명정도밖에 되지 않았다.

　　신라에서 맨 처음 식읍을 받은자는 금관가야국왕 김구해였다. 532년(법흥왕 19년)에 《금관국주 김구해가 왕비와 세 아들…을 데리고 나라의 재물과 보물을 가지고 항복하여오니 (법홍)왕이 례의를 차려 대우하고 그에게 상등의 위계를 주었으며 동시에 자기 나라를 식읍으로 주었다.》*¹ 이때에 식읍은 그 땅과 인민을 준것이 아니기때문에 금관국은 신라의 금관군으로 통합되였다. *²

　　*¹ 《삼국사기》권4 신라본기 법홍왕 19년
　　*² 《삼국사기》권34 지리지

　　그러므로 김구해는 수도에 앉아서 본래 자기가 다스리던 가야땅(락동강하류)의 전조와 규정된 호조(공물) 등을 받아먹었을뿐이였다. 식읍지가 군현에 편입된 이상 수도에 앉아서 금관군의 인민을 부역에 동원시킬수 없었을것이며 또 금관군의 토지와 인민을 지배할수도 없었을것이다.

　　신라에서 두번째로 식읍을 받은자는 김인문이였다. 당나라에 가서 벼슬하다가 653년(진덕녀왕 7년)에 귀국한 그는 태종왕이 즉위한 후에 압독주총관으로 임명되여 장산성을 쌓고 요새를 만들었다고 하여 태종왕으로부터 식읍 300호를 받았으며 *¹ 고구려를 멸망시킨 후에는 문무왕으로부터 《영특한 책략과 용감한 공로》를 세웠다는 평가를 받고 이전 대탁각간 박뉴의 식읍 500호를 더 받았다. *²

　　*¹, *² 《삼국사기》권44 김인문전

　　이것은 식읍이 어떤 대상에게 주어졌는가 하는것을 뚜렷이 보여주고있다. 김인문은 당나라에 드나들면서 배족적인 《련당정책》을 성사시키는데서 주동적인 역할을 한 태종의 둘째아들이였다. 김인문이 박뉴의 식읍을 물려받은것은 식읍수여의 규정이 당대에 국한되여있었고 박뉴가 죽었기때문이였을것이다.

　　신라에서 세번째로 식읍을 받은자는 김구해의 증손자, 문무왕의 외삼촌이며 백제와 고구려에 대한 침략에서 첫째가는 《공》을 세운 김유신이였다. 662년(문무왕 2년)에 고구려와의 전투에서 《공》을 세웠다 하여 그에게 봉읍(식읍)과 작위를 준 일이 있었으며 이듬해에 토지 500결을 준데 이어 668년에는 고구려를 멸망시키는데서 그의 《공적》이 특출하고 신라의 흥망이 그의 가문에 의거한바 크다고 하여 일부러 태대서발한(태대각간)이라는 최고의 벼슬자리를 만들어 수여하고 식읍 500호와 가마, 지팽이를 주었다.＊

＊《삼국사기》권43 김유신전(하)

신라에서도 백제와 같이 표창으로 주는 전조의 분배방식으로서 왕조에 공로있는자들에게 곡식을 주는 제도가 있었다.

례컨대 신라의 이름난 문필가 강수에게 태종왕은 외교문서 해석과 작성에서 공로가 있다고 하여 해마다 신성의 전조에서 100섬씩을 떼여줄것을 명령하였으며 문무왕은 그에게 사찬의 벼슬을 주고 록봉에 덧붙여 해마다 벼 200섬을 더 주었다.＊ 이것도 식읍과 마찬가지로 일정한 지역의 전조를 떼여주는 전조의 분배방식이였다. 이것은 식읍처럼 특수한 계층에게만 수여되는 높은 급의 표창은 아니였다. 그러나 강수에게 본인이 죽을 때까지 해마다 주었다는것은 백제의 그것과는 구별되는 특유한 현상이였다. 이런 표창형식은 후기신라때에도 적용되였다.

＊《삼국사기》권46 강수전

제2절. 지주적토지소유의 형성과 발전

1. 관료귀족 및 호민들의 토지소유

지주적토지소유는 봉건적토지소유의 한 류형이며 따라서 지주적토지소유의 형성은 사회의 봉건화과정의 한고리이다.

우리 나라에서 봉건사회의 발전과정이 령주제로부터 지주제, 농노제로부터 소작제로의 이행과정으로 표현되지 않고 관료귀족적토지소유로부터 서민지주적토지소유에로의 이행과정으로 표현되였다는데 대해서는 제1장에서 이미 서술하였다.

신라에서의 봉건적토지소유도 이런 발전과정을 거친것으로 추측된다. 신라에서는 특히 고구려, 백제와는 달리 국가형성과정에서 표현된 일련의 특성으로 하여 봉건사회의 초기에 반령주적이라고 볼만 한 정도의 령지제도 발생하기 어려웠다. 또한 초기에 왕의 근친들로서 지방의 성주, 군주가 된자들이 많았으나 전기신라에서는 그것들이 아직은 중앙전제정권에 위협으로 될만 한 봉건적, 할거적존재로 되지 못하였다.

신라에서도 고구려, 백제와 마찬가지로 지주의 중, 소계층들은 원래 공동체의 농민일수 있었다. 농촌공동체가 붕괴되면서 유리한 자연지대적조건과 로력조건 등을 가진 부유한 농민이 상승분화하여 지주로 전환하는 경우가 그러하였다. 그러나 이것은 지주적토지소유형성의 일반적인 길은 아니였다.

지주적토지소유형성의 일반적인 길은 원시사회의 추장들과 군사귀족들이 강권을 발동하여 사유지를 확장하거나 노예사회의 말기에 노예소유자들이 노예적로동에 기초한 농장경영을 농노적 또는 소작제적경영으로 전화함으로써 이루어졌으며 또는 신흥봉건귀족들이 종법적관계와 정치적권리를 리용하여 소농민들의 토지를 검병하거나 황무지를 개간하여 사유화하고 노비의 농노적로동이나 소농민의 병작제적로동을 착취함으로써 형성되였을 것이다.

신라지주계급의 첫번째 집단은 지방통치자로 된 왕족과 6부귀족이였을 것이다.

지방에 내려가 주주, 군주로 된 왕족들은 왕권을 등에 업고 정복된 소국들의 토지(소국왕족들의 사유지와 국유지)와 무권리한 소농민의 토지를 빼앗아 자기의 소유로 만들었을 것이다.

사로의 6부귀족들은 본래부터 토지소유자들이였을수 있다. 사로의 6부가 고조선의 이주민이라면 그 귀족들은 이미 노예로동의 리해관계를 체험한 존재들이므로 토지경영에서도 다른 사람의 로동을 착취하는데 첫째가는 관심을 돌렸을 것이다.

신라전성기 35가의 대부호(금입댁)가운데 본피댁, 사량댁이 있었는데 그것은 6부가운데 본피부와 사량부의 본피씨, 사량씨 후손들이다. 가야국의 왕족인 김유신의 조상은 재매정댁으로 알려져있다. *

* 《삼국유사》권1 기이 진한

이 자료는 왕족들과 함께 6부귀족들이 대지주였다는것을 말해준다. 이들이 바로 관료귀족지주이며 이들의 토지소유가 신분적토지소유인것이다. 이 귀족지주들의 형편을 더 살펴보면 다음과 같다.

진흥왕은 557년에 국원을 소경(작은 수도)으로 정하고 이듬해 2월에 귀족자제들을 이사시키도록 하였다. 진흥왕이 수도의 귀족자제들을 국원에 이사시킨것은 국원을 개척하여 방비를 강화하려는데 목적이 있었던것만큼 이들은 많은 재력과 로력(주요하게는 노비로동력)을 가지고있는 부호들이였을것이다. 귀족자제들은 본래 지주가 아닐수 있었으나 새땅을 개척하면서 곧 대지주로 되였을것이다. 그들은 국원에 이사한 후 국가의 방조밑에 자기의 인적 및 물적재산에 의거하여 황무지와 묵은땅을 개간하였으며 많은 빈민들을 꾀여 소작인으로 만들었다. 이런 방법에 의하여 신설된 소경은 번화해갔고 방비도 강화되였다. 소경을 설치하고 그곳에 귀족자제들과 호민을 먼저 이주시킨 신라봉건정부의 목적이 바로 여기에 있었다. 또 이런 방법에 의하여 지방이 개척되고 지방지주들이 생겨났던것이며 지주적 토지소유가 확대되였다.

신라는 일찍부터 국원을 개척한 방법으로 지방을 개척해나갔기 때문에 온 나라에서 관료귀족적지주들의 형성이 촉진되였다.

지방에 이사한 귀족들은 여러가지 방법으로 소유지를 넓혀나갔다. 처음에는 황무지 또는 묵은밭을 개간하는 방법으로 토지를 확장하였으나 재촌지주(자기 땅이 있는 곳에 사는 지주)가 된 다음에는 사기와 협잡, 롱간에 의한 수탈과 매매가 토지집중의 주되는 방법으로 되였다.

지방관료귀족들의 토지겸병을 촉진시킨 다른 하나의 계기는 538년 1월에 법흥왕이 주주, 군주, 군태수, 현령 등 지방장관들이 가족을 데리고 부임하는것을 허락한것이였다. 당시까지 지방장관은 수도에 가족을 두고 단신으로 임지에 내려갔다가 부임기한이 끝나면 돌아오군 하였다. 이것은 지방할거세력의 형성을 막기 위한 중앙집권적왕권의 주요한 조치였다. 그러나 왕권이 강화되고 중앙집권적통치체제도 튼튼히 확립된 후에는 지방장관의 가족을 수도에 볼모로 잡아 둘 필요가 없었으며 관료들도 지방장관의 벼슬을 사유재산을 늘이는 주요한 치부수단으로 간주하게 되였다. 이렇게 되여 지방귀족들의 소유지는 끊임없이 확대되였고 그들의 세력도 그에 맞게 커졌다.

때문에 674년(문무왕 14년)에 신라왕조는 6부진골출신으로서 5경9주에 나가사는자들을 위하여 따로 외위제(벼슬등급제도)를 제정하지 않으면 안될 형편에 이르렀다. *

> * 《삼국사기》권40 직관지
> 《조선토지제도사》(상) 과학원출판사, 1960년, 38~40페지

이런 제도의 제정은 락향지주들의 토지소유, 다시말하여 지방관료귀족-지주의 신분적토지소유장성의 반영인 동시에 지방관료귀족들의 토지소유의 장성을 더한층 촉진하는 주요한 요인으로도 되였다.

신라에서도 지주들의 대렬에는 관료귀족이 아닌 서민들이 끼여있었다. 이들은 당시 사료들에서는 호민(세력이 있고 부유한 백성이라는 뜻)이라고 불렸다. 호민들에 관한《삼국사기》의 자료를 소개하면 다음과 같다.

① 《(전해에 왜적에게 함락된바 있던) 사도성을 개축하고 사벌주에서 호민 80호를 옮겨왔다.》(권2 례니사금 10년)

② 《귀족자제들과 6부의 호민들을 이사시켜 국원을 충실하게 하였다.》(권4 진흥왕 19년)

우의 자료에서 말하는 호민이 귀족자제들과 구별되는 서민부자인것은 명백하다. 봉건사회에서 호민은 대체로 지주를 가리켰는데 귀족이 아닌 지주는 곧 서민지주로 될것이다.

국방상요충지인 사도성을 강화하기 위하여 사벌주의 호민 80여호를 이사시켰고 새로 설치된 국원소경을 건설하기 위하여 귀족자제들과 함께 6부의 호민들을 옮겨앉혔다는것은 역시 호민들이 큰 재산을 가지고있었다는것을 시사해주고있다. 당시의 조건에서 이들의 경제적지원이 없이는 새로운 도시를 건설하고 국방상요충지들을 강화하는 사업을 성과적으로 해나갈수 없었던것이다.

그들은 수적으로도 이미 상당히 장성하고있었다. 사벌주에서

80여호의 호민을 옮겨갔어도 아직 그보다 더 많은 수의 호민이 남아 있었을것이고 사도성에 옮겨앉은 이 80여호의 호민들은 새땅에 뿌리를 내리고 자기의 재력과 로력(노비)에 의거하여 끊임없이 황무지와 묵은밭을 개간하고 지방에 내려간 귀족과 같은 방법으로 자기의 토지소유지를 부단히 넓혀나갔을것이다.

서민지주들의 토지소유는 나날이 늘어나 7세기초에는 이미 100결이상의 토지를 소유한 지주들도 있었다.

신라에 이런 갑부들이 얼마나 있었겠는가. 구체적인 자료가 없으나 사벌주 한개 주에서만도 사도성에 옮긴 호민이 80여호나 되였다는 사실은 우의 물음에 대한 간접적인 대답으로 될것이다. 또한 신라의 모든 촌주들도 사적토지소유에 기초한 부호였다는 점을 고려해야 할것이다. 알려진바와 같이 촌주들은 귀족신분층으로서의 성골, 진골, 6~4두품에 속하지 못하는 백성(또는《평인》이라고도 하였다.)이였는데 후에 외진촌주는 5두품, 차촌주는 4두품의 귀족과 같은 주택을 짓고 살수 있게 되였다. * 같은 규정에 의하면 4두품은 명색이 귀족이지 주택, 수레, 기물사용규범에서는 백성들과 같은 처지에 있었다. 이것은 촌주들이 원래의 귀족은 아니지만 기본적으로는 지주대렬에 속하였다는것을 말해준다. 이들이 후에는 지방에서《작은 왕》노릇을 하는 토호로 자라났다.

* 《삼국사기》권33 옥사

2. 사원전의 발생

신라에서도 지주적토지소유에서 주요한 자리를 차지한것은 사원의 토지소유였다.

사원의 토지소유는 엄밀한 의미에서는 사적소유지가 아니라 사원의 공(共)유지이다. 그러나 농민(또는 극히 일부의 사원노비)의 잉여생산물을 지대형태로 착취하여 사원을 운영하고 중들이 먹고산다는 의미에서 지주적토지소유의 한 류형에 속한다.

신라에서 불교는 528년(법흥왕 15년)에 정식으로 국가에 의하여 도입되였다. 소지마립간(비처왕) 당시 조정대신들은 불교가 기괴하고 요사스러운 설과 풍습을 류포시킨다고 하여 반대하였으나 근신 이차돈이 불교신앙을 완강히 주장한 결과 공인되게 되였다고 한다.

　불교가 국가에 의하여 승인되자 상층귀족들속에서 급속히 전파되였다. 왕과 왕족들, 부유한 상층귀족들이 불교의 독신자로 되였으며 사원들이 건설되기 시작하고 사치한 불교의식들이 거행되게 되였다.

　불교의 전파를 승인한 법흥왕자신이 말년에 왕위를 내놓고 중이 되였고 그의 조카인 진흥왕과 그 왕비도 중이 되였다. 전기신라때만도 국가에 의하여 수십개의 사원들이 세워졌는데 544년에는 흥륜사가 준공되고 남녀를 물론하고 중으로 되는것이 허용되였으며 이어 화엄사, 황룡사, 분황사, 령묘사, 통도사 등 후세에까지 이름을 남긴 큰 절간들이 건설되였다. 이름난 중들만도 안홍, 원광, 담육, 지명, 자장, 의상 등 여러명이 있었는데 이들은 이웃 당나라에까지 알려졌다.

　불교신앙이 국가적인 사업의 하나로 되면서 사원과 불교에 대한 통제가 필요하게 되였으며 이를 위하여 중앙정부안에 승직으로서 국통, 대서성을 두고 지방 주, 군들에는 주통, 군통을 두게 되였다. 그들은 종교관계의 일에만 관여한것이 아니라 진흥왕때의 원광이나 선덕, 진덕왕때의 대국통 자장 등은 직접 정치에 참여하여 주요한 발언권을 가졌다. 이것은 국가가 국고지출로써 절간을 짓고 불상을 만들며 탑 등을 세워주게 된 조건의 하나였다.

　불교전파가 심화되면서 점차 개별적귀족대관들이나 부호들에 의하여 사원이 건설되고 운영되는 풍이 생겼다. 진골출신의 중 자장은 중이 되기 전에 재상의 자리를 사퇴하고 토지를 기부하여 원녕사와 수다사를 지었으며[1] 그의 조카 명랑은 황금 1 000냥을 회사하여 금광사를 세웠다.[2] 취선사와 원원사, 송화방 등 절간은 모두 김유신과 그의 일족들이 세운것이었다.[3]

[1] 《삼국유사》권4 의해 자장정률
[2] 《삼국유사》권5 신주 명랑 신인
[3] 《삼국사기》권43 김유신전(하), 《삼국유사》권1 기이 김유신

이러한 사원들이 불교행사를 거행하려면 재물이 필요하였으며 거기에 살고있는 수많은 중들이 먹고살아가기 위해서도 수입이 있어야 하였다. 때문에 사원이 있는 곳에는 반드시 토지가 소속되여있었으며 돈을 새끼치기 위한 고리대기관이 있었다. 그러므로 신라에서 사원전의 발생은 사원의 건립과 병행되였다.

앞에 인용한 녀승이 가서사에 기증한 동평군의 100결의 땅에는 100호이상의 소작인들이 명줄을 걸고있었을것이며 그들의 잉여로동에 의하여 이 절간이 유지되여갔고 불교행사와 수많은 중들의 생활이 보장되였을것이다.

운문사의 《납전기》*(토지와 재물을 기록하는 대장)를 통하여 당시 모든 사원들이 제각기 재산수납대장을 만들어놓고 시주들로부터 들어오는 토지와 재물을 등록하고있었다는 사실과 시주가 국가이든 개인이든 귀족이든 평민이든 관계없이 독신자들의 기증에 의하여 많은 토지들이 사원의 소유지로 되여갔다는것을 알수 있다.

* 《삼국유사》권1 기이 이서국

지나치게 많은 토지가 사원전으로 전환되는것은 봉건정부로서는 그리 좋은 일이 못되였다. 그것은 중들이 국가의 병역의무와 부역의무에서 제외되듯이 사원전은 면세지로 되였기때문에 그만큼 국가세입을 줄이는 결과를 빚어냈던것이다. 그리하여 봉건정부는 664년(문무왕 4년) 8월에 《사람들이 함부로 재물과 토지를 불교사원에 기부하는것을 금지한다.》는 법령을 발포하지 않을수 없었다. 이 법령이 채택되였다는 사실자체는 벌써 국가가 시주를 제한하지 않으면 안될 정도로 사원에로 넘어가는 토지가 막대한 량에 달하였다는것을 말해준다. 그러나 이 법령은 지나친것을 제한한것이지 결코 토지기증을 일체 엄금한것은 아니였다. 이 틈을 리용하여 사원에 재물과 토지를 기증하는 현상은 그후에도 근절되지 않았으며 사원자체가 고리대와 고률의 지대에 의거하여 토지(사원전)를 늘여나갔다.

제 3 절. 소농민적토지소유와 봉건사회이전의 유제들

봉건사회의 소농민적토지소유는 벌써 자유로운 소토지소유가 아니다. 고대사회의 그것과는 달리 봉건사회의 소농민적토지소유는 봉건국가의 간섭과 봉건제도의 영향을 크게 받게 되므로 절대적사유로 되지 못하고 제한적인 소유로 되며 그의 불공고성과 동요성도 한층 심해진다. 그리하여 우리 나라의 봉건사회에서 소농민적토지소유는 끊임없이 장성쇠퇴하는 과정을 반복하게 되였으며 소농민이 지주로 상승분화하는 일은 극히 드문 현상으로 되였다.

소농민적토지소유가 전제국가의 주요한 로력적, 물질적원천으로, 봉건통치의 기초로 되여있는 사정은 봉건정부로 하여금 소농민《보호》, 《육성》정책을 표방하여나서지 않을수 없게 하지만 정권의 계급적본성으로 하여 진정한 보호, 육성정책을 실시할수는 없었다. 력대 봉건정부가 유교적《농본》, 《민본》사상에서 출발하여 조세의 면제, 감액 또는 진휼 등 각종《보민》정책에 대하여 떠들었으나 그 어느 하나도 소농민들을 파산에서 구원해내지 못한것은 바로 이때문이였다.

신라사회에서도 소농민들은 파산과 재생의 과정을 부단히 되풀이하였다.

《삼국사기》(권1 탈해니사금 즉위전기)에 물고기잡이를 생업으로 하던 석탈해(후의 탈해니사금)가 후에 어머니의 권고로 학문에 전념하고 풍수도 배워 양산밑 호공의 집터가 좋은것임을 알자 꾀를 써서 그 집을 빼앗고 거기서 살았다는 이야기가 있다. 이것은 토지에 대한 소소유형성의 다른 한길을 보여준것이라고 볼수 있다. 토지사유의 첫걸음은 집터와 터밭으로부터 시작되였는데 이 자료는 신라에서 토지소유의 이 일반적합법칙성이 엄연히 작용하였다는것을 간접적으로 설명해주고있다.

신라에서 소농민적토지소유가 존속해 나갈수 있은 객관적조건은 황무지가 많이 있은 사실이였다. 약간한 재력(당면한 식량과 종곡,

로동도구 등)과 로력만 있으면 토지를 개간하여 그럭저럭 살아갈수 있었다. 봉건정부에서 흉년에 진휼을 실시하는 주되는 대상이 과부, 홀아비, 고아, 자식없는 로인 등 《자기 힘으로 생존해나갈수 없는자》 였던 리유도 여기에 있었다. 이리하여 토지개간은 소농민적토지소유 발생의 주요한 원천으로 되였다. 《삼국유사》에 나오는 중 광덕과 엄장의 이야기는 이것을 증명해주고있다.

문무왕때 (7세기 중엽)에 《광덕과 엄장이라고 하는 사이좋은 두 중이 있었다. … 광덕은 분황사서쪽 마을에 은거하여 처자를 데리고 신을 삼아 살아갔으며 엄장은 남악에 암자를 짓고 자기 힘으로 크게 농사를 지었다.》(《삼국유사》 권5 감통 광덕, 엄장)

우의 자료에서 중 엄장은 산밑 황무지를 일구어 자력으로 농사 짓는 소농민이라는것을 알수 있다. 황무지가 도처에 널려져있던 당시의 신라에는 엄장과 같은 소소유자들이 광범히 존재하고있었다고 생각할수 있다.

《삼국사기》(권3)에 의하면 소지마립간 11년(489년) 1월에 정부는 《놀고먹는 백성들을 몰아다가 농사를 짓게 하였》는데 여기서 말하는 《놀고먹는 백성》가운데는 광덕과 같이 신을 삼아 생계를 유지해가는 가난한 소수공업자도 있었을것이지만 대부분은 고정된 생업이 없는 품팔이군이였을수 있다. 어떻든 그들은 본래 소농민이였을것이며 봉건정부의 강권에 의하여 또다시 토지에로 돌아갔을것이다. 토지에로 되돌아간 이들이 소작농이 되였는지 자작농이 되였는지는 명확하지 않으나 엄장과 같은 소농민적토지소유자로 되였다고 생각하는것이 보다 합리적일것이다.

소농민적토지소유가 광범히 존재하였다는 사실은 또한 농민에 대한 국가의 진휼정책에서도 찾아볼수 있다.

신라에서도 큰 흉년이 들면 국가는 피해지구의 인민들가운데서 가난하여 스스로 살아갈수 없는자, 극빈자, 류랑자, 홀아비, 과부 등 홀로 사는 사람들, 병든 늙은이 등에게 적당한 구제미를 나누어주기도 하고 1년간 조세를 면제하여주기도 하면서 회유정책을 실시하였다. 이러한 진휼정책은 봉건국가의 생존을 위해 필요한것이였는데 흉년에 진휼을 받은자의 대부분과 조세감면의 《혜택》을 입은자들은 소작인이나 소소유자 등 소농민이였다.

이와 반대로 풍년이 들면 《길손들도 량식을 가지고다니지 않았다.》* 고 하였는데 이 사실은 도처에 길손들을 공짜로 먹여줄수 있는 독립적자영경리를 가진 소농민이 있었다는것을 말해준다.

* 《삼국사기》 권1 신라본기 파사니사금 5년 5월

소농민적토지소유의 대렬을 늘이는데서 귀화인들도 주요한 역할을 하였다. 례컨대 373년에 백제의 독산성주가 300명을 데리고 신라에 투항하여왔을 때 왕은 6부에 나누어살게 하였는데* 귀화인의 기본군중은 군복을 입은 어제날의 농민일것이며 따라서 그들은 신라에 와서도 땅을 경작하여 살아갔을것이다.

* 《삼국사기》 권3 신라본기 나물니사금 18년

이러한 소농민적토지소유는 전제주의적신라봉건국가의 성쇠에 중요한 영향을 미치였다. 소농민 개개의 힘과 영향은 비록 보잘것없는것이였지만 그들모두가 수탈당한 조세와 곡물은 국가창고를 채웠다. 부역로력과 병졸의 절대다수도 소농민이였으며 그들의 반봉건투쟁은 봉건국가의 운명을 좌우하였다. 이런 사정으로 하여 신라에서도 소농민적토지소유는 중앙집권적 봉건국가의 성쇠에 결정적영향을 미치고있었다.

신라에는 전 봉건적토지소유의 유제들도 많이 남아있었다.

사로와 가야지방의 건국설화가 보여주는바와 같이 건국후 일정한 시기까지 이 지방에는 공동체적잔재들이 다분히 있었다. 석탈해가 호공의 집터를 빼앗은 이야기는 붕괴기에 처한 농촌공동체의 토지사유화의 경향을 반영한것이라고 볼수 있다.

사로의 6부는 처음에 부족련합이였을 것이다. 6부의 장들도 이루어진 《화백》은 옛 씨족평의회에 뿌리를 둔것이였다. 화백회의에서는 국왕의 추대와 페위를 비롯하여 전쟁의 선포 등 6부의 존립과 관련되는 중요한 정치문제들을 토의결정하였는데 한사람이라도 다른 의견을 내놓으면 곧 그만두었다고 한다. 박, 석, 김 3씨가 평화적으로 왕위를 교체하여간 사실은 씨족적뉴대의 유습이 얼마나 강하였는가를 보여준 대표적실례로 될것이다.

정치제도에서의 낡은 사회의 유습은 경제생활면에도 표현되고 있었다. 6부에는 씨족적공유지들이 있었을것이다. 산림, 목장, 산판 등은 물론 경작지에도 공유지가 있어 씨족집단의 공용몫으로 리용되였을것이다. 그러나 농촌공동체는 이미 붕괴되였기때문에 공동경작, 공동분배관습은 없어졌다. 다만 자기 조상의 제사밑천을 마련하기 위하여 공유지를 보존하였을뿐이다.

노예사회의 유제들도 일정하게 남아있었다. 5세기까지 신라에서 국왕이 죽으면 남녀 각각 5명을 순장하는 유습이 남아있었다. 502년(지증마립간 3년)에 왕명으로 순장을 금지함으로써 노예사회의 이 유습은 결정적으로 제거되였다.

그러나 포로들을 노예로 하는 유습은 의연 오래동안 존속하였다. 고구려, 백제의 실례를 참작한다면 신라에서 포로의 일부는 장병들에게 표창으로 나누어졌고 이런 포로는 가내노비로 되는것이 상례였다. 적지 않은 포로는 국유지 또는 국가가 경영하는 관청수공업장 특히는 광산부문에서 일하였고 일부는 신라의 《편호》(국민)가 되여 생활을 하였을것이다.

제4절. 착취관계

신라의 봉건지배계급들은 봉건통치를 유지하며 저들의 사치한 생활을 보장하기 위하여 각종 법들을 만들어내여 인민들에게 그것을 지킬것을 강요하였다. 통치배들이 만들어낸 봉건법가운데서 인민들의 자주성을 유린한 기본악법은 인민착취를 규정한 법이였다.

신라봉건국가에서도 착취의 주요형태는 지대와 조세, 공물 및 부역과 병역 등이였다.

토지가 기본생산수단으로 되고있은 신라봉건사회에서도 지대와 조세 등 토지를 통한 착취는 근로인민대중에 대한 착취의 기본형태로 되고있었다.

지대는 토지소유권의 경제적실현형태인것만큼 그것은 오직 토지소유자와 점유자사이에만 발생할수 있었다. 6부의 귀족을 비롯한 중앙의 관료귀족지주들과 지방의 귀족지주들 및 호민을 비롯한 서민지주들은 자기 토지의 경작자들로부터 지대를 착취하였으며 그 토지의 리용자는 소유주를 위하여 잉여생산물을 무상으로 수탈당하였다. 지대는 기본적으로 생산물형태였을것이지만 일부 관료귀족들의 직영토지에서는 농노적농민에 의하여 로동지대가 착취의 기본형태로 되였을수 있다.

전조는 원칙상 토지소유주로부터 국가가 정치적강권을 발동하여 받아내는 토지소득세의 일종이였다. 신라에서도 전조의 대부분은 관료들의 록봉과 특별표창 및 군사비와 그밖의 국가행정비용으로 사용되였다. 전조의 부과방법과 액수에 대해서는 전혀 알수 없다. 그러나 전 봉건사회의 낡은 잔재들이 농후하였던 건국초기에는 단위면적당 전조률이 그리 높지 않았다고 볼수 있다. 그렇지만 령토가 확장되고 개간지도 넓어지면서 국가의 전조수입총액은 많아졌던것으로 보인다. 그것은 중앙에 좌. 우 두개의 큰 창고가 있은외에 지방에도 창고를 지어 량곡을 저축하였다가 흉년에 진휼미로 쓴 사실을 통해서 알수 있다. *

> * 재해를 입은 지역 또는 10도에 사신을 보내여 《창고를 열어 진휼》하였다는 기록에서 그 진휼미가 중앙창고의것이 아니였음을 알수 있다. (《삼국사기》 권1 파사니사금 29년 5월)

전조외에 호조라고 볼수 있는 조(調) — 공물착취가 또한 인민들의 무거운 부담으로 되고있었다.

《삼국사기》에 의하면 198년(나해 니사금 3년)과 397년(나물니사금 42년) 및 555년(진흥왕 16년)에 각각 서부의 수해입은 주, 군, 현들과 북부의 하슬라지방 및 왕이 순시한 주, 군, 현들에 1년간의 조(租)와 조(調)를 면제하였다.

흉년이나 혹은 국가의 경사를 계기로 왕의 《은총》을 보여주기 위하여 국가가 면제해준 조(租), 조(調)는 국가가 징수하는 기본세였다. 그중 조(租)는 전조이고 조(調)는 즉 공물이였다.

같은 시기의 중국 당나라에서는 호조를 천이나 곡식으로도 받고 특산물로도 받았다. 신라의 호조도 역시 이와 류사한 공물인것으로 리해된다. 584년(진평왕 6년) 3월에 조부령 1명을 두어 공부를 장악하게 하였다는 기록이 있는데* 조부령의 조는 《調》자이며 그가 장악하는 공부의 공은 《貢》자이므로 호조의 징세대상물이 공물이라는것을 알수 있다.

* 《삼국사기》권4 신라본기 진평왕 6년 3월

공물은 호조의 일종인것만큼 호단위로 부과한것으로 보이나 구체적으로 어떤 물건을 무엇을 기준으로 얼마나 부과하였는지는 알수 없다. 후기신라의 토지대장인 《신라장적》에 토지결수 및 호구와 함께 삼밭, 뽕나무, 호두나무, 잣나무 등의 통계가 있는것으로 미루어 전기신라의 공물도 대체로 전조(田租 즉 전세)이외의 공납물로서 베, 비단, 잣, 호두 등이였겠다고 보는 견해가 있다.* 이밖에 지방특산물에는 수산물이나 지방약재들, 모피류들도 포함되였을것이다.

* 《력사과학》 1957년 6호, 17~18페지

인민들로부터 전조와 공물을 수탈하여 중앙에 보내기 위하여 주, 군, 현에는 주현리들이 있었다. 《삼국유사》의 차득공과 안길 이야기가 말해주는것처럼 주현리들은 인민들의 고혈을 짜내는 하수인들이기때문에 매우 호화로운 생활을 하였으며 그중 한사람은 수도에 가서 주재하면서 정부의 요구를 변통해주었다. 기록에 《나라의 제도에 매 주현의 리가운데 한사람은 수도에 올라와 중앙관청을 지키기로 되였는데 오늘(고려때-인용자)의 기인과 같다.》*고 한것이 그것을 말해준다. 중앙정부는 고려시기의 기인이나 리조시기의 경주인과 같은 관리들을 통하여 인민들을 마음대로 착취하였으며 저들의 사치스러운 생활에 필요한 물건들을 닥치는대로 수탈하였다.

* 《삼국유사》권2 기이 문무왕 법민

인민들에게 무거운 부담으로 된것은 또한 부역이였다. 부역은 완전한 무보수, 강제로동이였는데 《용》이라고 불렀다.

부역은 원칙상 농사철이 아닐 때 동원하기로 되였으나 때로는 바쁜 농사철에도 동원시켰기때문에 페농시키는 일이 종종 있었으며 공사현장으로 가는 비용과 공사기간의 식량, 의복, 로동도구 등 모든 것을 동원되는 사람들이 부담하였고 로동이 매우 고되였기때문에 부역은 농민파산의 주요한 원인으로도 되였다.

　　신라에서도 부역대상자는 15살이상부터 60살까지의 장정이였다고 보이는데 부역적령자를 《정부》(丁夫)라고 불렀다. 이들이 동원된 대상은 주로 성쌓기와 왕궁건설, 도로 및 다리건설, 제방쌓기, 관청 또는 절간건설, 무덤축조, 군수물자운반, 광석채굴과 제련 등이였다. 그 대표적인것을 표로 작성하면 다음과 같다.

표 5　　　　　　　　　　부역일람표(전기신라)

년대(왕 년) 월	부역대상	비고
87(파사니사금 8). 7	가소, 마두 2개 성쌓기	
144(일성니사금 11). 2	모든 주에서 제방수리를 다그침	
170(아달라니사금 17)	시조사당 고쳐짓기	
249(첨해니사금 3). 7	남당건설	
314(흘해니사금 5). 2	궁궐짓기	
429(눌지마립간 13)	시제의 제방쌓기	둑길이 2 170보 하실라인 15살 이상 징발 3년간 쌓음
435(눌지마립간 19). 2	력대 왕릉보수	
468(자비마립간 11). 9	니하에 성쌓기	
470(자비마립간 13)	삼년산성 쌓기	
471(자비마립간 14). 2	모로성쌓기	
473(자비마립간 16). 7	명활성보수	
474(자비마립간 17)	일모, 사시, 광석, 답달, 구례, 좌라 등 성쌓기	
485(소지마립간 7). 2	구벌성쌓기	
486(소지마립간 8). 1	삼년성, 굴산성 고쳐쌓기	일선지방 장정 3 000명 동원

표계속

년대(왕 년) 월	부역대상	비고
487(소지마립간 9).3	처음으로 우역을 설치하고 도로를 보수	
487(소지마립간 9).7	월성보수	
488(소지마립간 10).7	도나성쌓기	
490(소지마립간 12).3	비라성고쳐쌓기	
496(소지마립간 18).3	왕궁보수	
504(지증왕 5).9	파리, 미실, 진덕, 골화 등 12개성 쌓기	역부들을 징발
531(법흥왕 18).3	제방수리	
553(진흥왕 14).2	월성동쪽에 새로 궁궐을 건설	
554(진흥왕 15).7.	명활성 고쳐쌓기	둘레 2 854보
591(진평왕 13).7	남산성쌓기	
593(진평왕 15).7	명활성, 서현산성 고쳐쌓기	둘레 3 000보, 2 000보
665(문무왕 5).겨울	일선, 거렬 2주 인민들을 동원하여 하서주로 군수물자 운반	

조, 용, 조 3세와 함께 병역도 인민들을 괴롭히고 농민을 파산케하는 주요한 원인의 하나였다.

《북사》의 기록에 의하면 신라에서 무릇 건강한자들은 모두 군대에 뽑혀 봉화대수비와 국경경비, 순찰 등의 군역을 졌다고 한다.*
군사복무에 필요한 식량과 피복, 무장은 역을 진 사람자체가 부담하였다. 군사복무기간은 3년이였는데 그것도 지켜지지 않아 때로는 6년씩 복무하는 일이 있었다. 장정이 이처럼 긴 세월 집을 떠나가있어야 하니 농사일은 망치고 파산하기 일쑤였다.

　　* 《북사》권94 신라전

이와 같이 신라인민들은 지대와 전조, 공물, 부역, 병역 등 각종 명색의 봉건적착취와 압박을 받아 늘 기아선상에서 허덕이다나니 약간한 자연재해가 있어도 무리로 파산당하였다. 살아가기 위하여 《소나무껍질을 벗가먹었》으며*1 지어는 자식들을 부자집 노비로 팔기까지 하였다. 사료에 백성들이 《굶주려 자손들을 파는자가 있었다.》든지 《자녀를 팔았다.》, 《아들을 팔아 겨우 먹고있다.》는*2 기록이 자주 보이는것은 인민들이 봉건적3세와 군역의 압제밑에서 얼마나 비참한 생활을 하고있었는가를 반영하고있다.

*1 《삼국사기》 권3 신라본기 눌지마립간 16년
*2 《삼국사기》 권3 신라본기 눌지마립간 4년 7월, 권4 진평왕 50년

더 살아갈래야 살아갈수 없게 된 인민들은 삶을 위하여, 인간의 존엄과 자주성을 위하여 봉건통치배들을 반대하는 투쟁을 끊임없이 벌리였다. 점해니사금때(247년-261년)에 벌써 각지에서 농민들이 들고일어나 착취계급을 반대하여 투쟁한것은 그 한 실례로 된다. 농민들의 이러한 반봉건투쟁은 봉건사회가 발전하면서 더욱더 세차게 벌어졌다.

제5장. 발해의 토지제도

발해의 력사는 698년부터 시작된다.

660년대에 신라지배계급들의 사대주의적배족행위로 말미암아 고구려와 백제 두 왕조가 망한 후 우리 민족은 수난과 진통의 력사를 겪었다. 원래 삼국시기 통일의 중추력량은 고구려였다.

실제상 고구려는 오래전부터 세나라의 통일을 주요한 정책으로 내세웠으며 통일을 실현하기 위한 투쟁을 줄기차게 벌리였다. 백제와 신라의 봉건통치배들은 세 나라를 통일할 지향도 힘도 없었으며 특히 신라봉건통치배들은 외세를 등에 업고 정권을 유지하며 령토를 넓히려고만 하였다. 따라서 당시의 력사적조건에서는 백제, 신라에 의한 통일이란 불가능하였다. 라당련합에 의한 백제, 고구려의 멸망이

이것을 실증해 주었다.

  신라의 봉건통치배들이 당나라침략군을 끌어들임으로써 대동강-금야강이남지역에 대한 신라의 지배를 확립할수 있었으나 당나라의 침략위험을 받게 되였다. 그후 세나라 인민들은 외세를 내쫓기 위한 전쟁에서 서로 힘을 합쳐 싸움으로써 드디여 676년에는 당나라군대를 조선반도에서 최종적으로 구축하였고 698년에는 고구려의 유민들이 말갈족과 련합하여 발해국을 창건함으로써 고구려의 옛땅이 모두 수복되였으며 고구려의 전통을 계승할수 있게 되였다.
  이렇듯 신라통치배들의 사대주의적외세의존정책으로 말미암아 우리 인민은 통일을 이룩하지 못하고 반침략전쟁을 30년간이나 더 하지 않으면 안되였다. 전쟁의 결과 세나라군대와 인민의 희생이 많았으며 생산력도 크게 파괴되였다. 수많은 인민들이 죽고 살길을 찾아 정든 고장을 떠난 결과 막대한 면적의 경작지가 황페화되고 전쟁으로 수많은 마소들을 잃게 되였다. 촌락들은 텅 비였고 도로과 다리, 제방들도 파괴되였다.
  발해는 전쟁피해를 급속히 가시고 일련의 사회정치적개혁들을 실시함으로써 경제와 문화를 발전시켜 《해동성국》으로 이름을 떨치게 되였다. 발해의 지배계급들은 조세감면정책을 비롯하여 인민들에 대한 회유정책을 실시하는 한편 지배계급에 대해서는 전시과를 실시하였다. 이러한 조치들은 발해를 강대한 나라로 일떠서게 한 기본요인으로 되였다. 발해는 고구려를 계승한 나라였던것만큼 토지제도에서 고구려의것과 류사한 제도들이 실시되였을것이라는 것을 짐작할수 있다. 발해의 토지제도는 고려에 의하여 계승발전되였다.

제1절. 토지소유의 여러 류형

당나라침략군을 반대하는 투쟁속에서 698년 진국(발해)을 창건한 대조영은 곧 새 왕조를 공고발전시키기 위한 정치, 경제적개혁을 실시하였다.

개혁에서 주동적역할을 한 세력은 이 나라의 정치, 경제적지배권을 장악한 왕실의 대씨를 비롯하여 고씨, 리씨, 장씨 등 고구려왕실의 일족들과 고구려계통의 귀족출신들이였다. 물론 고구려인의 동맹자였던 말갈인들가운데도 정권에서 일정한 지위를 차지한자가 있었으나 그 대부분은 부차적인 자리였고 그들의 경제적지위도 낮았다.

정부안에서의 이와 같은 세력관계에 기초하여 대조영은 699년에 토지제도와 관제를 제정하였다.*

> *《협계태씨족보》권1 발해국왕세략사는 이에 대하여 다음과 같이 썼다. 《…대조영은 당나라 중종 사성 16년 기해(699년)에 년호를 천통으로 고쳤다. 처음으로 말갈칭호를 버리고 발해왕으로만 불렀으며 전제를 정하고… 관제를 설정하였다. …》
> 지금까지 천통이란 년호는 북위의 형고(528년), 북제의 후주(565년), 하의 명옥진(1362년)만 쓴것으로 알려져있다. 그러므로 대조영이 699년에 《천통》이라는 년호를 제정하였다는 기록은 생소한것이라고 볼수 있다. 그러나 대조영이 왕이 된 다음 곧 정치, 경제적개혁을 실시하였다는 내용이 중요하므로 일단 그 자료에 의거하기로 한다. 아래에서도《태씨족보》의 자료들을 이 원칙에서 믿을수 없는것은 버리고 믿을수 있는것만 선택하여 분석하려고 한다.

대조영이 즉위하면서 제정한 관제와 전제는 대체로 고구려의것을 계승하고 당나라의 제도를 참고한것이였다. 알려져있는바와 같이 발해는 모든 면에서 고구려의 계승자였다. 무왕이 일본의 성무《천황》에게 보낸 서신에서 발해는《고구려의 옛땅을 수복하고 부여의 유습을 가지고있다.》고 말한데서도 그 계승관계를 알수 있다.

발해국의 통치체제는 고구려와 마찬가지로 봉건적인 중앙집권적전제군주제였으며 봉건적신분제도와 위계제는 봉건통치의 주요수단으로 되였다.

발해말로 가독부, 성왕, 기하라고 불리운 국왕은 나라의 최고통치자였고 최대의 착취자였다. 왕족(대씨)과 고구려의 귀족들 및 일부 말갈족의 상층은 발해의 지배층을 이루었다. 이들은 동시에 대지주계급이기도 하였으므로 지배층의 정치적권력은 봉건적신분제도 및 위계제와 함께 봉건적토지소유에 의하여 안받침되였다. 9세기 전반기(제10대 선왕때)에 이르러 국가통치기구는 3사3공(태사, 태부, 태보와 태위, 사도, 사공)제와 3성(정당성, 선조성, 중대성), 6부(정당성관하의 충부, 인부, 의부, 지부, 례부, 신부)를 골간으로 한 중앙정부기구와 도독(절도사), 자사, 현승 등을 우두머리로 한 5경, 15부, 62주의 지방통치기구로 고착되고 그에 의거하여 인민들에 대한 통치를 실시하였다.

발해국의 경제적기초는 토지에 대한 봉건적소유였다.

봉건적토지소유의 기본형태는 국가적 또는 사적인 지주적소유였다. 발해의 국왕도 최고통치자로서의 자신의 지위와 사치한 생활보장을 위하여 개인소유지들을 가지고있었으며 왕족들은 왕실소유지를 가지고있은것으로 보인다.

발해에는 또한 둔전과 같은 국가소유지들이 많았다. *1《해동성국》이라고 불리우던 제10대 선왕때(817년-830년)에 강역은 동서남북 각각 5 000리에 이르렀는데 가호수는 10여만*2이라고 하였으니 많은 토지가 묶어있었을것이다. 이 황무지들은 물론 국가소유로 간주되였다.

*1 문왕이 즉위할 때(737년) 둔전을 경영하는것이 관리들의 주요임무로 되고있었다. (《협계태씨족보》권1 발해국왕세략사)
*2 《신당서》권219 발해전

국유지와 왕실소유지에서 착취해낸 지대들은 사장시에서 관리하였다가 국왕, 왕실의 소비 및 국가적비용에 충당하였다. 사장시의 기능이 왕실재산과 전국의 재정, 조세, 국채, 화폐, 출납 등 사무를 총관하는것이였으므로 왕실소유재산과 국가재정이 엄격히 분리되여 있지 않았던것으로 보인다.*

> * 발해에도 궁중사무를 총관하는 전중시, 왕실공양을 맡아보는 사섬시가 따로 있고 나라의 농, 상, 어, 렵 등 일과 영선 등 사무를 총관하는 대농시가 있었으나 재산과 재정은 한곳에서 총관한것 같다. (《협계태씨족보》권1 발해국왕세략사)

발해국 창건초기에는 사적대지주는 그리 많지 못하였을것으로 보인다. 그것은 오랜 기간의 전쟁속에서 옛 고구려의 대관료지주들이 적지 않게 소멸되였기때문이였을것이다. 그러나 지방의 중소지주들은 뿌리깊이 존속해온것으로 보인다. 그들의 대부분은 현지에서 농민들을 착취하는 재촌지주이기때문에 전란속에서 자기 소유지와 재산을 보존하는데 비교적 유리하였다. 이들이 지주적토지소유에 의거하여 수탈하는 지대는 기본이 생산물지대였을것이다.

전쟁과정에서 소농민적토지소유도 많이 파괴되였겠으나 발해국이 성립된 후 권농정책을 추진하고 새로운 토지제도를 실시함으로써 급속히 소생되여 어느 한 시기까지는 량적으로 사회의 주요한 소유형태로 되였을것이다. 이들은 봉건국가에 대하여 경제, 군사적 및 로력적부담을 걸머진 사회의 기본생산자대중이며 피착취계급이였다. 소농민들로부터 착취한 조세수입은 국가의 주되는 재정원천으로 되였으며 나라의 크고작은 공사는 이들의 무상로동에 의하여 진행되였고 발해국 수십만대군의 주력을 이룬 병사들도 이들이였다.

발해에서 토지소유의 다른 한 형태는 공동체적소유였다. 고고학적유물은 공동체적소유가 주로 북부의 말갈족들속에서 많이 남아있었다는 것을 보여주고있는데 공유지는 대체로 방목지 등에 국한되였을것이다.

총체적으로 발해의 봉건적토지제도는 고구려의 그것보다 발전된것이였다고 추측할수 있으나 자료의 부족으로 구체적인 양상은 알수 없다.

제2절. 10분의 1세제의 실시

새 왕조 수립초기에 정부가 인민들에 대하여 권농정책을 실시하는것은 력대 봉건통치배들의 상투적수법이였다.

발해의 통치계급들도 정권을 장악한 초기에 일련의 양보정책을 실시하여 자기의 정권을 공고히 하려고 시도하였다. 권농정책이란 명목상 인민들에 대한 각종 착취를 일시 완화하여 전란(또는 내란)으로 도탄에 빠졌던 백성들의 생활을 안정시키며 이로써 농민들을 토지에 고착시켜 농업생산을 회복하고 나라의 로력적, 재정적원천을 확보하려는 정책이였다. 그것은 인민들에 대한 정상적착취를 보장하기 위한 일종의 회유기만정책이였다. 그러나 이 정책은 지배계급의 주관적의도와는 관계없이 객관적으로 인민들에 대한 무제한한 착취를 일정하게 제한하고 생산의 발전을 촉진함으로써 긍정적의의를 가지였다.

발해의 통치계급들은 새 왕조에 대한 인민들의 지지를 얻으며 안정된 착취원천을 확보하여 정권의 재정적수입을 늘이려는 목적밑에 세제 및 전제개혁을 실시하였다. 그 첫걸음이 이른바 10분의 1세제의 실시였다.

《(대조영은 699년에) 처음으로 전제를 제정하였다. 온 나라에 명령하기를 〈나라의 복(명 - 인용자)이 길고짧은것은 민생의 고락에 달려있으며 민생의 고락은 전제의 균등여부에 달려있다. 오늘부터 반드시 10분의 1세제를 실시하여 밭 1부에서 곡식 3되를 받도록 할것이며 백성들에게 3년간의 조세를 면제할것.〉이라고 하였다.》*

* 《협계태씨족보》 권1 발해국왕세략사

우의 내용을 요약하면 나라의 번영을 위하여 세제를 개혁하는데 먼저 3년동안의 조세납부를 면제하며 3년후부터는 조세를 그해 수확량의 10분의 1을 내면 된다는것이다.

10분의 1세제는 유교경전에서 리상화되고 전통적으로 《선정》의 징표로 표방된 세제였다. 착취가 법제대로 진행된다면 수확의 10분의 1은 그리 고통스러운 부담이 아닌것이기때문이다. 그러나 중세기에 어느 나라에서도 이대로 집행한 례는 없었다. 대조영을 비롯한 발해의 지배계급도 새 왕조를 유지해나가기 위하여 10분의 1세제의 실시를 선포하였다. 그들은 수확의 10분의 1만 거두면 백성들은 안착될수 있고 나라도 부유해질수 있을것이라고 믿었다. 전후의 어려운 형편을 타개하고 농민들을 토지에 고착시킴으로써만 왕조의 지반도 튼튼히 할수 있었던것만큼 이 약속은 대체로 준수된것으로 보인다.

《3년간의 조세를 면제시킨다.》는 조항도 흩어진 농민들을 고향으로 불러들이여 파괴된 생산을 복구하는 효과적인 방도이므로 일정하게 실행된것으로 보아야 할것이다. 수십년동안 계속된 오랜 전란으로 농민들에게 남은것이란 두주먹밖에 없었으므로 그들에게서 당장은 빼앗아낼것이란 아무것도 없었다. 이런 조건에서 그들에게 안식을 주지 않고서는 생산을 회복할수도, 나라를 유지해나갈수도 없었다. 때문에 선포된 이 법을 준수하는가 못하는가 하는것은 갓 세워진 발해국가의 존망과 관련된 중대사였던것이다.

그러면 당시의 생산력발전수준에서 10분의 1세제는 과연 어느만한 량이였는가. 법조문에서는 10분의 1의 량에 대하여 《밭 1부에 겉곡 3되를 낸다.》고 밝히였다. 이 조문은 다음과 같은 사실을 말해준다.

첫째로, 발해에서는 국가초기부터 지적단위(또는 단위면적)로서 결부제도를 실시하였다는것이다. 결부제도가 발해통치계급이 처음 내온 제도가 아니며 특히 발해의 통치집단이 고구려의 귀족들이였다는것을 념두에 둘 때 그들은 이 지적단위에 오래전부터 관습되여왔으며 광범한 농민대중도 이 지적단위에 익숙되여있었다는것을 알수 있다. 이것은 다시말하여 고구려에서 이미 결부제를 실시하였을것이라는 중요한 사실을 짐작할수 있게 한다.

지금까지 고구려에서 통용된 지적단위가 무엇인지 전혀 알려져 있지 않았다. 《삼국사기》에서 중국식경무법으로 표시한 곳이 몇군데 있을뿐이다. *

> * 한가지 실례를 들면 《왕이 제수에게 금 10근, 토지 10경을 주었다.》(《삼국사기》고구려본기 권13 류리왕 37년)는 기록이다.
> 여기서 경은 김부식에 의하여 결을 한자표기로 바꾸어 놓은것일수 있다.

백제에서는 경무법을 썼는지 결부제를 썼는지 전혀 알길이 없고 신라에서만 전기신라때부터 이미 결부제가 통용되였다는것을 전할뿐이다.

　　후기신라에서의 사원전(경지 및 시지, 대지)에 관한 자료는 거의 모두 지적단위를 결, 부로써 표기하고있다. 특히 《신라장적》에 기록된 4개 촌의 토지면적은 모두 결, 부, 속으로 표기되였으며 1결=100부, 1부=10속임을 알려주고있다. (속밑의 단위인 파에 대해서는 전하는것이 없다.) 이로부터 결부법이 신라에서는 일찍부터 공식적으로 사용되였으며 결, 부, 속은 경작지만이 아니라 산림의 면적도 표시한 지적단위였다는것이 명백해졌다. 그러나 백제, 발해에서는 무슨 법을 썼는지 전해오는것이 없다.

　　우의 대조영의 명령은 발해뿐아니라 고구려에서 사용된 지적단위도 결부제였다는것을 알수 있게 하며 따라서 세나라는 모두 이른 시기부터 우리 민족의 특유한 지적단위로서의 결부제를 사용하였다는것을 알수 있게 한다.

　　둘째로, 10분의 1세제에 관한 대조영의 명령은 당시의 결당수확고와 생산력발전수준을 짐작할수 있게 한다.

　　발해의 결부법도 1결=100부였다고 한다면 1결의 자작지를 가진 농민은 300되=30말=2섬의 조세를 바치게 된다는것을 의미한다. 이것은 고려태조 왕건이 국초에 회유정책으로 공포한 세제와 같으며 또 후세의 실정을 놓고보아도 그리 높은 비률은 아니다.

　　우의 수자를 통하여 당시의 발해의 생산력수준을 짐작할수 있다. 1부에 3되가 10분의 1세이므로 수확고는 3말, 1결의 수확고는 300말=20섬이다. 이것은 고려초의 수확고와 비슷하였다는것을 말해 준다.

　　이렇듯 비교적 높은 생산력발전수준에서 1결에 20섬의 수확을 얻는 농민들이 매해 2섬만을 조세로 바친다면 (물론 10분의 1세자체가 부당한 착취이지만 이것이 준수되고 다른 비법적착취가 첨가되지 않는 조건에서) 농민들은 나머지 몫으로써 확대재생산까지 해나갈수 있었다.

　　발해의 통치배들은 바로 이 점을 노리여 3년간의 면세《특혜》를 준 다음 10분의 1세제를 실시한다고 공포하였던것이다. 이 제는 초기에 대체로 그대로 집행되였으며 따라서 농민들을 토지에 고착시키고 농업생산을 회복, 발전시키는 결실을 가져왔다고 인정된다.

제3절. 관료전시과와 식읍제도

대조영을 비롯한 발해의 지배계급들은 농민들에 대하여 10분의 1세제를 실시함과 함께 문무관료들에게는 전시과제를 실시하였다.
전시과란 규정된 문무관료들의 품계(벼슬등급)에 따라 일정한 면적의 경작지의 수조권과 산판(시지)의 사용권을 차등있게 주는 제도를 말한다. 전시과는 관료들에 대한 특혜이며 보수제도였다. 그것이 수조권의 분배였던것만큼 농민들에 대한 10분의 1세제가 정확히 실시되는 조건에서만 원만히 수행될수 있었다. 전시과에 의하여 수조지와 산판을 받은자들은 봉건왕권에 의해 복무한 보수로서 형식상 지정된 결수의 토지로부터 10분의 1세를 받아 자기가 가지면 되였다. 발해에서 전시과가 록봉제와 병행되였는지 아니면 록봉대신에 실시된것인지 알수 없으나 고려초의 형편을 고려하면 후자의 가능성이 크다고 볼수 있다.
지금까지 전시과는 고려왕조에서 처음으로 실시된것으로 알려져있었다. 발해의 전시과를 전한 《협계태씨족보》의 기사를 소개하면 다음과 같다.
전시과는 《관품(벼슬등급)의 높고낮음에 관계없이 인품에 따라 정하였다. 문반은 단삼이상을 10품으로 나누고 비삼은 8품으로, 록삼은 10품으로 나누었다. 무반은 단삼이상을 5품(잡업은 단삼이상을 10품)으로, 비삼이상을 8품으로, 록삼이상을 10품으로 나누어 모두 전, 시를 차등있게 주었다.》
이 자료에서 주목되는것은 관복제도와 그에 따라 정한 품계수가 신통히도 《고려사》 식화지의 경종 원년 11월에 정한 직산관전시과와 같은것이다. 다만 급전액이 밝혀있지 않을뿐이다. 앞에서 서술한

10분의 1세와 3년면세의 내용도 고려왕조 초기의것과 꼭같다. 이것은 오히려 《태씨족보》의 사료적가치에 의심을 가지게 한다.

그러나 발해에서 10분의 1세제와 결부제, 전시과를 실시하였다는 사실이 중요하므로 일단 그대로 리용하기로 한다.

이 전시과를 관료전시과라고 이름짓게 된것은 고려와는 달리 관료들에게만 전시를 주었기때문이다. 고려전시과에서는 잡리와 그밖에 과에 미치지 못한자들에게도 일정한 면적의 전시를 주었으나 발해 전시과에는 이런 규정이 없다.

《협계태씨족보》(권1 관제)에 소개된 발해의 복장제도를 보면 다음과 같다.

1~3질(품) - 자색(자지빛)옷, 상아홀, 금어대
4~5질 - 비색(짙은 붉은색)옷, 상아홀, 은어대
6~7질 - 연한 비색옷, 나무홀
8질 - 록색옷, 나무홀
9질 - 록색옷, 나무홀*

* 《신당서》 권219 발해전과 《협계태씨족보》 권1 관제에는 9질(품)이 없다. 그러나 고려나 리조시기의 위계제도를 참고하면 응당 9질(품)이 있어야 한다. 9질의 복장은 8질과 같았다고 본다.

보는바와 같이 발해의 복장제도에는 단삼이 없고 자색, 비색, 연한 비색, 록색의 4등급으로 나뉘여져있다. 그런데 발해의 전시과에는 자삼대신 단삼이 있고 연한 비색은 없이 공복등급을 단삼, 비삼, 록삼의 3등급으로 나누고있다. 이것은 고려 경종때의 직산관전시과와도 다르다. 그러나 문반을 단삼은 1~10등급으로, 비삼은 1~8등급, 록삼은 1~10등급으로 나눈것과 무반을 단삼은 5등급, 비삼은 8등급, 록삼은 10등급으로 하고 잡업 단삼을 10등급으로 나눈것은 꼭같다.

발해의 전시과에서 명백하지 않은것은 현직관리와 함께 산직관리들에게도 주었는가 하는것이며 그들에게 얼마씩 주었는가 하는것이다. 이 문제는 추측해볼 근거조차 없다. 그러나 중요한것은 전시과제도가 고려에서 처음 실시된것이 아니라 그보다 277년 앞선 시기에 발해에서 처음으로 실시되였다는 사실이다. 발해에서 699년에 실시한 전시과는 아직 고려 목종때(998년)의것처럼 완성된것은 아니지만 관료들에게 벼슬등급에 따라 각이한 면적의 토지의 수조권과 산판의 리용권을 주었다는 본질적인 측면에서는 고려의것과 완전히 일치하였을것이다.

발해의 관료전시과는 록봉대신으로 주었건 혹은 록봉과 병행하였건 관계없이 그것은 관료들에 대한 보수제도이며 우대제도였다. 방금 수립된 왕조로서 자기 정권을 강화하기 위하여 인민들에게 《양보정책》을 쓰는 한편 자기 정권의 계급적지반인 관료귀족들에 대하여 이러한 우대제를 실시하는것은 필연적이였다.

관료귀족들에 대한 우대는 식읍제도에서도 표현되였다. 식읍은 고구려, 백제, 신라의 경우를 놓고보아도 그것은 극히 제한된 몇사람의 왕족이나 고위귀족관료들에게만 주어지는 이례적인 특혜였다. 발해도 례외로 될수 없었겠으나 식읍을 언제 누구에게 얼마 주었는지 구체적인 자료를 알수 없으므로 작위제도에 의하여 간접적으로 고찰하기로 한다.

알려진바와 같이 작위제도는 령주제 봉건국가들에서는 령주들의 귀족신분의 등급을 표시하기 위하여 실시되였었다. 공, 후, 백, 자, 남으로 구분된 작위의 높고낮음은 귀족신분의 차이를 표시함과 함께 세습령지의 크기를 규정하였다. 아시아의 중앙집권적봉건국가들에서는 작위제도가 유럽에서 보다 훨씬 앞선 세기에 제정되였으므로 유럽의 그것과 내용이 좀 달랐다. 즉 작위의 높고낮음은 유럽에서와 같이 귀족신분의 등급을 표시하였으나 그에 해당한 령지가 없고 그 대신 식읍이 수여되는 경우가 있었다. 이때에 작위는 세습되였지만 식읍은 받은자의 당대에 한하였다. 고려왕조에서도 작위는 식읍과 결합되여 공, 후, 백, 자, 남작들은 그에 해당한 식읍을 차등있게 받기로 되여있었으며 후기신라에서도 작위와 식읍이 함께 수여되는 경우가 많았다.

발해의 작위제도는 령지제와 결합된것이 아니라 식읍과 결부된 귀족등급제였다고 인정된다.

《고려사》나 《속일본기》에 의하면 발해에는 개국공, 개국자, 개국남 등의 작위가 있었다.* 이것은 발해에 개국후, 개국백도 있었다는것, 따라서 발해의 작위제도는 공, 후, 백, 자, 남의 5개 등급으로 되여있었을것이며 작위의 높고낮음에 따라 각이한 호수의 식읍이 수여되였을것이라고 볼수 있게 한다.

> * 《협계태씨족보》 권1 관제
> 발해국 존속기간 일본에 사신으로 파견된 발해대사들인 양승경(758년)과 고남신(759년)의 작위는 개국공이였고 대창태(798년)는 개국자, 왕신복(761년)과 사도봉(776년), 박어(926년) 등은 개국남이였다.

이렇듯 대조영을 비롯한 력대 발해지배계급들은 발해국의 륭성과 공고화를 위하여 정치제도를 개혁, 정비함과 함께 경제개혁에 힘을 넣었으며 특히 봉건사회의 기초인 봉건적토지제도를 개혁, 정비, 보강하기에 힘썼다. 봉건지배계급들의 이러한 노력은 인민들의 창조적활동에 대한 제동기적작용을 어느 정도 완화함으로써 사회적생산을 늘이고 문화를 발전시키며 발해왕조의 정치, 경제적지반을 공고히 하고 《해동성국》으로서 내외에 널리 이름을 떨치게 하는데 일정한 역할을 하였다. 또한 관료전시과와 결부제도, 조세제도 및 작위제도 등은 고구려의 전통이 발해를 거쳐 고려에 의하여 면면히 계승되였다는것을 보여준다.

제4절. 경제의 발전, 정전법의 실시

발해는 국가성립초기에 정치, 경제적개혁들을 실시하고 생산을 발전시키는데 힘을 넣은 결과 경제가 발전하고 국력이 장성하였다.

발해의 령토에는 수림과 산악지대가 많았으나 서남부의 평야지대에서는 농업이 발전하여 조, 보리, 콩, 수수 등 밭곡식과 벼생산이 늘어났으며 돼지, 말, 소, 양 등 집짐승기르기도 이름났다. 수공업에서는 특히 삼베, 명주, 비단생산이 발전하였는데 룡주의 명주와 현주의 삼베는 유명하였으며 어아주, 조하주 등 무늬있는 비단들이 널리 알려졌다. 또한 철을 비롯하여 금, 은, 동 등 금속도 많이 생산되였다.

경제가 발전하면서 대내외상업이 활발하였으며 경, 부, 주, 현소재지들과 교통운수의 요충지들에서 교역이 활발히 진행되였고 상품류통을 위하여 알곡, 천(5종포) 등 현물화페외에 발해저화가 통용되였다. *

> * 《협계태씨족보》는 정왕때(808년-812년)에 좌평장사 방사언의 제의에 따라 왕이 《곧 중앙정부에 화페제조관을 두고 화페를 만들어낼것을 명령》하였다고 썼다. 그앞에 《송나라의 회자와 원나라의 보초법을 본따서》라는 말이 있는데 이것은 시기상 맞지 않으며 편찬자의 잘못된 표기라고 보인다.

발해의 상인들은 사신들을 따라 당나라와 공식적으로 무역을 진행하였고 당나라는 발해인들의 영송사업을 위하여 영주에 평로절도사를 주둔시켰으며 그후 제나라에서는 등주에 발해관을 설치하였다. 일본으로의 항로는 매우 위험하였으나 발해는 자기의 존속기간 일본과 34차례나 무역을 진행하였다.

경제의 발전에 따라 발해국의 국력도 점차 강대해졌다.

발해는 건국후 대체로 순탄하게 발전하다가 8세기 후반기부터 9세기 중엽까지 중흥기를 이룬것으로 보인다. 이 시기의 기록에 의하면 강왕(794년-808년)은 《정치에 힘을 넣어 백성들에게 농사와 누에치기를 장려하였다. 흉년에는 곡식을 주었고 땅을 많이 묵이면 관리들을 철직시켰으며 자연재해를 입으면 진휼로 구제》하여 《나라는 부유하고 백성들은 평안》하였다고 한다. 정왕(808년-812년)은 《호별로 쌀과 조를 거두어들여서는 그것을 밑천으로 대부도 해주고 역에 쓰기도 하였다.》고 한다.

발해에서는 봉건관료양성을 위하여 국학으로서 주자감을 설치하였다. 그렇다면 이 생도들의 학비를 마련하기 위한 경제수단들이 있었을것이며 그것이 다름아닌 학전이였을수 있다.

발해에는 경학박사외에 률령전박사 6명, 의학박사 2명이 있었으니 기술실무일군을 양성하는 기관도 있었으며 따라서 이들을 양성하기 위한 학전도 있었을것으로 보인다.

이 시기에 발해는 또다시 정치, 경제, 군사적개혁을 실시하였다. 819년 2월에 선왕이 《관제와 전제, 병제 및 의학, 경학, 사찰 등을 개정하였다.》고 한것이 그 한 실례로 된다. 이때의 개혁이 발해를 해동성국으로 되게 하는데 크게 기여하였을것임은 의심할바 없다.

발해는 그후에도 풍부한 재력과 강대한 군사력에 기초하여 개혁을 더욱 추진시켜나갔다. 그것이 823년(건흥 7년) 9월에 실시한 정전(井田)법이다. 이에 대하여 《협계태씨족보》는 다음과 같이 전하고있다.

《건흥 7년 가을 9월에 선왕은 처음으로 〈발해국전법 9개조〉를 실행하였다. 그것은 첫째, …임금으로 된자는 백성이 나라의 근본임을 알아야 한다. 임금은 백성과 하늘에서 얻어먹는것이므로 실행할바는 인정이외의 다른것일수 없다. 오늘부터 정전법을 시행하여 백성들에게서 조세로서 수확의 30분의 1을 받는다.》

《발해국전법 9개조》의 둘째는 형정을 바로하여 나라의 기강을 세워야 한다는것이며 셋째, 넷째는 문무장상들이 자기 직책을 다하여 《신하의 도》를 지킬것, 다섯째는 학교교육을 잘하여 나라의 명맥을 배양할것, 여섯째는 종묘제사를 잘할것, 일곱째는 동성혼인을 금하고 일부일처제를 엄수할것, 여덟째는 장례에서 옛법을 페지하고 시체를 거두어 옷을 입히고 관을 쓸것, 아홉째는 백성들은 민으로서의 도리를 지켜 서로 훔치지 말며 부인들은 음란하지 말고 잠업, 직조에 힘쓸것 등이다.

우의 자료에서 우리는 《발해국전법 9개조》에서 공포된 정전법은 중국 춘추시대 주나라에서 실시되고 유교학파들에 의하여 리상화된 그 정전법이 아니라는것을 알수 있다. 주나라의 정전제는 농촌공동체적토지경영방법이였다. 발전된 고구려의 토지제도를 계승하여 지주적토지소유와 소농민적토지소유가 확고히 지배하게 된 9세기의 발해에서 천수백년전에 이웃나라 노예사회에서 실시하였던 토지경영법을 복구시켰을리 없으며 또 실행될수도 없었다.

혹시 봉건국가의 소유지들에서 시험적으로 실시하였는지는 모른다. 그러나 이런 일을 두고 《오늘부터 정전법을 실시한다.》고 공포하지는 않았을것이다.

그러면 발해의 정전법은 어떤것이였겠는가. 그것은 우선 일반 균전제를 리상화한것이라고 해석할수 있다. 즉 후기신라에서 한세기 앞서 실시한 정전(丁田)법을 달리 표기한것이라고 리해할수 있을것이다. 만일 《丁田》을 《井田》으로 잘못 표기하였거나 유교식으로 리상화한것이라면 균전제로서의 정전제가 발해에서 일정하게 실시되였을것이라고 인정할수 있다.

신라의 정전법에서 자세히 언급하겠지만 정전법을 실시해야 할 력사적필연성과 그것을 실현할수 있는 객관적조건이 성숙되면 제한된 범위에서나마 균전제는 얼마든지 실현될수 있는것이다. 이웃한 당나라와 신라에서 모두 실시하였는데 유독 발해라고 실시하지 못할 특별한 조건은 없었다. 발해는 사회경제제도에서 신라나 당나라와 공통한 점이 많았고 또 균전제실시에 필요한 국유지들이 있었으며 소농민경리도 발전하였었다.

그러므로 발해에서 9세기 전반기에 정전(丁田)법이 일정하게 실시되였을것이라고 볼수 있다.

다음으로 정전법을 조세제의 하나로 리해할수도 있다.

《발해국전법 9개 조》는 《정전법을 시행하여 백성들에게서 조세로서 수확의 30분의 1을 받는다.》고 선포함으로써 토기제도로서의 정전법을 세제와 결부시켰다. 그것은 국가적견지에서 볼 때 정전법은 결국 세제에 귀착되기때문이다. 인민에 대한 《양보정책》도 국가수입보장문제도 토지제도 그자체에 목적이 있는것이 아니라 그러한 정책, 그러한 제도에 기초한 조세수탈에 목적이 있는것이다.

그러나 30분의 1세라는 말은 믿을수 없다. 력사에 아직은 이렇듯 낮은 세률이 없었으며 지어 맹자가 칭송한 《동이족》의 세도 20분의 1세(이것을 《맥도》라고 불렀다.)였던것이다. 그러므로 이 수자는 족보편찬자의 과장이거나 오자일것이다.

이렇듯 발해의 통치배들은 건국이래 토지 및 조세제도에 상당한 관심을 돌리고 인민들에 대한 착취률을 적절히 조절하면서 수탈함으로써 생산을 증가시켜 국고를 풍족하게 하고 국력을 강대하게 할수 있었다. 그러나 인민들에 대한 억압과 착취가 있는 한 자주성을 위한 인민대중의 투쟁은 끊임없이 진행되기마련이였다. 발해 창건초기인 문왕때(737년-793년)에 벌써 《형정(감옥소송)이 질서없고 도적을 다스리지 않는다.》*는 말이 나오는것을 보면 인민들의 투쟁이 끊임없이 벌어졌다는것을 알수 있다.

* 《협계태씨족보》권1 발해국왕세략사 평장사 갈시원의 시무론

발해는 10세기초 위해왕때부터 사회계급적모순과 종족적모순이 첨예화되여 쇠퇴와 멸망의 길로 줄달음치게 되였다. 지배계급들의 극단한 사치와 향락을 추구하는 생활풍조는 국고를 마르게 하였고 날로 첨예화되여간 그들내부의 모순과 알륵은 나라를 무맥하게 하였다. 쇠약하고 무맥해진 발해는 결국 거란침략자들의 침략을 막아낼수 없었으며 926년에는 끝내 종말을 고하였다. 그러나 발해의 토지제도는 다른 문물제도와 함께 고려에 의하여 계승발전되였다.

제6장. 후기신라의 토지제도

당나라와 신라의 봉건통치배들에 의하여 강요된 전쟁의 파피적인 후과는 신라에도 큰 후과를 미치였다. 뒤늦게야 외세의존의 파국적후과의 엄중성을 깨달은 신라통치배들은 전후에 인민들의 힘을 빌어 생산력을 복구하고 나라의 통치체제를 정비강화하기 위한 사업을 벌리였다.

신라인민들의 근면한 로동에 의하여 생산은 급속히 회복되고 경제와 문화는 높은 수준으로 올라섰다.

토지제도에서는 주목할만 한 변화들이 일어났다. 전쟁의 후과로 고구려 및 백제왕실과 귀족들이 거의다 소멸되고 지방의 중소지주들도 적지 않게 망하였다. 황폐화된 토지를 개간하는 과정에서 소농민적토지소유가 광범히 재생하게 되였으며 소멸된 지주소유지에서도 소농민들이 소소유자로 전변되였다. 이러한 변화에 기초하여 력사상

처음으로 되는 정전(丁田)제도가 실시되고 중앙과 지방의 봉건적통치체제를 정비하기 위한 사업의 하나로서 직전제가 실현되였다.

다른 한편 신라령토의 확장과 함께 왕경(경주)의 귀족과 대지주들의 토지소유가 확대되였으며 신라왕실소유지도 전례없이 팽창하였다. 장기간의 전쟁과정에서 둔전제가 발전하였으며 봉건통치배들이 불교를 믿게 되면서 사원전도 현저히 증가하였다. 전쟁후 경제가 복구되고 상업이 발전하면서 고리대업이 성행하였고 이에 따라 상인지주가 발생하였으며 서민지주들의 토지소유가 확대되였다.

관료귀족적 및 서민지주적토지소유의 팽창은 두 측면에서 신라국가를 멸망에로 이끈 요인으로 되였다.

그 하나는 후기신라 초기에 우후죽순처럼 자라났던 소농민적토지소유를 잠식해버린것이였다. 농민들에 대한 봉건국가 및 지주들의 착취와 억압은 농민을 파산시키는 직접적요인으로 되였다. 이리하여 9세기 말엽에는 우리 나라 력사에서 처음으로 되는 전국적인 대규모의 농민전쟁을 산생시켰으며 이 전쟁의 불길속에서 신라봉건왕권의 기초가 무너졌다.

다른 하나는 지방할거적경향을 강화시킨것이였다. 신라 말기에 지방귀족들의 세력이 강해짐으로써 왕권쟁탈전이 빈번히 일어나고 신라봉건왕권의 중앙집권적기능을 마비시켰으며 태봉과 후백제의 출현을 불가피한것으로 만들었다.

제1절. 록읍제도의 실시

1. 직전제도의 시초, 록읍제도의 실시와 록읍의 본질

후기신라의 통치배들은 인민들의 투쟁에 의하여 당나라침략자들이 구축되고 저들이 대동강이남지역을 통합한 후 중앙과 지방의 봉건적통치질서를 정비강화하고 파괴된 생산력을 발전시키기 위한 적극적인 정책을 실시하였다.

중앙관제가 완비되어 봉건왕권을 중심으로 하는 중앙집권체제가 일층 강화되였으며 9주5소경체제가 세워짐으로써 지방통치기구는 전제주의를 강화하는 방향에서 더욱 완성되였다. 중앙정부로부터 소경, 주, 군, 현, 리에 이르는 정연한 통치체제가 확립되였다. *

> * 557년에 설치된 국원소경(충추)외에 새로 북원소경(원주 678년), 금관소경(김해 680년), 서원소경(청주 685년), 남원소경(남원 685년)이 설치되고 전국은 9개 주의 117개 군, 293개의 현이 설치되였으며 679년에는 탐라국(제주도)을 다시 신속시켰다. 9주의 장관은 군주, 총관, 도독이라 불렀고 군의 장관은 태수, 현의 장관은 소수 또는 령이라고 불렀다. 군, 현아래 말단행정단위는 촌, 방, 리였는데 그 우두머리를 촌주라고 불렀다.

중앙집권체제를 강화하기 위하여 748년에 처음으로 정찰벼슬을 두어 중앙 문무백관들을 규찰하였으며 지방관리들을 감찰하기 위하여서는 이미 673년에 외사정이라는 벼슬을 두어 주, 군, 현에 파견하였었다.

파괴된 생산력을 복구하기 위하여 진휼, 기민구제, 조세 및 부역의 감소 등 권농대책이 취해지고 황무지 또는 폐경지를 개척하기 위한 이민이 대대적으로 실시되였다. 5소경을 설치한데 이어 여러 주, 군의 민호들을 이주시켜 살게 한것*은 농경지의 개척과 관련된 사업의 한고리였다고 볼수 있다.

> * 《삼국사기》권8 신라본기 신문왕 5년 3월

전쟁후에 실시한 신라왕조의 이러한 조치들은 그것이 신라통치계급의 존망과 관련된 사활적문제였기때문에 비교적 실속있게 집행된것으로 보인다. 중앙 및 지방통치기구를 정비하고 왕권을 강화하지 않고서는 고구려 및 백제 구귀족의 반항을 누를수 없으며 생산을 회복하지 않고서는 국가자체를 유지해 나갈수 없었던것이다.

인민들은 전쟁피해를 가시고 생산을 복구하는데서 결정적역할을 하였다. 인민들의 창조적로동에 의하여 전쟁피해는 빨리 가셔졌고 많은 농경지들이 개간되였으며 생산력이 복구발전되고 농업생산이 현저히 제고되였다.

문무왕이 남긴 유언에 다음과 같은 구절이 있다. 《병기를 녹여 농구를 만들고… 조세를 줄이고 부역을 덜었더니 집집마다 넉넉하고 사람마다 유족하여 백성들은 안착되고 나라에는 근심이 없어졌다. 창고에는 곡식이 산처럼 쌓이고 감옥은 풀밭이 되였으니 사람들에게 부끄러울것이 없다고 말할수 있다.》* 물론 문무왕의 이 말은 자화자찬이며 상당히 과장된것이다. 그러나 여기서 우리는 후기신라 초기에 생산이 비교적 빨리 복구된 일단을 엿볼수 있다.

* 《삼국사기》권7 신라본기 문무왕 21년 7월

이러한 《태평성세》는 765년 경덕왕때까지 계속되였는데 신라의 토지제도에서도 이 시기에 특기할 변화들이 많이 생긴것이 결코 우연한 현상이 아닐것이다.

그 하나로서 들수 있는것이 록읍제도의 실시이다.

록읍제도란 일정한 벼슬자리에서 일하는 모든 관리들에게 그들이 국가를 위하여 일하는 보수로서 관직의 등급에 따라 차이있게 지정된 지역의 전조수입을 나누어주는 제도를 말한다. 읍이 곧 그러한 지정된 지역인데 록읍의 읍은 고을전체를 의미하는것이 아니라 그 고을안에서 지정된 일정한 면적의 토지를 의미하며 따라서 록읍제도란 그 토지의 전조수입을 관리의 록봉으로 충당하는 제도를 말한다. 다시말하여 록읍제도란 국가가 전국의 토지에서 수탈하는 조세징수의 기능중에서 일부 토지에 대한 수조권을 관료들 각자에게 대행시키는 제도를 말한다. 때문에 이 록읍은 채읍이나 령지의 분봉(봉토)을 의미하는것이 아니며 더우기 식읍이나 사전과는 엄격히 구별된다.

앞에서 언급한바와 같이 분봉된 령지는 임금이 신하에게 주는 토지로서 령주는 토지에 대한 소유권과 인민들에 대한 지배권을 가지며 이 권력은 세습되였다. 이것은 록읍과의 근본적인 차이였다. 식읍은 지정된 지역 가호수의 토지수조권과 공물징수권만 가지는것을 원칙으로 하였다. 그러나 이러한 권한은 그것을 받은자의 당대에 국한되였다.

또한 식읍은 특별한 표창제도라는 점에서 록읍과 현저한 차이를 이루었다.

식읍은 록읍처럼 모든 관리들에게 다 분급되는것이 아니라 특정한 왕족이나 문벌귀족관료들에게만, 그것도 한 왕조에서 불과 몇명밖에 주지 않는 최고표창이였다. 사전(賜田)도 표창의 한 형식이지만 토지소유권의 양여라는 점에서 식읍이나 록읍과는 본질적으로 구별되였다.

신라의 록읍제도는 문무백관들에게 벼슬살이의 봉급으로서 벼슬등급에 해당한 면적의 토지의 수조권을 주는 제도였기때문에 본질에서는 직전제도와 같은것이며 따라서 관직에 따라 수조권을 주는 직전제도의 시초였다고 볼수 있다.

《삼국사기》에 의하면 신문왕 7년(687년) 5월에 《왕은 문무관들에게 토지를 차등있게 줄것을 명령하였다.》

이 기록은 토지를 받을 대상이 중앙과 지방의 문관과 무관 등 모든 관료들이며 토지는 대소 문무관리들의 벼슬자리의 높낮음에 따라 주었으며 그들에게 준것은 소유권이 아니라 수조권이라는것을 말해주고있다. 왜냐하면 당시에 신라왕조에는 모든 문무백관들에게 다 나누어줄만큼 방대한 면적의 국유지가 없었기때문이다.

이와 같이 토지 그자체를 주지 않고 벼슬자리의 높낮음에 따라 차이있게 토지의 수조권을 주는 보수제도가 곧 직전제도이다. 그러므로 신라에서는 처음으로 687년부터 직전제도를 실시하였다고 볼수 있다.

신라에서 687년에 직전제도를 실시할수 있은것은 중앙과 지방의 관제가 일단 정비되고 지정된 직전의 조세를 정상적으로 받아먹을수 있도록 사회의 질서가 잡힌데 있었다. 관제가 류동적이고 직접적생산자들이 토지에 고착되지 않았으며 일정한 면적에서의 소출이 일정한 수준을 유지할수 없거나 황무지가 많다면 직전제도는 실시할수 없는것이다. 분배받은 직전안에서 황무지가 자주 생기고 경작자가 도망친다면, 또는 수확고가 해마다 엄청난 차이를 나타낸다면 관료들의 보수는 지정한 액수에 이르지 못할것이며 따라서 그들은 직전제도를 반대하고 국고에서 직접 록을 받는 록봉제도를 요구하였을것이다. 바로 이때문이였는지 몰라도 신라왕조는 직전제도를 실시한지 불과 2년후인 689년에 직전(록읍)제도를 폐지하고 록봉제도를 실시 하였다.

이에 대하여 《삼국사기》에는 신문왕 9년(689년) 1월 왕은 수도와 지방관리들의 록읍을 폐지하고 해마다 벼(또는 겉곡)를 차등있게 주는것을 제도화할것을 명령 하였다고 전하고있다.

여기에서 폐지한다는 록읍이 2년전에 발표한 직전제도라는것이 명백하며 관리들에게 해마다 벼를 차등있게 준다는것이 록봉이라는것도 의심할바 없다. 그렇다면 직전제도를 실시하기 이전에는 관리들에게 어떤 형태의 보수를 주었으며 직전제도는 왜 폐지되였는가.

물론 대소 관리들은 거의 모두가 지주였겠지만 그중에는 이름난 문장가이며 귀족출신 관리였던 강수처럼 땅이 없어 가난하게 사는 관리들도 있었다. 그러므로 국가는 관리들을 먹여살리기 위하여 록을 주지 않을수 없었다.

이로부터 687년 직전제도실시이전에 적용된 봉급형태는 록봉이였을것이라고 판단할수 있다. 그러나 록봉제도는 국가에서 전국의 토지에서 받아낸 조세를 창고에 넣었다가 다시 관료들에게 분배하는 것만큼 운반과 분배에서 막대한 수단과 로력이 필요하였다. 직전제도는 직전을 받은자들이 직접 받은 수조지에서 조세를 받아내여 자기 집 창고까지 운반하므로 국가의 립장에서는 번잡성을 더는 편리한 방법이였다. 신문왕은 이러한 점을 타산하여 687년에 록봉제도를 폐지하고 직전제도를 실시하도록 명령하였을것이다.

그러나 막상 직전제도를 실시해보니 예상치 않았던 결과들이 나타났다. 그 하나는 직전을 받은 중앙과 지방의 군소관리들이 직전을 람용하여 직전을 사유화하려고 하며 농민들에게 제정액이상의 조세를 수탈하면서 갖은 롱간질을 함으로써 방금 토지에 안착된 농민들을 리산시킬 우려가 발생할수 있은것이다. 다른 한편 국고에서 록을 타먹는데 습관되여 왔던 관리들이 막상 제가 조세를 징수하고보니 많은 불편을 느끼게 되었던것이다. 이러한 조건은 직전제도를 폐지하고 록봉제도를 회복하게 하였다.

689년에 되살린 록봉제도는 문무관료의 벼슬자리에 따라 해마다 벼(곡식)를 차등있게 주는것이였다. 차등있게 준 등급은 17등급의 위계일수 있다. 그러나 직전의 결수를 알수 없는것처럼 등급에 따라 준 록봉의 한도액도 알수 없다.

록봉은 물론 매개 벼슬등급에 해당한 량이 규정되여있었으며 본인이 벼슬자리를 옮기면 록봉량이 달라졌고 사망 또는 다른 원인으로 벼슬을 그만두면 록봉도 취소되였다.

신라봉건국가는 이러한 록봉제도를 시끄러운것으로 간주하였으며 조건이 성숙되는 차례로 록읍제도를 실시하려고 애를 썼다. 록읍제도는 일정한 고을안의 일정한 면적의 토지수조권을 보수로 주는것만큼 절차가 간편할뿐아니라 직전을 받은자의 힘을 빌어 토지개간의 장려와 토지황페화의 방지를 꾀하는 봉건정부의 목적도 쉽게 달성할수 있는것이였다. 관리들은 직전을 받으면 직전의 단위당 수확고의 제고에 관심을 가질것이며 토지의 황페화를 막기 위하여 농민들의 토지경작에 간섭할것이였다. 그러므로 생산이 회복되여 농민의 류리도산, 토지의 황페화 등 류동적인 요인들이 제거되고 중앙집권적통치체제가 강화되여 관리들의 토지겸병과 비법적착취 등 롱간을 어느 정도 억제할수 있는 조건이 성숙된다면 국가는 일거량득의 리익을 볼수 있었다.

이런 요인에 의하여 록읍제도가 페지된지 근 70년이 된 757년에 봉건정부는 록읍제도를 다시 회복하였다. 이에 대하여 《삼국사기》 (권9)는 다음과 같이 전하고있다.

《경덕왕 16년(757년) 3월에 수도와 지방 군소관리들의 월봉을 페지하고 록읍을 주는 제도를 회복하였다.》

직전제의 복구는 그것을 실시할수 있는 객관적조건이 일정하게 구비되여있었다는것을 의미하며 록읍제의 복귀에 국가와 관료들의 리해관계가 일치하게 되였다는것을 말한다. 때문에 이때에 복구된 신라의 록읍제도는 왕조의 말기까지 계속 유지되여갔다. 고려에 와서 록읍제도는 전시과제도로 변하며 신라에서 페지되였던 록봉제도가 전시과와 함께 병용하게 되였다. 그러나 고려의 전시과는 신라의 록읍제도에 뿌리를 둔것이 아니라 발해의 전시과제도를 계승한것이였다.

2. 학전의 시원

 봉건국가는 대소 관리들을 우대하였을뿐만아니라 관리의 후비들을 키우는데도 관심을 돌리였다. 국학은 바로 관리양성을 위한 신라의 유일한 교육기관이였다.
 신라에는 아직 고려말에 출현한 사설교육기관으로서의 사학은 없었고 교육은 봉건국가의 독점물이였다. 교육의 목적도 봉건관리육성에 있었기때문에 교육내용은 유교일색으로 되여있었다. 법에 백성이 관리가 되지 못한다는 규정이 없고 평민출신이 학생이 되지 못한다는 조항도 없었으나 실제에 있어서는 귀족출신의 자제들만이 국학에서 공부할수 있었다.
 《삼국사기》의 기록을 보면 국학은 682년(신문왕 2년)에 설치되였는데 경덕왕때(742년-765년)에 대학감으로 고쳤다가 혜공왕대(765년-780년)에 다시 국학으로 되였다. 례부에 속해있었는데 1명의 경(혹은 사업 9~6등급)아래에 몇명의 박사와 조교가 수업을 맡았다. 그아래에 2명의 대사와 4명의 사가 있었다.
 교과목은 《주역》, 《상서》, 《모시》, 《례기》, 《춘추좌전》, 《론어》, 《효경》, 《문선》, 《사기》, 《한서》, 《후한서》 등 유교경전과 력사, 문학도서였다. 이 과목의 통달정도에 따라 성적을 상, 중, 하로 매기고 그에 맞게 벼슬자리를 주었다.
 《무릇 학생은 대사이하 위계가 없는자에 이르기까지 나이 15~30살에 이르는 사람은 모두 국학에 들어갈수 있었다. 9년을 기한으로 하여 만일 자질이 둔하여 인재로 쓸수 없으면 내보내고 재간과 도량이 있거나 아직 미숙하면 비록 9년이 지나도 국학에 머물러있게 하였는데 위계가 대나마(10등급), 나마(11등급)에 이른 후에는 국학에서 나가게 하였다.》*

 * 《삼국사기》 권38 직관지 상 국학

 우의 자료에서 알수 있는것은 첫째로, 학생자격은 15~30살의 청년으로서 벼슬이 없거나 벼슬길에 올랐어도 12등급까지의 품계를 가진자가 할수 있는 낮은 벼슬자리에 있는자에 국한하였다는것이며 둘째로, 학제는 9년제였으며 셋째로, 졸업하면 일반적으로 대나마 또는 나마의 품계를 받게 되여있었다는것이다. 그리고 중요한것은 국학이 재직관리들이 관청일을 보면서 여가로 공부하는 교육기관이 아니라 《정규》학교라는것이다. 대사이하 조위에 이르기까지의 품계를 가진 젊은 관리들도 입학자격을 가진것으로 미루어보면 국학이 관리들의 재교육의 사명도 지니였다는것을 알수 있으나 관청일을 보면서 여가로 공부하는 학교는 아니라는것이 명백하다.

학생규모는 알수 없으나 일정한 수의 학생을 9년동안 공부시키려면 해마다 적지 않은 교육비가 필요하였을것이다. 또 학생이 수도의 귀족출신자제들만이 아닌 이상 지방에서 온 학생들을 숙식시키는 기숙사와 식당이 필요하였을것이다. 명색이 국학이였던것만큼 필요한 경비를 국가가 부담하여야 하였다. 이런 필요로 하여 봉건정부는 798년에 학생록읍이라는것을 제정하였다.

《청주의 거로현을 학생록읍으로 정하였다.》(《삼국사기》 권10 신라본기 소성왕 원년 3월)

여기서 문제로 되는것은 당시 거제도안에 있던 거로현의 모든 땅이 다 학생록읍으로 되였는가 하는것이며 또한 학생록읍이란 구체적으로 어떤 록읍이냐 하는것이다. 문맥으로 보아서는 거로현의 모든 땅이 국학학생들의 록읍으로 된것이 명백하다. 론리적으로 보아서도 현이라는것이 작은 고을에 불과하였으므로 거로현의 모든 땅에 대한 조세수입이 국학학비로 충당되였다고 보아도 그리 큰 무리가 없을것이다.

학생록읍은 매 학생들에게 개별적으로 주는 직전이 아니라 학교의 관리운영과 학생들의 숙식비를 비롯한 교육비전부를 마련하기 위하여 학교와 학생집단에 주는 학전이라고 리해하는것이 합리적이다. 이런 의미에서 학생록읍은 신라 학전의 시초로, 전신으로 된다고 말할수 있다. *

> * 학생록읍은 국학에만 적용된것이 아니라 기술교육기관의 학생들에게도 적용되였다고 추론할수 있다. 《삼국사기》 권39 직관지에 효소왕 원년(692년)에 설치한 의학에서 박사 2명이 학생들을 가르쳤다는 기록이 있는데 의학학생만이 학생록읍에서 제외되였다고 볼수 없다. 그밖에 기관의 사명이 불명확한 《소내(所內)》에

도 학생이 있었으며 산학, 천문, 루각전, 률령전 등에도 1~6명정 도의 박사들이 있은것으로 보아 천문학과 법률 등 실무교육을 받는 학생들이 있었을것이며 이들의 양성을 위해서도 학생록음이 차례졌을수 있다.

제2절. 정전제도의 실시와 소농 경리의 발전

1. 정전의 내용

후기신라 봉건통치배들은 722년에 정전제를 실시하였다. 정전제의 실시에 대한 《삼국사기》의 기록은 다음과 같다.

성덕왕 21년(722년)《가을 8월에 처음으로 백성들에게 정전(丁田)을 주었다.》

이 자료에서 명백한것은 다만 정전을 가을에 백성들에게 주었다는것과 그것이 신라에서 처음이라는것뿐이다. 구체적으로 백성들에게 준 정전의 결수는 얼마이며 정전은 경작지에만 국한된것인지, 또 장정에게만 준것인지, 그리고 글자 뜻그대로 정전을 백성들에게만 주고 귀족들에게는 주지 않았는지 이것은 전혀 알 도리가 없다. 그러므로 여기서는 당시의 력사적조건과 이웃나라들에서 실시한 류사한 토지제도와 비교하는 방법으로 추측하는수밖에 없다.

우선 정전이 일종의 균전제도였을것이라는 점이다. 그것은 자료의 문맥으로 보아 모든 정(장정)들에게 토지를 주었다는것에서 알수 있다. 장정을 기준으로 하여 토지를 주려고 한다면 반드시 매 장정에게 같은 면적의 토지가 차례지도록 고려하였을것이다. 이것은 결국 호당 토지면적과 인구당 수입이 대체로 균등한 수준에 이르게 한다는것을 의미한다. 력사에서 균전제도라는것이 대체로 이러한것이였다. 물론 이런 제도가 실지로 법조문대로 실시되였는가 하는것은 별문제이다.

다음 정전을 준 시기가 가을이였다는것은 토지소유권에 변동이 있었다는것을 시사해준다. 새땅을 더 가진다든지 한도이외의 자기 소유지를 내놓는다든지 하는 일은 대체로 그해의 자기 로력의 열매를 거두어들인 후에 하는것이 합리적인것이다. 때문에 중국 북위나 수, 당나라에서의 균전제도도 토지를 받고 바치는 일은 가을에 하였다.

정전제도가 토지를 고루 주고받는 일종의 균전제도였다는것은 그후에 있은 향덕의 구분전에 관한 자료와 《신라장적》의 연수유답에 관한 기록을 통해서도 추측할수 있다. 이 추측에 대해서 필자는 《조선토지제도사》(상)의 견해에 완전히 동감이므로 간단히 자료분석을 하면서 약간의 견해만 첨가하려고 한다.

웅천주 판적향사람 향덕은 부모에 대한 효성이 지극하였으므로 경덕왕은 755년에 명령하여 벼 300회(1회-10말)와 집 한채, 구분전 약간을 주었다. *

* 《삼국사기》권48 향덕전, 《삼국유사》(권5 효선)에는 500섬을 준 것으로 되여있다.

향덕은 제13등급의 품계를 가진 사람이였다. 그런데 그는 어찌나 가난하였던지 흉년에 굶는 아버지와 앓는 어머니를 봉양할 길이 없어 자기의 볼기살을 베여 먹이지 않으면 안되였다. 왕은 그의 효성이 지극하다고 하여 표창으로 알곡과 집을 주면서 함께 얼마간의 구분전도 주었다는것이다. 그러니 향덕은 그때까지 자기 사유지나 구분전이 없었거나 극히 적었다는것을 알수 있다.

원래 구분전이란 말은 당나라의 균전제도에서 처음 쓰인 말인데 그것은 영업전(자손에게 물려줄수 있는 세습지)과 구별하여 인구에 따라 땅을 나누어주고 본인이 죽으면 국가에 반납하기로 된 땅을 의미하였다. 당나라에서는 장정(18~60살)에게 20무의 토지를 영업전으로 주고 80무는 구분전으로 주었다. 정전이 토지자체를 백성들에게 나누어준것이라면 향덕이 받은 신라의 구분전도 당나라 균전제도하의 구분전과 같은 의미를 가진것이라고 볼수 있다. 그러나 향덕이 받은 구분전이 수조지가 아니였다는것은 명백하다. 따라서 그것을 고려때 수조지로서의 구분전과 같이 보는 견해에는 무리가 있다. 당시의 기록에는 수조권만 받는 땅은 엄격히 전조(田租) 또는 〇〇곳의 조라고 밝히여 토지 그자체를 주는 사전(賜田)과 구별하였다. 그러므로 향덕이 받은 구분전은 정전제도하의 구분전이며 따라서 그것은 균전제도하의 구분전과 같은 의미를 가진 토지라고 보아야 할것이다.

다음 정전제도가 실시된지 한세기가 지난 후의 《신라장적》에 기록된 연수유답이 또한 정전이 일종의 토지환수제도-균전제도였다는것을 증명해준다. 학계에서 공인되고있는바와 같이 연수유답이란 농호가 국가로부터 받은 논이라는 뜻이며 정전제도의 유습의 반영인것이다. 연수유의 유는 소유라는 의미를 가지고있을것이다. 그것은 마치 리조때에 궁방전가운데서 궁방이 소유한 땅을 유토라 하고 수조권만 가진 땅을 무토라고 부르면서 소유권의 유무를 구별한것과 같다. 연수유답이 농호가 국가로부터 받은 소유답이라는 뜻이고 그것이 정전제도의 유습이라면 정전제도는 틀림없는 균전제도의 일종이며 국가가 토지를 한사람에게 주었다가 회수하고 또 다른 사람에게 주군 하는 제도라는것이 명백하다.

그러면 국가에서 정전을 준 대상은 누구였겠는가. 그것은 정전이라는 이름자체가 보여주는바와 같이 정이였다.

신라에서도 고구려, 백제와 마찬가지로 정은 15～60살의 남자를 의미한것으로 보이며 때로는 부역동원대상을 《15～60살의 남녀》라고 한 때도 있었으므로 정은 장정 남녀를 다 포괄하였을수 있다. 더우기 당시 호당 성별구성에서 녀자비률이 많았던 사정으로 하여 토지분배에서 녀자들을 무시할수 없었을것이다. (당나라 균전제도하에서도 녀자에게 차이있게 급전하였였다.)

계층별급전대상에 대하여 《삼국사기》의 정전실시조항에는 백성들이라고만 하였는데 여기의 백성은 농민만을 념두에 둔것으로 생각된다. 그러나 《삼국유사》에는 구분전을 받은 향덕이 사지의 품계를 가진 하층귀족이라고 한것으로 보아 급전범위는 훨씬 넓었던것으로 보인다. 정전실시당시에 직전제도가 폐지되고 록봉제도가 실시되였던 조건에서 지주아닌 하층관리들에게 그들이 강수나 향덕과 같은 어려운 처지에 빠지지 않게 하기 위하여 토지를 줄수도 있었던것이다. 그러나 관리들에게도 일반백성 장정들과 같은 액수의 토지를 주었는지 그렇지 않으면 당나라에서처럼 더 많이 주었는지는 알수 없다. 당나라에서는 관리들에게 따로 직분전을 주었으며 그들의 노비에게도 5명당 1무의 영업전을 주었다. 노비도 인구에 넣고 노비장정에게 정전을 주었다면 노비를 많이 가지고있는 관료귀족들에게 많은 몫의 토지가 차례질수도 있었을것이다. 《신라장적》에서 노비를 호구대장에 포함시켰으며 평민과 꼭 같이 출생, 이동관계와 남녀의 구별도 명확히 밝혀놓은 사실에 주목을 돌릴 필요가 있다. 이 사실은 비록 평민과 꼭같은 비률은 아닐지라도 노비장정들에게도 정전을 주었을것이라고 추측할수 있게 한다.

표 6   총인구중 노비비률*

촌이름	인구수	노비수	노비비률(%)
사해점촌	142	9	6.3
살하지촌	125	7	5.6
○○○촌	69	0	-
서원경 ○○○촌	106	9	8.4
계	442	25	평균 5.6

* 《조선토지제도사》(상) 《신라장적》에서 원작성자가 문서에 호수, 인구수를 정정한 수자에 의거하지 않고 본래수자를 기준으로 하여 계산하였기때문에 호구를 기준으로 하여 대비분석한 모든 통계표의 수자는 틀린것으로 된다. 원문서의 작성자는 총호구수와 그 내역인 정남, 조자, 추자, 소자 등은 고쳐놓았으나 《본래의 인구와 3년간에 태여난 사람 합계》수자는 고쳐놓지 않았는데 《조선토지제도사》(상)은 정정하지 않은 이 수자에 의거하였다.

다음으로 정전결수에 대하여 추론할수 있다.

당시 호당인구수가 많았던 조건(호당 평균 8.6~14.2명)에서 급전액수는 컸던것으로 보인다. 이 문제의 해명을 위하여 다시한번

《신라장적》에 대하여 볼 필요가 있다.

《신라장적》당시 국유지 및 왕실소유지를 제외한 민유지(연수유전답)의 노비를 제외한 정남당 평균경작지는 5~7결이였고 정남, 정녀의 평균경작지는 2~3결정도였다. (아래 표 참고) 이것은 물론 정전제도가 문란해졌거나 파탄된 후의 실정을 반영한것이지만 이로부터 정전제도하에서의 급전면적을 추측할수 있다. 정전을 정남에게만 주었다면 그 면적이 너무 넓어 많은 복잡성을 가져왔을것이다. 주요하게는 정녀가 정남보다 엄청나게 많았던 조건에서 정녀에게도 정남과 같은 면적 또는 그와 비슷한 면적의 토지가 분급되였어야 공정할것이다.

표 7   민전(연수유)의 소유정형   (토지면적단위 결-부-속)

촌명	연수유지의 전답총면적	정남수		정녀수		정남 1인당 소유면적 (노제외)	정남녀당 소유면적 (노비제외)	정남녀당 소유면적 (노비포함)
		평인	노	평인	비			
사해점촌	156-12-4	28	1	35	5	5-57-5	2-47-8	2-26-2
살하지촌*	179-04-0	28(1)	4	44(2)	3	6-43-0	2-48-6	2-26-6
○○○촌	126-74-1	17(1)	-	16(2)	-	7-45-5	3-84-0	-
서원경 ○○○촌	102-18-0	15	2	32(1)	4	6-81-2	2-17-4	1-92-7

※ 정남, 정녀수에서 ( )에 든 수자는 총수가운데서 3년간에 새로 이사해온 정남, 정녀수이다.

사해점촌의 연수유전답에는 19결 70부의 촌주위답이 포함되여있다. 촌주위답은 촌주가 벼슬하는 대가로 민전의 조세를 받아먹는 수조지로 보는것이 타당하므로 연수유전답(민전)에 포함시켰다.

《신라장적》이 보여주는 토지소유면적은 정전제도가 실시된 후 퍽 많은 세월이 흘러간 때의 농촌의 토지소유형편을 반영한것이지만 정남, 정녀 평균소유면적은 ○○○촌을 제외하면 평균 2결정도로서 비교적 고르롭다고 볼수 있다. 이것은 사유재산단위인 호를 기준하여 고찰하지 않고 인위적으로 로력당으로 풍겨 고찰하였기때문이다. 그러나 농촌의 로력을 표시하는 정남, 정녀당 평균소유전답이 비교적 고르롭다는것은 정전제도에서 토지를 어떻게 나누어주었겠는가 하는것을 보여주는 좋은 참고로 될수 있다. 정남만을 기준으로 하여 토지를 나누어주었다면 우의 표가 보여주는바와 같이 호당 평균면적에 심한 불균형을 가져오며 또 나누어준 면적도 너무 많다. 그러나 정남, 정녀를 다같이 나누어준 대상으로 보면 호당 인구구성을 균형적으로 고려한것으로 되고 토지면적도 알맞춤하게 된다. 이로부터 정전은 정남과 정녀에게 다같이 주었으며 그 결수는 영업전과 구분전을 합쳐서 2결정도였을것이라고 추측할수 있다.

그러나 여기서 강조되여야 할것은 《처음으로 백성들에게 정전을 주었》을 당시의 정전에는 영업전과 구분전의 구분이 있었을것이라는 점이다. 영업전은 말그대로 대대로 영구히 세습할수 있는 토지이며 (균전제도의 법제상에서 매매는 금지되였다.) 구분전은 받은 사람 당대에 한하여 경작권을 허용하였다가 그가 죽었거나 이동하는 경우에는 국가에 반환하게 된 점유지였다. 때문에 국가는 해마다 인구의 변동을 장악하였다가 가을에 혹은 매 식년마다 토지를 회수하고 주고 하는 일을 벌려야 하였다.

그런데 국가에는 전국의 매 정남, 정녀들에게 2결정도의 정전 (영업전, 구분전)을 줄만 한 땅이 있었을수 없는것이다. 때문에 영업전은 대체로 농민들의 조상전래의 소유지를 기본으로 하여 부족액을 주었거나 부족액을 구분전으로 처리하였을것이다. 정전제도에서 구분전은 국가에서 주고 회수하고 하는것이기때문에 공전이거나 국가소유로 간주된 묵밭 또는 미개간지였을 가능성이 많다. 그것이 미개간지인 경우 묵밭을 받은 농민은 그 땅을 다시 개간하여 경작지로 만들어야 하였으며 이렇게 얻어낸 토지는 국유지로 간주되여 주고 회수하고 하는 대상으로 고정되였을것이다.

정남, 정녀에게 각기 2결정도 차례진다면 정남, 정녀 각기 1명으로 구성된 소가정에도 최소 4~5결은 분배되였을것이며 이만한 몫이면 휴경제(역전)가 적용되던 때라고 하여도 매해 2결이상은 부칠수 있었을것이므로 1호 10구의 가족은 먹고살아갈수 있었다. 또한 중국 북위왕조의 균전제도처럼 노비의 정남, 정녀에게도 평인과 같은 비률로 정전이 차례졌다고 가정한다면 사정이 좀 달라지지만 신라에서는 노비의 정남, 정녀수가 극히 적었고 논에는 휴경제가 없었으므로 년평균 1호당 실지 경작면적에는 큰 변화가 없었을것이다.

끝으로 삼밭(마전)이 정전제도에서 주고 회수하고 하는 대상이였겠는가 하는 문제이다.

자료에는 삼밭을 봉건정부에서 매개 촌에 균등하게 나누어주어 촌민이 공동경작하게 한것으로 리해할수 있게 씌여있다. 《삼국사기》(권47)의 소나전에 다음과 같은 기록이 있다.

675년(문무왕 15년)《아달성태수 급찬 한선이 백성들에게 아무 날 일제히 성밖에 나가 삼을 심게 하고 령을 어기지 못하게 하였더니 말갈의 첩자가 이것을 알아내여 자기 추장에게 보고하였다. 그날이 되여 백성들은 모두 성밖으로 나가 밭에 있었는데 말갈이 몰래 군사를 거느리고 불의에 성을 쳐들어와 략탈》하였다.

그리고《신라장적》에서 삼밭은 연수유에도, 관모전답에도 속하지 않는것으로 기록되였으며 매개 촌(살하지촌은 삼밭면적이 지워져서 그 수를 알수 없다.)은 거의 균등하게 1결 남짓하게 보유한것으로 되여있다.

표 8

삼밭보유정형

촌명	호수	삼밭면적	호당면적
사해점촌	10	1-09-0	0-10-9
살하지촌	15	?	-
○○○촌	8	1-?-?	0-12-5
서원경 ○○○촌	10	1-08-0	0-10-8

이러한 자료들로 하여 일부 론자들은 국가가 삼밭을 촌에 통일적으로 나누어주고 촌민들이 공동경작하였을것이라고 주장하고있다.

그러나 이런 해석에는 무리가 있다. 그것은 우선 공동로동한 생산물을 어떻게 분배하였는가 하는것이다. 1차생산물은 국가가 모두 공물로 수탈하였다고 가정하자. 그러나 그 생산물이 완제품이 아니라 베의 원료인 삼인것만큼 그것을 베로 만들지 않는 한 국가에는 아무런 쓸모가 없다. 삼을 베로 만들자면 찌고 실낳이하며 짜는 공정이 필요하다. 그러므로 국가는 삼을 거두어들인 후에도 가을부터 겨울전기간 농민들에게 공동로동을 강요하지 않으면 안되며 그밖에 촌민이 모여 공동로동을 할만 한 실낳이작업장과 직조장을 마련해주어야 한다. 이것은 당시의 조건에서는 불가능하였다. 그러므로 1차생산물을 농민들에게 나누어주어 농가호단위로 베를 짜게 하였을것이라고 추측할수 있다. 그러나 이렇게 할바에야 처음부터 농가호단위로 삼밭을 경작시켰다가 겨울에 베천을 수탈하는것이 오히려 편리하며 농민들도 자기 몫이 있어야 베옷을 지어입을수 있었을것이다. 그러므로 삼밭을 통일분배, 공동경작하였다는것은 리치에 맞지 않는다.

물론 아달성의 이야기는 말갈의 위험을 항시적으로 받고있는 북방 성시의 전시비상조치이며 성바깥작업의 조직화일수 있다. 그러나 그 사료에서 공동경작에 대해서는 이야기하지 않았다. 방어상필요로 성문을 늘 열어놓을수 없었을것이므로 정한 날자에 일제히 성밖에 나가 자기 삼밭에 씨를 뿌리게 하였을것이다. 이 명령을 어길수 없게 한것은 봉건정부도 삼재배에 큰 리해관계를 가지고있었기때문이며 또한 방어의 안전상필요에서였을것이다.

이로부터 《신라장적》에서의 삼밭은 봉건정부에서 농민들에게 공동으로 경작시켜 (이 경우 농민들의 공동로동은 부역로동으로 된다.) 그 수확물을 수탈하는 국가소유지가 아니며 (때문에 관모전에 포함시키지 않았다.) 또 국가에서 나누어준 정전도 아니라는 결론이 나온다. 그것은 농민들이 전통적인 관습에 따라 집안식구가 입을 옷감을 생산해내는데 필요한 호당 10~12부정도의 소유지였을것이다.

혹은 중국 북위의 균전제도에서처럼 그 첫 시기에 분배받은 후 영업전으로 되여 사유지로서 상속된것일수도 있다. 그렇다면 정전제도 실시 초기에 삼밭을 영접전으로서 분배하였거나 이미 사유화된 농민의 삼밭을 정전으로 규정해주는 방법으로 분배해주었을수도 있다.

2. 정전제도실시의 전제조건과 목적

정전제도를 일종의 균전제도라고 리해한다면 균전을 실시할수 있는 일정한 물질적조건이 갖추어져있었어야 한다.

결론부터 지적한다면 722년 당시의 신라에는 불충분하나마 균전을 실시하여야 할 력사적필연성이 있었고 또 균전을 실시할수 있는 경제적가능성도 일정하게 갖추어져있었다.

정전제도를 실시한 성덕왕의 집정 30여년간(702년-737년)의 국내의 어려운 형편은 봉건통치배들로 하여금 농민들을 토지에 안착시킬 대책을 강구하지 않을수 없게 하였다.

어려운 형편이란 심한 자연재해와 농민들의 기근으로 인한 떠돌이였다. 성덕왕 4년(705년)에 나라의 동쪽 주, 군, 현들에 흉년이 들어 많은 사람들이 류랑의 길에 올랐으며 그 다음해에도 나라에 기근이 들어 창고를 열어 진휼을 하지 않으면 안되였다. 이듬해(707년)에 또다시 기근으로 백성들이 많이 굶어죽었으므로 매 사람에게 하루 3되의 조를 7월까지 주지 않으면 안되였으며 2월에는 봄파종을 위하여 5곡종자를 주는 조치를 취하였다.

련속되는 자연피해와 굶주림, 로동력의 류리현상은 봉건통치에 심대한 영향을 주었으며 지배계급들로 하여금 그 어떤 《근본적》인 구제대책을 세우지 않으면 안되게 하였다.

물론 이러한 현상은 봉건사회에서는 보편적인 현상이며 따라서 그것이 반드시 성덕왕때에 정전제도를 실시하게 한 기본근거로는 되지 않는다. 보다 중요한 근거는 사료에는 밝혀져있지 않으나 엄중한 사태 즉 빈번한 농민폭동이였을것이다. 농민들의 치렬한 계급투쟁에 의하여 봉건정부는 커다란 위협을 느꼈을것이며 그 어떤 근본적인 방법을 고안해내지 않고서는 생존해갈수 없다고 느끼게 하였을것이다. 성덕왕과 그의 측근자들은 봉건통치를 유지하기 위한 출로를 전제개혁에서 찾았던것이다.

균전제도를 실시하려면 일정한 물질적, 경제적조건이 갖추어져야 한다. 그 기본조건은 국유지의 대량적존재이다. 황무지이거나 경작지이거나 관계없이 그리고 공전형태이거나 둔전형태이거나를 물론하고 국가는 많은 면적의 토지를 장악하고있지 않으면 균전제도를 실시할수 없으며 법으로 선포한다고 하여도 그것은 한갓 지상공문으로 되고말았을것이다. 왜냐하면 봉건정권은 지주계급의 정권이며 지주정권이 자기 계급의 토지를 빼앗아 농민들에게 나누어줄수 없었기 때문이다. 따라서 국가가 상당한 넓이의 국유지를 가지고있는것이 균전제의 운명을 규정하는 근본조건으로 되였다. 그밖에 주인없는 토지, 몰수한 토지, 소송미결의 토지 및 관료지주들이 비법적으로 겸병한 토지들도 균전제도실시의 주요한 물질적조건으로 되였다.

성덕왕때에 이러한 경제적조건이 일정하게 갖추어졌다고 볼수 있다. 특히 황무지와 미개간지는 방대한 면적에 달한것으로 보인다.

신라건국당시 수도(경주)의 둘레는 1만 2 180여보(〈3 075＋3 018〉×2), 35리이며 전성기의 호수는 17만 8 936호였다. 《신라장적》에 기록된 농촌의 크기를 보면 사해점촌이 둘레 5 725보이고 살하지촌이 1만 2 830보, 서원경 〇〇〇촌은 4 800보이다. 살하지촌은 수도보다 더 크지만 호수는 불과 15호밖에 안되며 그밖의 촌도 수도의 2분의 1～3분의 1정도이지만 호수는 10호정도이다. 그러므로 신라의 촌들은 구역이 매우 넓은데 비하여 호구수와 경작지는 엄청나게 적으며 따라서 황무지, 산림, 미개간지 등이 대단히 많았다는것을 알수 있다. 이것은 정전제도를 실시할수 있는 주요한 밑천으로 되였다.

신라의 봉건통치배들은 당시의 이와 같은 력사적조건과 가능성에 의거하여 정전제도를 실시하였던것이다.

신라봉건통치배들이 정전제도의 실시를 통하여 노린 목적은 될수록 많은 로동력을 토지에 고착시킴으로써 조세수입을 늘이고 부역 및 병력자원을 안전하게 확보하려는데 있었다. 매 농민들에게 일정한 넓이의 경작지를 보장해주는것은 우의 목적을 달성하는 근본담보로 되였던것이다.

봉건통치배들은 또한 정전제도의 실시를 통하여 황무지개간을 장려하는 목적도 이루어보려고 하였을것이다. 정전이 매 정남, 정녀당 꼭 2결정도의 토지를 주었다고 볼수는 없으며 봉건정부는 그만 한 국유지를 가지고있을수도 없었던것이다. 그것이 매 농민의 소유한계를 그어준것으로도 되기때문에 농민들로 하여금 자기 소유지면적을 그 계선에 이르게 하도록 토지개간을 자극할수 있었던것이다.

정전제도는 또한 대토지소유의 무제한한 팽창을 제한하는 역할도 수행하였을것이다. 만일 정전제도가 균전제도처럼 실시되였다면 정전의 한정량은 곧 매 토지소유자의 토지소유한계를 그어준것으로 되며 그 한계를 벗어난 소유는 비법으로 간주되는것이였다. 그러므로 법이 준수되는 조건에서는 그 누구도 규정된 량 이상의 토지를 소유할수 없으며 따라서 남의 토지를 무한정 겸병할수도 없었다. 이런 점에서 정전제도는 일종의 한전제도였다고 말할수 있다.

그러나 지주계급의 독재정권인 봉건정부가 자기의 계급적지반인 지주들의 리익을 침해할수는 없었다. 이로부터 균전제도는 관료귀족, 지주들에게 일반농민보다 몇곱절 많은 소유한계를 따로 그어주었다. 그들에게는 균전제도와는 별개의 직전이 보장되여있었고 수많은 노비의 토지분급을 통하여 방대한 량의 토지를 합법적으로 소유하고있었다. 정전제도의 경우도 이와 류사하였을것이라고 추측할수 있다.

봉건정부가 정전제도를 통하여 노린것은 대토지소유자들이 지나치게 농민들의 토지를 겸병함으로써 농민들을 파산시키는것을 일정한 범위에서 막아보려는것이였다. 그것은 농민들의 대대적인 파산과 류랑이 봉건국가에 대한 엄중한 위협으로 되기때문이였다. 707년(성덕왕 6년)에 흉년이 들어 농민들이 수많이 굶어죽고 토지로부터 류리되자 봉건정부는 소농경리를 보존하기 위하여 매 사람당 1일 3되의 좁쌀을 7개월간 대여해주었는데 그 총량은 30만 500섬에 달하였다.* 이 사실은 봉건정부가 소농민보존에 얼마나 신경을 쓰고있었는가를 보여준다. 정전제도의 근본목적도 바로 소농민적토지소유의 보존과 배양, 확대에 있었으며 착취원천의 보존에 있었다.

* 《삼국유사》 권2 기이 성덕왕

그러나 문제는 이 리상적인 정전제도가 어느만큼 실현되였는가 하는데 있다.

정전제가 법조항대로 실시되면 농민들은 물론 중앙집권적봉건왕권과 중소지주의 관리들에게도 리익을 주지만 대지주, 대관료귀족의 당면리익에는 저촉된다. 이 상반되는 리해관계의 모순은 정전제도가 철저히 그리고 장기간 실현될수 없게 한 기본요인의 하나로 되게 한다.

정전을 영업전과 구분전으로 구분한것은 그러한 모순의 반영으로 된다. 영업전은 결국 사유지의 법적승인을 의미하는것으로 되며 나중에는 지주들로 하여금 이것을 거점으로 하여 토지팽창에로 나갈수 있게 하였다.

균전제도하에서 노비들에게 토지를 줌으로써 수십, 수백명의 노비를 소유한 대관료귀족지주들은 노비의 이름밑에 자기의 방대한 소유지를 그대로 보존하였고 노비의 이름을 빌어 더 많은 토지를 병탄해갔다. 이 사실은 균전제도자체에 모순이 있다는것을 의미한다. 이 모순은 우에서 본바와 같은 지배계급내부의 리해관계의 반영이였으며 결국 균전제도를 파탄에로 이끈 요인으로 되였다. 정전제도가 노비들에게 토지를 주었다면 그것 역시 자체모순의 발현이며 파탄의 요인으로 되였을것이다.

정전제도가 파탄의 운명을 면치 못하게 된 근본요인은 그것이 시대의 발전추세와 역행하였다는데 있었다.

신라사회는 토지사유제에 기초한 봉건사회였다. 공유제가 잔재로만 남아있고 사유제가 지배한 사회에서 정전제와 같은 토지공유(국유)제를 다시 확립한다는것은 불가능한 일이였다.

신라사회가 토지사유제에 기초한 사회였다는것은 이미 널리 알려진 숭복사와 봉암사 비명의 다음과 같은 자료가 여실히 말해주고 있다.

① 798년에 원성왕이 죽은 후 그의 《왕릉을 만들려고 하니 (하늘아래 모든 땅이) 비록 왕토라고 하지만 공전이 아니기때문에 근방의 땅을 후한 값을 주고 사지 않으면 안되였다. 면적은 언덕까지 합하여 200여결이며 그 값은 벼로 2 000섬이였다.》[《조선금석총람》(상), 120페지 숭복사비명]

② 중 지중대사는 879년에 《12구의 장(莊)과 500결의 밭을 봉암사에 기증》하면서 그것이 《비록 나의 땅이긴 하지만 왕토안에 있》기

때문에 국왕의 승인을 받아야 하였다. (《조선금석총람》〈상〉, 93페지 봉암사 지중대사 적조탑비명)

우의 두 자료는 당시에 사람들속에 왕토란 관념만 남아있을뿐 토지국유제는 흔적조차 없다는것을 보여준다. 《비록 왕토라고 하지만 공전이 아니》라는것은 전국의 땅이 명목상으로 왕유지일뿐 실제에 있어서는 소유권이 국가에 속해있는 공전과 그렇지 못한 사유지가 따로 있으며 공유지가 아닌 사유지는 국왕도 돈을 주고 사야 하였던것이다.

둘째자료에서 언급된《나의 땅》이란 곧 첫째 자료의《공전이 아닌》땅과 같은 류형의 사유지이다. 그러므로 지중은 500결이라는 방대한 면적의 사유지를 마음대로 처분할수 있었다. 그가 왕의 승인을 받게 된것은 그것이 명목상의 왕토안에 있는 땅이기때문이며 또 전에 정부가 사원에 대한 개인들의 토지기부를 금지하였기때문이였다.

우의 자료들은 토지국유제의 허구성과 사유제의 공고한 확립을 반영하고있다. 따라서 이 자료들은 정전제도가 파탄의 운명을 면할수 없는 사정을 보여주는것이기도 하다.

웅천주의 판적향사람 향덕이 부모에게 효성을 다한 표창으로 755년에 약간의 구분전을 받은 사실은 정전제도가 이미 림종에 있었다는것을 말해준다. 이런 류의 국가적표창에 사전(賜田)형식을 택하지 않고 구분전의 사여형식을 취한것은 향덕이 부모공양도 할수 없는 가난한 처지에 있으면서도 정전의 혜택을 입지 못하고있었다는 증거로 된다. 그러나 그것은 동시에 정전제도가 실시된 후 33년이 지난 이때까지도 아직은 그것이 의연히 존재하고있었다는 증거이기도 하다.

정전제도가 실시된지 70여년이 지난 후의 원성왕릉을 만들기 위한 토지구매기사와 150여년이 지난 후의 지중대사가 토지 500결을 봉암사에 기증한 기사는 정전제도의 완전한 파탄을 보여준것이다. 정전제도하에서는 원칙상 자유로운 토지매매가 허용될수 없으며 더우기 500결이나 소유한 대지주가 허용될수 없었다.

그러나 정전제도의 유제는 오래동안 남아있은것으로 보인다. 《신라장적》에서 매 식년사이의 호구변동을 구체적으로 기록해놓으면서도 토지면적의 증감에 대하여 전혀 적지 않은것은 호구(장정)변동과 토지결수의 증감이 일치해야 할 정전제도가 완전히 사멸하였다는것을 말해준다. 그러면서도 민전을 연호가 받은 답(연수유답)으로 표기한것은 정전의 유습을 반영한것이다. 연수유전은 향덕의 본래 소유지와 새로 받은 구분전에 해당할것이다. 고려초(991년)에 김해부량전사 조문선의 장계에 의하여 문무왕대(661년)에 배속시켰던 수로왕 릉위전(사료에는 《왕위전》) 30결 가운데서 규정을 초과한 15결을 김해부의 장정(사료에는 《역정》, 《향인의 정》, 《요역호의 정》으로 표현)들에게 나누어준 일도 정전의 유습일수 있다. *

> * 조문선은 장계에서 《수로왕릉의 왕묘속전은 결수가 많으므로 응당 관례에 따라 15결로 한정하고 나머지는 부안의 역정들에게 나누어주는것이 옳겠다.》고 썼다. 조정에서 이러쿵저러쿵 시비하다가 결국 승인하게 되였는데 《절반은 의연 릉묘에 속하게 하고 절반은 부안의 요역호(농호)의 정들에게 나누어주었다.》(《삼국유사》 권2 기이 가락국기)
>
> 이 분배가 수조권의 이동이 아니라 토지 그자체의 분배라는것은 명백하다. 국가가 농가호의 정들에게 토지를 나누어준것이 정전의 유습이라는것은 의심할바 없다.

이 사실들은 공동체의 유제로서의 공유제가 력사에서 그렇듯 뿌리깊이 존재하여왔듯이 그와 비슷한 토지급여, 회수제도인 정전제도도 얼마나 강한 생명력을 가지고있었는가를 뚜렷이 보여준다.

3. 소농민적토지소유의 장성과 쇠퇴

소농민적토지소유는 자기 발전의 합법칙성을 가지고있다. 앞에서 언급한바와 같이 아시아형의 봉건사회에서는 원시사회의 말기에 발생한 소농민적토지소유가 고대사회에서도 유지되며 봉건사회에 와서도 끊임없이 발생, 확대, 쇠퇴의 순환과정을 반복하면서 라선형적으로 발전하였다. 확대의 기본요인은 자연과 사회를 개조하기 위한 농민들의 창조적투쟁이며 쇠퇴의 기본요인은 봉건착취의 강화와 지주적토지소유의 확대 및 사회적혼란 등이였다.

후기신라의 초기에 전란의 후과로 토지가 황페화되고 농민의 사망과 류랑이 심해지면서 소농민적토지소유는 급격히 쇠퇴하였었다. 그러나 농민대중의 근면한 로동과 끊임없는 계급투쟁에 의하여 사회적생산이 회복되면서 소농민적토지소유는 또다시 활기를 띠기 시작하였다. 특히 정전제도의 실시에 의하여 소농민적토지소유는 객관적으로 일정한 법적보호를 받게 되였으며 정전의 형태로 공고화되였다.

앞에서 언급한바와 같이 영업전은 당초부터 사실상 사적소유의 법적인 추가승인이였으며 구분전도 세월이 흐름에 따라 사유화의 길을 걷게 됨으로써 소농민적토지소유는 법적보호밑에 끊임없이 확대되여갔다. 그러므로 정전제도의 존재기간은 소농민적토지소유의 전성기였다고 볼수 있다. 향덕이 구분전을 받은 때가 바로 이 시기에 해당하므로 신라에서 소농민적토지소유의 전성기는 722년 정전제도실시부터 경덕왕때(742년-765년)에 이르는 시기였다고 볼수 있을것이다. 《삼국사기》에서 문무왕-경덕왕때(661년-765년)를 신라봉건왕조의 중흥기로 본것은 결코 근거없는 평가가 아니다. 이 100년간에 신라봉건왕조의 중앙집권적정치체제가 가장 강하였는데 그것은 주로 군주정체의 경제적바탕을 이룬 소농민적토지소유의 장성에 기인한것이였다.

그러나 후기에 오면서 관료귀족적, 지주적토지소유가 팽창하고 소농민적토지소유에 대한 침식작용이 강화되면서 정전제도는 소멸되고 농민들의 토지소유는 더욱 큰 파산의 위협을 받게 되였으며 농민들에 대한 봉건지배계급과 지주계급의 착취가 일층 강화되였다. 한편 지배계급내의 모순과 알륵, 반란들이 끊임없이 일어났다.

이 사회적변화의 소용돌이속에서 농민들은 파산몰락되고 이에 따라 소농민적토지소유는 또다시 쇠퇴의 길을 걸었다. 많은 자영농민들이 소작인 또는 용작인으로 전락하였다. 지증과 같이 500결의 토지를 소유한 대지주들의 출현은 적어도 250~500명의 농민을 소작농민으로 전화시켰을것이다.

《삼국사기》에 실려있는 후기신라 소농민들의 양상을 보기로 한다.

① 신문왕 5년(685년) 3월에 《남원소경을 설치하고 여러 주, 군의 민호들을 여기에 이주시켰다.》

② 선덕왕 3년(782년) 2월에 《왕이 한산주를 돌아보면서 이곳 민호들을 패강진에 이주시켰다.》

우의 자료에서 보는 새로 개척된 남원소경과 패강진에 이주된 민호들은 대부분 가난한 농민들이였겠으나 새 이주지에 가서는 국가의 일정한 방조밑에 황무지를 개척하여 자기 땅으로 만듦으로써 소토지소유자로 되였을것이다. 패강진에 이주된 민호들은 정전제도가 실시된 후에 옮겼으므로 패강진에서 정전을 받았을수 있다.

673년에 김유신이 죽은 다음 문무왕은 금산원에 있는 그의 무덤을 지키기 위하여 부근의 민호들을 수묘호로 지정하였다.[1] 이때 수묘호로 지정된 민호들이 본래 자영농민일수 있다. 그들은 묘를 지키는 대신 다른 역에서 면제되고 제사비용으로 조세를 바쳤을것이다. 이것은 당시 수로왕릉위전(《왕위전》)의 소출로써 해마다 제사용술과 떡, 다과 등을 마련한 사실을 통하여 알수 있다.[2]

[1] 《삼국사기》 권43 김유신전(하)
[2] 《삼국유사》 권2 기이 가락국기

혹은 수묘호로 지정된 민호가 국가로부터 묘위전을 받은 농민이거나 또는 김유신가문의 소작인이였을수도 있다. 후세의 산당지기들이 바로 그러하였다. 그들은 씨족조상의 산소들을 돌봐주는 대가로 문내땅을 무상으로 경작하고 그 소출의 일부(이것은 공유지의 지대이다.)를 제사비용으로 바치였다. 김유신의 수묘인들도 그의 문내땅을 경작하여 소작료를 제사비용으로 바치며 그 대신 국가의 다른 역에서 면제되였을수 있다. 그러나 사료의 문맥으로 보아 이 민호들이 자영소농민이였을 가능성이 더 크다.

전형적인 소농민은 후백제의 창건자인 견훤의 아버지 아자개이다. 아자개는 상주 가은현사람인데 《농사를 지어(제힘으로) 살아갔으며 후에 장군으로 되였다. 처음 견훤이 태여나 아직 포대기안에 있을 때 아버지는 들에서 밭을 갈고 어머니가 점심을 날라다 먹였다.》*고 한다.《삼국사기》가 전한 아자개일가의 생활은 남자는 농사짓고 녀자는 길쌈을 하는 자급자족적자연경리의 전형적자영소농민의 생활방식 그대로이다.

> *《삼국사기》권50 견훤전
> 《삼국유사》권2 후백제 견훤조에서는 아자개가 진흥왕의 후손인 각간 원선이라고 하였는데 문제는 그의 출신에 있는것이 아니라 현실생활에 있다. 고구려의 귀족 을파소가 등용되지 못하여 한때 제힘으로 농사를 지어 자급자족하였는데 그때의 을파소는 대신이 아니라 소농민이였다. [《삼국사기》권45 을파소전(하)]

후기신라에서도 소소유자적농민의 대부분은 빈농민이였다.《삼국사기》는 사량부에 살았던 한 녀인의 부모들이 금강사의 논 1무를 몰래 훔쳐서 부친 죄로 그의 딸이 저승에서 15년동안이나 염라대왕의 벌을 받았다는 이야기를 전하고있다. 실지로 훔친것인지 아니면 중들의 간계인지는 알수 없어도 여기서 우리는 1무의 땅에 명을 걸고 있는 농민들의 가긍한 모습을 엿볼수 있다.《삼국사기》가 전하는 률리의 백성 설씨와 그의 딸 그리고 사량부의 소년 가실 등은 모두 소농민이였다고 볼수 있다.

그러면 당시 소농민들이 얼마만 한 땅을 경작하고있었는가.

《신라장적》을 분석해보면 호당 연수유전답면적은 무려 10~15결에 이르고있으며 1인당 연수유전답면적은 96부로부터 최고 1결 88부에 달하며 4개 촌의 호당 평균 집짐승마리수는 소 1마리이상, 말 1.5마리이상이였다.

표 9 호당 평균 연수유전답면적 (단위 결-부-속)

촌 명	《연수유》총면적	그중 논면적	호수	인구수	호당 연수유전답면적	1인당 연수유전답면적
		그중 밭면적				
사해점촌	156-12-4	94-02-4	10	142	15-61-2	1-09-9
		62-10-?				

표계속

촌 명	《연수유》 총면적	그중 논면적	호수	인구수	호당 연수 유전답면적	1인당 연수유전답 면적
		그중 밭면적				
살하지촌	179-04-0	59-98-2	15	125	11-93-6	1-43-2
		119-05-8				
○○○촌	126-74-1	68-67-0	8	69	15-84-2	1-88-0
		58-07-1				
서원경 ○○○촌	102-18-0	25-99-0	10	106	10-21-8	0-96-3
		76-19-0				

호는 사유재산의 단위이며 연수유전답을 농민들의 소유지라고 가정할 때 우의 표에서 볼수 있는바와 같이 부동산의 호당 소유정형은 매우 각이하지만 1인당 소유면적은 그리 큰 차이가 없다. 다만 서원경 ○○○촌만은 협향(인구에 비하여 토지가 적은 마을)인듯 1인당 소유지면적이 1결에 미치지 못하고있으며 집짐승마리수도 가장 적다. 만일 4개 촌에 지주가 없고 연수유전답이 그대로 소농민들의 소유지라고 하면 1인당 차례지는 소유지전답은 평균 1결 34부 3속이고 마소는 1호당 2.5마리이상이므로 휴경법이 적용되고있다고 하더라도 봉건적착취속에서도 농민들은 그럭저럭 생계를 유지해나갈수 있었을것이다.

표 10 호당 집짐승(소, 말)소유정형

촌 명	집짐승마리수			호당 평균마리수
	소	말	계	
사해점촌	22	25	47	4.7
살하지촌	12	18	30	2.0
○○○촌	11	8	19	2.4
서원경 ○○○촌	8	10	18	1.8

그러나 이 마을에는 불로소득하는 지주계급과 부유한 농민도 있

었을것이므로 1결의 토지도 차례지지 못하는 농가호가 한두호 아니였을것이다. 우의 사료들에서 설씨부녀와 금강사의 한뙈기의 밭을 훔쳐서 부쳤다는 사량부의 농부와 같은 농민들이 바로 이러한 소농민이였을것이다. 그리고 《신라장적》에 의하면 매개 촌에 3~4결의 관모전답(관유지)이 있었는데 이 땅은 자기 토지가 적거나 없는 극빈한 농들이 소작으로 경작하였을것이다. 관모전답을 촌민들의 부역로동으로 경작하였다고 볼수도 있겠으나 그것은 시대적으로 이미 너무도 뒤진것으로서 그러한 가능성은 매우 적다.

표 11 농촌로력자의 구성 (%는 전체 인구에 대한 비률)

촌 명	인구수	정 남		정 녀	
		명	%	명	%
사해점촌	142	29	20.6	40	28.2
살하지촌	125	32	25.6	47	37.6
○○○촌	69	17	24.6	16	23.2
서원경 ○○○촌	106	17	16.0	36	34.0
계	442	95	21.3	139	31.6

4개 촌의 남녀장정들이 모두 로력자라고 가정하면 농촌인구구성에서 로력자의 비중은 52.9%를 차지한다. 이것은 15~60세의 남녀장정들이 각기 2결정도의 땅을 경작하여 한가족(늙은 부모이거나 어린 자식)을 벌어먹이면 되였다는것을 의미한다.

표 12 호당가족수

촌명	인구수	호수	평균가족수	노비를 제외한 인구수(노비수)	노비를 제외한 가족수
사해점촌	142	10	14.2	133(9)	13.3
살하지촌	125	15	8.3	118(7)	7.9
○○○촌	69	8	8.6	69(0)	8.6
서원경○○○촌	106	10	10.6	97(9)	9.7
계	442	43	10.3	417(25)	9.7

그러나 현실은 그렇지 못하였다. 당시 사회는 사적소유에 기초한 사회였으므로 재산의 소유형편은 불균형적이였고 많은 농민들이 자기와 자기 부모, 자식 1명을 먹여살리기 위하여 무상로동을 강요당하지 않으면 안되였다. 《신라장적》에 기록된 농민들의 호등급을 통하여 그 정형을 륜곽적으로나마 엿볼수 있다.

표 13   호(연) 등급

촌명	상			중			하			새로 류입 한 호	계	비고	
												호당 인구 수	장정 수
	상	중	하	상	중	하	상	중	하				
사해점촌						4	2		(5)4	—	(11)*10	14.2	69
살하지촌						1	2	5	6	1	15	8.3	79
○○○촌								1	6	1	8	8.6	33
서원경 ○○○촌								1	9	—	10	10.6	53
계						5	4	7	25	2	43		
%						11.9	9.5	16.6	62	—	100		

* 원문서에서 작성자가 가호수를 11로 썼다가 10호로 정정하였다. 그러나 부주의로 하여 그 내역을 총계에 맞게 고쳐놓지 않았기때문에 내역합계는 11로 된다. 때문에 ( )안의 수자는 틀린것이다. 신수좌연(새로 류입한 연호)은 문서에서 등급을 매기지 않았다.

《신라장적》을 통하여 당시 신라에서 호등급을 상상으로부터 하하에 이르기까지 9등급으로 나누었다는것을 알수 있다. 그러나 호등급을 나누는 기준이 무엇이였겠는가에 따라 표분석의 결과가 다르게 된다.

일부《편호는 인정(人丁)의 많고적음에 따라 9등급으로 나누어 부역을 정하였다.》는《고려사》의 기록에만 매달려 후기신라의 호 9등급의 기준이 식구수라고 단정하는 견해도 있다. 그러나 이런 해석에는 무리가 있다. 장적에서 토지가 아니라 호구변동만을

기록한것은 한 식년(3년)사이에 토지변동이라는것은 거의 있을수 없기때문이였을것이다. 이 점에 류의하지 않고 호등급기준을 인구라고 한다면 다음과 같은 불합리성이 생긴다. 그것은 첫째로, 호당 인구수가 가장 적은 살하지촌(8.3명)에 하하호, 하중호가 제일 많아야 하겠는데 오히려 여기서 높은 등급인 중하, 하상호가 있고 반면에 호당 인구수가 살하지촌보다 많은 서원경 ○○○촌(10.6명)에 하하호가 더 많다. 둘째로, 하하호가 제일 많은 서원경 ○○○촌이 응당 호당 인구수가 가장 적어야 하겠는데 거꾸로 두번째로 많다. 셋째로, 인구수를 기준으로 하는데 왜 상상~중중호는 없고 중하호가 최고로 되는가 하는것이다. 장정수를 기준으로 해도 역시 맞지 않는다. 이것은 호등급의 기준이 인정이 아니라는것을 말해준다.

　이와는 달리 호등급의 기준을 정전제하에서처럼 재산 즉 토지면적으로 한다면 해석이 비교적 합리적으로 된다. 호당 연수유전답면적(15결 61부 2속)이 두번째이지만 집짐승마리수는 다른 곳의 2배인 사해점촌에 중하호, 하상호가 가장 많고 평균토지면적이 가장 적은 서원경 ○○○촌(10결 21부 8속)에 하하호가 제일 많다.

　이 사실은 호등급기준이 식구수가 아니라 토지를 비롯한 재산소유정도였다는것을 말해준다. 호등급기준을 이렇게 설정해야 봉건정부는 비로소 농촌의 실지생활형편을 사실대로 파악할수 있으며 조세, 부역, 공물수탈에도 편리하였을것이다. 이런 기준에 기초하여 농민의 계급구성을 분석하면 하등호를 빈농, 중등호이상을 중농, 지주 등으로 볼수 있을것이다. 그렇다면 당시 농촌에 극빈농(하하호. 자작 겸 소작농, 소작농)이 전체 농촌호수의 62%나 되고 중농이상급(중상호, 중하호)은 11.9%로 되였다고 판단할수 있다. 호등급에서 상상~상하호가 없는것으로 보아 이 마을들에는 큰 지주가 없었던것으로 보인다. 그러므로 토지의 많은 부분이 부재지주의것일수 있다. 큰 지주들은 촌이 아니라 고을에 살았을것이고 농촌호수의 62%를 차지하는 극빈농이 그들의 토지를 경작하였을것이다. 11.9%를 차지한 중농의 일부와 9.5%를 차지하는 하상호 및 16.6%를 차지한 하중호가 자작농이였을것이다.

《신라장적》작성당시는 정전제도가 이미 소멸된 시기였으므로 자작농－소농민적토지소유자들의 수는 줄어들고 그 대신 극빈농의 수가 늘어난것으로 보인다.

후기신라에서 소농민적토지소유의 형편은 대체로 이와 같이 상승과 쇠퇴의 길을 걸으면서 발전하여왔다고 말할수 있다.

제3절. 지주적토지소유의 확대

1. 국유지의 축감, 왕실소유지의 확대

후기신라에서 봉건국가의 소유지는 봉건적토지소유에서 주요한 자리를 차지하고있었다.

첫 시기에 국유지는 현저히 확장되였는데 그 원천은 세가지가 있었다.

하나는 백제, 고구려를 정복하기 위한 침략전쟁과정에서 령토가 확장된것이였다. 신라통치배들은 백제와 고구려를 정복한후 이 두 왕조의 국유지들을 모두 신라의 소유로 만들었다. 그 다음은 신라에 귀순하지 않는 백제, 고구려귀족관료들의 사유지였다. 이 두 왕조의 봉건통치배들속에는 신라왕조의 지배를 반대하는 귀족관료들이 적지 않았는데 신라봉건정부는 이들의 토지를 몰수하여 국유로 만들었거나 신라귀족들에게 재분배하였을것이다. 셋째 원천은 장기간의 전쟁으로 인한 광활한 페경지였다. 전란속에서 많은 군인들과 인민들이 죽었으며 수많은 농민들이 류랑하였다. 그리하여 곳곳에 임자없는 황무지가 생겨났는데 신라봉건정부는 이것을 당연한 국유로 간주하였다. 그러므로 우리 나라 력대 봉건국가가운데서 신라왕조만큼 많은 국유지를 가진 왕조는 없었을것이다.

전시에 신라국가는 국유지(적국의 국유지, 몰수지, 황무지)들에 둔전을 설치하여 군량을 해결하였다. 당군총관 설인귀가 신라 문무왕에게 보낸 편지에 《집집마다 군사를 징발하여 해마다 싸움을 벌리니 젊은 과부가 곡식을 나르고 어린 자식이 둔전을 한다.》는 구절이 있는것으로 보아 둔전이 매우 광범위하게 존재하였다는것을 알수 있다.* 이때에 둔전은 본래 의미에서의 군인들이 경작하면서 방위한다는 차경차수의 둔전이 아니라 백성들에 의한 민둔이였던것 같다. 우의 편지에서 어린이들이 둔전을 한다는 말이 곧 이러한 실정을 반영한것이며 그것이 매우 보편적이였다는것을 시사해주고있다.

* 《삼국사기》권7 신라본기 문무왕 11년 정월

전후에도 변방지대의 국유지들에서는 의연히 둔전경영이 계속되였을것이다. 그밖에 국유지의 일부는 관청의 특수한 용도에 할당되였을것이고 일부는 사원에 기부되였고 또 일부는 왕실소유지로 전환하였거나 《충신》들을 표창하는 사전(賜田)으로 되였다. 그러나 적지 않은 부분은 722년에 실시한 정전제의 기본밑천으로 되였을것이다.

앞에서 언급한바와 같이 정전제실시의 기본조건은 국유지의 확보였다. 국가가 자기 손안에 방대한 면적의 토지(그것이 경작지이건 황무지이건 관계없이)를 장악하지 않고서는 백성들에게 구분전을 줄 수 없으며 구분전을 주지 않고서는 정전제란 도저히 성립될수 없는 것이다. 만일 전국적으로 정전제가 실현되였다면 그것이 아무리 불철저하게 실현된것이라 하더라도 방대한 면적의 국유지가 농민의 점유로 넘어갔으리라는것은 의심할바 없다. 시간이 흐름에 따라 정전은 농민의 사유지로 전환하였거나 지주의 소유로 되였을것이므로 국유지는 필연적으로 줄어들지 않을수 없었다.

사전 및 왕실소유에로의 전화 역시 사유화를 의미한다. 그러므로 봉건적국유지가 줄어드는 추세는 사유제에 기초한 봉건사회에서는 피할수 없는 합법칙적현상이라고 말할수 있다.

그러나 관청의 비용을 충당하기 위한 관유지는 오랜 기간 변함없이 남아있었다. 관유지는 관청이 존재하는 한 소멸될수 없었던것이다. 신라에서는 관유지를 관모전답이라고 불렀는데 《신라장적》을 통하여 관유지의 보유정형을 엿볼수 있다. 그것을 표로 작성하면 다음과 같다.

표 14   관유지의 보유정형

촌이름	논밭별	토지총결수 (결-부-속)	그중 관모전답 (결-부-속)	총계에 비한 %
사해점촌	논	102-02-4	4-00-0	3.9
	밭	62-10-0	-	0
살하지촌	논	63-64-9	3-66-7	5.7
	밭	119-05-8	-	0
○○○촌	논	71-67-0	3-00-0	4.2
	밭	58-07-0	-	0
서원경 ○○○촌	논	29-19-0	3-20-0	11.0
	밭	77-19-0	1-00-0	1.3

우의 표에서 보는바와 같이 관모답은 매 촌마다 다 있으며 ○○○촌을 제외하면 논밭을 거의 균등하게 4결정도씩 보유하고있었다. 촌의 관유지는 대체로 논이다. 다만 도시인 서원경 ○○○촌만이 논밖에 1결의 밭을 관유지로 가지고있었다. 이것은 논농사의 실효성과 벼의 경제적가치가 증가됨에 따라 봉건정부가 논에 큰 관심을 돌리고있었다는것을 말해준다. 지금까지 봉건국가의 소유지안에 이렇듯 많은 논이 포함되여있다는것은 알려져있지 않았다.

토지면적총계에 비한 관유지의 비률이 일정하지 않고 촌마다 거의 균등하게 분포되여있는것이 주목된다. 즉 살하지촌은 4개 촌가운데서 가장 많은 토지(182결 70부)를 보유하고있지만 관유지면적은 가장 적은 면적의 토지(106결)를 보유하고있는 서원경 ○○○촌과 거의 같은 4결이다. 이것은 봉건국가가 촌마다 관유지를 보유한 주요목적이 행정구역단위로 소비되는 관청비용을 보장하며 비상사태에 대처하는데 있었다는것을 말해준다.

촌마다 거의 균등하게 분포되고있는 관모전답은 소작인들에 의하여 경작되였을수 있고 혹은 관청 노비들에 의하여 경작되였을수도 있다. 그러나 여기에 그 어떤 집단적부역로동이 적용되였다고 보는 것은 시대착오적인 사고일것이다.

《신라장적》은 또한 국유지가운데서 경작지가 차지하는 비률을

일정하게나마 보여주고있다. 신라 말기에 국유지는 비록 대폭 축감되는 경향을 나타내였으나 아직은 상당한 생명력을 가지고있어서 거의 매 촌마다 경지총면적의 4.6%정도(서원경 〇〇〇촌은 도시주변이므로 제외)의 경작지를 보유하고있었다. 특히 관유지의 대부분이 황무지가 아니라 논이였다는 사실은 국유지가 실지로 착취수단으로서의 기능을 수행하고있었다는 매우 중요한 사실을 말해주고있다. 매 촌 관모전답을 전국적으로 집계하면 그 수는 대단하였을것이다.

왕실소유지는 국유지와는 달리 줄곧 팽창하여 간것으로 보인다. 그것은 생산이 발전하고 《태평성세》가 계속될수록 왕실일족은 더욱 더 사치한 생활을 하였기때문이다.

정복전쟁과정에서 신라왕족들이 백제, 고구려왕실의 소유지들을 몰수하여 자기 재산을 늘이였음에도 불구하고 그후 사치스러운 궁실수요가 늘어나고 내성의 기구들이 팽창해가면서 왕족들은 점차 국유지까지 침습해들어갔다.

《삼국사기》 직관지(중)에 기록된 내성과 련관된 기관은 무수한데 그것을 묶어놓으면 모두 왕족들의 호화로운 식의주생활을 보장하기 위한것이였다. 의복과 관련된것만 보아도 염궁(염색), 금전(비단직조), 화전(신발), 피전, 침방 등 허다하였다. 그밖에 의례, 음악 관계 기관들과 철유전을 비롯한 금속가공담당 기구, 의약, 릉묘, 제사, 목축, 원예 등 직무를 수행하는 기구들이 있었는데 이 방대한 기구는 모두 국왕과 그의 일족들의 기생충적생활을 보장하기 위한것이였으며 그 재정원천은 주로 왕실소유지에서 짜냈다.

후기신라에서 궁실들로는 내성(전중성)과 3궁(대궁, 량궁, 사량궁)외에 본피궁이 더 있었으며* 이것들은 모두 자기 경리를 위하여 많은 면적의 토지를 가지고있었다.

>   * 내성을 3궁의 종합체로 보는 견해도 있으나 리조때의 내수사와 같이 국왕개인의 사유재산을 관리하는 기관으로 볼수도 있다.
>   《삼국사기》에 의하면 본피궁은 신문왕 원년(681)에 신설되였다.
>   [권39 직관지(중)]

이 궁들이 소유한 왕실소유지는 크게 두 부류로 갈라볼수 있다.

하나는 국왕개인의 생활보장을 위한 토지(리조때의 내수사전)이며 다른 하나는 그의 일가친척들의 생활보장을 위한 토지(리조때의 궁방전)였다.

왕실소유지는 말그대로 소유권이 왕실에 속한 토지로서 아직은 후세에서 보는바와 같은 유토(소유지)와 무토(수조권만 가진 점유지)의 구별이 없었던것으로 보인다.

683년에 신문왕은 일길찬 김흠운의 딸을 안해로 맞이하기 위하여 납채로 15들것의 폐백에 135들것의 쌀, 술, 기름, 꿀, 간장, 된장, 말린 고기, 젓갈과 그밖에 150수레의 벼를 보내였다.[1] 이 방대한 량의 물건들은 모두 원칙상 국왕개인의 소유지에서 마련되는것이였다.

716년에 성덕왕은 성정왕후를 궁에서 내보내면서 비단 500필과 땅 200결, 벼 1만섬, 집 한채를 사서 주었으며[2] 혜공왕(765년-780년)은 김유신의 명복을 빌기 위하여 취선사에 밭 30결을 바치였다.[3] 이것으로 당시 국왕의 사유재산이 매우 방대하였으며 왕실소유지도 상당한 면적을 차지하고있었다는것을 알수 있다.

[1] 《삼국사기》 권8 신라본기 신문왕 3년
[2] 《삼국사기》 권8 신라본기 성덕왕 15년
[3] 《삼국사기》 권43 김유신전(하)

《신라장적》에 보이는 내시령답을 왕실소유지의 일종으로 해석할수 있다. 어떤 사람은 내시령답을 직전의 일종으로 해석하였고 《조선토지제도사》는 내시령을 내성의 리두식표현으로 해석하였다.

사해점촌의 토지대장에는 《논이 모두 합해서 102결 2부 4속인데 그중 촌관모답이 4결이고 내시령답이 4결이며 연수유답이 94결 2부 4속》이라고 기록되여있다. 보는바와 같이 여기서 내시령답은 민전도 관유지도 아닌 별개의것으로 구분되여 등록되였는데 구분방법에 있어서나 글자풀이에 있어서 그것을 왕실소유지라고 보는것이 합리적일것이다. 내시령답이 다른 촌들에는 없고 유독 사해점촌에만 있은것은 왕실소유지가 국유지와는 달리 특정한 지역에만 있으며 그 면적도 국유지만큼은 많지 못하였다는것을 말해준다. 그러나 왕실소유지는 정치적권력과 결합된 지주적토지소유의 한 형태였던만큼 빈농민들의 고혈을 짜내면서 급속히 팽창하여갔다. 지대착취방식과 토지겸병방식은 일반 지주적토지소유와 같았을것이다.

2. 관료귀족적대토지소유의 장성

후기신라의 봉건적토지소유관계에서 관료귀족적대토지소유의 장성은 하나의 특징을 이루었다. 특히 대관료귀족들이 수도에 집중되여있지 않고 지방에서 유력한 신분적대토지소유자계층을 이룬것은 이채를 띤 현상이라고 말할수 있다. 이러한 특징은 전기신라때부터 시작한 관료귀족들이 자기 고향으로 내려가는 경향이 후기에 와서 더욱 성행된것과 관련되였다.

처음에는 대체로 벼슬등급이 제7위에 해당하는 일길찬이하의 귀족관료들이 락향하였으나 후기신라때에는 지방이 안정되고 개척사업이 진척됨에 따라 더욱 많은 귀족들 특히는 각간(1급)이 될수 있는 진골출신의 대관료귀족들도 수많이 지방에 뿌리를 박았다.* 이들이 지방에 나가서 일정한 벼슬자리에 있는 한(물론 각간급에 해당하는 향직은 없지만) 그에 해당하는 록봉을 받거나 록읍을 가졌겠으나 주로는 자기 사유지의 수입에 의존하였을것이다. 이들은 자기 벼슬등급에 맞는 대농장을 가진 대지주들이였다.

* 《조선토지제도사》(상), 129페지
　　각간 세헌은 하서부(강릉)에서 살았으며 각간(혹은 일길찬이였다고도 한다.) 대공이 768년(혜공왕 4년)에 아우 대렴과 함께 반란을 일으켰을 때 수도 및 5도의 주, 군에서 96명의 각간들이 이 싸움에 끼여들었다고 한다. (《삼국유사》권3 탑상 대산5만 진신, 권2 혜공왕, 《삼국사기》권9 신라본기 혜공왕 4년 7월)

《창녕읍내 석불조상기》에 의하면 김가성을 가진 아찬은 802년(임오) 한해에만도 사원에 2 713섬의 곡식을 회사하였으며 771년(신해 혜공왕 7년)부터 810년에 이르는 40여년간에 무려 1만 5 595섬의 곡식을 바였다.*¹ 한해의 소출을 고스란히 다 절간에 바친것이라고 보아도 700여섬의 소출을 내려면 적어도 100결이상의 밭이 있어야 하였다.*²

*¹ 《금석총람》(상) 창녕읍내 석불조상기
*² 고려초에 왕건이 제정한 전조액은 결당 2섬으로서 수확량의 10분의 1이였다. 그러므로 결당 수확고는 20섬으로 계산하였다.

아찬 김모와 879년에 대사 지중이 전장 12구의 토지 500결을 사원에 기증하였다는 자료는 귀족출신지방지주들이 얼마나 많은 토지를 소유하고있었는가를 단적으로 보여준다. 아찬급이나 몰락귀족지주들이 이런 수준이였으니 지방에 둥지를 틀고앉은 수십명의 각간급 관료귀족들은 얼마나 큰 지주였겠는가를 추측할수 있다.

수도에 있는 관료귀족들은 지방의 귀족관료지주에 비할바없이 큰 부호들이였다. 《삼국유사》에서 소개된 이른바 금입댁이 바로 그러한 대관료지주였다고 볼수 있다. 《삼국유사》에서는 금입댁에 대하여 다음과 같이 쓰고있다.

《수도안에… 35개 금입댁(부자집. 큰 저택을 말한다.)이 있었으니 남댁, 북댁, 우비소댁, 본피댁, 량댁, 지상댁(본피부에 있다.), 재매정댁(김유신공의 조상집이다.), 북유댁, 남유댁, …리상댁, 명남댁, 정하댁 등이 그것이다.》 (권1 기이 진한)

일연이 주석을 단바와 같이 수도안에 있는 이들 35개 금입댁은 대부호였다. 이들가운데서 김유신의 가문인 재매정댁과 같이 관료귀족출신의 부자가 대부분이였을것이다. 또한 금입댁가운데 리상댁이 바로 무게 49만 7 581근의 황룡사종을 주조한 그 유명한 수공업장인의 상전*¹이라는것을 고려할 때 기능공노비들까지 거느리고있는 금입댁들이 얼마나 큰 부호들이였는가를 짐작하게 한다. 이 부호들가운데는 확증할만 한 근거는 없으나 대상인도 있었을것이다. 그들의 재부는 주로 토지와 관권과 련결되였을것이며 따라서 그들이 대지주관료였으리라는것은 의심할바 없다. 당시의 경제발전수준이 아직은 전업적대상인, 대수공업장주-부호들을 그렇듯 많이 낳을수는 없었으며 사회의 기본생산부문이 농업이였던것만큼 그들의 다수는 이렇게나 저렇게나 토지와 련결되지 않을수 없었다.

수도에 있는 관료귀족지주들의 재산소유정도를 보여주는 몇개 자료가 더 있다.

《당서》에 《신라의 재상집은 록이 그치지 않고 노동이 3 000명이나 되며 병졸, 소, 말, 돼지가 많다.》[*2]고 하였는데 이 수자는 물론 과장된것이겠지만 재상들이 정부에서 받는 정상적수입으로써는 이 많은 노비와 집짐승들을 먹여살릴수 없었다는것은 사실이다. 재매정댁에서 볼수 있는것처럼 그들은 동시에 관권을 등에 업은 대지주였던것이다.

성덕왕때에 성정왕후는 왕궁에서 나가면서 토지 200결에 벼 1만섬, 비단 500필을 받고 강신공의 옛집에서 살게 되였으며 김유신의 처는 부인으로 책봉되면서 곡식 1 000섬을 받았다.[*3] 원성 1년(785년)에 구족왕후는 외궁으로 쫓겨 가면서 벼 3만 4 000섬을 받았다.[*4] 이에 앞서 683년(신문왕 3년)에는 보덕왕 안승에게 김씨성을 주고 수도에서 살게 하였을뿐아니라 제일 좋은 집과 토지를 주었다.[*5]

[*1] 《삼국유사》권3 탑상 황룡사종
[*2] 《신당서》권220 신라전
[*3], [*5] 《삼국사기》권8 신라본기 성덕왕 15년 3월, 11년 8월, 신문왕 3년 10월
[*4] 《삼국사기》권10 신라본기 원성왕 원년 3월

수도에 살면서 수백결의 토지와 수많은 노비, 소, 말을 가지고있고 수천, 수만섬의 낟알을 쌓아두고있는 이들이 곧 금입댁인것이다.

금액댁에 의하여 수도에는 호화로운 사철 노리댁(사절유택)이 생겼고 번화한 거리가 이루어졌다. 력사자료에 《헌강대왕때 성안에 초가집이란 한채도 없으며 추녀가 맞붙고 담장이 잇닿았으며 노래와 풍류소리는 길게 가득차 밤낮으로 그칠새 없었다.》고 한것은 인민들의 피땀으로 짜낸 재부를 저들의 기생충적사치생활에 탕진하는 관료귀족적대토지소유자들의 부패타락상을 그린것이다. 관료귀족출신인 이들 대토지소유자들은 후기신라왕조의 계급적지반이였을뿐아니라 당대사회의 최대의 착취층이였으며 도시와 농촌에서 사회적재부의 독점자였고 사치하고 부화한 봉건문화의 독점적향유자였다.

3. 서민지주적토지소유와 용작제도

우리 나라에서 지주란 토지에 대한 봉건적소유에 기초하여 직접적생산자의 잉여로동을 지대형태로 착취하여 자기의 재부를 늘여나가는 봉건계급이다. 후기신라의 지주계급에도 관료귀족적지주와 함께 서민출신의 지주도 있었으며 그 수는 크게 늘어났다. 그것은 용작제도가 보편적으로 존재한데서 알수 있다. 아래에 그 자료를 소개한다.

① 《효녀 지은은 한기부의 백성 련권의 딸이였다. 성품이 효성스러웠으나 어려서 아버지를 여의고 홀로 어머니를 부양하면서 나이 32살이 되여도 시집을 가지 않고 밤낮 어머니곁을 떠나지 않았다. 그러나 봉양할것이 없었다. 그리하여 때로는 용작도 하고 때로는 동냥도 하여 겨우 봉양할수 있었다. 날이 갈수록 가난에 견딜수 없어 부자집에 몸을 팔아 종이 된 값으로 쌀 10여섬(《삼국유사》에는 30섬)을 얻었다. 이후부터는 부자집에서 해가 저물도록 일을 하고 밤이 되여 돌아와서는 밥을 지어 어머니를 봉양하였다. …》 이 사실을 알게 된 효종 등 수천명의 화랑도들이 각각 곡식 한섬씩을 기증하였고 왕(진성왕)이 500섬의 곡식과 의복, 집을 주었으며 지은을 속신하여 량인으로 되게 하고 모든 부역에서 면제시켰다. (《삼국사기》 권48 지은전, 《삼국유사》 권5 효선 빈녀양모)

② 신라사람 법사 진정이 《중이 되기 전에 군졸로 있었는데 가난하여 장가들지 못하였다. 역을 서는 틈을 타서 용작을 하여 곡식을 받아서는 어머니를 봉양하였다. 집재산이라고는 다리부러진 솥 한개가 있을뿐이였다.》 (《삼국유사》 권5 효선 진정사효선쌍미)

③ 신문왕때(681년—692년)에 모량리의 가난한 녀자 경조에게 대성이라는 아이가 있었는데 《집이 군색하여 기르기가 어려웠으므로 고리대업자 복안의 집에서 품팔이(용역)를 하였다. 그 집에서 몇 무(부)의 땅을 주어 (대성이 일가가) 먹고 입을 밑천으로 삼게 하였다.》 후에 《용전(품팔이밭)을 절간에 시주》하였다. (《삼국유사》 권5 효선 대성효2세부모)

④ 모량리사람 손순은 흥덕왕때(826년—836년)에 《아버지가 죽은 후 처와 함께 남의 집에서 용작하여 쌀을 얻어서는 늙은 어머니를

봉양하였다.》(《삼국유사》권5 효선 손순매아)

우의 자료에서 용작이란 임의의 품팔이가 아니라 농업에서의 고용로동이라는것을 알수 있다. 이 점에서는 후세의 고지와 같다.

자료 ①의 부자와 ③의 고리대업자 복안은 벼슬이나 귀족신분과 련결된 부자인것이 아니라 돈과 련결된 비신분적지주이다. 이 자료들은 또한 서민지주와 용작인과의 관계가 인신적예속관계가 아니라 신분적으로 어느 정도 자유로운 경제적착취관계이며 지주 대 소작인관계가 아니라 고용주와 단기고용자사이의 경제관계라는것을 보여준다. 용작은 병작이 아니며 용작인은 소작인이 아니다. 그들은 임의의 시각에 마음내키는 부자집에 가서 농사일에 품을 팔수 있었으며 오늘은 품팔이를 하다가도 다음날에는 동냥도 하고 병역의무도 수행할수 있었다.

우의 자료들은 또한 당시의 계급분화과정을 뚜렷이 드러내보이고있다. 봉건통치배들이 태평성세를 노래하던 시기에 사회의 하층에서는 굶주려서 자기 몸을 팔지 않으면 안되고 손순부부처럼 늙은 어머니 공양을 위하여 자식을 생매장하려고 하는 비참한 현실이 펼쳐지고있었던것이다.

우의 자료는 또한 용작인이란 례외없이 달리는 살아갈 길이 없게 된 사회의 극빈층이였다는것을 보여주고있다. 재산이란 다리부러진 솥 한개밖에 없고 가난하여 나이지나도 시집, 장가갈수 없는 사람들, 자기 홀어머니도 공양할수 없는 가난뱅이들이 마지막으로 선택한 길이 곧 용작이였다. 용작에는 로동력에서의 남녀구별이 없었다. 즉 효녀 지은이와 같이 녀자들도 농사일에 품을 파는 경우가 있었는데 이것은 당시의 조건에서는 보기 드문 일이였다.

농사에서의 품팔이보수는 주로 현물형태로 지불되였다. 현물은 당시의 화폐기능을 수행하고있던 곡식이기도 하고 대성이가 고리대업자 복안의 집에서 받은 품삯처럼 몇부의 토지(《용전》)이기도 하였다. 용전은 미리 지불된 장기보수이기때문에 이 경우에는 용작의 계약기간이 길었을것이다. 그러나 어떻든 그것은 품삯이므로 마음대로 처분할수 있었다.

우의 자료는 또한 당시의 농업에서의 품팔이제도-용작제도가 매우 보편적으로 적용되고있었다는것을 말해주며 용작제의 보편성은 동시에 고용주로서의 서민지주의 장성을 의미한다. 그러나 용작제는 지주적토지경영방식의 기본형태는 아니였으며 그렇게 될수도 없었다. 당시의 생산력발전수준에서 그것은 농업에서의 노비로동과 같이 어디까지나 보충적수단에 지나지 않았다. 그렇지 않다면 경작지 200~500결을 가진 성정왕후나 지중대사와 같은 대지주들이 토지를 경영해갈수 없었을것이다. 따라서 당시 벌방지대 농업에서의 지주적경영방식의 기본형태는 병작제였다고 말할수 있다.

4. 사원전의 팽창

후기신라에 와서 사원전은 더욱더 팽창하였다. 매개 사원이 소유한 사원전면적이 극도로 팽창하였을뿐아니라 새로 수많은 사원들이 건립되면서 그 절대면적이 또한 방대한 규모로 확장되였다.

사원전의 원천은 주로 국가 및 관료귀족들의 기부였으며 다음은 고리대 및 재산의 증식에 의한 토지구입 등이였다.

신라왕조는 불교사원의 팽창에 따른 온갖 페단을 목격하고 이미 664년(문무왕 4년)에 토지 및 재산의 사원기증을 금지하는 령을 내린바 있었다. 그러나 그후에도 이 금지령을 위반하고 사원에 토지와 곡식, 비단 그밖의 재물을 경쟁적으로 기부하는 사람들이 계속 있었으니 그들은 다름아닌 금지령작성자자신들이였다.

효소왕은 693년에 한 중이 잃어졌던 왕실의 신령한 보물로 전해오던 젓대와 가야금을 찾아준 사례로 그에게 《50량중씩 되는 두개의 5기(五器)와 가사 다섯벌, 비단 3 000필, 밭 1만경(결)을 사원에 주었으며 …국내에 대사를 실시하고 사람들에게 작위 3등급씩 올려줌과 함께 백성들에게 3년간의 조세를 면제》해주었다*¹ 고 한다. 물론 이 기사는 그대로 믿을수 없는것이지만 효소왕이 막대한 량의 재물과 토지를 사원에 기부한것은 사실일것이다.

경덕왕은 더욱 독실한 불교신자였다. 그는 764년에 황룡사의 장6불상을 다시 도금하는데 벼 2만 3 700섬을 희사했으며*² 이를 전후한 시기에는 7만 7 000섬의 벼와 비단 500필과 황금 50냥을 여러 절들에 나누어주었다.*³ 성덕왕은 705년에 진여원을 개건할 때 산판

15결, 밤나무림 6결, 좌위전 2결을 이 사원에 주고 전장을 관리할 집(장사)을 지어주었다. *4 혜공왕은 779년에 김유신을 위하여 취선사에 공덕보(공덕을 세운자의 제사비용으로 절에 조금씩 저축하는 고리대)밑천으로 땅 30결을 기증하였다. *5

귀족, 관료들도 절간에 토지를 기증하였다. 지증대사는 879년에 봉암사에 500결의 토지를 주었으며 경덕왕때에 아간 귀진은 자기 녀종이 부처가 된데 놀래여 집을 절간(법왕사)으로 희사하고 토지와 민(소작인? 노비?)을 기증하였다. *6

시주들가운데는 빈민들도 있었다. 대성이 품팔이값으로 얻은 용전을 《래세의 행복》을 빌어 그 땅을 사원에 바쳤으며 부모들이 금강사논 1무를 《훔친 죄》로 저승에 간 딸이 명부에서 벌을 받고있다고 하여 논 1무를 사원에 바친것은 그 한 실례로 된다. 사원은 이밖에도 점찰보, 공덕보 등 각종 명색의 고리대로써 재물을 늘이였고 지대수입으로 쌓아둔 곡식을 밑천으로 전국각지에서 비옥한 땅을 사들이였다.

사원은 또한 봉건정부로부터 받은 조세미에 의해서도 재부를 늘이였다. 봉건정부는 705년부터 성덕왕의 명령에 의하여 오대산근방의 주, 군, 현 조세가운데서 매해 봄과 가을에 각각 100섬의 벼를 진여원에 주었다. *7 효소왕의 형 보천(그는 정계에서 물러나 오대산에서 중노릇을 하였다.)이 하서부(강원도) 8개 주의 세를 불공비로 사원에 제공하도록 권고받은것은 이러한 사실의 반영이라고 볼수 있다. *8

사원들은 이런 방법으로 토지와 그밖의 재산들을 늘이며 대토지소유자로 되였다. 무주의 대안사는 494결의 논밭과 142결의 산판, 43결의 소금밭까지 가지고있었다. *9

  *1 《삼국유사》 권3 탑상 백률사
  *2 《삼국유사》 권3 탑상 령묘사
  *3, *7, *8 《삼국유사》 권4 의해 진표전간
  *4 《삼국유사》 권3 탑상 대산 5만진신
  *5 《삼국유사》 권1 기이 미추왕, 죽엽군
  *6 《삼국유사》 권5 감통 욱면비념불서승
  *9 《금석총람》(상) 무주(전라도 곡성)
    동리산 대안사 적인선사비에 기록된 872년(경문왕 1년)대안사의 재산목록

각 사원들은 방대한 면적의 사원전을 경영하기 위하여 사원전이 집중되여있는 곳과 봉건정부로부터 수조권을 양도받은 곳에 장사를 두고 중들을 지장(또는 장임이라고도 한다.)으로 임명하여 파견하였다. 진여원의 토지를 관리하기 위하여 부근에 장사를 설치한것이라든지*¹ 신라말에 세규사의 장사를 명주 날리군에 설치하고 중 조신을 지장으로 임명하여 보낸것은*² 그 실례로 된다. 장사는 농장관리를 위한 농막비슷한것이고 지장은 근대의 마름비슷한 관리인 겸 징세인인듯 하다.

>*¹, *² 《삼국유사》 권3 탑상 명주오대산 보즐도 태자전기, 락산2대성

사원전은 주로 병작제에 의하여 경작되였으며 생산물지대가 그 기본수입으로 되였던것 같다. 간혹 지장의 결심에 의하여 바쁜 농사철에 용작이 도입되는 경우도 있었겠으나 기본은 병작관계였을것이다. 사원노비들은 토지경작에 참가한것이 아니라 중들의 시중과 불교행사 및 재산관리와 같은 절간내부일, 약간의 수공업생산에 참가하였다. 대안사에는 10명의 노와 13명의 비, 40명의 중이 있었는데 10명의 노가 근 500결의 토지를 경작할수 없었다는것은 명백하다. 사원전의 경영은 본질에서 《속세》의 관료귀족적신분지주의 토지경영와 비슷하였다.

사원은 봉건정부로부터 여러가지 특권을 부여받고있었다. 중들은 장정이였어도 병역과 부역에서 제외되였으며 수많은 토지를 가지고있어도 면세의 특권을 가지였다. 아직은 리조때와 같은 사원고유의 납공의무도 없었다. 바로 이때문에 봉건정부의 학정에 시달리던 인민들이 과중한 조세, 부역의무를 모면하기 위하여 사원에 투탁하는 현상이 날로 심해졌다. 이리하여 사원은 점차 봉건통치를 약화시키고 신라왕조를 붕괴에로 이끈 중요한 요인의 하나로 되였다. *

>* 유학자인 《삼국사기》의 저자 김부식은 불교의 보급을 신라왕조 멸망의 원인으로 보면서 다음과 같이 썼다.
>《…불교를 신봉하다보니… 항간에까지 탑과 절간이 즐비하게 서

고 백성들이 중이 되여 도피함으로써 군사와 농업이 줄어들고 국가는 날로 쇠퇴하게 되였다. 어찌 문란하지 않고 망하지 않을수 있겠는가.》(《삼국사기》 권12 신라본기 경순왕 9년 사론)

제4절. 식읍제도의 발전, 지방봉건 세력의 강화

1. 식읍제도의 발전

후기신라에서도 식읍은 다만 왕조의 운명과 관련된 대사에서 특공을 세운자들에게만 주어졌다. 때문에 신라왕조가 흥성하던 중기에는 식읍을 주고받는 일이 없었고 말기에 왕권쟁탈전이 빈번해지면서 두차례 식읍을 준 일이 있었다. 그 하나가 김주원이 받은 식읍이였다.

잘 알려진바와 같이 태종 무렬왕의 후손인 김주원은 상대등, 김경신(원성왕 785년-798년)과의 권력싸움에서 패배하여 명주에 은퇴하였다. 《삼국사기》에는 822년(헌덕왕 14년)에 웅천주도독으로 있던 그의 아들 김헌창이 자기 아비가 왕이 못된것을 원망하여 반란을 일으켜 장안국을 세웠다고 하였고 그의 중손인 김양의 전기에서는 김주원의 계보를 김주원→소판 김종기→파진찬 김정여→병부령 김양으로 쓰고 자손들이 《모두 대대로 장상》이였다고 썼다. 어느 기록이 옳은지 속단할수 없다. (권10 신라본기 헌덕왕 14년, 권44 김양전)

그런데 어떤 자료에 근거한것인지 《신증동국여지승람》은 다음과 같이 전하고있다.

787년경에 《주원을 명주군왕으로 봉하고 명주, 익령, 삼척, 근을어, 울진 등 읍을 떼내여 식읍으로 주었다. …김종기는 주원의 아들인데 역시 왕으로 세습책봉되였다. 김정여는 종기의 아들인데 처음으로 벼슬길에 올라 상대등까지 되였으며 명원공으로 분봉되였다. 김양은 정여의 아들인데 김명의 란때 신무왕을 도와 나라를 바로잡음으로써 벼슬이 시중 겸 병부령이 되였으며 명원군왕으로 추봉되였다.》(권44 강원도 강릉대도호부 인물 신라)

《신증동국여지승람》의 이 기록이 정확한것인지 판단하기 어렵지만 김양전과 비슷한 점도 있으므로 일단 이 기사에 기초하여 식읍을 고찰해보기로 한다.

원성왕은 자기의 정치적적수를 무마하기 위한 계책에서인지는 몰라도 김주원에게 명주군왕의 칭호와 함께 5개 주군읍을 식읍으로 주었다. 이것은 신라왕조의 력사에서는 물론 세나라의 력사에도 없었던 이례적인 큰 《표창》이였다. *

> * 전기신라때에 투항해온 감관국왕 김구해에게 본국을 식읍으로 준 일이 있었으나 왕으로는 책봉하지 않고 상대등의 벼슬만 주었으며 나라의 흥망에 결정적역할을 하였다는 김유신에게도 500호의 식읍을 주었을뿐이였다.
> 고구려에서 외적과의 싸움에서 특공을 세운 국상 명림답부에게 좌원과 질산을, 밀우에게 거곡과 청목곡의 두곳을 각각 식읍으로 준것이 극상이고 다른 사람에게는 한개 읍만을 식읍으로 주었다. 백제에서는 왕의 서자 41명에게 식읍을 주었는데 작은 나라에서 이 많은 사람에게 한꺼번에 준것이니 그 규모가 클수 없었으리라는것은 명백하다.

식읍의 규모가 앞선 시기에 비할바없이 크고 또 식읍이 국왕의 책봉과 결합되였다는 점에서도 파격적이였으며 더우기 당대에 국한되던 식읍이 4대에 걸쳐 세습적으로 분봉되였다는데 특징이 있었다. 이것은 후에 신라에서 식읍이 봉토의 성격을 띠면서 발전해왔다는 것을 의미한다. 만일 이것이 사실이라면 이 식읍은 채읍과 비슷한것이다. 김주원의 아들 종기가 받은 《왕》이나 손자 정여가 받은 《공》, 증손자 양이 받은 《군왕》칭호는 모두 주원의 명주군왕칭호와 같은 급의 봉호였다고 본다. (때문에 《습봉》하였다는 표현을 썼을것이다.) 그리고 왕호의 책봉과 함께 식읍도 상속되였다고 보아야 할것이다. 이제 한걸음 더 나가면 즉 군왕이 실권있는 왕이라면 이 식읍은 봉토로, 령지로 되고 주원은 령주로 된다. 그러나 김주원의 가계에 책봉된 《왕》의 칭호는 소왕국의 분봉이 아니였으며 령토와 인민이 함께 분봉되는 군주의 책봉이 아니였다. 그것은 《조선토지제도사》(상)에 옳게 서술되여있는바와 같이 왕의 친족들에게 흔히 주던 갈문왕과 같은 명예상의 봉작이며 군현제도에 기초한 원래의 의미에서의 식읍에 지나지 않았다. 따라서 김주원이 받은 명주, 익령, 삼척, 근을어, 울진 등 읍은 군왕의 소왕궁이 아니라 조세의 제공지역에 지나지 않았다. 여기서도 령주가 발생할 가능성이 막혀있은것을 볼수 있는데 이것이 바로 조선봉건사회의 구조적특징을 규정하는 주요한 요소였다.

다른 하나의 식읍은 청해진대사 장보고(궁복)가 받은것이다. 장보고는 아찬 우징의 간청을 들어 청해진군사 5 000명을 줌으로써 김양 등이 수도에 쳐들어가 민애왕(김명)을 죽이고 우징을 왕(신무왕)자리에 앉히는데 결정적역할을 하였다. 신무왕은 이 공로를 표창하여 839년에 장보고를 감의군사로 봉하고 그에게 식읍 실봉 2 000호를 주었다. *

* 《삼국사기》 권10 신라본기 신무왕 원년

장보고에게 준 이 식읍 역시 당시까지의 력사에서 가장 큰 규모의것으로서 김유신에게 준 식읍의 옹근 4배에 해당한다. 그러나 이것은 신라왕조에게 마지막 식읍이였으며 존속기간이 가장 짧은 식읍이였다. 장보고가 자기 딸을 왕비로 받아주지 않는데 불만을 품고 반란을 일으켰다가 왕이 보낸 자객에 의하여 살해됨으로써 그의 식읍도 자연히 사멸되였다.

이렇듯 후기신라에서 식읍은 다만 두번 준 일이 있었는데 김주원과 그의 자손에게 세습적으로 봉급된 식읍은 강원도의 5개 주군읍에 국한되였고 장보고에게 준 식읍은 완도(청해진)부근 2 000호였으며 겨우 7년간 존재하였다. 이 식읍들이 조선력사에서 당시까지 가장 큰 규모의 식읍이였음에도 불구하고 규모에서나 수에서 사원에게 준 수조지보다 못하였으며 그 존속기간도 짧았다. 이리하여 고구려, 백제의 식읍이 그러하였듯이 신라에서도 식읍제도는 봉건적토지제도의 발전에서 그 어떤 특기할 영향을 미치지 못하였다.

2. 봉건통치의 문란, 토호적할거세력의 강화

신라왕조는 7세기 후반기부터 약 한세기에 걸쳐 전성기를 이룬 다음 8세기 후반기부터 하강기에 들어섰다. 신문왕때(681년-692년)에 실시되였던 록읍제와 성덕왕때(702년-737년)에 실시되였던 정전제도가 문란해지고 중앙집권은 해이되였으며 통치계급내부에서의 모순과 알륵이 심해졌다. 특히 혜공왕(765년-780년)이후 지배계급내부에서 분쟁과 암투가 격화되였다.

770년에 대아찬 김융이 반란을 일으켰고 775년에는 이찬 김은거가 반기를 든데 이어 이찬 렴상, 시중 정문이 반란을 일으키려다가 발각되였다. 780년에 이찬 지정 등의 반란으로 혜공왕이 살해되였으며 809년에는 왕의 삼촌 언승 등이 대궐에 쳐들어가 애장왕을 죽이였다. 822년에는 웅천주도독 김헌창이 반란을 일으켜 장안국을 세웠는데 여기에 무진(광주), 완산(전주), 청주(진주), 사벌주(상주) 등 4개 주의 도독과 국원(원주), 서원(청주). 금관(김해) 3개소경의 지방관들, 여러 군, 현의 태수, 령들이 귀속하였다. 825년에는 헌창의 아들 범문 등이 란을 일으켜 평양(양주)에 도읍하려고 북한산주를 쳤다. 836년에 흥덕왕이 죽자 왕족들사이에 피투성이싸움이 계속되다가 흥덕왕의 오촌조카 제륭이 왕(희강왕)이 되였다. 838년에는 희강왕을 세웠던 김명 등이 병란을 일으켜 왕의 측근자들을 살해하고 희강왕은 자살하였다. 김명이 왕(민애왕)으로 되였으나 청해진에 도망친 김우징이 장보고의 도움으로 란을 일으켜 839년에 민애왕을 죽이고 왕(신문왕)자리에 올랐다.

841년에 일길찬 홍필이 반역을 기도하다가 발각되였으며 846년에는 장보고의 반란이 있었고 849년에는 이찬 김식, 대흔 등의 정변기도가 있었다. 그후 866년과 874년, 879년, 887년에도 귀족들의 반란이 꼬리를 물고 일어났다.

중앙집권적통치체제가 극도로 문란해지면서 지방봉건세력들이 급격히 장성하였다.

지방에서 급격히 자라난 봉건할거세력은 수도에서 지방으로 내려간 락향귀족들을 기본으로 하고 도독, 태수 등 지방장관들과 촌주를 비롯한 토호들로 구성되였다.

768년(혜공왕 4년)에 각간(혹은 일길찬)대공과 그의 아우 아찬 대렴이 반란을 일으켰을 때 여기에 휩쓸려들어간 5도 주, 군의 96명의 각간들은 대부분이 수도에서 내려간 대귀족들이였다. 주도독, 군태수, 현령 등에 임명된 일부 중앙관리들도 지방에 파견된 후 차츰 독자적인 세력으로 자라났다. 그들은 기회를 엿보다가 반란을 일으키거나 그에 가담하였으며 9세기 후반기부터는 로골적으로 중앙의 지시에 불복하고 중앙과 지방봉건세력의 가운데에 서서 정세를 관망하는 할거세력으로 전환되였다. 889년(진성녀왕 3년)에 국내의 여러 주, 군들이 공물과 조세를 납부하지 않아 관청창고들이 텅 비고 국가재정이 궁핍되는 현상이 빚어졌는데 이것은 주, 군, 현관리들이 정부에 납부할 조세들을 가로채여 자기 지반을 꾸리는 밑천으로 써먹기때문이였다. 청해진 대사 장보고와 김헌창의 란에 호응한 무진, 완산, 사벌, 청주의 도독들과 국원을 비롯한 소경의 관리들은 그 대표적세력들이였다.

재래의 토호들도 9세기 후반기부터는 할거세력으로 등장하였다. 《고려사》의 책머리에 소개된 고려태조 왕건의 조상들에 대한 전설같은 이야기는 바로 당시의 지방토호들의 활동을 보여준 전형적인 실례로 된다. 왕건의 5대 조인 강충은 부소군의 토호출신이였는데 후에 이 군을 남쪽으로 옮겨 송악군으로 개칭하고 군의 상(上)사찬(태수급인듯 하다.)이 되였으며 왕건의 할아버지인 작제건은 개, 정, 염, 백 4개 주와 강화, 교동, 하음 3개 현사람들을 동원하여 쌓은 영안성을 궁실로 삼아 30여년 살았다고 한다. 왕건의 아버지 룡건은 신라왕정과는 관계없이 송악산에서 사찬을 자칭한 독립적인 지방군벌이였다.

중앙집권적봉건국가인 신라왕조의 판도에서 과연 이렇듯 중앙정부와 독립된 지방군벌이 있었겠는가 하는것은 매우 믿기 어려운 일이다. 그러나 왕건의 가계에 대한 《고려사》의 기록은 신라 말기에 이와 비슷한 지방토호들이 확실히 존재하였다는것을 시사해준다. 또한 왕건의 고려왕조창건을 협조한 그의 측근 장상들이 신라의 귀족들이 아니라 지방인물이였다는 사실은 그들이 토호출신이였다는것을 알려준다.

이렇듯 신라 말기에 봉건통치가 문란해지고 중앙집권이 약해진

틈을 타서 수도에서 온 락향귀족들과 일부 지방장관들 및 토호들로 이루어진 지방봉건세력들이 급속히 자라나 중앙전제정권을 위협하는 할거세력으로 등장하게 되였다.

그러나 수도에서 내려간 귀족이나 할거한 지방장관들 및 재래의 토호들은 모두 령주는 아니였으며 그들이 통치한 지방이 그들개인의 령지가 아니였다.

그 근거는 우선 이 지방세력들이 국왕으로부터 계층적으로 분봉된 제후와 같은 존재가 아니라는데 있다. 국왕-도독-태수-현령-촌주의 관계는 왕권이 임명한 중앙집권체제에서의 상하급의 복종관계이지 계층적으로 분봉된 신속관계는 아니였다. 우가 아래에 명령하고 아래가 우의 명령에 복종할 의무가 있을뿐 우가 아래를 보호할 의무는 없었다.

신라 말기의 지방세력이 령주세력이 아닌 주요한 근거는 또한 그들이 통치한 지역이 그들자신의 령지가 아니라는것이다. 자기의 통치구역에 자기의 사유지가 있기는 하였으나 나머지 다수의 토지는 자기의 세습령지가 아니라 다른 사람의 소유지였으며 그들과 지방인민-농민과의 사이는 령주와 농노의 주종관계가 아니라 지주와 소작인, 관료와 평민사이의 관계였다. 수도에서 지방으로 내려간 96명의 각간들도 관료귀족적신분지주이지 령주이거나 반령주적토지소유주는 아니였다. 때문에 중앙집권이 일시적으로 약화되여 지방에 대한 중앙의 통제권이 완전히 무맥하게 된 그런 지역이라고 하더라도 그것을 령지라고 볼수 없으며 왕권에 반기를 들었거나 중앙에서 독립한 지방세력을 령주라고 말할수 없다. 청해진의 장보고의 일시적할거지역으로 되였으나 그곳이 그의 령지가 아니였으며 그곳인민들, 지어 그의 식읍 2 000호도 그의 신하이거나 농노적인 예속민은 아니였다. 김헌창의 장안국이나 견훤의 후백제가 신라왕조와 신속관계에 있는 령지가 아니라는것은 명백하며 그들이 자기 령지에 의거하여 반란을 일으킨것도 아니였다. 왕건의 조상들에 대한 전설도 지방할거세력들, 토호세력의 대두와 장성모습을 과장하여 그린것이지 결코 령주의 존재에 대하여 전한것은 아니다.

그러므로 신라 말기의 지방할거세력을 령주로 보거나 그들의 소유지나 통치구역 및 식읍지역을 령지로 보는것은 력사적사실과 맞지 않는 견해라고 생각한다.

그러나 지방할거세력들이 비록 아직은 중앙의 왕권으로부터 완전히 분립한 소왕국을 형성하지는 못하였다 하더라도 그것은 벌써 중앙집권적신라왕조의 멸망을 예고하는 뚜렷한 징조였다.

신라봉건통치의 혼란과 무질서는 인민들에 대한 국가와 지방관리, 토호들의 착취를 더욱 악착하게 만들었으며 인민들을 도탄에 빠뜨렸고 봉건세력을 반대하는 인민들의 투쟁을 앙양에로 이끌었다. 신라왕조가 기울어지기 시작한 원성왕때(785년-798년)부터 사료에 《도적이 많았다.》, 《도적이 벌떼처럼 일어났다.》, 《란민이 사방에서 일어났다.》, 《도적이 곳곳에서 일어났다.》는 기사가 자주 나타나는것은 우연한것이 아니였다.

진성왕때(887년-897년)에 와서 농민폭동은 절정에 이르렀으며 신라왕조의 멸망은 이미 결정되였다. 889년에 여러 주, 군, 현들에서 국고에 조세를 바치지 않는다고 하여 왕이 조세독촉사신들을 각지에 보내여 죄없는 인민들을 못살게 굴었다. 모진 억압과 착취로 하여 살아갈 길이 막혔던 농민들은 더는 참을수가 없어 도처에서 벌떼처럼 들고일어났다. 원종과 애노 등의 폭동군은 889년 사벌주(상주)에서 궐기하여 정부군에 심대한 타격을 주었으며 891년에는 북원(원주)에서 량길, 궁예 등이 봉기하여 북원동쪽 부락과 명주관내 10여 군현을 공격하였다. 이듬해에는 완산주에서 견훤이 일어나 백제(후백제)를 세웠고 896년에는 나라의 서남부에서 붉은바지농민군이 들고일어나 수도서쪽까지 쳐들어갔다. 이리하여 폭동의 불길은 전국적규모로 타번지였다. 농민폭동은 이후에도 끊임없이 일어났다. 이 전쟁의 불길속에서 900년의 력사를 가진 신라왕조는 끝내 넘어지고말았다.

그러나 농민폭동군의 피어린 투쟁의 열매는 견훤을 비롯한 야심가들, 궁예를 비롯한 할거세력들의 불순한 목적에 리용되였다. 이리하여 조선반도에는 경주 한 모퉁이에 움츠러든 신라와 함께 견훤의 후백제, 궁예의 태봉국이 분립하는 국면이 조성되였으며 뒤이어 왕건에 의한 고려왕조의 성립과 신라왕조와 후백제의 항복, 다른 편으로 거란에 의한 발해의 멸망으로 북쪽에 발해, 남쪽에 후기신라가 병존하던 국면은 끝나고 우리 나라의 첫 통일국가인 고려가 출현하게 되였다.

제3편. 발전기 봉건사회의 토지제도(1)

10세기에 이르러 조선봉건사회는 발전기에 들어섰다. 고려왕조에 의한 조선반도지역의 통일은 봉건사회발전을 추동한 주요한 계기로 되였다.

고려왕조는 정치, 경제, 군사의 여러 측면에서 봉건제도를 강화하기 위한 일련의 조치를 취하였다. 관제를 비롯한 정치제도가 완비되여갔고 토지 및 조세제도와 군사제도도 자기 면모를 완전히 갖추게 되였으며 봉건문화는 세계적으로 이름을 떨치게 되였다.

봉건사회의 이러한 발전추세는 15세기에 이르러 절정에 이르렀다. 모든 제도들이 완비되여 조선봉건사회는 전성기를 맞이하게 되였으며 완비된 정치, 경제, 군사제도들은 《경국대전》에 고착되였다.

발전기 조선봉건사회의 토지제도에서 표현된 주요한 특징은 다음과 같은것들이였다.

첫째, 지주적토지소유가 현저히 발전하고 소작제도가 보편화되였다. 특히 토지의 관료량반적, 신분적소유가 고도로 발전하여 고려말-리조초에 왕성하였던 농장제적경영방식은 점차 지주적토지소유의 지배적인 경영방식으로 전화되여갔다. 그러나 서민지주의 토지소유도 상품경제의 발전에 따라 서서히 발전하면서 자기 진지를 구축해갔다.

둘째, 토지를 통한 수탈제도도 완비되여 전조(리조시기의 전세)수탈에 의거하여 유지되고 살아가는 모든 국가기구와 관료, 아전들을 위한 각종 명색의 토지-수조지들이 최대로 팽창하였다.

셋째, 토지소유관념이 발전하여 통치배들도 소유와 점유의 계선을 명백히 가르게 되였다. 오랜 세월 그들의 머리를 지배하고있던 왕토관념은 법제상 완전히 자취를 감추었다. 왕실소유지의 사적, 지주적성격은 더욱 뚜렷이 로출되여 내수사전은 국왕개인소유지로서의 명목을 완전히 갖추게 되고 왕실직속지인 궁방전은 유토와 무토로 엄연히 갈라짐으로써 소유와 점유의 성격을 명백히 하였다.

국유지는 사적, 지주적토지소유의 확대에 반비례하여 상대적으로 축감되여갔으며 그 대신 가호둔전과 같은 파렴치한 국유지경영방식이 다양성을 띠고 보편화되여갔다.

넷째, 공동체적 및 노예소유자적토지소유의 유제들은 현저히 사멸되였으며 소농민적토지소유는 봉건국가와 지주의 2중적중압속에서 간고하게 그러나 강하게 보존되면서 성장발전하여갔다.

그러나 17세기이후 상품화폐경제가 발전하고 토지상품화가 추진되면서 봉건적토지제도는 점차 문란해지고 완만하게나마 근대적형태를 지향하여 서서히 분해의 길을 걷기 시작하였다.

발전기 봉건사회에서 일어나는 이러한 변화는 봉건사회발전의 일반적합법칙성을 반영한 조선봉건사회의 토지제도의 발전상 특징이기도 하였다.

제1장. 고려왕조에 의한 봉건적토지제도의 정비

제1절. 고려왕조의 회유정책, 록읍과 식읍제도의 실시

9세기말~10세기초 조선반도의 정세는 매우 복잡하였다. 신라왕조는 멸망직전에 있었고 그 틈을 타서 크고작은 정치세력들이 각지에 할거하여 분립할 기회만을 노리였다. 901년에 궁예가 고려(후

마진, 태봉으로 고침)를 세웠고 900년에는 견훤이 후백제를 세움으로써 신라는 분렬되였다.

지방세력들가운데서 개성지방의 토호세력이였던 왕건이 918년 궁예를 내쫓고 고려왕조를 세운 다음 926년이후 발해의 일부 지역을 통합하고 935~936년에는 신라와 후백제를 투항시킴으로써 조선반도의 대부분 지역이 고려왕조에 의하여 통합되게 되였다.

왕건이 다른 정치세력들을 통합하여 조선반도지역을 통일할수 있은것은 통일에 대한 인민들의 지향이 강렬하였던 사정과 함께 그의 능동적이고 현실적인 정책의 결과였다. 그는 인민들에 대하여 전조감면정책을 써서 민심을 낚으려 하였고 지방할거세력들에 대해서는 회유포섭정책을 씀으로써 그들을 하나씩 쟁취할수 있었으며 마침내 모든 정치세력들을 고려왕조의 가신으로 만들어버릴수 있었다.

왕건은 모든 적대세력들을 제압하려면 무엇보다도 통일을 념원하는 인민들의 힘을 리용하여야 한다는것을 깨달았다.

이로부터 왕건은 918년에 왕위에 오른 즉시로 1결에 6섬을 받던 조세를 페지하고 《10분의 1세제를 실시하여 논밭 1부에 전조 3되씩 받으며 3년간의 전조를 면제》한다는 감조면세정책을 공포하였다.

1결에 6섬의 전조는 수확량(1결에서 20섬)의 3분의 1정도이다. 이것을 10분의 1로 낮춘것은 《인정》을 표방할 근거로 되였으며 도탄에 빠져있던 인민들의 환심을 살수 있는 조치였다. 특히 3년동안의 면세조치는(그대로 실시되였는지는 매우 의문시되지만) 민심을 쟁취하는데서 중요한 역할을 놀았을것이다. 왕건의 감조면세조치는 수확의 3분의 1정도를 착취하던 태봉왕조나 닥치는대로 략탈하던 견훤의 후백제에 비한다면 긍정적인 정책이였다고 볼수 있다.

그는 또한 신라 말기의 전란속에서 흩어진 백성들과 부역의 고통을 이겨내지 못하여 산림속에 숨어있는 백성들을 귀농시키려고 과중한 부역을 덜어주었으며 먹고살아가기 위하여 자신의 자식들을 남의 노비로 팔아버린 백성 1 000여명을 왕실창고(내고)의 포백(베와 비단)을 내여 속량시키였다. 이것은 물론 민심을 낚아 새 왕조의 지반을 튼튼히 꾸리기 위한 전술적고려에서 출발한것으로서 할거세력들의 학정에 신음하던 인민들에게는 유리하였으며 따라서 이러한 회유정책은 왕조의 통일사업에 긍정적역할을 하였다.

왕건은 인민들에 대하여 회유정책을 실시하는 한편 지방할거세력들에 대해서는 포섭정책을 실시하였다. 그는 지방세력들을 쟁취하는것을 새 왕조의 존립과 통일완성의 관건적문제로 간주하였다.

지방할거세력을 포섭한 하나의 방법은 귀순한 성주, 장군들에게 고려의 높은 벼슬등급을 주고 본래의 통치지역을 그대로 지배하면서 고려왕조에 충실하도록 한것이였다.

신라 벽진군(경상북도 성주군) 장군 리총언이 귀순하였을 때 왕건은 그를 본래 읍의 장군으로서 벽진군을 계속 통치하게 하였을뿐아니라 린근 읍의 정호(丁戶) 229호를 떼주었고 충주, 원주, 광주(경기도), 죽주, 제주(제천)의 창고곡식 2 200섬과 소금 1 785섬을 더 주었다. 이 경우 그의 지배밑에 있는 지역의 전조들은 모두 그의 소유로 되였을것이므로 벽진군은 록읍지와 같은것으로 되였다.

그러나 리총언도 고려에 충성을 서약하였던만큼 수입의 일부를 고려왕실에 바쳤을수 있으며 왕건이 요구하는 경우에는 출병의 의무도 졌을것이다. 그러므로 왕건과 리총언의 관계는 국왕과 소령주와의 관계와 비슷하였다. 그러나 벽진군은 그의 사적령지는 아니였다.

지방할거세력을 포섭한 다른 하나의 방법은 록읍을 준것이였다. 927년에 고사갈이성(경상북도 문경군) 성주 안홍달이 견훤으로부터 왕건에게 귀순하니 후백제의 많은 군인과 관리들도 련속 귀순하였으므로 왕건은 이것을 좋게 여기여 홍달에게는 청주(개령)를, 그의 아들들인 준달에게는 진주를, 웅달에게는 한수를, 옥달에게는 장천을 록읍으로 주고 그밖에 토지와 집을 표창으로 주었다. 932년에 연산군(충청북도 청원군) 장군 공직이 귀순하였을 때도 그에게 백성군(경기도 안성군)을 록읍으로 주었다. 이때의 록읍들은 다 해당 고을의 전조를 록봉으로 준것이지 토지 그자체를 준것이 아니였다. 따라서 록읍지의 인민은 록읍수급자의 예속민이거나 소작농이 아니라 군현의 평민 즉 국가의 자유민이였다.

고려왕조의 초기에 록읍제도는 귀순한 성주들을 포섭하기 위한 수단으로만 리용된것이 아니라 태조를 도와 왕조의 건립과 국토통일에 기여한 다른 관료, 장군들을 대우하기 위해서도 실시되였다.

지방세력을 포섭쟁취하기 위한 다른 하나의 방법은 식읍을 주는 것이였다.

고려왕조에서 첫번째 식읍수여자는 견훤이였다. 견훤은 왕건의 최대의 강적이였기때문에 935년 6월에 그가 아들 신검의 감금에서 탈출하여 고려에 투항한것은 고려왕조의 존립과 통일에 전환적인 계기로 되였다. 때문에 왕건은 주저함이 없이 기왕의 모든 적대감정을 지워버리고 그에게 상부의 칭호를 주고 위계를 백관의 우에 놓았으며 양주를 식읍으로 주었다.

두번째 식읍수여자는 신라 경순왕 김부였다. 935년 10월 김부가 투항하여왔을 때 왕건은 그에게 정승벼슬에 해마다 1 000섬의 록봉을 준 동시에 경주를 식읍으로 주었다. 경종은 975년 10월 그에게 상보의 칭호를 주고 식읍 2 000호를 더 주어 모두 1만호가 되게 하였다. 이리하여 김부는 고려에서 전무후무한 최대의 식읍수급자로 되였다.

이와 같이 고려왕조는 록읍과 식읍제도를 처음에는 청소한 왕조의 건립과 새 왕조의 통일을 위한 전술적수단으로 실시하였다. 그러나 왕조가 공고화된 후에는 변화가 생겼다. 록읍은 전시과로 발전하여 록봉과 병용되다가 나중에는 록과전제도로 이행하였으며 식읍은 발해의 식읍제도를 계승하여 공, 후, 백, 자, 남 등 작위와 함께 종친과 중신 등 비교적 많은 수의 높은 관료귀족들에게 주었다.

고려태조의 회유정책은 일정한 효과를 거두었다. 감조면세 및 권농정책은 인민들을 토지에 안착시키는 결과를 가져옴으로써 사회적생산력을 발전시켜 고려왕조의 물질적기초를 닦는데 의의가 있었으며 지방할거세력들과 투항귀족들에 대한 포섭정책은 국내전쟁을 종식시키고 국토의 통일을 완성하는데 큰 기여로 되였다.

제2절. 사전(私田)제도의 확립, 전시과 제도의 발전

1. 사전(私田) 및 공전론

고려에서 법제상의 토지제도는 수조지분급제도였으며 수조지는 조세수탈자의 견지에서 사전과 공전으로 나뉘였다.

공전, 사전제도는 11세기 말경(문종왕대)에 완성되여 대체로 12세기 전반기(예종, 인종왕대)까지 정상적으로 실현되였다.*

> * 《고려사》 식화지(머리글)는 이에 대하여 다음과 같이 전하고 있다. 《…태조가 즉위하자 먼저 전제부터 바로잡아 백성들에게서 걷어냄이 절도가 있었고 농사에 힘썼으니 근본을 알았다고 말할수 있다. 광종(950년-975년)은 주현의 공부제도를 정하였고 경종(976년-981년)은 전시과를 제정하였으며 문종(1047년-1083년)은 절약과 검박에 힘쓰면서 불필요한 관리들을 줄이였으며 …집집마다 유족하여 성세를 이룩하였다. 그러나 의종(1147년-1170년), 명종(1171년-1197년)왕대부터 간신들이 국가권력을 독차지하고 …백성들에 대한 가렴주구가 극도에 이르니… 호구는 날로 줄어들고 국가의 위력은 약해졌다. …판적(호적)이 똑똑치 않아 량민들은 권세있는 집에 투탁하고 전시과는 폐지되여 사유지로 되여버리였다.》

《고려사》편찬자는《고려의 전제는 대체로 당나라의것을 모방하였다.》고 썼으나 그것은 전혀 무근거한 론거였다. 알려진바와 같이 당나라는 수나라의 전제를 많이 계승하여 그 중엽까지 균전제가 봉건적토지제도의 기본을 이루었으나 고려에서는 토지 그자체를 주고받는 제도란 전혀 없었고* 관료량반들과 군인, 서리들에 대한 수조지분급제도가 기본을 이루고있었다. 이것은 토지제도상의 본질적차이이며 고려토지제도의 주요한 특징이였다.

> * 13세기 고려의 학자인 리제현은 다음과 같이 썼다.《태조(왕건)는…

모든것을 새로 만들어야 하였기때문에 겨를이 없어 구분전제도에 머물렀다. 4대를 지나 경종이 전시과를 만들었는데 비록 소략하지만 옛날 관료들에게 수조지를 주어 록봉으로 하던 뜻에 맞는다. 그러나 9분의 1(조법)이나 10분의 1(철법)세제를 실시하여 군자(통치층)와 소인(농민)을 다같이 우대하는 제도를 만들지 못하였다. 후세에 여러 차례 시도하였으나 종시 실현하지 못하였다.》(《고려사》권2 경종 사관의 평) 그가 말한 조법과 철법은 중국 은, 주나라들에서 실시하였던 정전제도를 말한것이다. 수조지를 나누어주는 제도가 토지 그자체를 주고받는 제도인 균전제와 구별된다는것은 명백하다.

고려의 전제는 초기에 많은 면에서 발해의것을 계승하였다고 볼수 있다. 고려초에 실시한 부당 3되 즉 10분의 1세제와 전시과제도는 발해의것과 거의 일치하였다.

그러나 고려왕조는 토지제도에서 사전, 공전이라는 자기 류의 개념을 만들어내고 공사전제도라는 수조지제도를 세웠다. 고려에서 쓰인 사전, 공전은 토지소유권을 기준으로 한 사유지, 공유지의 개념이 아니라 수조지의 공, 사를 기준으로 하여 정한 특수한 개념이였다.

고려에서는 전국의 토지에서 조세가 관료, 군인, 서리 등 개별적 인물과 사원을 비롯한 사적기관에 들어가는 토지를 사전이라 하였고 조세가 중앙과 지방관청, 교육기관, 왕실 및 국가적수요에 충당되는 토지를 공전이라고 불렀다. 한마디로 말하여 개인들에게 주어진 수조지가 사전이고 국가수조지가 공전이였다. 공전에는 수조권이 기관에 주어지는것과 조세가 직접 국고에 들어갔다가 다시 관리들의 록봉용으로나 군수 및 그밖의 국가수요에 충당되는것, 두 부류가 있었다.

그것을 표로 만들면 다음과 같다.

표 15

1) **사전**: 전조가 국고에 들어가지 않고 개인 또는 사적기관에 들어가는 토지 즉 개인에게 분급된 수조지 　—형태; ① 전시과의 전시 (문무량반전시, 서리전시, 군인전, 한인전)

> ② 공음전시 (공신전)
> ③ 투화전 및 기타
> ④ 역분전
> ⑤ 록과전 (록읍, 록봉전)
> ―소유형태별; 사적, 지주적소유지, 소농민적소유지
> 2) 공전; 전조가 국고 또는 국가기관, 왕실 등에 들어가는 토지 즉 국가수조지 및 국가 또는 공공기관에 분급된 수조지
> ―형태; ① 공해전시 (중앙 및 지방관청의 공해전시, 장택전시, 궁원전시, 관, 역공해전시)
> ② 적전
> ③ 둔전
> ④ 학전
> ⑤ 각종 국고수조지 (군수전)
> ―소유형태별; 국유지, 왕실소유지, 공유지, 사적지주소유지, 소농민적소유지

이와 같이 고려통치배들은 수탈한 전조를 분배하는데 편리하게 토지류형을 구분하였다.

그러나 고려에서도 소유권을 기준으로 하여 공, 사전을 나누는 경우가 있었다. 이때에도 사유지는 사전이라 불렀고 공유지 또는 국유지를 공전이라고 불렀다. 고려왕조에서 이처럼 공전, 사전의 개념을 망탕 혼용하였기때문에 력대 사가들도 두 경우(수조권과 소유권)를 가리지 못하고 력사를 기록하였다. 이것은 후세 연구자들에게 적지 않은 리론적혼란과 착오를 가져오게 하였다.

아래에 《고려사》에 실려있는 구체적인 자료를 들어가면서 고려시기의 공전, 사전의 개념을 밝혀보기로 한다.

사전

① 《북계 (서북지방)에 … 옛날에는 사전이 없었기때문에 관청에서 조세를 받아 군량에 충당하였다. 후에 세력있는자들이 그것을 빼앗아 사전으로 만들었으므로 군량을 이을수 없어 백성들에게서 받아

내니 백성들이 심히 피로워한다.》(권82 병지 둔전)

이 자료에서 첫번째 사전은 수조지로서의 사전이며 두번째 사전은 수조지의 사전일수도 있고 사유지일수도 있다.

②《최영이 교동과 강화는 요충지인데 부유하고 세력있는자들이 토지를 점탈함으로써 군자금을 이을수 없게 되였으니 사전을 없애버리고 (그 조세를) 군량에 충당하자고 제기하였다. 신우(우왕)가 승인하여 곧 교동의 늙은이와 어린것들을 내지에 이사시키고 장년들만 남겨 농사를 짓게 하였다.》(권113 최영전)

여기서 최영이 없애자고 제기한 사전은 수조지로서의 경기안의 사전이다. 왜냐하면 당시 국가는 범죄자가 아닌 이상 사유지를 없애거나 몰수할수 없었거니와 또 그럴 필요도 없었기때문이다.

공전

①《현종 13년(1022년) 2월에 호부에서 상주하기를 사주(경상남도 사천군)…에서 앞서 일부 민전을 궁장에 소속시켰더니 백성들이 징세를 감당해내지 못하고있으므로 그 수만큼 주 경내의 공전에서 떼내여 보상하는것이 좋겠다.》고 제기하였다. (권78 식화지 전제 경리)

이 말을 풀어쓰면 일부 민전(농민들의 소유지)의 수세권을 궁장에 넘겼더니 그 착취가 심하여 인민들이 괴로워하므로 민전대신공전을 떼내여 궁장에 주자는 뜻이다. 그러므로 여기서 말한 공전은 수조지로서의 공전이 아니라 국유지를 의미한다.

② 최충헌이 상주하기를《선왕의 토지제도는 공전을 제외한 모든 땅을 신민들에게 차등있게 주었다. 오늘 벼슬한자들이 탐욕하여 공전, 사전을 빼앗아 둘다 가지니 한 집안안의 토지가 주, 군에 걸쳐 있게 되였다.》(권129 최충헌전)

여기서 사전은《신민(관리)들에게 차등있게 준》수조지이며 따라서 공전은 개인에게 수조권이 분급되지 않고 조세가 국가에 들어가는 국고수조지로서의 공전이다. 혹은 국가소유지로 해석해도 무리는 없다.

③ 광종 24년(973년) 12월에 왕의 명령으로 진전(묵은밭)을 개간하고 경작하는자에게 그것이 사전인 경우에는 첫해 수확을 모두 개

간자에게 주며 2년째부터 전주와 절반씩 나누게 하며 공전일 경우에는 첫 3년동안은 수확의 전부를 개간자가 가지며 4년째부터 법에 따라 조세를 거두어들일것을 결정하였다. (권78 식화지 전제 조세)

여기서 지적된 사전은 사적소유지이며 공전은 국가소유지이다. 973년은 전시과가 실시되기 3년전이므로 수조지로서의 공전, 사전개념은 아직 확립되지 않았으며 또 묵은밭을 수조지로 준다는것은 리치에 맞지 않는다.

973년의 명령을 다음과 같이 해석하는것이 비교적 합리적이다. 묵은밭을 개간경작한자에게는 그 밭이 개인의 소유지인 경우에는 첫해 수확의 전부를 개간자에게 주며 두번째 해부터는 줄곧 전주 즉 토지소유주와 절반씩 나누어 가진다. 개간된 묵은밭이 공전 즉 국유지인 경우에는 3년동안 수확의 전부를 개간자에게 주며 4년째부터는 법에 따라 10분의 1세를 국가에 바친다.

그러므로 여기서 사전은 사적소유지이고 전주는 지주이며 개간자는 반작하는 소작인이다. 공전은 국유지이기때문에 개간자에게 더 많은 《혜택》이 차례지게 되는데 이런 《특혜》는 내외의 력대 봉건정부가 소농민들의 지지를 받기 위하여 흔히 쓰는 수법이였다.

이러한 실례는 1111년(예종 6년) 8월의 왕명에서도 찾아볼수 있다.

《3년이상 묵은 진전은 개간, 경작한 수확물을 2년동안 전호에게 전액을 주며 3년째부터 전주와 절반씩 나누어 가진다.》(《고려사》권 78 식화지 전제 조세)

여기서는 공전, 사전을 명문으로 가르지 않았으나 전주가 국가 또는 개인지주이고 전호가 소작인이며 전주와 전호가 3년째부터 반작제적소작관계로 결합된다는것을 알수 있다.

리색은 1352년 공민왕에게 올린 서신에게 농민들의 가난한 생활에 동정을 표시하면서 농민들이 온해 부지런히 일해도 부모처자를 먹일수 없는데 수많은 수조자들이 그 땅의 주인처럼 와서 전조를 받아간다고 하였고(《고려사》권115 리색전) 《고려사》식화지 (머리글)에서는 《전시과(수조지분급제도)가 폐지되어 사전으로 되였다.》고 썼다.

이 경우 땅의 주인(전주)과 사전개념은 바로 씌여졌는데 사전은 사유지이며 전주는 사유주이다.

이와 같이 고려에서는 전시과실시이후 후기에 오면서 사전은 개인들에게 나누어주는 수조지, 다시말하여 조세가 개인들에게 들어가는 토지를 의미하였고 공전은 국가수조지, 다시말하여 조세가 국가기관이나 국가적수요에 충당되는 토지를 의미하였다. 그러나 이때에도 사전은 사유지, 공전은 공유지(또는 국유지)로서의 원래의 의미로도 사용되였다.

수조지로서의 공전, 사전에는 그에 대한 법적규정이 따로 있었다.

그것은 첫째로, 수조지는 사유지가 아니기때문에 사전의 전주(수조지를 받은자)는 받은 수조지의 토지소유권을 박탈하거나 제3자에게 양도할 권리가 없었다. 수조지분급제도에 의하여 한땅에 두개의 전주 즉 토지소유주로서의 전주와 수조권소유자로서의 전주가 있었으나 매매, 양도, 상속 등 토지의 자유로운 처분은 토지소유주만이 할수 있었으며 수조권소유자는 다만 자기가 받은 수조지에서 규정된 량의 조세를 받을 권리만 가지였다.

둘째로, 수조지로서의 사전은 수급대상이 주로 관료, 공신, 서리, 군인 등 특수계층에 한정되고 수급대상에 따라 수조지의 량과 수조권을 받는 기간에 차이가 있었다. 관료전시는 그것을 받은자가 벼슬자리에 있는 기간만 수조권이 부여되였으나 공음전시는 자손상속이 허용되였고 군인전시는 수조권을 바꿀수 있었다. 그러나 그 어느 경우에도 수조지를 사유화하는것은 법적으로 엄금되였다. 고려말에 사전의 전주가 민전을 빼앗아 사유화함으로써 실지상의 사유지의 소유주로 된것은 제도상에서는 비법이였다.

수조지로서의 사전과 소유지로서의 사전의 본질상차이는 수조지에는 소유권이 없고 수조권만 있으나 소유지로서의 사전은 소유권이 있다는데 있으며 그 차이는 토지의 매매, 양도, 상속권이 있는가 없는가 하는데서 표현되였다.

고려에서도 토지매매는 합법적이였다. 이것은 사적소유지로서의 사전이 존재하였다는 명백한 증거이다. 그런데 어찌하여 봉건정부는 수조권을 기준으로 하는 사전이라는 개념을 따로 병용하였는가. 그것은 봉건통치배들에게 아직도 왕토관념이 뿌리깊이 남아있었으며 이른바 국전(國田)관념에 기초하여 국가재정을 공, 사로 확연히 갈라놓으려는 순전한 주관적의도에서 출발한것에 지나지 않는다. 그들은 전조와 지대의 차이를 구별하지 않았으며 수조권의 이양을 소유권의 양도와 혼동하였고 따라서 수조권을 개인에게 주는것은 곧 토지 그자체를 넘겨주는것과 같은것이라고 착각하였다.

간관 리행의 상소문이 이러한 형편을 잘 보여주고있다. 그는 1388년 7월 우왕에게 낸 상소문에서 다음과 같이 말하였다. 《조정의 전제에서는 역분전과 구분전(즉 수조지) 및 농민들의 경작지(戶別之丁)는 모두 국가토지로서 개인이 감히 사사로이 처리할수 없었다. 아버지가 아들에게 주려면 반드시 관청에 알려야 하였고 아들이 없거나 죄를 지으면 반드시 국가에 귀속되여야 하였다. …그런데 오늘 법이 해이되여 …조상의 문건을 가지고 수천수백결의 국가토지(의 조세)를 앉아서 먹는자가 있다.》*¹ 보는바와 같이 리행은 사유지(사전)와 수조권을 받은 토지(사전), 지대와 전조를 혼동하여 썼다. 그리하여 마치 고려에는 사유지가 없고 국유지가 지배한것으로 인식될수 있게 하였다.

이러한 혼동은 당시 외국인들의 기록에서도 찾아볼수 있다.

《송사》는 고려에는 《사전(사유지)이 없다. 백성들은 식구에 따라 토지를 받는다.》 모든 관료들에게 록봉과 《토지가 급여》되며 왕과 왕비, 왕모, 세자들도 사적용무를 위하여 분할지, 탕목전 등을 가지고있다고 썼다. *² 이것은 고려왕조의 현실에 대한 상당한 오해이다. 고려의 수조지분급제도를 곧 중국 당나라때의 급전제도로 오해하였으며 사전이란 개념도 중국식으로 사유지로 인식하였다.

《고려도경》의 저자도 《고려의 풍속은 토지를 감히 사유할수 없고 대략 구정의 제도(옛날 마을의 수확단위 1구=16정, 1정=900무-인용자)처럼 관리, 백성, 군인들이 자기 품게의 높고낮음에 따라 받는다.》*³고 썼다. 이것도 역시 큰 착오이다.

*¹ 《고려사》권78 식화 1 전제 록과전
*² 《송사》권487 고려전
*³ 《선화봉사고려도경》권23 합속 종예

이러한 착오는 다음의 글에서도 찾아볼수 있다.

《국가수조지(공전)는 원래 국가자체의 소유토지이며 그 경작자는 본질상 국가의 농노이다.》라고 본다든지 수조지와 소유지는 《본질상 무슨 차이도 없》으며 다만 《수익상 다소의 차이가 있을뿐이다.》라고 주장하는 견해가 바로 그 실례로 된다. 이러한 주장은 사실상 토지소유권의 본질과 그 실현방법에 대한 리해의 부족, 정치적강권과 경제적강제, 전세와 지대의 혼동에서 초래된 착오이며 주관주의적개념에 기초한 봉건지배계급의 기록을 무비판적으로 따른 필연적결과이다. *

> * 고려지배계급들은 공전, 사전과 전주, 전호(또는 전객)의 개념을 잘못 썼을뿐아니라 당나라 균전제에서 썼던 영업전, 구분전의 개념도 수조지의 분급으로 썼다.

2. 역분전제도의 실시

고려에서 최초로 실시된 수조지분급제도로서의 사전제도는 이미 왕조초기에 실시된 록읍제도였다고 볼수 있다. 그러나 록읍은 수조지분급제도로서는 여러 면에서 불완전한것이였다. 우선 록읍은 왕친권세가, 공경장상으로 불리운 왕실의 근친과 고위관료 및 투항성주 등 극소범위에 국한된것 같고 또 막연하게 수조지가 있는 읍명을 밝혔을뿐 토지결수를 명백히 찍지 않았었다. 그리고 주요하게는 많은 관료들이 분급대상에서 제외되였다.

고려태조는 이 부족점을 극복하기 위하여 940년에 역분전제도를 공포하였다.

《태조 23년 처음으로 역분전을 제정하였는데 (후삼국을)통합할 때의 조정대신들과 군사들에게 벼슬등급에 관계없이 본인의 품행의 선악, 공로의 대소에 따라 차등있게 주었다.》(《고려사》권78 식화지 전제 전시과)

《후에 역분전제도를 정할 때 …특별히 박수경에게 토지 200결을

주었다.》(《고려사》권92 박수경전)

우의 자료는 역분전에 대하여 다음과 같은 사실을 말해주고있다.

① 역분전이란 고려의 건국사업에 참가한 관료들과 군인들에게 공로에 따라 표창하는 수조지였다.

역분전의 역(役)은 로역, 부역의 역이 아니라 공역 즉 공로의 뜻에서 쓰인것이다. * 949년 광종의 명령에 《대광 박수경에게 국초의 공역자를 선정하게 하여 4역자에게는 쌀 25섬, 3역자에게는 20섬, 2역자에게는 15섬, 1역자에게는 12섬을 주었다.》(《고려사》권2 세가 광종 즉위년)는 기록이 그것을 말해주고있다. 따라서 역분전은 관료의 벼슬등급에 따라 록봉대신으로 주는 직전이 아니며 특별한 공로자들에게 주는 공음전시도 아니였다.

② 역분전은 국초의 록읍보다 수급대상의 폭이 훨씬 넓어졌으나 모든 관료, 군인들에게 일률적으로 준것이 아니였다. 건국후 20여년이라는 세월이 흘러갔으므로 적지 않은 관료들은 제2세대였을것이며 따라서 통합전쟁에 참가하지 못한 이들은 벼슬이 높고 성품이 좋았어도 역분전수급에서 제외되는수밖에 없었다. 그리고 역분전을 받았다는 군사도 대부분은 지휘관이였을것이다.

③ 역분전의 수급량은 알 길이 없다. 발성의 싸움에서 포위된 왕건을 구출해주었고 그후 왕건을 따라 신검을 토벌하는 싸움에서 공을 세웠으며 광종때에 대광으로 있은 박수경에게 특별히 200결을 준것으로 미루어보아 대략 짐작할수는 있다. 박수경보다 더 큰 공로를 세운 관료들은 이 시기에 거의 없어진것 같고 문맥으로 보아 역분전을 받은자들은 거의 모두가 200결이하였던것으로 보인다.

④ 역분전제도가 실시되면서 록읍제는 자연히 소멸되였다고 보는 견해도 있으나 두 제도가 병존하였다고 볼수도 있다. 왜냐하면 역분전은 고려왕조의 건립에 공로를 세운 공신들에게만 주고 신진관료들은 제외하였는데 신진관료들에게도 록읍이나 록봉과 같은 보수제도가 적용되였어야 할것이기때문이다. 그러므로 역분전은 왕조를 세운 공로자들에게 주는 2중적특혜일수 있다. 그러나 사실이 어떻든 고려초의 록읍제나 역분전제도가 수조지분급제도로서 아직은 매우 불비한것이였다는것을 알수 있다. 하급관리들과 서리들, 일반군인들은

물론 신진관리들을 포함한 많은 관료들이 록읍이나 역분전을 받는 대상에서 제외되고있었다. 이 불합리성을 해결하고 수조지분급제도로서의 공전, 사전제도를 완성하기 위하여 제정된것이 곧 전시과였다.

3. 량반전시과의 발전

고려왕조의 관료수가 늘어나고 신진관료들이 관료군의 대부분을 이루게 된 사정은 그들에게 물질적대우를 보장해주어야 할 필요성을 제기하였다.

특히 관료통치기구가 정비되고 벼슬과 벼슬등급이 명백해진 조건에서 성품이나 행실과 같은 막연한 기준으로써는 모든 관료들에 대한 보수를 공정하게 줄수 없고 통합전쟁때의 공로를 기준으로 하여 수조지를 나누어줄 대상도 거의 없어져갔다. 그 어떤 합리적인 새 제도가 제정됨으로써만 새 왕조를 위해 복무하는 모든 관리들에게 만족을 줄수 있었다.

다른 한편 국가의 중앙집권적통치체계가 강화되고 전국토지에 대한 지배가 확립된 조건은 수조지를 줄 대상을 늘일수 있는 가능성을 주었다.

이 필요성과 현실적가능성에 기초하여 실시된 첫 수조지분급제도가 바로 976년(경종 1년)의 문무량반관료일반을 대상으로 한 전시과였다.

976년의 전시과는 우에서 든 록읍제와 역분전제도의 부족점을 극복하는 방향에서 개정되였다. 록읍제도는 일반관료들에 대한 전시과제도로 발전하고 역분전제도는 공음전시제도로 변하였으며 수조지를 받은자의 수가 늘어나는데 대처하여 수조지면적을 대폭 줄이였다. 그리고 옛 공로에 치우쳤던 제한성을 점차 극복하면서 벼슬등급을 기준으로 하여 수조액을 규정하였다. 이러한 조치는 왕조가 성립된지 근 60년이 지난 현실의 요구를 적절히 참작하지 않을수 없었던 결과였다.

《고려사》에는 경종 1년에 제정된 전시과에 대하여 다음과 같이 전하고있다.

《경종 원년 11월에 처음으로 직관, 산관의 각품 전시과를 제정하였다. 벼슬등급의 높고낮음에는 관계없이 다만 인품에 따라 과를 정하였다. (실지에 있어서는 두 요소를 다 참작하였다. -인용자)

자삼이상은 18품으로 한다. …

문반 단삼이상은 10품…, 비삼(이상)은 8품…, 록삼이상은 10품으로 한다.

잡업(무반의 오기) 단삼이상은 10품…, 비삼이상은 8품…, 록삼이상은 10품으로 한다.

무반(잡업의 오기) 단삼이상은 5품으로 한다. 이하 잡리(서리)는 인품에 따라 다르게 주며 이해에 관등급에 미치지 못한자(새로 배치되여온 관리)에게는 일률적으로 전 15결을 준다.》*

> * 《고려사》권78 식화지 전제 전시과
> 《고려사》에서 무반, 잡업의 위치가 잘못된것과 품수의 오기는 《조선토지제도사》(상)의 교정에 준하였다. 그리고 이하 전시과의 내용에 대한 구체적인 해석도 기본적으로 기존성과에 의거하면서 다만 일부 분석에서만 필자의 견해를 적기로 한다.

전시과의 구체적내용을 표로 작성하면 다음과 같다.

표 16   976년의 직, 산관 전시과   (단위: 전시=결)

자삼	품	1	2	3	4	5	6	7	8	9	10	11	12	13	14	15	16	17	18
	전(결)	110	105	100	95	90	85	80	75	70	65	60	55	50	45	42	39	36	(32) 33
	시(결)	110	105	100	95	90	85	80	75	70	65	60	55	50	45	40	35	30	25

단삼		품	1	2	3	4	5	6	7	8	9	10
	전	문반	65	60	55	50	45	42	39	36	33	30
		무반	(60) 65	(-) 60	55	50	45	42	39	36	33	30
		잡업	65	60	55	50	45					
	시	문반	55	50	45	42	39	30	27	24	21	18
		무반	55	50	45	42	39	30	27	24	21	18
		잡업	(50) 55	50	45	42	39					

표계속

	품							1	2	3	4	5	6	7	8
비	전	문반						50	45	42	39	36	33	30	27
		무반						(-)50	45	42	39	36	33	30	27
삼	시	문반						40	35	30	27	20	18	15	14
		무반						(-)40	35	30	27	20	18	15	14

	품						1	2	3	4	5	6	7	8	9	10
록	전	문반					45	42	39	36	(32)33	30	27	25	23	21
		무반					(-)45	42	39	36	33	30	27	25	(22)23	21
삼	시	문반					35	33	31	28	25	22	19	16	13	10
		무반					(-)35	33	31	28	25	22	19	16	13	10

※ 《고려사》권78 식화지 전제 전시과
　　표안에서 (-)은《고려사》의 결자이고 ( )안의 수자는《고려사》의 오기이며 그아래 수자들은 보충정정한것이다.

우의 표에서 다음과 같은 사실을 알수 있다.
① 976년의 전시과에서는 직관(현직관료), 산관(한산무직관료 즉 명예직)들에게 그의 벼슬등급에 따라 토지의 수조권과 산판의 리용권을 주었다.
② 원래 자삼, 단삼, 비삼, 록삼은 관리들의 벼슬등급을 색갈에 의하여 나타나는 공복제도였다. 경종왕대의 공복과 벼슬 또는 벼슬등급과의 관계가 명백치 않아 이들 호상간의 등급차이를 잘 알수 없다. 참고로 고려와 계승관계에 있는 발해의 공복제도를 보면 다음과 같다.
　　자삼-3품이상　　　비삼-5품이상
　　천비삼-6품이상　　록삼-8품이상
이것은 자, 단, 비, 록삼이 서로 교차하지 않는 순차적인 벼슬 또는 벼슬등급을 표시한다는것을 말한다. 그런데 고려초의 공복제도는 그런것 같지 않다.
우의 표는 수급된 수조지량을 기준으로 하여 등급을 배렬하여 작성한것이다. 례컨대 전 65결을 받는 관료는 자삼 10품과 단삼 1품이였으므로 자삼 10품과 단삼 1품이 같고 단삼 4품과 비삼 1품(전 50결), 비삼 2품과 록삼 1품(전 45결)이 같다. 이것을 통하여 고려초의 자삼, 단삼, 비삼, 록삼은 순차적차등이 아니라 교차되면서 벼슬 혹은 벼슬등급의 차이를 나타내고있다는것을 알수 있다.

③ 관리들이 문, 무반으로 나누어지기는 여기서 처음이다. 그러나 아직은 대우관계에서 문무의 차이가 없고 같은 공복안에서의 같은 품계의 문, 무관료들에게 주는 수조지 및 산판면적은 꼭 같다.

④ 기술관(잡업)과 잡리(서리)들에게도 전, 시가 급여되였다. 이것은 고려왕조에서 최초의것이다. 그러나 잡업관리는 기술관으로서 천시되였기때문인지 단삼 6품이하와 비삼, 록삼에는 잡업전시가 없다. 아마 이하 잡리규정에 포함되였을수 있다. 서리들에 대해서 말한다면 《군현의 안일호장들에게 직전의 절반을 주었다.》*는 기록으로 보아 중앙 각 관청의 서리는 물론 지방의 서리들도 전시과의 혜택을 받은것으로 보인다.

* 《고려사》권78 식화지 전제 전시과 목종 원년(998년) 3월

이렇듯 976년의 직, 산전시과는 아직 미비하였으나 대체로 직전제로서의 면모를 갖추어갔다고 볼수 있다. 이른바 관리들의 인품을 위주로 하던 역분전제도의 결함이 극복되고 벼슬등급도 함께 보는 원칙이 적용되였으며 일부 특권관료나 공신들에게만 수조지를 주던 제한성을 벗어나 문, 무량반관료들로부터 잡업관리, 서리들에 이르기까지 다 차등있게 주었다. 이것은 976년의 전시과가 아직은 벼슬등급이 단일화되지 못하고 수조지분급을 벼슬등급에 일원화하지 못한 직전제로서의 근본적인 약점을 가지고있으나 수조지분급제도를 직전제로 완성시킴에 있어서 시초적계기로 되였다는것을 말한다.

표 17　　　　　998년 량반 및 군인 전시과　　　（단위 : 결）

과	전	시	주요관직명	과	전	시	주요관직명
1	100	70	내시령, 시중	2	95	65	내사시령평장사, 문하시랑평장사(치사시중)

표계속

과	전	시	주요관직명	과	전	시	주요관직명
3	90	60	참지정사, 좌우복야(검교태사)	12	45	22	태상박사, 감찰어사, 군기승(산 장군…)
4	85	55	6상서, 어사대부, 좌우산기상시, 태상경(치사 좌우복야)	13	40	20	주서, 록사, 도사, 사문박사, 대학조교, 별장(산 중랑장, 절충도위)
5	80	50	비서감, 전중감, 소부감, 개성윤, 상장군(산 좌우복야)	14	35	15	6위록사, 정8품승, 정8품령, 산원(산 랑장)
6	75	45	좌우승, 시랑, 간의대부, 대장군(산 6상서)	15	30	10	종8품승, 종8품령, 비랑, 교서랑, 교위, 률학박사, 태의박사(산 정8품, 별장)
7	70	40	군기소경, 태상소경, 급사중(산, 경, 감, 시랑)	16	27	-	사름, 사고, 9품승, 주사, 9품록사, 대정, 제술명경 등과 장사랑, 서학박사, 산학박사(산 좌우반전적)
8	65	35	소경, 소감, 국자사업, 제위장군(산 군기감, 상장군)	17	23	-	제업장사랑, 령사, 서사, 감사, 미군(산 전전승지, 대정)
9	60	33	랑중, 군기소감, 국자박사, 판사(산 소경, 소감)	18	20	-	산 전전부승지, 태상사의, 국자전학, 주약, 보군
10	55	30	원외랑, 기거랑사, 태사령(산 대장군, 태의감)	과외	17		우의 품계에 이르지 못한자
11	50	25	전중시어사, 비서랑, 국자조교, 대학박사(산 원외랑…)				

※ 《고려사》권78 식화지 전제 전시과

우의 표에서 주요관직란에는 《고려사》에서 밝힌 관직의 일부만을 적었으며 ( )안의 관직은 치사, 검교이며 (산…)은 산직의 략칭이다.

976년의 첫번째 전시과가 실시된지 22년이 되는 998년(목종 1년) 12월에 고려왕조는 그것을 개정한 문무량반 및 군인전시과를 공포하였다. 개정한 량반전시과를 표로 작성하면 앞페지와 같다.

우의 표에서 다음과 같은 새로운 사실을 알수 있다.

① 개정한 량반전시과에서는 이른바 인품에 따라라는 규정이 없어지고 전시급여를 완전히 벼슬등급의 높고낮음과 벼슬의 중요성만을 기준으로 하게 된것이다. 번잡스러운 공복제에 의한 관료군의 구분과 관료군내의 품계는 없어지고 모든 수급자의 등급은 벼슬등급 및 벼슬을 기준으로 한 과에 의하여 일원화되였다. 이것은 벼슬이 봉건지배층의 지위를 규정하는 유일한 기준으로 된 당시 정치제도발전을 반영한것이였으며 그 이전의 모든 수조지분급제도에 비한 현저한 변화였다. 이 구분법은 그후 고려, 리조에 걸쳐 그대로 답습되였다.

② 개별적관리들에게 준 전, 시의 결수는 훨씬 줄어들었다. 첫번째 전시과의 최고등급인 자삼 1품은 전 110결, 시 110결이였으나 개정전시과는 1과가 전 100결, 시 70결로 줄었으며 최하등급을 보아도 첫번째 전시과의 최하등급인 록삼 10품이 전 21결, 시 10결이였으나 개정전시과의 18과는 전 20결만 주고 시는 전혀 없다.

이런 변화는 사회발전의 필연적현상이였다. 세월이 흐름에 따라 관제가 팽창하고 그에 따라 실직 및 산직관료들의 수도 급격히 증가되였다. 봉건국가는 이들을 포섭하여 봉건통치의 지반으로 삼기 위하여 그들모두에게 수조지를 주어야 하였으나 토지가 상대적으로 고정되여있는 조건에서 날로 늘어나는 국가적수요를 희생으로 하여 국고수입을 턱없이 줄일수도 없었다. 그 타협책으로 취해진것이 나누어주는 전, 시결수의 감소였다.

고려왕조에서 본인이 죄를 범하지 않는 한 전시는 회수되지 않았다. 출세하는 기간은 벼슬등급이 높아지는데 따라 받는 전시도 늘어났으며 나이들어서 치사, 검교로 되거나 산직에 있게 되는 경우에도 결수를 좀 줄일뿐 의연히 해당한 면적의 수조지를 주었다. 그러므로 고관대작으로부터 말직에 이르기까지 일단 벼슬길에 오른자들은 죽을 때까지 수조지의 혜택을 누릴수 있었다. 사료에 《고려전제는 죽은 후에야 (토지와 산판을) 국가에 바친다.》고 쓴것은 이것을 념두에 두고 한 말이였다.

③ 주목되는것은 제술, 명경, 제업 등 과거합격자(장사랑)들에게 16~17과의 전시가 급여되고 마군, 보군 등 이른바 부병이 정식으로 전시과를 받는 반렬(17~18과)에 들어간것이다.

장사랑을 높은 과에 넣은것은 관료후비군의 육성을 자극하기 위한것일것이며 최하층 군인들에게 전시를 주는것은 군사력을 강화하기 위한 조치였을것이다. 선발된 일반군인들에게 수조지를 나누어주기는 이것이 처음이였으나 보군은 전 20결, 마군은 전 23결로서 결수가 첫번째 전시과의 록삼 10품 무반과 비등하거나 그보다 높은것이 주목된다. 998년의 전시과를 문무량반 및 군인전시과라고 부르는것은 이때문이였다.

④ 류외잡직 즉 류품밖의 하리들에게 나누어준 전, 시결수도 976년의 잡리들에 비하여 대체로 늘어났고 과외관리들에게 준 결수도 2결이나 증가(15→17결)한것이 이번 전시과의 특징이다.

표 18   1076년 량반전시과   (단위: 결)

과	전	시	주요관직명	과	전	시	주요관직명
1	100	50	중서령, 상서령, 문하시중	5	75	30	7시경, 비서감, 전중감, 장군
2	90	45	문하시랑, 중서시랑	6	70	27	리부 제조시랑, 군기감, 태의감, 좌우서자
3	85	40	참지정사, 좌우복야, 상장군	7	65	24	7시소경, 비서소감, 전종소감
4	80	35	6상서, 어사대부, 대장군	8	60	21	랑중, 태의소감, 군기소감, 국자박사

표계속

과	전	시	주요관직명	과	전	시	주요관직명
9	55	18	비서승, 전중승	14	30	5	6위록사 군기주부, 4문조교, 태의박사, 률학박사, 원윤
10	50	15	원외랑, 기거랑, 시어사, 태사령, 태학박사	15	25	-	도염승, 전옥승, 사고, 태사, 서학박사, 산학박사, 장사랑, 마군
11	45	12	통사사인, 비서랑, 국자조교, 궁문감, 별장	16	22	-	령사, 서사, 주사, 수의박사, 당직, 보군
12	40	10	감찰어사, 좌우습유, 4문박사, 산원, 대상, 좌승	17	20	-	서령사, 태사전사, 통인, 감문군
13	35	8	상서도사, 7시, 3감, 주부, 교위, 원보, 정조	18	17	-	한인, 잡류

※ 《고려사》권78 식화지 전제 전시과

전시과는 그후에도 여러번 개정되였다. [1014년(현종 5년) 12월, 1034년(덕종 3년) 4월의 량반 및 군인, 한인전시과 등] 대표적인것은 1076년(문종 30년)에 개정한 량반전시과인데 그것을 표로 작성하면 앞페지와 같다.

1076년의 량반전시과에서 주목되는것은 다음과 같은것들이다.

① 벼슬 및 벼슬등급을 기준으로 하여 과의 등급을 정한 원칙은

변함이 없으며 매 과에 포함된 관직도 큰 변동이 없고 모든 관리들을 18과로 나눈것도 같다. 그러나 매 과의 개별적관료들에 대한 전시급여면적은 998년의것에 비하여 또다시 감소되였다.

1과에서는 산판만 20결이 줄었으나 2과의 전시는 998년 전시과의 3과에 해당하며 17과까지는 전이 매 과마다 5결씩 적어지고 16~18과는 3결씩 줄어들었다. 산판은 1과에서 20결, 14과에서는 10결이 줄었고 제15과부터는 전혀 없다.

② 무관을 비롯한 군인들의 대우가 현저히 높아진것이다.

976년의 전시과는 제도상 문무를 나누었을뿐 같은 급의 수조지면적은 같았으나 998년 전시과는 무관의 대우를 문관보다 1~2급 낮추었다. 벼슬등급에서 같은 정3품인 6부의 상서(문관)는 4과였으나 상장군은 5과에 속하였다. 그러던것이 1014년 무신정변후에 개정된 이번 전시과는 상장군을 6부의 상서보다 한급 높은 3과에 속하게 하였으며 하층군인들의 대우도 1~2급 높여주었다. 이것은 반거란전쟁에서와 무신정변에서 무신들에 대한 차별대우의 쓴맛을 본 후 그 엄중한 후과를 고려한 결과였다고 보인다.

③ 말직과 군인 등 하층의 대우를 높이려던 목종왕대의 전시과의 추세가 더 강화되였다.

이번 전시과에서 한인과 잡류(18과) 등이 신설되고 잡직의 범위는 전번의 전시과보다 더 확장되였으며 기술관(박사, 조교), 군인, 장사랑 및 말직서리들의 자리가 1~2과씩 올라갔다. 특히 하층 무관 및 일반군인들의 지위가 현저히 올라갔는데 13과였던 별장은 11과로, 15과였던 교위는 13과로 되였으며 18과였던 보군은 16과에, 17과였던 마군은 15과에 들어감으로써 그들의 수조지급여액도 보군은 20결에서 22결로, 마군은 23결에서 25결로 증가하였으며 감문군과 한인이 각기 17과와 18과의 새로운 급전대상으로 포함되였다.

향직급전제도가 신설되고 향리의 급을 상대적으로 높이였다. 이번 전시과에 새로 등장한 대상과 좌승(12과), 원보와 정조(13과) 및 원윤(14과)은 모두 향리의 품계(3~7품)인데 그들은 모두 중앙 각 관청의 리속들이 15과이하인데 비하여 급이 훨씬 높아졌다. 이것은 아마 문종왕때의 봉건정부의 향리에 대한 정책의 반영일수 있다.

④ 량반전시과에서 전반적으로 산직이 제외되고 산직무관들만이 이전보다 훨씬 낮아진 급수에서 따로 무산계전시를 받았다. 새 규정에 의하면 산직무관들은 최고 전 35결, 시 8결, 최하 전 20결로서 현직무관들에 비하여 전은 2분의 1~3분의 1범위에서 줄어들고 산관은 관군, 운휘, 대장군 등 정, 종3품을 제외하고는 전혀 없다. 이것은 매우 큰 변동이라고 말할수 있다.

문종왕때의 량반전시과에서 산직을 이렇듯 차요시한것은 관료의 전반적팽창과 군인 및 향직, 서리의 중시 등에 의한 수조지의 지나친 확장을 막으려는 의도에 기인한것 같다.

⑤ 1076년의 전시과에서 특징적인것의 다른 하나는 별사전시였다.

별사전시는 량반전시과의 대상인 관리(문, 무관료와 잡리)이외의 승직들과 풍수술사, 관청수공업장인들에게 따로 주는 사전급전제도였다.

고려에서는 상층승려들을 특별히 우대하였고 왕건의 스승이였다는 도선이래로 풍수설이 중시되였기때문에 대덕, 대통, 부통 등 승직들과 지리사, 지리박사, 지리생, 지리정, 지리업승인들에게 일정한 면적의 수조지와 산판을 주었다. 그밖에 관청수공업장인들인 대장, 부장, 잡장인들에게와 어전악공들에게도 수조지를 주었다.

이와 같이 1076년의 전시과는 현실의 변화를 반영하여 량반전시 및 군인전시과를 더욱 완비하고 한인, 량직, 잡류 등을 신설하여 이른바 류외잡직의 전시급여대상을 늘였으며 별사전시를 새로 설정하였다. 이리하여 전시과는 일단 문종왕때에 와서 완비되였으며 이때의 전시과는 12세기 전반기까지 순조롭게 실시되였다. 그후 왕권이 약해지고 외적이 침입하게 되면서 전제가 문란해졌으며 정식으로 폐지한다는 선고없이 유명무실하다가 록과전제도가 전시과를 대신한것으로 보인다.

그러면 관리들의 수입에서 전시과에서 얻은 몫이 어느만 한 비중을 차지하였는가.

고려관리들은 전시과에 의하여 받은 조세외에 록봉을 따로 받았다. 록봉은 중앙의 비주(임금의 처첩, 딸), 종실, 백관들로부터 지방의 경, 주, 부, 군, 현의 모든 관리들과 잡직, 서리, 수공업자 등에 이르기까지 《무릇 직과 역이 있는자는 모두 정상적》으로 받았다.

관리들의 록봉을 위하여 전국에서 10만결이 할당되였는데 여기에서 해마다 좌창(광흥창)에 들어가는것은 13만 9 736섬이였다. 이것은 실지로 결당 약 1.4섬이 록봉용으로 창고에 들어갔다는것을 의미한다.

관리들의 수조지에서의 수입과 록봉수입관계를 표로 갈라보면 다음과 같다.

표 19   관리들의 수조 및 록봉수입   (록봉수 및 전시과분급 결수는 1076년의 것임)

과	과직이름	록봉수	수조지수입 결수	수조지수입 섬수	계	비고
1	중서령, 상서령, 문하시중	400섬	100결	100×2=200섬	600섬	
2	중서시랑, 문하시랑	366섬 10말	90결	180섬	546섬 10말	
3	참지정사	353섬 5말	85결	170섬	523섬 5말	
8 9 10	태의소감, 국자박사, 비서승, 전중승, 원외랑, 기거랑, 기거사인	120섬 ~ 70섬 10말	60결 55결 50결	120섬 110섬 100섬	240섬 ~ 170섬 10말	국자박사의 록은 20섬, 률학박사는 14과이지만 록은 16섬 10말
15	진전승지	20섬	25결	50섬	70섬	

※ 《고려사》 권80 식화지 록봉

보는바와 같이 3과까지의 관료는 수조지 전조수입보다 록이 2배정도 많지만 아래에 내려올수록 수조지의 전조수입이 록봉보다 2~3배 더 많다.

《고려사》(권32 세가)에 의하면 1301년(충렬왕 27년)경에 개경과 지방의 각사 아문수는 358개이고 대소관리는 4 355명(《고려도경》

권16 판부에는 1만 7 000명)이였다고 한다. 이들이 1년에 10여만결의 민전(수조지)에서 전조를 직접 수탈해가진 외에 또한 10만결의 전조 13만 9 000여섬을 록봉으로 타먹었으며 국왕개인은 13만결의 전조를 우창과 4고에 거두어놓고 탕진하였다. 이것은 국왕을 비롯한 고려왕조의 상층봉건통치배들만도 전국의 경작지 62만 7 000여결가운데서 근 절반에 해당하는 30여만결에서 나는 조세수입을 긁어먹고 살아갔다는것을 말한다. *

> * 그밖의 17만결은 군인, 향리들과 진, 원, 역리들, 공해들에 분급되였다.(《고려사》권78 식화지 전제 록과전 공양왕 즉위년)

고려왕조의 전시과와 그밖의 모든 토지제도는 바로 이들, 봉건통치배들의 기생적인 사치생활을 보장하기 위하여 제정된것이였다.

4. 군 인 전

전시과제도에서 군인들도 문무관료량반들이나 류외잡직으로 불리운 서리, 향직자들과 함께 전시를 받았다. *

> * 군인전이 수조지라는데 대해서는 학계에서 일치한 견해를 가지고있다.(《조선토지제도사》상, 《조선병제사》1, 《조선전사》6 참고)

998년이후의 전시과를 문무량반 및 군인전시과 또는 량반 및 군인, 한인전시과라고 부른것은 이때문이였다.

어떠한 형태의 사회에서나 국가는 자기의 군대를 가지고있어야 자주권을 유지할수 있다. 특히 착취사회에서 군대는 지배계급이 자기의 계급적통치를 유지하는 마지막 아성으로 리용되고있다. 고려왕조의 지배계급도 군대의 대내외적기능을 중시하고있었으며 따라서 군대를 유지하고 군사력을 강화하는데 상당한 관심을 돌리였다.

전시과에서 특별히 무관들과 함께 마군, 보군, 감문군들을 포함시켜 그들에게 수조지를 준것은 군사력을 강화하기 위한 주요한 조치라고 말할수 있다.

　봉건통치배들은 군인들에게 수조지를 떼여줌으로써 군인들로 하여금 생활에 대한 근심걱정이 없이 군사에 전심전력하게 하는 한편 군복, 군량, 무장(무기, 말) 등을 자신들이 마련하게 함으로써 국가의 부담도 덜려고 꾀하였다. * 이것은 지배계급에게 있어서 1석 2조로 간주되였다.

　　* 조준의 상소문에 다음과 같은 구절이 있다. 《42도부(령) 갑사 10여만명의 옷과 식량, 장비는 모두 땅(소주지)에서 나오며 따라서 국가는 양병의 비용을 들이지 않는다.》(《고려사》 권78 식화지 전제 록과전 신우 14년 7월)

　이러한 타산으로부터 고려왕조는 전시과에서 군인전급전결수를 다음과 같이 규정하였다.

표 20　　　　　　　　　　군인전 급전결수

병종	998년 전시과	1076년 전시과
마군	17과 전 23결	15과 전 25결
보군	18과 전 20결	16과 전 22결
감문군	—	17과 전 20결

　※ 군인전은 군전, 부병전이라고도 불렀다. 부병전이라고 부른것은 군인을 중국식으로 부른것인데 실은 병농일치하고 경작지환수제도와 결합되였던 중국의 부병제와는 전혀 달랐다.

　보는바와 같이 수조지 20~25결은 웬만한 중앙 록사, 서리들이 받은것보다 더 많은 면적이다. 이 수조지에서 앗아내는 1년 수입은 40~50섬정도이므로 쌀로는 16~20섬정도 된다. 이것이 제대로 보장되는 조건에서는 5구1호의 1년 량식은 남으며 군복, 장구류들도 장만할수 있었다.

　그러면 군인전은 군인의 어떤 계층이 받았는가.

전시과에 규정된 군인에는 우로는 상장군, 대장군으로부터 시작하여 중간의 별장, 교위, 대정 등의 하층장교들이 있고 아래에 마군, 보군, 감문군 등이 있었다. 그런데 중간급까지는 무관이기때문에 량반전시과의 대상으로 되였으며 군인전은 마군, 보군, 감문군 등 일반 하층병사들이 받았다. 고려에서 이 군인들은 왕조초기부터 일정한 원칙에서 선발되여 11세기이전에 이미 하나의 특수한 사회적계층-직업적군인층을 이루게 되였는데 이것을 군반 또는 군반씨족이라고 불렀다. 군반의 신분은 원칙상 대대로 계승되였다.

이러한 직업군인은 매해 가을 일정한 시기에 전국각지에서 선발된 체력이 좋고 무예를 갖춘 장정들이였다. 때문에 이들은 군역을 진 16~59살까지의 일반장정-장병들과는 구별되였다. 선군법에 따라 선발된 군인이 군반을 이룬 세습적인 직업군인이였다면 정병은 림시로 징발되였다가 군역이 끝나면 집에 돌아가는 농민군인이였다. 선발된 군인은 전시과의 규정에 해당되는 수조지를 받았으며 군인의 의무와 수조지를 받는 권리는 자손에게 세습되였다. 이러한 제도를 고려에서는 선군급전법, 전정련립 또는 전정체립이라고 불렀다. 선군급전이란 군인을 선발하여 토지(수조지)를 준다는 뜻이며 전정련립 또는 전정체립은 전(수조지)과 정(군인)의 권리와 의무를 물려받는다는 뜻이다.

그러면 군인전은 어떻게 수여되고 회수되였는가. 《고려사》(권78 식화지 전제 전시과)는 다음과 같이 전하고있다.

① 《(전시과에서)부병은 나이 만 20에 처음 (군인전을) 받고 60에 바친다. 그러나 자손이나 친척이 있으면 전정(17결)을 물려주며 없으면 감문위에 속한다. (감문군은 전 20결) 70살후에는 구분전을 받고 나머지는 거두어들인다. 자손이 없이 죽은자와 전사자의 처에게도 모두 구분전을 준다.》

② 《6품이하 7품이상 군인으로서 련립시킬 자손이 없는자의 처에게는 구분전 8결을 주며 8품이하의 전사한 군인의 처에게는 구분전 5결을 준다. 5품이상 호의 부부가 모두 죽었을 때 남자가 없고 결혼하지 않은 녀자만 있으면 구분전 8결을 주고 시집가면 나라에 바친다.》(문종 원년 2월)

③《감문군이 나이 70이 된 후에는 다만 구분전 5결만 주고 나머지는 회수한다.》(문종 23년 10월)

④《범죄자는 영업전을 받을수 없다.》(정종 7년 정월)

우의 자료를 통하여 다음과 같은 사실을 알수 있다.

① 문무백관들의 전시는 벼슬에 따라 주고 죽으면 바치지만 군인전은 만 20살이 되여야 비로소 가지고 60살이 되면 군인생활이 끝남과 함께 바쳐야 하였다. 혹은 병이 들어 군역을 감당할수 없어도 자손이나 친척에게 전정을 체립(군사복무의무와 군인전을 상속)시켰다. 군인의 신분과 의무가 자손이나 친척에게 체립되면서 군인전도 동시에 세습되였다. 세습되는 군인전을 영업전이라고 하였다. 전정을 체립시킬 자손이나 친척이 없는 경우에는 감문위에 소속되여 감문군(궁문이나 성문 수위에 동원되는 군인)이 되며 따라서 자연히 전시과에 규정된 감문군의 군전 20결을 받았다. 70살이 되면 군전을 바치고 5결의 구분전을 받았다.

영업전의 체립은 오랜 기간 비교적 확고히 준수된것으로 보인다. 1010년에 거란군이 개성에 침입하였을 때 포로되였던 군기승령위의 아들 렴가칭이 45년만에 귀국하여 아버지, 할아버지의 영업전과 집을 돌려줄것을 요청하였는데 문종은 매우 불쌍하다고 하면서 영업전과 옛집을 돌려주라고 명령한것이 그것을 말해준다.*

＊《고려사》권7 세가 문종 10년 2월

② 자손이 없이 죽은 군인의 처와 전사자의 처에게는 그들의 생활보장을 위하여 구분전을 주었다. 그러나 문종 원년(1047년)의 규정에 의하면 복무년한에 의하여 6품, 7품이 된 군인의 처는 8결의 구분전을 받지만 8품이하의 군인의 처는 남편이 전사한 경우에만 5결의 구분전을 받을수 있었다. 5품이상의 군인의 처는 물론 구분전을 받는데 처도 죽었을 경우에는 시집가지 않은 딸에게 시집가기 전까지 8결의 구분전을 주었다. 처에게 주는 구분전은 물론 당대에 한하였다.*1

자료에서 말하는 영업전은 자손에게 상속되는 군인전을 의미하며 구분전은 군인전가운데서 일부를 떼내여 70살이후의 군인 또는 그가 죽은 후 그의 처의 당대에 한하여 가지게 하는 몫이였다.

고려에서 구분전이란 일반적으로 일정한 규정에 따라 주었다가 본인이 죽은 후 바치게 되는 수조지를 의미하였다. 따라서 영업전, 구분전의 개념도 역시 당나라 균전제에서 쓰인것과는 내용에서 전혀 달랐다. 고려의 그것은 토지소유권의 이양에 관한 개념이 아니라 수조지이양에 관한 개념이였으며 구분전이 영업전보다 많은것이 아니라 적었다. 또 균전제에서는 구분전과 영업전이 처음부터 따로 구분되여있었고 둘을 합쳐야 균전의 총면적을 이루지만 군인전에서는 상속되는 경우 영업전이 곧 군인전의 전액이며 구분전은 영업전으로 될수 없는 (즉 세습시킬 대상이 없는) 군인전의 일부 (3분의 1~4분의 1)에 지나지 않았다.

③ 군인이 죄를 범하였을 때는 군인전은 세습되지 않았으며 따라서 구분전도 분급되지 않았다.

1041년에 문하성이 국법을 위반하여 정배간 상장군 리홍숙의 처와 자손에게 영업전, 구분전을 넘겨줄수 없다고 상주한것은 그 증거로 된다. 정종왕은 이때에 그가 거란침략시 통주성을 고수한 군공이 있다고 하면서 영업전을 주라고 명령하였는데 이것은 특혜일것이다. *2

*1, *2 《고려사》 권78 식화지 전제 전시과

탈주병의 군인전도 회수되였다. 1273년 탐라《토벌》때 도망친 별초군을 처벌하기 위하여 전정(田丁 군인전)을 회수할것을 명령한것(《고려사》 권27 세가 원종 14년 10월)은 그 한 실례로 된다. 이것은 범죄자의 군인전은 상속할수 없으며 그의 처도 구분전을 받지 못한다는것을 의미한다.

무관이 받은 수조지는 군인전이 아니라 량반전시과의 전시이며 아버지의 무관신분을 세습한 자손은 자연히 자기 군직에 맞는 군인전을 받게 되였을것이므로 이때의 군인전은 자기 아버지가 생전에 받은 전시의 일부였다. 만일 자식이 과거합격으로 벼슬길에 오른다면 그 벼슬에 따라 전시를 받게 되겠지만* 그렇지 않는 한 무관의 경우에도 일반 군인과 마찬가지로 전정이 체립되였을것으로 보인다.

* 인종때의 어사대지사이며 보문관학사였던 리영은 안성군 호장으로 있다가 경군이 된 아비가 죽은 후 그의 영업전을 물려받으려고 정조 주사에게 문서를 내였다. 그러나 그는 전정을 체립한것이 아니라 다른 방법으로 문반의 전시를 받았다. (《고려사》 권97 리영전)

그러면 군인전을 받은 군인은 어떻게 전조를 받았겠는가.
《고려사》 권78 식화지 농상(예종 3년 2월)조에 다음과 같은 기록이 있다.
《왕이 다음과 같이 명령하였다. 〈근래에 주현관리들이 다만 궁원과 국가의 토지경작만 독촉하고 군인전이 비옥한 토지인데도 그 경작에는 관심을 돌리지 않으며 양호들이 군인집에 량곡을 실어들이지 않는데 대하여 독촉하지 않는다. 때문에 군인들이 추위와 굶주림에 시달려 도산한다. 이후부터 군인전을 우선적으로 다루어 전호를 정하고 경작과 운반을 잘하여 군인을 부양하도록 권고할것이다.》
이 기록을 통하여 관가의 통제밑에 양호로 지정된 농민들이 국가에 바칠 전조를 직접 군인집에 날라다주었다는것을 알수 있다. (때문에 군인전은 사전의 범주에 속하였다.) 군인전이 20~25결이였으므로 적어도 10세대이상의 농가호가 군인의 양호로 지정되였을것이다. 군인전이 군인들의 사유지가 아니기때문에 전호로 불리운 양호들은 물론 소작인이 아니였으며 따라서 군인들은 양호들에게 경작과 량곡운반을 강요할 권리가 없었다. 관청이 여기에 간섭한것은 이때문이였으며 관가의 통제가 약하면 양호들이 량곡(조세)운반을 태공한것도 자연스러운 일이였다.
이와 같이 고려의 선군급전의 군인전제도는 비교적 째였고 당시로서는 봉건통치의 무장력을 강화하는데 크게 기여할수 있는 제도였다. 그것은 특히 군인선발을 엄밀히 하여 체력이 좋고 무예에 능한 군인을 농민속에 둠으로써 국가와 농민의 부담을 일정하게 덜면서 정병을 양성하고 장비를 강화할수 있는, 지배계급에게 있어서 비교적 합리적인 제도였다.
그러나 군인전제도는 고려왕조의 전성기였던 전반기 200년동안 일정하게 실행되고 점차 해이되였으며 그 첫 시기에도 모든 군인에게

다 적용된것은 아니였다.

알려진바와 같이 고려의 정병은 2군 6위, 45령의 부병이였다. 이 부병은 경군으로서 수도와 왕궁수위를 기본임무로 하면서 동, 서북면의 방어에도 동원되였다. 그 수는 4만 5 000명이였으며 그중 상장군으로부터 교위, 대정에 이르는 각급 무관은 3 500여명이였다. 이밖에 약 5만명의 지방군이 있었다. 군사정세의 변동에 따라 림시로 혹은 고정적으로 광군, 별무반, 항마군, 별초군 등 수십만의 군대가 편성되기도 하였다. 군인전은 물론 이들에게 다 준것이 아니였다.

자료의 내용을 보아서 군인전이 부병에게만 준것이 명백하지만 그 수도 적지 않다. 고려말에 전법판서 조인옥은 《42도부(령) 4만 2 000명의 군인이 모두 (군인)전을 받았다.》[1]고 하였고 대사헌 조준은 《42도부 갑사 10여만명의 군복, 식량, 장비가 모두 (군인)전에서 나온다.》[2]고 하였으며 공양왕에게 올린 헌사의 상소에는 《42도부의 군인은 12만》[3]이라고 썼다. 그러므로 42도부의 부병에게 다 군전을 줄수 없었다는것도 명백하다.

고려말의 전국토지 총결수는 경작지가 62만 3 000여결이였으며 황무지까지 합쳐서 79만 8 127결이였다. [4]

[1], [2] 《고려사》 권78 식화지 전제 록과전 신우 14년 7월
[3] 《고려사》 권81 병지 병제
[4] 1391년(공양왕 3년)에 도평의사사가 보고한 당시의 토지측량결과는 다음과 같다.

경기 – 실전(경작지)…13만 1 755결
　　　 황원전(황무지)…8 387결
6도 – 실전… 49만 1 342결
　　　 황원전…16만 6 643결
(《고려사》 권78 식화지 전제 록과전)

42도부 4만 2 000명에게 다 군인전을 준다고 하여도 84만(20결×4만 2 000)～105만(25결×4만 2 000)결의 경작지가 필요하다. 이것은 전국의 토지를 모두 군인전으로 할당해도 부족하였다는것을 말

한다. 같은 해에 조준이 상소한데 의하면 6도 50만결미만의 경작지 가운데서 왕실용(우창)에 10만결, 록봉용(좌창)에 10만결, 관리들의 사전(전시과? 록과?)으로 경기에서 10만결을 할당하고나면 나머지는 17만결뿐인데 이것으로 6도의 군인전과 진, 원, 역, 사원전 그리고 향리, 사객, 름급용을 할당해도 부족하므로 군수용으로 쓸 땅은 전혀 없게 된다는것이다. 이것은 군인전이 17만결안에 있으며 진, 원, 역, 사원전과 그밖의 공전을 떼내면 대략 10만결정도 (5 000명부병의 몫)가 군인전이였으리라는 중요한 사실을 추측할수 있게 한다. 그러므로 군인전의 수습대상을 42도부 《부병》 전체로 보는것도 잘못이거니와 군인전을 주고받는 제도가 《실지로서는 거의 진행되지 않았다》고 주장하는것도 사실과 맞지 않는다. 앞에서 이미 인용하였지만 리영과 렴가칭, 별초군의 실례들은 군인전제도가 확실히 실시되였다는것을 말해 준다.

　문제는 군인전을 42도부 4만 5 000명의 부병가운데서 어떤 군인들에게 주었겠는가 하는것이다. 《조선병제사》의 저자는 《고려시기의 경군(2군 6위)은 무술을 기준으로 선발된 전문군인과 의무병제에 의하여 번상하는 량인농민들로 이루어졌다.》고 보면서 《선군제에 의하여 선발된 경군의 일부》만이 군인전을 받은것으로 간주하고있다. (230페지) 고려병제에 대한 분석을 통하여 2군 6위의 4만 5 000명의 군인이 다 선발된 직업군인인것이 아니라 그 일부만이 선군 즉 부병이였다면 이 결론을 옳다고 보아야 할것이다. 조준의 상서에서 《군전은 재능과 무예를 시험친 다음 (합격자에게 한하여) 20살에 받고 60살에 반환》하게 할것을 주장한데서도 군인전은 선군과 결합되여있다는것을 알수 있다.*

　　* 《고려사》권78 식화지 전제 록과전 신우 14년 7월

　어떻든 선군급전제라는 말에서도 알수 있는바와 같이 선군과 급전은 결합되여있었으며 군인 즉 선발된 부병에게만 군인전을 주고받은것으로 보는것이 사실에 가까운것 같다.

　그러나 군인전은 매사, 매건에 있어서 꼭 규정대로 집행된것이

아니라 고려왕조의 후반기에 오면서 상당히 해이되였다.

① 안동사람 권수평은 대정이였는데 집이 가난하여 정배간 복장한의 땅(전시과 9과- 전 60결, 시 33결)을 몇년동안 물려받고있다가 장한이 풀려나온 다음에는 그에게 돌려주었다. (《고려사》 권102 권수평전)

② 《정종 2년(1036년) 7월에 제위의 군인들은 집살림이 가난한데 명전(名田, 원래는 민전과 같은 소유지를 말하는데 여기서는 군인전의 대명사-인용자)이 부족한자가 많다. … 호부에 명하여 공전(여기서는 국가가 전조를 받는 수조지-인용자)에서 떼여 더 주도록 하라고 지시하였다.》(《고려사》 권81 병지 병제)

우의 자료들은 군인전제도가 11세기초부터는 간신히 유지되여 왔다는것을 보여준다. 그러나 고려말에 이르러 권신들과 사적대토지소유자들의 토지겸병이 격심해지고 사전제도가 문란해지면서 완전히 유명무실한것으로 되였다. 조준의 상소문에서 그 일단을 볼수 있거니와 공민왕때(1352년-1374년)에 감찰대부 김속명이 올린 편지에 더욱 명백히 드러나있다.

그는 상소문에서 《옛날에는 선군급전함으로써 군사들이 모두 충분히 먹고 싸움과 역을 마다하지 않았는데 근래에 세력있는자들이 토지를 천백결이나 겸병하니 군인들에게는 한무(부)의 땅도 차례지지 못하고있다. 징발하여 싸움터로 나갈 때는 모두 해체되여버리니 어찌 적개심을 바랄수 있겠는가. 선군급전법을 회복하기를 바란다.》고 하였다.[*1] 때문에 왕은 1371년(공민왕 20년)에 《근래에 전제가 문란하여 부병들이 전(수조지-인용자)을 받을수 없으니》 속히 선군급전법을 옛대로 회복하라고 명령하였다.[*2]

[*1] 《고려사》 권111 김속명전
[*2] 《고려사》 권81 병지 병제

이리하여 고려초부터 형성되여온 직업적군인층은 전시과제도에 의하여 경제적으로 담보되고 전정련립제도로써 군반씨족이라는 특수한 사회계층을 형성하고있으면서 한때에 그렇듯 위력을 떨치였으나 12세기부터는 무력해지기 시작하였다. 군인전제도는 고려의 군사

력을 강대하게 한 기본요인의 하나였으므로 그의 쇠퇴와 폐지는 고려
의 군사력을 약화시키고 마침내는 고려왕조자체를 멸망에로 이끈 주
요한 원인으로 되였다.

5. 서리전시

서리전시란 량반전시과에서 중앙 및 지방관청의 서리들에게 주

표 21   주현의 향리정원수   (1018년 단위: 명)

번호	주현의 크기 향직	1 000정 이상 (족정)	500정 이상 (반정)	300정 이상	100정 이상	향직의 임무
1	호 장	8	7	5	4	조세징수
2	부호장	4	2	2	1	조세징수
3	병 정	2	2	2	1	병역집행
4	부병정	2	2	2	1	병역집행
5	창 정	2	2	2	1	창고관리
6	부창정	2	2	2	1	창고관리
7	사 (부)	20	14	10	6	서기
8	병 사	10	8	6	4	병역담당
9	창 사	10	8	6	4	창고담당
10	공수사	6	4	4	8	공수전의 관리
11	식록사	6	4	4	3	록봉의 회계
12	객사사	4	2	2	1	객사의 관리 사객의 접대
13	약점사	4	2	2	1	약방의 관리
14	사옥사	4	2	2	-	옥의 관리
	계	84	61	51	36	

※ 《고려사》 권75 선거지 전주 향직

는 수조지와 산관이다. 중앙과 지방의 서리들은 해당 관청에서 실지

로 사무를 집행하는자였고 그 수가 많았을뿐아니라 직무가 자손에게 세습되면서 대대로 지방관청의 해당 사무를 보기때문에 세력이 또한 크고 뿌리깊었다. 특히 고려초 성종(982년-997년)초년까지 중앙집권이 아직 주, 현에 미치지 못하고있었던 조건에서 향리들은 지방토호들과 함께 실제상의 통치자로 되고있었다.

1018년 주현의 향리정원수는 표 21과 같다.

고려왕정은 국초의 이러한 실태를 고려하지 않을수 없었으며 그들의 현실적지위에 맞게 대우해주지 않을수 없었다. 이런 사정으로 하여 서리전시는 량반전시 및 군인전과 함께 고려 전시과의 3대구성부문을 이루게 되였으며 서리전시에서는 향리들에게 준 향리직전이 주요한 자리를 차지하게 되였다.

서리들에게는 이미 976년(경종 1년)의 첫번째 전시과에서부터 전시를 주었다.

처음에는 서리전을 잡리들의 인품에 따라 다르게 주었고 998년(목종 1년)에는 군현의 안일호장(70살로서 퇴직한 호장)들에게 직전의 절반을 주었으며 1014년(현종 5년) 12월에는 문무량반들과 함께 잡색원리들에게 전시를 더 주었다. 1034년(덕종 3년)의 전시과에서 비로소 중앙과 지방의 서리들과 향리들에게 벼슬등급을 참작하여 해당한 과의 전시를 주었다.

표 22   향리전시

과	결수		향직	위계
	전	시		
12	40	10	대상 좌승	4품(?) 3품
13	35	8	원보 정조	4품 7품(?)
14	30	5	원윤	6품

표 22는 향리의 벼슬등급을 표시한것으로서 실지 향리벼슬(향직)인 호장, 부호장 등과 어떤 련관이 있었는지는 밝혀져있지 않다.

원윤, 정조 등 이상이 부호장, 부병정 등 이상의 고위향직에 해당할 것이라는 견해도 있으나 여하튼 향리들이 전시과제도에 의하여 비교적 많은 전, 시를 받았다는것은 명백하다. 특히 향리들이 대체로 그 지방의 지주였다는 점을 첨가하여 고려한다면 그들이 정치, 경제적 지위가 상당히 높았으리라는것을 알수 있다.

향리들가운데서 원윤이상 층들의 전시는 군인전처럼 자손들에게 세습되였다.* 이것은 향직자체가 대대로 세습되는것과 관련되여 있었다.

   * 《고려사》권78 식화지 전시과 현종 19년 5월

향직은 량반들로부터 천역으로 간주되고 향리들은 천시되였으나 그들은 자기의 소유지이외에 이처럼 많은 면적의 직전을 봉건정부로부터 받았으며 인민들에 대한 직접적인 통치자, 악랄한 착취자로 행세하였다.

이와 같이 전시과의 3대구성부문을 이룬 량반전시와 군인전, 향리전시는 봉건통치의 지배계급, 계층들인 문무량반과 서리들, 군인들을 우대하기 위한 주요한 수단으로 제정된것이였다. 그런것만큼 전시과제도는 고려왕조의 력사에서 중요한 역할을 하였다.

전시과는 문무량반들과 서리들, 향리들로 하여금 고려왕실을 위하여 충성을 다하도록 자극하였으며 고려왕조를 정치, 경제적으로 강화하는 물질적기초로 되였다.

또한 군인전은 고려군사력의 핵심부대를 이룬 부병을 물질, 군사적으로 강화하게 한 경제적담보로 됨으로써 고려의 군사력을 강화하게 한 기본요인의 하나로 되였다.

고려가 강대한 봉건국가로 장성하여 거란과 몽골의 거듭되는 대규모의 침략을 물리치고 꿋꿋이 국권을 지켜낼수 있은데는 영웅적항쟁을 벌린 인민들의 결정적역할과 함께 전시과제도의 역할도 컸다고 볼수 있다. 때문에 봉건사가들도 전시과제도로 하여《나라가 부강해졌으며 료, 금 두 강적이 호시탐탐 천하를 노려보면서 우리와 접경하였어도 감히 삼키지 못》하였다고 론평하였다.* 이 평가는 과장된것이긴 하지만 일정한 타당성을 가진것이라고 말할수 있다.

* 《고려사》 권78 식화지 전제 록과전 신우 14년 7월 조준의 상서

전시과제도는 또한 봉건시대 우리 나라의 토지제도발전에서 새로운 장을 펼쳐놓았다. 고려왕조는 형식상 당나라 토지제도의 용어들을 빌어썼지만 내용에서는 고구려를 계승한 발해의 토지제도를 많이 답습하였다. 전시과제도는 그 대표적실례이다. 전시과는 12세기 후반기부터 전반적으로 문란해지고 쇠퇴, 소멸단계에 들어섰지만 고려말에 과전법으로 발전하였다. 수조지를 주는 분급제도는 전시과에 이르러 일단 완비되였는데 이것은 다른 나라들에서는 보기 드문 것이였다.

6. 공음전시와 투화전

량반공음전시와 투화전 등은 전시과에 포괄된 수조지는 아니였다. 그러나 그것이 관료량반들에게 표창의 은전으로서 혹은 왕실을 보호해주거나 국역을 지는 보상으로서 개인들에게 주는 수조지라는 점에서는 비슷하였으며 따라서 다같이 사전의 범주에 속하였다.

공음전시는 량반전시과의 한 고리로서 제정된 제도였다.

공음전시란 고려왕조의 창립과 강화에 특별한 공훈을 세운 량반관료들에게 특혜로 주는 전, 시였는데 그 특징은 공신자신뿐아니라그의 자손들에게 영구히 상속된다는데 있었다. 이것으로 하여 공음이라고 불렀고 이 점에서 본인 당대에 국한되는 일반량반전시과와 구별되였다.

공음전시의 시초는 977년(경종 2년) 3월에 이른바 개국공신과 향의귀순성주들에게 준 훈전이였다. 훈전은 그들의 공훈의 크기에 따라 본인 또는 그의 자손들에게 전 50~20결을 차등있게 준것이였다. * 훈전을 주기 전해인 976년에 전시과법이 공포되였으므로 훈전은 공신(또는 그의 자손)들에 대한 2중적인 혜택으로 되였다.

* 《고려사》 권78 식화지 전제 공음전시

1021년(현종 12년)에 훈전은 공음전으로 불리우게 되였으며 공음전을 받은 직계 아들이 죄를 범하였을 때 그 손자에게 옮겨 상속시

킨다고 규정하였다. 그후 공음전시규정은 더욱 완비되여 1049년(문종 3년)에 량반공음전시법으로 고착되였다.

초기와 후기의 규정을 종합하면 다음과 같다.

① 공음전시는 자손들에게 다음과 같이 상속시킨다.

표 23 **량반공음전시의 자손상속결수**

공신의 생존시 위계(품)	전(결)	시(결)	적용되는 관직
1	25	15	문하시랑, 평장사 이상
2	22	12	
3	20	10	참정이상
4	17	8	
5	15	5	

(5품이하의 공신은 없었거나 따로 취급되였을것이다.)

② 그러나 공음전시를 받을 때 당사자가 산관인 경우에는 해당 품의 급여결수에서 5결씩 감한다.

③ 자손이 악공, 천인, 면역된 서리인 경우에는 공음전시를 받을수 없다.

④ 공음전을 받은자의 자손이 나라를 위태롭게 하는 모반대역죄 등 특별한 죄과가 아닌 이상 그 아들이 죄가 있다 하더라도 그 손자에게 죄가 없으면 그에게 공음전시의 3분의 1을 준다.

⑤ 아들이 없는 공음전은 사위나 친조카 또는 양아들, 의부아들에게 상속시킬수 있다. (문종 27년의 보충규정)

⑥ 공신전을 공신의 자손이 약하고 용렬하여 자손이외의 사람이 차지하였으면 그 년한에 관계없이 원 자손에게 돌려줄것이며 《동종 가운데 만일 한집에서 몰밀어 가지고있으면 족정(足丁)과 반정(半丁)을 갈라서 고르게 가지게 할것》 그리고 《공신자손으로서 남반에 속한자는 동반으로 고칠것》이다. (충렬왕 24년 1월 충선왕의 명령) 여기서 말한 족정은 년령을 기준으로 하여 토지를 받을수 있는 나이

(20~59세)에 이른 장정을 의미하며 반정은 아직 《정》에 이르지 못한, 그러나 부역대상으로 되고있는 청년(16~20살)을 가리켜 한말로 리해할수 있다.

이리하여 공음전시제가 확립되였다. 공음전시는 자손들에게 영구히 상속되는 수조지였기때문에 사유화될 가능성이 많았으나 고려전반기에는 아직 공신들도 많지 않았거니와 법이 어느 정도 준수되였기때문에 공음전시제도는 큰 사회적문제를 일으킴이 없이 고려왕조의 봉건통치에 복무하였다.

투화전이란 외국사람이 투화(귀화)한 경우에 주는 수조권 또는 소유권을 주는 토지였다.

《투화전은 귀화한 사람이 일생동안 향유하다가 죽은 후에 나라에 바치게 하며 관직을 받아 구분전이 있는 사람은 가질수 없게 해야 한다.》(《고려사》 권78 식화지 전제 록과전 신우 14년 7월)

우의 자료는 고유한 의미에서의 투화전이 군인전의 구분전과 같이 일정한 규정에 따라 주고 회수하는 수조지였다는것을 말해준다.

고려건국초기부터 동족인 발해인을 비롯하여 거란, 녀진, 송나라의 관료, 군인, 백성들이 수많이 투화해왔다. 고려왕조는 이들을 환영하면서 일정한 생활조건을 보장해주었으나 결코 일률적으로 대하지는 않았다. 고려의 지배계급들은 고려왕조의 리익으로부터 출발하여 정치, 군사적으로 의의가 큰 인물들과 그렇지 못한 인물 또는 일반 백성들을 구별하여 토지소유권을 주거나 혹은 수조권을 주었으며 또는 황무지 등을 주어 개간경작케 하였다. 투화전은 그들에게 준 토지가운데서 주로 수조지를 의미하였다.

1388년 대사헌 조준은 상소문에서 리성계가 토지제도를 제정한 후 점차로 한인전, 공음전, 투화전, 입진전(변방수비에 동원되여 이주한 군인들에게 주는 사전) 등 잡다한 명목의 수조지가 발생하였는데 관리들이 그 조상이 과연 이국에서 투화하였는가를 알아보지도 않고 망탕 주고있다고[1] 비난한데서도 투화전의 수조지로서의 성격을 알수 있다.

또한 조준이 투화인으로서 벼슬길에 올라 구분전(전시과)을 받은 사람들에 대해서는 2중혜택을 피하기 위하여 투화전을 주지 말자고 제기한 사실을*² 통해서도 투화전이 수조지로서 외국인들에게 실지로 급여되였다는것을 알수 있다.

*¹, *² 《고려사》권78 식화지 전제 공음전시

그러나 사료가 전하는 구체적사실은 투화인들에게 흔히 수조지가 아니라 경작지가 차례졌다는것을 보여주고있다. 관료, 장군을 비롯하여 고려정부에 쓸모가 있는 인물들에게는 흔히 전장을 주었고 중요하지 않는 인물이나 일반 백성에게는 적당한 면적의 경작지를 주어 그들을 편호로 만들었다. 그 실례를 몇개 들면 다음과 같다.

전장과 경작지를 준 실례

① 934년《발해국 세자 대광현이 수만명의 군중을 거느리고 투화하였다. 그에게 왕계라는 성과 이름, 원보의 작위를 주고 왕씨의 일족을 편입하였으며 …그의 막료부하들에게는 작위를, 군인들에게는 토지와 주택을 차등있게 주었다.》(《고려사》권1 태조 17년 7월)

② 1013년《송나라사람 대익이 투화하여오니 그에게 유림랑의 벼슬을 주어 집을 지키게 하고 옷과 전장을 주었다.》(《고려사》권4 헌종 4년 정월)

③ 1040년《거란의 동경 백성 무의로와 오지걸 등 20여명이 투화하였는데 물건과 밭과 집을 주어 령남지방에서 살게 하였다.》(《고려사》권6 정종 6년 4월)

④ 1040년《북녀진장군 니우화꿀보가 투화하였는데 토지와 주택을 주어 경기에 살게 하였다.》(《고려사》권6 정종 6년 9월)

1047년(문종 1년)에 동녀진장군 야어해 등 6명이 자기 부하들을 데리고 왔을 때도 역시 토지와 집을 주었으며 1101년(숙종 6년)에 서녀진인 고시모가 투화하였을 때도 같은 대우를 해주었다. 이런 실례는 허다하다.

편호로 한 실례

① 999년《일본국인 도요미도 등 20호가 투화하니 편호로 하여 리천군에 살게 하였다.》(《고려사》권3 목종 2년 10월)

② 1040년《서북녀진 잉화로 등 13명이 투화하였는데 과호로 할것을 명령하였다.》(《고려사》권6 정종 6년 10월)

③ 1081년《서녀진 만두 등 17명이 가족을 데리고 투화하였는데 편호로 하여 산남의 주현에 살게 하였다.》(《고려사》권9 문종 35년 8월)

편호로 된 외국인가운데는 거란인도 있었으나 특히 녀진인들이 많았으며 그 규모도 컸다. 편호로 만든 경우에는 그들이 고려왕조의 신민으로서의 권리와 의무를 다하도록 하기 위하여 편적(호적)에 정식등록하고 경작지를 주었다.

이렇듯 고려에서는 발해사람들의 귀화와 외국인들의 투화를 환영하고 그들의 생활조건을 보장해주었다. 이 경우 투화인들의 신분과 직위, 정치적영향 등을 고려하여 수조지나 토지, 주택, 의복, 기타 물건들을 주었는데 대체로 관료, 장관들에게는 수조지 또는 소유지, 지어 전장을 주었으며 그렇지 못한 인물과 백성들에게는 적당한 면적의 경작지가 차례졌다.

그러므로 수조지뿐아니라 투화인들에게 준 소유지도 투화전의 범주에 넣어야 한다. 외국에서 사람들이 때로는 수천, 수만명씩 떼를 지어 온 조건에서 투화전은 고려의 토지제도에서 무시할수 없는 자리를 차지하고있었다고 볼수 있다.

이밖에 고려에는 사전으로서 외역전과 위전, 사사전, 역전 등이 있었다.

외역전은 서리전시로서 앞에서 언급한바와 같이 주, 부, 군, 현과 진, 향, 소, 부곡, 장, 처의 서리들, 원관의 관리자들에게 주는 구분전이였다.

위전은 성황당, 향교의 운영과 지장(제지공), 묵척(먹제조공), 수급(물긷는 사람) 등 천인들이 역을 진 대가로 주는 수조지였다.

사사전은 사원전을 말한다. 사원전에는 전장과 수조지의 구분이 있었다.

역전은 역졸들에게 주는 구분전이였다.

이상이 대체로 고려에서 전시과외에 존재한 사전의 여러 류형이였다. 사전에서 수조권의 향유는 조건부적이였으며 사전의 류형에 따라 주고 회수하는 방법과 차지하는 기간이 달랐다. 일반적으로 공음전시와 군인전(군역을 이을 자식 또는 친척이 있는 경우)을 제외한 나머지 사전들은 당대에 국한되였다.

사전의 전조는 비록 국고에 들어가지 않았으나 봉건국가를 위하여 복무하는 모든 관료들과 서리 및 군인들에게 그 보상으로 주는것이기때문에 실지에 있어서는 국고에 들어가는것이나 다름없었다. 따라서 사전제도는 고려왕조의 존립을 위한 주요한 물질적조건으로 되였다.

7. 식읍제도의 발전

식읍은 엄밀한 의미에서 사전(私田)이 아니였다. 식읍은 토지기준이 아니라 호기준이며 식읍을 받은자는 식읍호수에 따른 전조만이 아니라 공물도 수탈하였다.

식읍은 또한 정상적인 국가직무(국역)를 수행하는 대가로 주는 보수가 아니라 특별한 공로에 의해 례외적으로 주는 표창이거나 전시과처럼 벼슬등급과 직종에 따라 주는것이 아니라 종실을 비롯한 특정한 계층 몇사람에게만 주는 국왕의 특별한 《은전》이였다. 그러나 전조가 국고에 들어가지 않고 개인에게 수탈된다는 의미에서는 사전과 같았다.

고려에서 식읍은 시초에 지방의 할거세력들을 포섭하기 위한 회유정책을 실시되였다. 견훤과 김부에게 준 식읍이 그 시초였다.

발해의 작위 및 식읍제도를 고스란히 계승한 고려왕조는 문종왕때(1047년-1083년)에 이르러 발해의 그것을 완전히 정비하였으며 그후부터 식읍은 작위의 높이에 따라 수여되였다.

고려에서 문종왕때에 결정된 공, 후, 백, 자, 남의 작위에 따른 식읍급여액수는 다음과 같았다.

표 24   작위별식읍호수

작위	품계	식읍호수	작위	품계	식읍호수
국공	정2	3 000	현백	정5	700
군공	종2	2 000	개국자	정5	500
현후	정5	1 000	현남	종5	300

※ 《고려사》 권77 백관지 작

작위제도는 충렬왕(1275년-1308년)이후 폐기되였다가 공민왕 5년(1356년)에 공, 후, 백, 자, 남을 모두 정1품으로 올려 복구하였으나 11년이후에는 다시 폐지와 복구를 반복하다가 21년에 완전히 폐지되였다. 그러므로 이때에 작위와 결부된 식읍제도도 폐지되였을 것이다.

고려왕조의 식읍수여정형을 표로 작성하면 다음과 같다.

표 25   고려식읍수여정형   (단위 : 호)

왕 대	이 름	작 위	호수(받은 곳)	실제호수
태조(918-943)	동 궁 견 훤 김 부		? (양주) (경주)	
경종(976-981)	김 부		1만	
성종(982-997)	한언공 최승로	개국후 청하후	1 000 700	
목종(998-1009)	채충순	개국자	(계양현)	
현종(1010-1031)	김 맹 강감찬 강감찬 강감찬 최사위 최사위 김은부 김은부의 아비 왕가도 주 저 위수여	개국남 개국남 개국자 개국후 개국남 개국백 개국후 개국후 개국백 개국남 개국자	300 300 500 1 000 300 700 1 000 1 500 7 000 300 500	

표계속

왕 대	이 름	작 위	호수(받은 곳)	실제호수
문종(1047-1083)	왕 희	계림후	1 000	
	리자연	개국공	3 000	
	문 정	개국백	2 000	200
	윤 관	개국백	2 500	300
	왕 수	부여후	1 000	
숙종(1096-1105)	왕 도	조선국공	5 000	500
	왕 유		6 000	400
	왕 영	락랑후	2 000	300
예종(1106-1122)	최사추	개국후	2 500	1 500
	김경용	개국백	1 000	200
	김경용	개국공	3 000	700
	리 위	계양백	2 000	300
	리자겸	개국백	2 300	300
인종(1123-1146)	리자겸	소성후	5 000	700
	리자겸	조선국공	8 000	2 500
	리 위	계양공	2 500	500
의종(1147-1170)	임원후	정안공	2 000	600
	김부식	개국후	1 000	400
희종(1205-1211)	최충헌	개국후	3 000	300
고종(1214-1259)	리장용	개국백	1 000	100
원종(1260-1274)	김 준	개국백	1 000	100
	김방경	개국공	1 000	300
충렬왕(1275-1308)	김방경	상락공	3 000	300
공양왕(1389-1392)	리성계	개국충의백	1 000 (청정군)	300
	심덕부	충의백		-

※ 이밖에 충선왕 3년(1311년)에 신궁(새로 설립된 궁방)에 식읍을 준 일이 있다.

고려식읍제도의 주요한 특징의 하나는 받은자가 많고 식읍봉호수도 크다는데 있다.

신라는 800년이라는 긴 기간에 10명미만의 관료들에게 식읍을 주었으나 고려는 500년 존속하는 기간 근 40명의 왕자, 왕족, 대관료들에게 식읍을 주었으며 강감찬, 리자겸은 3차, 김부, 최사위, 김경용, 김방경은 2차나 받았다. 봉읍호수에 있어서도 신라는 김구해가 본국(김관국)을 식읍으로 받은것을 제외한다면 김유신의 500호가 최고였다. 그러나 고려에서는 김부가 처음에 신라본국(경주)을 식읍으로 받았다가 후에 1만호를 받았으며 리자겸은 8 000호를 받았다. 또한 문종왕때부터 식실봉(실지로 부세를 받아먹을수 있는)호수가 따로 규정되였는데 거기에도 2 000호, 1 500호가 있다. 관제 및 다른 전제와 함께 식읍제도도 문종왕때에 이르러 완전히 정비된듯 하다.

유럽에서는 령지와 결합된 작위는 세습되였으며 이에 따라 령지도 자손에게 상속되였다. 그러나 고려에서는 작위가 세습되지 않았으며 따라서 작위와 결합된 식읍도 원칙상 당대에 국한되였으며 때에 따라 죽은 후에 작위 및 식읍을 추증하는 경우가 있었다. 안산현 개국후로 책봉된 김은부의 아비가 바로 그러한데 이 경우에 그가 받은 후작과 1 500호의 식읍은 명예적인것이였을수 있다. 신라에서는 태대각간 박뉴가 죽은 후 그의 식읍을 회수하여 김인문에게 넘겨주었다는것은 앞에서 언급한바와 같다.

식읍을 받은자들이 소농민들인 봉호로부터 착취해내는것은 주로 전조였다. 그러나 동시에 공물로서 포를 받아내는 경우도 있었다.

1311년(충선왕 3년) 8월에 왕은 계림(경주), 복주(안동), 경산부를 새로 설립한 궁방 식읍으로 정하고 랑장 구환을 보내여 부세를 독촉케 하였는데[*1] 여기서 말한 부세는 포였다. 그것은 충목왕이 1344년 6월에 《새 궁전에 저장해두었던 3개 식읍의 포 4 000여필을 광흥창에 귀속시켰다.》[*2]고 한 사실에서 알수 있다. 새로 설립한 궁방의 3개 식읍이란 충선왕이 가진 계림, 복주, 경산부일수 있다. 이것으로 미루어 식읍지에서 봉호의 토지에서는 경작지면적에 따른 전조를 받아내고 봉호민으로부터는 호단위로 포를 받아낸것으로 판단된다. 이때문에 식읍은 일반 전시과의 수조지와 구별되였다.

*¹ 《고려사》권34 세가 충선왕 3년 8월
*² 《고려사》권37 세가 충목왕 즉위년 6월

제3절. 공전 및 국유지의 류형

고려의 전제에서는 국가기관에 나누어주었거나 (공해전시) 국가에서 직접 조세를 거두어들이는 토지를 공전이라고 하였으나 그것을 소유권의 견지에서 구분하면 공전에는 국유지와 함께 사적소유지들인 소농민적토지소유와 지주적토지소유도 있었다. 원래의 의미에서 공전은 공유지와 국유지를 의미하는것인데 고려의 지배계급들도 이러한 의미에서의 공전이라는 개념을 쓰기도 하였다.

고려에서도 국유지의 기본은 전국의 산림과 소택지, 황무지, 둔전 등이였다. 황무지는 도처에 있었다. 고려말에 화척과 재인들을 토지에 고착시키기 위하여 주, 군, 현에서 그들에게 《한광지(묵고 있는 넓은 땅)를 나누어주어 평민과 같이 경작하도록 권고》*¹ 한것이라든지 한광지에서 둔전을 한것*² 등은 그것을 말하여준다. 경기 8현에만도 경작지 아닌 황무지들이 많았다. 이 황무지들은 국가소유의 공전이였다. 공민왕이 1356년에 간신의 무리들이 산과 소택지를 독점하는것을 엄금하고 그것을 선공감과 사재감에 귀속시킨다는 령을 내린 사실*³은 산림의 적지 않은 부분이 국가소유였다는것을 말해준다.

*¹ 《고려사》권118 조준전
*² 《고려사》권135 렬전 신우 9년 3월
*³ 《고려사》권78 식화지 전제 공부 공민왕 5년

1. 공해전시와 그밖의 공전들

공해전시란 글자그대로 중앙과 지방의 각 관청(공해)에 준 수조지와 산판이였다. 공해전시제도는 농민들에게 수탈한 전조를 중앙과 지방관청의 비용과 문무백관들의 록봉용 그밖의 국가적수요에 충당하기 위하여 제정한것이였다.

《고려사》식화지에는 공해전시의 형태를 장택(왕실), 궁원(왕족들의 궁), 백사(중앙관청), 주현(지방관청) 및 관역전시 등으로 구분하고 이 기관들에 전시를 차등있게 주었다고 썼다.* 고려왕조의 공, 사전개념에서 보면 이 구분법은 옳다. 그러나 장택전(내장전)과 궁원전은 대부분이 수조지가 아니라 소유지이며 본질상 국유지가 아니라 사적소유지이므로 다음절에서 취급한다.

* 《고려사》권78 식화지 전제 머리글

1) 공해전시

① 백사공해전시

백사공해전시란 중앙 각 관청유지비에 충당한 전시를 말한다. 관청유지비에는 주로 사무비용과 관리들의 점심식사비, 하인(조예)들의 료(봉급) 등이 포함되였으며 사무용지를 보장하기 위하여 따로 지호(종이를 만들어 바치는 세대)를 배속시키거나 지위전을 주어 거기서 수탈하는 전조로 충당하였다.

그러나 자료부족으로 방대한 중앙관청들을 유지하기 위하여 관청별로 어느 만한 공해전이 배당되였는지 구체적으로 알수 없다. 다만 명백한것은 관청의 급과 소속관원수, 직무의 중요성에 따라 공해전시급여액에 차이가 있었을것이라는것이다. 백관들을 총괄하는 내각격의 상서성, 관리들의 인사관계를 맡은 리조나 전국의 호구, 공부, 재정을 맡은 호조와 의약, 치료사업을 맡은 전의시, 감옥사업을 맡은 전옥서는 급이 다르고 관원수, 직무의 중요성에 차이가 있었다. 따라서 그 차이에 따라 전시도 차등있게 급여되였을것이다.*

> * 《고려사》식화지에 기록된 1178년(명종 8년)경의 서경류수부 공해전급여정형을 참고로 소개하면 다음과 같다.
>
> 　　　류수관 공해전 50결
> 　　　　　지위전 272결 37부 7속
> 　　6조 공해전 20결
> 　　　　지위전 15결
> 　　법조사 공해전 15결
> 　　(이하생략)

② 주현공해전시

주현공해전시는 주, 부, 군, 현 등 지방관청들과 특수부락인 향, 부곡의 행정조직들에 소속된 수조지를 말한다.

983년(성종 2년)에 규정된 주현공해전시의 분급정형을 보면 다음과 같다.

표 26　　　　983년, 993년 주현공해전시　　　(단위 : 결)

주현의 등급	공수전	지전	장전	공수시지
1 000정이상	300	—	—	80
500정이상	150	15	5	60
200정이상	?	—	—	—
100정이상	70	10	—	40
100정이하	60	—	4	20
60정이상	40	—	—	
30정이상	20	—	—	
20정이하	10	7	3	

※ 《고려사》권78 식화지 전제 공해전시

　비고: 993년(성종 12년)의 왕명에 의하여 주현공수시지로서 12목은 크기에 관계없이 100결을, 지주사가 있는 고을은 100정이하라도 60결을 주기로 되였다.

표 27   983년 향, 부곡공해전   (단위: 결)

향, 부곡등급	공수전	지전	장전
1 000정이상	20	–	–
100정이상	15	–	–
50정이하	10	3	2

※ 《고려사》권78 식화지 전제 공해전시

주, 현, 및 향, 부곡의 등급을 정(丁)의 수를 기준으로 하여 구분하였는데 이 정은 16~60살까지의 장정을 이르는 정이 아니다. 이렇게 보는 근거는 우선 명색이 주, 부, 군, 현인데 그 지방행정단위 안에 장정이 50명, 20명도 못되는 군현이 있다고 생각할수 없는것이다. 주, 현등급의 기준으로 삼은 정은 장정의 정이 아니라, 일정한 면적(15, 17, 20결 등)의 토지를 한묶음으로 하여 1정으로 한, 즉 《작정》한《정》이였다. *

1정으로 한 정이였다.

이때의 1정이 구체적으로 몇결을 묶은것인지는 알수 없으나 《17결을 1족정으로 하여 1명의 군사를 내는》 선군법의 례와 같을수 있다. 왜냐하면 고려에서 17결=1족정단위는 오래전부터의 전조수탈단위이기도 하였기때문이다.

공수전은 전조를 지방관원 및 서리들의 록봉용으로 쓰는 수조지였다. 1101년(숙종 6년)의 왕의 명령에 《외관리(지방관청의 관원 및 서리)들의 읍록으로 공수전의 전조를 준다.》는 조항이 있는데 이로부터 공수전은 곧 지방 관원과 서리들의 록봉용으로 할당된 수조지였다는것을 알수 있다. 고려에서 지방관원의 록봉의 절반은 경창에서 떼주고 나머지 절반은 이 읍록에서 주었던것이다.

지전은 사무용종이를 해결하기 위한 수조지였다.

주, 현의 장전(長田)은 어디에 쓰이는지 명백하지 않다. 주현관청의 관노, 조예들의 료로 충당되였을것이라는 견해도 있고 주, 현의 호장과 향, 부곡, 진, 포구, 역 등에서 일하는 향리의 우두머리에게 주는 록봉으로 씌였을것이라는 주장도 있으나 아직은 추측에 불과하다.

향, 부곡에도 가장 큰 급의 주, 현과 맞먹는 1 000정이상규모의 것이 있고 관청도 있었으나 중앙에서 관료들이 파피되지 않고 지방 서리들이 통치하기때문에 공해전의 수급액은 주현보다 엄청나게 적었다. 부족되는 관청비용은 향, 부곡민들에게 부담시켰을것이다.

③ 관역공해전시

관역공해전시는 지방역참운영비용으로 할당된 수조지이다. 983년의 관역공해전시 분급정형은 다음과 같다.

표 28 　　　　　983년 역, 관 공해전시　　　　(단위: 결)

관역의 등급	공수전	지전	장전
대로역	60	5	2
중로역	40	2	2
소로역	20	2	—
대로관	5	—	—
중로관	4	—	—
소로관	3	—	—

표 29　　　　　　993년의 역시지　　　　　(단위: 결)

1	동서도(량계이외의 역로)	대로역 중로역	50 30
2	량계(동계, 북계)	대로역 중로역	40 20
3	동서남북	소로역	15

※ 《고려사》 권78 식화지 전제 공해전시

관과 역은 봉건시대에 려객(관리)수송과 통신보장을 맡은 기관으로서 정치, 군사적으로 매우 중요한 역할을 하였다. 때문에 국가는 역참에 상당한 관심을 돌렸으며 관역들에 많은 수조지와 산판을 떼주었다.

관역의 공수전 전조는 관과 역의 관원, 서리, 하인들의 료에 충당되였으며 장전은 관장, 역장들의 료로 지급된것으로 보는 견해가 있으나 많은 의문점을 안고있어 수긍하기 어렵다. 시지들은 관청이나 관역의 건설에 필요한 목재, 땔나무용으로 리용되였을것이지만 그 면적이 방대한것으로 보아 국유림을 빙자하여 가난한 백성들로부터 리용세를 받은것 같기도 하다.

앞에서 인용한 조준의 상소(《고려사》권78 식화지 전제 록과전)에 의하면 고려에도 외역전의 하나로서 진전, 원전이 있었다는것을 알수 있다. 진전은 나루터에서 일하는 천역인들에게 주는 수조지이고 원전은 려관의 관리비, 접대인들에게 주는 수조지였을것이다.

진전에 관한 기록은 보이지 않으나 원전에 대해서는 다음과 같은 기록이 있다. 1356년 6월에 공민왕은《조운이 막혀서 모든 수송을 륙로로 하고있으니 지방관들은 거리의 원근에 따라 원관을 설치하고 그 토지(원전)를 회복하라.》는 명령을 내렸다.* 복구한 원전이 매개 원관에 어떻게 배정되였는지는 알수 없으나 원전이 공해전시의 일종으로 존재하고있은것은 사실인듯 하다.

* 《고려사》권39 세가 공민왕 5년 6월

이렇듯 고려봉건통치배들은 방대한 통치기구를 유지하기 위하여 나라의 많은 면적의 토지들을 중앙과 지방관청들 및 관역들에 배속시켜 그로부터 수탈한 전조를 관청유지비와 사무비, 관원 등의 일부 록봉으로 쓰게 하였다.

2) 그밖의 공전

공전에는 공해전시외에 국가에서 직접 수조하는 토지가 있었다. 이것을 《조선토지제도사》(상)에서는 국고수조지라고 명명하였다. 즉 공해전시처럼 공전의 수조권을 국가기관에 준것이 아니라 직접 국가에서 장악하여 전조를 국고에 넣는다는 뜻에서 그렇게 불렀다.

직접 국고에 들어온 전조는 크게 국용, 군수, 록봉의 세 용도에 쓰이였는데 절대다수의 전조는 관리들의 록봉에 돌려졌다. 《고려사》식화지 록봉조에 의하면 록봉제도가 완비된 문종왕때(1047년-1083년)에 록봉용 좌창의 세입량곡(벼, 조, 보리) 총량은 13만 9 736섬 13말이였다. 좌창은 중앙관리들의 록봉의 전부와 지방관들의 록봉의 절반을 맡았으며 지방관의 나머지 절반록봉은 주현공해전의 공수전소출로 충당하였다. 다만 서경관리들의 록봉만은 황해도에서 실어들인 1만 7 722섬의 13말의 세곡을 서경 태창에서 주었다. 이것은 고려왕조의 관리들을 위해 좌창(후에는 광흥창)과 서경 태창에서만도 해마다 15만 7 400여섬의 량곡을 소비하였다는것을 의미하며 그만한 세곡을 걷어들일수 있는 면적이 공전이였어야 한다는것을 말한다. * 조준은 좌창소속 공전이 10만결이라고 하였다. 이 수자는 사실보다 오히려 적은데 어떻든 록봉용으로 할당된 공전이 공전총량에서 절대적비중을 차지하고있었다는것을 알수 있다.

* 《고려사》권80 식화지 록봉

992년(성종 11년)의 규정에 의하면 공전에서 전조액은 수확고의 4분의 1을 세률로 하여 1결에서 하등논은 1섬 11말 2되 5홉이고 하등밭은 13말 1되 2홉 5작이였다. 당시 토지의 절대다수가 하등전이였다는 점을 고려하면 1결의 평균세액은 1섬으로 보아도 무방할것이다. 그렇다면 15만 7 400여섬의 록봉용량곡을 마련하려면 15만결정도의 공전을 장악하고있어야 하였다.

다음으로 세곡이 우창(후의 풍저창)에 들어갔다가 왕실과 국용일반에 쓰이는 수조지가 있었다. 조준의 계산에 의하면 우창에 10만결, 4고(왕실비용창고)에 3만결을 배정하였다.

이렇게 계산하면 좌창, 우창과 4고에 속한 국가수조지는 적어도 23만~28만결이상이며 6도 시기결총수 49만 1 342결의 절반을 차지하고있었다는것을 알수 있다.

국가수조지에서 큰 비중을 차지한것의 다른 하나는 군수전이였다. 군수전이란 수탈한 전조를 군수용에 충당하는 수조지였다.

군수전의 대부분은 평안도와 함경도에 집중되여있었다. 원래부터 이 량계지대에는 사전이나 좌, 우창전 및 왕실소속 수조지들의 설정이 허용되지 않고 수조한 량곡의 대부분을 군량 및 기타 군수에 충당하였다. *

* 공민왕은 1356년 6월에 다음과 같은 령을 내렸다.《서북면 토지

는 중앙에서 수조하지 않고 지방에 위임하여 국경방비에만 썼다. 이 제도는 오랜것인데 근래에 권세가들의 토지겸병이 심하여 잘 시행되지 않고있다. 지금부터 관가에서 검열하여 빼앗아내며 매 1결에 1섬씩 전조를 받아 군수에 충당하라.》(《고려사》권78 식화지 전제 조세)

  이 자료에 의하여 군수전의 조세액은 일률적으로 결당 1섬이였다는것을 알수 있다. 이것은 량계의 땅이 척박하고 직접적생산자들이 군역에 많이 동원되는 관계로 낮추어준것이라고 볼수 있다. 군수전의 경작자를 군수전호라고 불렀는데 그들은 소농민이였으며 군수전은 그들의 소유지였다.
  군수전에 대한 가렴주구는 심했던것으로 보인다. 전조액을 1결 1섬으로 정한지 19년후인 1375년(우왕 1년)에 군수전호들이 무거운 조세부담과 원거리운반 등 고역에 못 견디여 많은 땅을 묵이는 현상이 계속 발생하였다. 봉건정부는 이들을 무마하기 위하여 모든 군수전의 조세량을 2분의 1로 줄이기로 하였다. *

> * 《고려사》권80 식화지 진휼. 이 축감된 조세액을 보충하기 위해 서인지 다음해(우왕 2년) 9월부터는 공신전 조세액의 3분의 1, 사원전 수조량의 절반 그리고 2개 궁원전시의 수조량의 일부(과렴을 제외한 몫)를 국가에 회수하여 군수에 충당하기로 개정하였다. (《고려사》권78 식화지 전제 조세)

  군수전은 국방을 위한 유일한 경제적원천이였다. 군인전이 부병군인의 자체양성비를 마련한다면 군수전은 그밖의 모든 군인, 10여만 군인의 비상군량과 장비를 마련하기 위한 경제적밑천이였다. 그러나 이 중요한 공전제도 고려말에 가서는 규정대로 집행되지 않았다. 권세있는자들과 관권을 등에 업은 지주들이 군수전과 군수전호들을 집어삼킴으로써 군수의 원천도 고갈되여갔다.
  이상이 곧 고려 전반기 공전의 주요 류형들이였다. 공전에서 수탈한 전조의 용도에서 볼수 있는바와 같이 공전제도 역시 사전제도와 마찬가지로 결과적으로는 고려왕조의 방대한 관료군을 호의호식시키기 위한 제도이며 봉건통치기구를 강화하여 인민들에 대한 억압과 착취를 보장하기 위한 제도였다. 따라서 공전제도의 성쇠는 고려왕조의 흥망과 직접적으로 련결되여있었다.

2. 적전의 설치

적전이란 왕이 봄에 직접 보습을 잡고 땅을 갈며 가을에 그 소출로써 사직(땅과 곡식의 신 또는 국가나 조정)에 제사지내기 위한 토지를 말한다.

적전을 설치한 목적은 이른바 국왕의 《친경》의식을 통하여 농민들로 하여금 그《모범》을 따라 저마다 밭갈이에 떨쳐나서게 하려는데 있었다. 이것은 순전히 유학자들이 만들어낸 허례허식으로서 실지에 있어서는 사직을 제사지내기 위한 제물을 마련하는데 있었다.

유교경전대로 하면 적전의식은 요란한것이였다. 이날 왕은 왕자들과 3사3공, 6조대신들을 비롯한 모든 관료들을 거느리고 적전에 나가 보습을 잡고 땅을 가는 흉내를 내였다. 왕자들과 대신들 및 대소관료들은 색다른 옷과 갓을 쓰고 왕의 일을 돕는다는 뜻에서 주어진 위치에서 보습을 잡는 흉내를 내였으며 더러는 서서 구경하였다. 여기에 동원되는 소만도 80마리나 되였다. 그러나 실지 보습을 잡고 소를 몰며 밭갈이하는 사람은 여기에 동원된 농민들이였다.

고려에서 이런 기만적의식은 983년(성종 2년)에 시작되였다.

《성종 2년 정월 을해에 왕이 친히 적전을 경작하였다. 신농을 제사하고 후, 직에도 배향하였는데 이것이 적전례식의 시초였다.》(《고려사》권62 례지 적전)

이것은 고려뿐아니라 우리 나라 력사에서 적전에 관한 최초의 기록으로 된다. 그후 현종이 1031년 1월에 《적전을 친경》하였으며 인종이 1134년 1월에 《적전에 제사》지냈고 1144년 1월에 《적전을 친경》하였다고 한다.

원래 적전의식은 해마다 정월달에 하기로 된것인데 다른 왕들은 이런 놀음조차 하지 않았으며 공민왕이 1370년 3월에 시중 리인임을 보내여 적전의식을 한번 거행하게 하였고 9월에 적전에 행차한것이 전부였다.

적전은 국유지였으며 적전의 경작자는 린근부락의 농민들이였다. 적전경작은 왕실 또는 국가기관의 공노비들이 담당하는 경우도 있었겠지만 외국이나 후세의 경우를 보면 주로 농민들의 부역로동에 의거하였다. 때문에 적전의 《적》자를 《빌 차》자로도 새기며 《백성들의 힘을 빌어 경작하기때문에 적전이라고 말한다.》고 해석한다.

적전의 면적은 대단히 넓었다. 리조때에는 100여결이였는데 고려의 적전은 그보다는 적을수 있었으나 결코 수결 혹은 수십결정도의 것이 아니였다. 개경성 동쪽교외에 적전리가 있는것을 보아도* 한개 리의 토지 전부가 적전으로 되였을 가능성이 많다. 그것을 또한 적전을 설정한 주요한 목적의 하나가 제사물자를 마련하는데 있었다는것을 념두에 두어도 적은 면적이 아니였다는것을 알수 있다.

* 《고려사》권22 세가 고종 4년 5월

적전은 농민들에게 물질적으로 커다란 피해를 주었다. 봉건통치배들은 적전의식으로써 인민들을 사상적으로 기만하였을뿐아니라 적전경작에 강제동원시킴으로써 물질적으로도 큰 손실을 주었다. 적전의 수확물은 제사용으로 되기때문에 병작반수제로써 농민들과 수확을 나누려고 하지 않았다. 그러므로 인민들은 국가부역의 형식으로 완전한 무상로동을 제공하지 않으면 안되였다.

3. 학전의 연혁

학전은 발해에도 있었고 신라에서는 학생록읍이라고 불렀다. 고려의 통치배들도 학교를 세우고 관료의 후비육성에 일정한 관심을 돌렸으며 학생양성을 위하여 물질적보장대책을 취하였다. 이것이 곧 학전이였다.

고려 학제는 중앙에 3학(국자학, 대학, 사문학)이 있고 주현에 향학들이 있었다. 학과의 기본은 유교경전이였고 다만 국자학의 부문학과로서 산학, 률학, 서학 등에서만 기술과목을 가르쳤다. 이 학교들에는 원칙상 관료량반들의 자제들만 입학할수 있었고 일반 서민들, 량인과 천인에게는 학교문이 닫겨있었다. *

> * 인종왕때(1123년-1146년)의 학제에 의하면 국자학(국자감) 학생은 현직 문무관 3품이상의 자손 또는 이와 동등하거나 그보다 높은 량반자손들만이 될수 있었고 대학생은 현직 문무관 5품이상의 자손 또는 그와 동등하거나 그 이상의 자격자, 사문학은 현직 문무관 7품이상의 아들 또는 그와 동등하거나 그 이상의 자격자들만이 될수 있었다. 하급서리들과 수공업자, 상인, 악공, 향, 부곡인의 자손 및 범죄자는 입학할수 없었다. 다만 률학, 서학, 산학 및 향학생들만 8품이상자의 아들과 서민의 자제들도 입학이 허용되였다. (《고려사》권74 선거지 학교)

학제상 국자학과 대학 및 사문학에는 각기 300명의 학생이 공부하기로 되였다. 때문에 중앙에서만도 900명의 학생을 양성하는데 필요한 자금이 마련되여야 하였다. 물론 이것은 학제가 정비된 12세기초 인종왕대이후의 일이였다.

처음에는 태조 왕건이 서경에 갔다가 그곳에 학교와 학원을 세우고 그 운영비로 비단과 곡식 100섬을 보내여 학보(학교운영자금용고리대기금)로 하게 한것이 그 시초였다. 그후 성종왕은 주군현의 량반자제들을 뽑아 수도에 보내여 공부시킬것을 명령하였는데 270명의 학생이 뽑혀왔다. 그런데 지방학생들이 고향생각으로 안착하여 공부하지 않기때문에 986년에 귀향을 요구하는 207명의 학생들에게 1 400필의 포를 주고 남아 공부할것을 바라는 53명의 학생에게는 쓰개 106개와 쌀 265섬을 주었다. *

> * 《고려사》권74 선거지 학교

우의 자료는 당시까지 아직은 학생양성을 위한 제정된 재정항목이나 학전이 없었다는것을 말해준다. 고려에서 학전제도는 989년(성종 8년)부터 실시되였으며 초기의 학전은 수조지가 아니라 토지 그자체였다.

① 989년 4월에 성종은 학교를 장려하기 위해《명문가정의 자식

들을 널리 모집하여 전장을 주어 공부하게 할것》을 명령하였다. (《고려사》권3 세가 성종 8년 4월)

② 성종 11년(992년) 12월에는 관리들에게 경치좋은 곳에 서재와 교사를 널리 세우며 전장을 주어 학생식량을 충당할것을 명령하였다. 이해에 국자감이 창설되였다. (《고려사》권74 선거지 학교)

이리하여 고려에서는 989년부터 봉건적정규학교들이 신설되고 그에 따라 학전제도가 실시되였다. 학전을 얼마씩 주었는지는 알수 없으나 그 전장이 학교소유로 된 국유지의 한 류형이라는것은 명백하다. 토지소유권의 경제적실현형태로서의 지대는 전조보다 몇배 더 많았으므로 학전의 면적은 그리 크지 않았을것이다. 학교는 바로 이 지대에 의하여 모든 비용을 충당하였다. 만일 학교에 소속된 공노비의 로동에 의하여 학전을 경작하였다면 수확의 전부가 학교운영비로 되였을것이다. 그러나 학교공노비는 몇명밖에 되지 않았으며 그들의 기본임무는 청소, 청사관리 및 취사 등이였다. 그러므로 학교전장의 경작자가 소작농민이였을 가능성이 더 많다.

학제가 확립되여 중앙과 3학과 함께 지방의 향교가 설치됨으로써 학생들의 수도 늘어났다. 특히 1127년(인종 5년) 3월《각 주들에 학교를 세워 배움의 길을 넓히라.》는 왕명이 있은 다음부터 학교와 학생의 수가 더욱 증가한것으로 보인다. 그러나 국가에는 이에 상응하게 학교들에 줄 전장이 없었다. 이로부터 자금난과 각종 폐단들이 생겨났으며 1243년(고종 30년)에는 안향의 제의에 따라 대소관료들이 품계에 따라 국학운영비로서 은, 포들을 차등있게 내였고 고종도 내고의 전곡을 내는 이례적인 현상이 있게 되였다. *

* 《고려사》권74 선거지 학교

학교사업을 추켜세우기 위한 조치에서 전환적인것은 양현고를 설치하여 수조지의 수입으로 교육비를 충당하게 된것이였다.

1119년(예종 14년)에 정부는 국학에 양현고를 설치하였다. 양현고는 거기에 소속된 수조지에 대한 전조징수와 학교의 경제적운영 등 일을 맡은 기구였다. 이후부터 학전의 기본은 전장으로부터 수조지에로 이행하였으며 학전제도에서 전환을 가져왔다. 중앙의 국학학전이 수조지로 되면서 주, 군, 현의 각 학교들에서도 수조지분급이 기본으로 되였을것이다.

양현고에 수속된 수조지로서의 학전이 얼마나 되였는지 알수 없으나 수백결은 넘었으리라고 추측된다. 우왕때에 찬성사였던 리득분이 남의 땅을 비법적으로 빼앗은 가운데 연안부에 있는 양현고전 100결이 들어있은 사실이 그것을 말해준다.* 이 학전은 성균관의 상소에 의하여 다시 양현고에 반환되였다. 몽골침략군의 제4차 침략이 있기 직전인 1243년(고종 30년)에 양현고에 저축된 량곡은 300휘(1휘=10말)였는데 이해에 교육비가 부족하여 관료들로부터 은, 포의 희사를 받지 않으면 안되였던 사실은 정상적인 상태에서는 국학 한곳에서만도 그 몇곱절 되는 쌀이 있어야 하였다는것을 말해준다.

* 《고려사》권122 리득분전

중앙의 학교뿐아니라 주, 군, 현향교들에도 일정한 면적의 수조지가 있었다. 1363년 5월에 공민왕이 성균관 12도(徒) 동, 서학당과 여러 주, 군 향교소속 토지 및 노비들이 권세있는자들에게 겸병된것을 모두 찾아내여 학교운영에 쓰도록 하라고 한 왕명을 통해서 알수 있다.

고려에는 국학외에 사학(사립학교)이 있었다.

사학에는 최충의 9재에 적을 둔 유명한 문헌공도를 비롯하여 홍문공도, 광헌공도, 문충공도, 정교공도, 정헌공도 등 12도가 있었는데 사학도 일정한 경제적밑천을 가지고있었다. 그것이 국가에서 준 수조지이건 개인이 기증한 전장이건 관계없이 토지라면 역시 학전의 부류에 속한다.

이렇듯 고려왕조에서는 봉건관료의 후비육성을 위하여 중앙과 지방에 학교들을 설치하고 그 운영비로서 처음에는 재정적지원을 주다가 후에는 국유지를 떼여주었으며 예종왕때부터는 수조지를 주었다. 이리하여 학전의 기본은 소유지로부터 수조지로 이행하였고 학교운영비는 지대수입으로부터 전조수입에 의존하게 되였다. 그러나 학전은 고려의 토지제도에서 의연 중요한 자리를 차지하였으며 고려의 봉건문화발전에도 일정한 기여를 하였다.

4. 둔전제의 발전

둔전제는 우리 나라 봉건사회에서 고려시기에 가장 높은 단계로 발전하였다고 볼수 있다.

원래 둔전이란 군인이 경작하는 토지를 의미한다. 따라서 고유한 의미에서의 둔전제란 현역임무를 수행하고있는 병졸들의 로력으로 싸우면서 경작하는 제도이며 그 목적은 《조운의 수고를 덜고 군량을 보충》하려는데 있었다.* 이것을 군둔전, 군둔이라고도 불렀다.

* 《삼봉집》권8 조선경국전 하 둔전

그러나 후세에 오면서 농민들을 강제동원하여 군사편제로 대오를 뭇고 국가의 황무지를 개간, 경작하는것을 둔전이라고 하였으며 지어 둔전이란 명색뿐이고 농가호들에 봄에 소 또는 종곡을 대주고 (전혀 주지 않는 경우도 있었다.) 가을에 가서 수확물을 빼앗아내는 것도 둔전이라고 불렀다. 이런 략탈적둔전을 총괄하여 민둔전, 민둔이라고 하였다.

원래 둔전은 국유지의 한 류형이며 그 경작은 흔히 변방의 황무지나 연해의 묵밭개간으로부터 시작하였다. 고려왕조는 20년간의 국내전쟁의 결과로 세워졌기때문에 초기부터 둔전경영에 관심을 돌렸으며 국토통일후에는 주로 북방의 량계일대와 연해지방에 외적을 방비하기 위하여 둔전을 많이 설치한것으로 보인다.

정도전이 고려왕조에서 《음죽(충청도)둔전을 두었는데 또 연해의 주군들마다 둔전이 있어 군량을 대였다.》*고 한것으로 보아 그밖의 지역에도 둔전을 광범히 설치하였던것을 알수 있다.

* 《삼봉집》권8 조선경국전 하 둔전

고려 최초의 둔전기록은 해주의 안서도둔전에 관한것이다. 《안서도(해주 부근)의 둔전 1 240결을 현화사에 기부하였다. 량성이 거듭 반대하였으나 왕이 듣지 않았다.》(《고려사》권4 세가 현종 11년 8월 병술)

현화사는 현종이 자기 어머니의 명복을 빌기 위하여 지은 사원이였다. 량성의 대신들이 무슨 근거를 들어 현종의 《효성》을 반대하였는지 알수 없으나 아마 국방상 둔전의 중요성이 그 론거의 하나로 되였을것이다. 여기서 둔전의 결수가 대단히 많다는데 대하여 주목을 돌리게 된다. 1 240결이면 1정=17결로 환산하여도 100정이하 중등급의 주, 현이 통채로 둔전으로 되여있었다는것을 말해준다. 해안방비를 위하여 연해에 주둔한 병졸들에 의하여 경작되였을것이지만 그 면적이 방대함을 고려한다면 많은 부분이 민둔전이였을수 있다.

먼저 군둔전부터 고찰하자.

군둔전은 처음에 북방 녀진족의 침입을 막기 위하여 함경도일대에 많이 설치되였다. 1042년(정종 8년) 4월에 동녀진 대상 오어달이 부림소를 줄것을 간청해왔을 때 정종은 곧 동로둔전사의 소 10마리를 주었다*1는 기록이 이것을 말해준다. 동로둔전사란 함경도의 둔전을 총괄하는 관청인데 많은 부림소를 가지고있었다는것을 알수 있다.

원래 둔전을 하려면 관청에서 소와 종곡을 가지고있어야 한다. 다른 나라의 둔전경영방식을 본다면 둔전군이나 둔전민들에게 소와 종곡을 대주고 둔전경작을 시키며 가을에 소를 빌려쓴 대가로 병작료보다 10분의 1이 더 많은 수확의 10분의 6을 지대로 착취하였다. 동로의 둔전경작자는 대부분 변방주둔군이였을것이므로 수확물의 일부나마 가지지 못하였을것이며 그들의 로력은 무상으로 착취되였을것이다.

1084년(선종 1년) 6월에 동녀진족들이 홍해군 모산진농장에 침입하였을 때 수비병들이 그것을 격퇴하고 5명을 포로하였다*2는 기록을 통해서 둔전의 원래의 모습을 알수 있다. 모산진농장이란 수비병들이 경작하는 둔전이며 이 병졸들이야말로 싸우면서 경작하는 둔전군이고 이런 둔전이 곧 원래의 의미에서의 둔전이였다.

*1 《고려사》 권6 세가 정종 8년 4월
*2 《고려사》 권10 세가 선종 원년 6월

고려왕조의 후기에는 몽골의 침략으로 말미암아 일정한 기간 군둔전이 쇠퇴하였으며 많은 둔전들이 권세가들에 의하여 겸병되였다. 공민왕때(1352년-1374년)부터 다시 소생하기 시작하였으나 군둔전보다 민둔전이 많은 비중을 차지하게 되고 둔전의 내용도 변하여갔다. 그리고 이 시기 남쪽의 왜구가 자주 침입하는 조건에서 연해방비가 국방상의 주되는 문제로 되고 이에 따라 둔전은 하3도의 해안지대에 많이 설치되였다.

공민왕은 1356년 6월에 다음과 같은 지령을 주었다.

① 전라도 림피둔전이 권세가들에게 거의 점탈되였기때문에 도평의사는 따로 둔전관을 두어 빼앗긴 땅을 모두 되찾아 둔전으로 할것.

② 해안지대는 제방을 쌓고 물을 막아 좋은 땅을 만들수 있는 곳이 많으므로 관리들은 땅을 찾아 왜구방비의 병졸들로 농사를 지을것.

③ 각 도에서 옛날 둔전하던 곳은 모두 림피둔전의 례에 따를것. *

> * 《고려사》 권82 병지 둔전

이 명령을 통하여 그 어간 군둔전이 잘 운영되지 못하였던 사실과 왜구의 침입과 관련하여 둔전의 중심이 해안지대에 옮겨지게 되였다는것을 알수 있다. 그리고 앞에 인용한 정도전의 기록을 통하여 이 명령은 대체로 집행되여 옛 둔전들은 복구되고 해안지대의 주, 군, 현마다에는 둔전이 설치되였다는 사실도 알수 있다. *

> * 1383년에 하양, 영주 등지의 황무지들에도 둔전을 개설하여 군량을 보충하기로 하였다. 그러나 지방장관들이 남의 소와 조업전(민전)을 략탈함으로써 많은 피해를 가져왔다. 이것은 둔전이 황무지개간이라는 본래의 사명을 떠나 변질되고있다는것을 보여준다. (《고려사》 권135 렬전 신우 9년 3월)

군둔전으로부터 민둔전으로 이행하는 과도적형태의 둔전으로서 주진(州鎭)둔전이 있었다. 주진둔전은 주군둔전, 주현둔전이라고도 불렸는데 경작자-둔전군은 군졸들과 농민들이였다. *

> * 1103년(숙종 8년)의 결정에 주진둔전군이 지정된 수확고를 내였을 때 둔전관리자들은 표창하지만 《군졸들과 백성들에게서 징수하여 그 수를 채우는 경우에는 죄를 준다.》는 조항이 있다. 여기서 착취당하는 《군졸과 백성》이 곧 주진둔전군이다. (《고려사》 권82 병지 둔전)

1099년(숙종 4년) 4월에 《주, 부, 군, 현들에서 각기 둔전 5결씩 경작하는것을 허용》하는 왕명이 내렸는데 정도전은 주군둔전은 군량조달을 위한것이며 상번군인들(전졸)이 경작하여 수확을 국가에 바친다고 썼다. 그러나 전졸들은 둔전농사를 잘 짓지 못하여 자기 곡식을 바치거나 빚을 내여 물게 되기때문에 도망자가 계속 나타났다. *¹

　　다른 한편 주군의 관리들은 사복을 채우기 위하여 둔전면적을 5결이상으로 늘였을수 있다. 이런 경우 도망병들의 수를 메우고 더 늘인 둔전의 경작을 위하여 공노비를 부리거나 린근 농민들을 강제동원시키는수밖에 없게 되였다. 이리하여 주현둔전은 차츰 민둔전으로 되여갔으며 그에 따라 폐해도 커졌다. 1071년(문종 25년)에 정부는 《주진의 말들이 늙었거나 죽은것은 공수둔전의 수입으로 사서 보충할것》을 결정하였는데 *² 이 공수둔전이 주, 현둔전일것이다. 그러나 12세기 전반기에는 공수둔전이 명색뿐이고 그 수입이 전혀 없기때문에 1145년(인종 23년)에 왕은 잡위전의 수입으로 새 말을 사서 보충하라고 명령하였다. *³ 이것은 공수둔전에 페단이 많이 생겼다는것을 보여준다. 리성계가 정권을 잡은 다음 주, 군둔전을 모두 페지하고 음죽둔전 하나만 남긴 리유의 하나가 여기에 있었다.

　　　*¹ 《삼봉집》권8 조선경국전 하 둔전
　　　*², *³ 《고려사》권82 병지 마정

　일반적으로 둔전의 수확고는 낮았다.
　1103년(숙종 8년)에 규정한 주진둔전의 결당목표수확량을 당시 다른 논밭의 수확고와 대비하여보면 표 30과 같다.

표 30　　　　　　　둔전과 다른 논밭의 수확고대비

논밭	수확고	다른 논밭의 결당 수확고 (섬-말-되)	결당조세액 (섬-말-되-홉-작)	둔전의 결당 수확고 (섬-말-되)
밭	상등	7-3-5	1-12-1-2-5	1-9-5
	중등	5(6)-7(12)-5	1-5(10)-6-2-5	
	하등	(3-7-5)	(13-1-2-5-0)	

표계속

논밭	수확고	다른 논밭의 결당 수확고 (섬-말-되)	결당조세액 (섬-말-되-홉-작)	둔전의 결당 수확고 (섬-말-되)
논	상등	15-0-0	3-11-2-5-0	3-0-0
	중등	11-0-0	2-11-2-5-0	
	하등	7-0-0	1-11-2-5-0	

※ 《고려사》권82 병지 둔전
다른 논밭의 수확고를 계산한 산술적기초는 992년(성종 11년)에 규정한 공전의 전조량이 수확고의 4분의 1이라는것이다. ( )안의 수자는 《결부제도의 발생과 발전》의 저자가 정정한것이다.

이 표에서 보는바와 같이 둔전의 높은 수확고가 다른 일반경작지 하등전답의 2분의 1에 미치지 못하고있다. 수확고가 이렇듯 낮은것은 둔전이 강제로동에 의하여 경작되며 생산도구가 불비하고 토지가 메마른 황무지였다는데 기본원인이 있을것이다. 그러나 상번군인의 무상로동에 의하여 경작되는 경우 그 수확량은 전량이 군량에 충당되므로 국가는 전조를 받는것보다 훨씬 큰 리득을 보게 된다. 통치배들이 둔전을 경작하여 군량을 보충하려고 한것은 바로 이 리익을 탐내기때문이였다. 그럼에도 불구하고 둔전이 잘 운영되지 못하고 페기와 복구의 과정을 반복순환하게 되는것은 둔전이 비옥해진 다음 권세가들이 그것을 빼앗아가거나 지방관료들이 사리사욕을 채우려고 롱간질을 함으로써 《민페》가 막심하였기때문이다.

둔전의 다른 형태는 민둔전이였다. 민둔전도 일찍부터 발생한것으로 보이는데 둔전가운데서 페단이 혹심한것이 바로 이 민둔전이였다.

1024년(현종 15년) 1월에 도병마사는 《서경과 경기의 하음현 부곡민 100여호를 가주(가산) 남쪽에 옮겨 둔전을 하자》고 제기하였다.(《고려사》권82 병지 둔전)

이것은 현재 전해지고있는 민둔전에 관한 최초의 기록이다. 그러나 민에 의한 둔전은 이보다 훨씬 이전, 군둔이후에 시작하였을것이다. 가주에 이사한 둔전민들이 부곡민이 아니라 평민이였다면 그들은 이사한 지역에서 편호로 되고 새땅을 개간하여 소농민적토지소유자로 장성하였을것이다. 그러나 부곡민이였기때문에 그들은 그러한 권리를 가지지 못하고 둔전민으로 국가의 토지-둔전을 경작하는 예속적농민으로 되였다.

둔전에서는 기인과 노비로동을 사용하기도 하였다.

1256년(고종 43년) 2월에 왕은 다음과 같은 명령을 내리였다. 몽골군의 침략으로 나라가 황폐되고 조세수입이 적어졌으므로 《주, 현의 기인들을 동원하여 황무지를 개간경작시키며 전조를 받아내여 경비에 충당할것.》 그리고 《문무관료 3품이하, 권무이상은 모두 정부(丁夫 장정)를 차등있게 내여 제포(금강의 포구)와 와포(서천군 한산면 완포리)에 제방을 쌓아 좌둔전으로 하고 리포(론산군 론산면 종포리)와 초포(론산군 계룡면 평리)를 우둔전으로 할것이다.》*

* 《고려사》권79 식화지 농상

기인들을 동원하여 경작하는것을 꼭 둔전이라고 할수 없으나 전시조건에서 취한 이 조치는 일정한 기구와 대오편성을 전제로 하였고 종곡과 부림소 등의 보장대책도 취해졌을것이므로 민둔에 가까운 것이다. 좌, 우둔전을 개간한 정부들은 관료량반들의 노복들이였을것이며 이들은 당분간 그 둔전을 경작하였을것이다.

이렇듯 원래의 둔전과는 뜻이 점점 멀어져간 민둔은 나중에는 가호둔전이라는 괴상한 둔전형식으로 변하였다.

1375년(우왕 1년) 2월에 우왕은 《둔전법이란 원래 수자리선 병졸들과 한가한 백성을 시켜 황무지를 골라 경작함으로써 운수비용을 절약하는것이다. 그런데 오늘 집집에다 종자를 나누어주고는 흉풍에 관계없이 거두어들이는데서도 법도가 없으니 백성들이 매우 괴로워한다.》고 하면서 도평의사는 각 도의 가호둔전을 모두 금지하고 그밖의 둔전만을 경영할것을 명령하였다.*1 1379년(우왕 5년) 1월에 문하부 랑사는 각 도, 각 주에서 둔전법을 잘 시행하지 않고 집집에 종자를 나누어주고는 추수한것을 빼앗아 빈객의 접대비로 쓰고있으니 그것을 철저히 폐지하며 주, 군의 형편에 따라 둔전수를 정해주고 그 수입을 국고에 넣을것과 동, 서량계의 군사가 긴급하므로 판가의 소와 농구들을 갖추어 황무지에 둔전을 설치하고 청렴한자를 보내여 경작을 독촉할것 등의 내용을 담은 상소문을 내였다.*2

*¹, *² 《고려사》 권82 병지 둔전

우의 자료에서 고려말에 둔전이 어떤 경지에 이르렀는가를 알수 있다. 가호둔전이란 실로 강도적인 수탈방법이였다. 봄에 농민들에게 종곡만 대주고는 그가 그해에 둔전을 경작하였는지 안하였는지, 자연재해가 어느 정도였는지, 수확이 얼마나 되였는지 전혀 상관하지 않고 (그가 국가의 둔전을 경작하였을 경우에는 지대)를 받아갔는데 지대도 법에 관계없이 마음대로 수탈하였다. 그리고 가호둔전으로 착취해간 몫을 군수에 쓴것이 아니라 관리들의 접대비로 탕진해버리였다.

우왕은 이러한 페단을 없앨것을 명령하였으나 가호둔전은 과전법이 실시된 후에야 비로소 페지된것으로 보인다. 이런 형편에서 매주, 현들에는 고유한 의미에서의 둔전만을 하고 량계지방에 군둔전을 널리 개설하자는 문하부 랑사의 상소가 실현될리 만무하였다. 이리하여 고려말에 이르러 둔전은 긍정적의의를 완전히 잃고 생산발전의 질곡으로 되였으며 인민들의 피땀을 빨아 관료배들의 배속을 채워주는 파렴치한 착취수단으로 변하였다.

제4절. 사적토지소유의 발전, 소작제의 보편화

고려에서 사적토지소유는 더욱 발전하였다. 통치계급들은 입버릇처럼 《왕토》와 《국전》에 대하여 떠들기를 좋아하였지만 그들자신이 경쟁적으로 사적토지를 넓혀나갔다. 이런 속에서 국왕과 그의 일족들도 내장전과 궁원전을 각종 방법으로 늘여감으로써 최고, 최대의 지주로서의 지위를 유지해갔다.

고려의 국왕도 2중성을 띠고있었다. 그는 의연히 전통적유교관념에 기초하여 국가를 대표하고있었으나 경제적으로는 엄연히 국고와 구별되는 사유재산(내고)의 소유자였다. 내장전(내장택)은 국왕개인의 사유지였으며 이 왕유지는 국유지와 엄격히 구별되여있었다. 국왕자신이 자기의 사유재산을 늘이기 위하여 장사와 고리대도 하였고 토지략탈에도 참가하였으며 보홍고와 같은 사설창고도 가지고있었다. 여기에는 방대한 량의 사유지와 노비가 소속되여있었다. 왕족들의 경우도 사정은 마찬가지였다. 그들은 계급적으로 사적대지주였다.

고려에서 사유지를 조업전(또는 부조전)이라고 불렀으며 사유지의 매매, 이양은 실제상 법적으로 허용되고있었다. 1122년(예종 17년)의 왕명에 의하여 《무릇 부조전으로서(형제간에 상속문제로 분쟁이 생겼을 때―인용자) 문계(증거문서)가 없는 경우에는 적장남에게 우선 주게》되였다.*¹ 이것은 현존하는 자료가운데서 조선봉건사회의 문서화된 사유재산의 이양법에 관한 첫 기록인듯 하다. 비록 고려말 과전법실시당시에 자유로운 토지매매와 이양, 상속 등을 제한하고 반드시 관가의 승인을 받기로 규정하였으나*² 이것은 토지매매의 금지법은 아니였다.

*¹ 《고려사》 권85 형법지 소송
*² 《고려사》 권78 식화지 전제 록과전

토지매매가 허용되면 사적토지소유는 거침없이 발전하게 되며 권력자, 부유한자들에 의한 토지집중은 필연적이다. 고려에서도 토지매매가 허용됨으로써 지주적토지소유가 제한없이 팽창하였으며 이에 따라 농촌에서 계급분화가 심화되고 지주적소유지에서의 병작반수의 소작제가 보편화되여갔다. 그러나 소작제는 고려 후기의 농장에서 볼수 있는바와 같이 강한 신분성을 띤 예속적인 소작제였다. 이것은 당시 관료량반들의 대토지소유의 신분성과 관련되였다.

1. 내장전과 궁원전, 왕실소유지의 팽창

1) 내 장 전

내정전의 왕의 사적소유지이다.

아시아의 노예소유자국가의 왕들과 봉건전제국가의 군주들은 자신을 즐겨 《신민의 아버지》, 《하늘의 아들》로 자처하였으며 《국가의 대표자》라고 선전하였다. 이로부터 그들의 사유재산도 국가재산의 외피를 쓰게 되였으며 사적소유지를 국유지와 혼동하였다. 그러나 이미 말한바와 같이 실지에 있어서 국가재산과 왕의 재산, 국가소유지와 왕의 사적소유지는 엄격히 구분되여있었다. 고려국왕의 내장전은 그 한 실례이다. 따라서 내장전을 국가수조지로 또는 국유지로 보는 견해는 소유권에 관한 리론적해석에서의 원칙적착오이다.

고려에서도 국왕은 개인이면서 국가라는 2중적존재로 행세하였다. 때문에 경제적으로도 그의 순수 사적생활을 보장하는 기관으로서 내장택(리조때의 내수사와 근사)이 있었고 국가공무생활을 보장하는 우창(풍저창)이 따로 있었다.

내장택의 토지는 사료들에서 내장 또는 내장전이라고 불렸는데 이것은 수조지가 아니라 소유지였다. 《고려사》는 내장택도 일종의 공해라는 의미에서 내장택의 소유지를 공해전시의 범주에 포함시켰으나 장택에는 분급된 시가 없고 전만 있으며 전의 대부분은 수조지가 아니였다. 그러므로 엄밀한 의미에서는 공해전시가 아니였다.

태조 왕건때에 이미 내장전이 있었으며 내고에는 많은 재산들이 축적되여있었다. 918년에 내고에는 1 000여명의 노비로 팔린 량인자제들을 속량해줄수 있는 포백이 장만되여있었으며 *¹ 내장전에서 수탈한 쌀이 썩고있다고 하여 그 보관정형을 검열하는 심곡사를 파견한 일이 있었다. *² 이것은 내장전의 면적이 대단히 넓었다는것을 간접적으로 보여준다.

1057년(문종 11년)에 문종은 정종의 궁인 3명에게 매해 내장택 쌀 30섬을 줄것을 지시하였으며 1205년에 희종은 최충헌에게 공신 칭호와 개국후의 작호를 주면서 3 000호의 식읍과 100결의 내장전을 주었다. *³ 이것으로 왕실소유의 내장전이 적어도 수백결은 넘었으리라는것을 알수 있다.

*¹ 《고려사》권1 세가 태조 원년 8월
*² 《고려사》권1 세가 태조 원년 6월
*³ 《고려사》권129 최충헌전

내장전은 그 대부분이 소작농민에 의하여 경작되였겠지만 왕실노비들에 의하여 경작되는 경우도 있다.

《고려사》(권93) 최승로전에는 태조가 왕실노비들로 하여금 궁역에 종사하는 외에 교외에 나가 살면서 토지를 경작하여 세를 바치게 하였다는 기록이 있다.

최승로는 외거하여 경전납세하는 이 왕실노비들을 재외노비라고 불렀다. 이 재외노비 즉 외거노비들이 경작한 토지는 내장전일것이며 그들이 납부한 세는 전조가 아니라 노비들의 잉여로동이 구현한 지대였다. 재외노비들이 외거노비라면 가족과 자기 살림을 가지고있었을것이며 그들의 로동은 잉여로동과 필요로동으로 구별되였을것이다. 따라서 그들은 노예가 아니라 농노였다.

내장택에 소속된 장, 처들에서도 직접적생산자의 신분과 계급적 처지가 다를뿐 경영방법은 같았을것이다.

전법판서 조인옥 등이 1388년에 상소한데 의하면 고려말에 왕실에 소속된 장, 처는 360개였는데 그 토지소출은 국왕의 사적소비를 위한 공상에 바쳐졌다. 이러한 장, 처는 고려 초기에도 있었다. *

> * 《고려사》권78 식화지 전제 록과전 신우 14년 7월
> 《처와 장으로 불리우는것들이 있는데 모두 궁전, 사원 및 내장택 등에 예속되여 세를 바친다.》(《신증동국여지승람》권7 경기 려주목 고적 등신장)

이 자료에서 알수 있는바와 같이 처와 장은 처음에는 모두 왕실(또는 사원)에 예속되여 그 기관의 착취를 받는 예속민들의 부락이였다. 이때에 내장택이나 궁원, 사찰에 예속된 예속민들의 부락들인 장, 처안의 토지들이 실제로 누구의 소유인가 하는것은 명백치 않다. 고려 후반기에 출현한 권세가, 대토지소유자들의 처의 대부분은 그들의 사적농장이였으며 처의 토지는 권세가들의 사유지였다. 그러나 고려 전반기 장, 처 안의 토지들에 대한 소유권소속은 론의할 여지가 있다. 만일 예속민들이 바쳤다는 세가 지대라면 토지소유권은 그 장, 처의 지배자의것일것이며 단순한 세 즉 전조라면 소유권은 예속민들에게 있었을것이다. 장, 처의 민의 대부분은 본래 자유로운 소농민, 소토지소유자였다. 그러던것이 어떤 계기에 순전한 정치적 강권에 의하여 집단적으로 신분상의 예속민으로 되였다. 때문에 초

기에는 계급적으로 변화되지 않았으며 소소유자로서의 지위를 그냥 보존하고있었다고 볼수 있다.

그러나 후기에 오면서 예속민의 처지는 국가와 권력가들이 그들에 대한 착취를 2중, 3중으로 강화하는 원인으로 되여 결국 소소유자들의 경제적파산을 가져왔으며 계급적으로도 예속농민으로 전락하게 되였다. 그들의 본래의 소토지들은 모두 장, 처의 주인의 소유로 되였으며 그들이 납부하던 세는 지대로 변하였다.

내장택에 속한 360개의 장, 처들의 토지도 이런 합법칙적인 경로를 밟아 결국 내장전으로 되고말았을것이다. 이 장, 처 토지로부터 수탈한 세(전조 또는 지대)가 1388년부터 모두 국왕의 몫으로 되여 료물고에 들어간 사실*이 그것을 말해준다.

  * 《고려사》권78 식화지 록과전 신우 14년 7월

국왕은 이렇듯 방대한 사유재산을 소유하고있었음에도 불구하고 재부를 늘이려는 탐욕에는 끝이 없었다.

《덕치》와 《인정》을 표방하는 국왕자신이 내장전 등 왕실소유지를 비롯하여 사유재산을 늘이는데 광분하였다. 끝없는 국왕의 탐욕과 더불어 내장전은 인민의 재부를 략탈하여 나날이 팽창되여갔으며 농민의 피눈물이 고인 원한의 땅으로 되였다.

2) 궁원전시

궁원전시는 왕의 친척들에게 분급된 수조지와 삼판 혹은 소유지이다. 궁원전의 많은 부분도 수조지가 아니라 그 궁, 원의 소유지였다. 궁, 원의 소유지를 궁장이라고 불렀다.*

  * 고려에서 궁, 원들은 각기 자기 호를 가지고있었는데 주로 왕모(왕태후)와 왕의 처, 첩들의 궁방이였다.

궁, 원들에 전시와 노비를 우선적으로 주는것은 그 자손들이 부족을 모르고 살게 하려는데 있었다. 따라서 궁, 원의 모든 재산은 원칙상 대가 바뀌여 인척관계가 멀어지고 궁호, 원호가 없어져도 그 자손(서자)들이 적절히 분배하면서 영원히 상속할수 있었다. 또한 세월이 흐를수록 왕의 족속들이 많아지기때문에 고려 500년간 궁원들에 준 전, 시의 총량도 대단히 많았을것이다.

아래에 궁원전시와 궁원전의 소유정형을 보기로 한다.

1029년에 현종은 왕자에게 량곡 2 000섬과 토지 300결, 노비 30명을 주었는데* 이 토지는 국가수조지로서의 공전일것이며 따라서 이 300결의 토지는 수조권만 있는 왕자의 궁원전시로 되였다고 볼수 있다.

* 《고려사》 권5 세가 현종 20년 4월

1058년에 중서문하성은 궁원전시란 원래 왕의 후손들의 생활보장을 위해 《만대까지 세습》하기로 되였다고 하면서 문종이 홍왕사에 넘겨주었던 경창원의 전시를 도로 원에 돌려줄것을 제기하였다. 이에 대하여 문종은 《전시는 이미 시납하였으니 사원의 재산으로 된 전시를 도로 찾을수 없다. 공전에서 그 수만큼 떼내여 주는것이 좋겠다.》고 하면서 어량과 배, 노비만은 경창원에 그냥 소속시키라고 지시하였다. *

* 《고려사》 권8 세가 문종 12년 7월

우의 자료에서 궁원은 전시와 노비, 어량과 배 등을 가지고있었다는것을 알수 있다. 다만 궁원전시만은 국가로부터 받은 수조지이기때문에 필요에 따라 국가가 도로 회수할수 있은것으로 보인다. 만일 그 전시가 궁원의 소유지였다면 국왕은 절대로 홍왕사에 넘겨주라는 지시를 할수 없을것이다.

궁원전시는 비록 수조지라고 하여도 수조권이 영구히 궁원에 소속되기때문에 세월이 흐름에 따라 궁원과 소농민사이에는 점차 주종관계가 형성되여갔고 이에 따라 수조지도 점차 궁원의 소유지로 전화할 가능성이 많았다.

궁원전에는 수조지보다 사유지가 더 많았다.

1016년에 궁녀 김씨가 왕자(흠. 후의 덕종)를 낳았을 때 현종은 그에게 연경원주의 칭호와 함께 전장과 노비, 염분, 어량 등을 주었으며 *1 1313년에 충숙왕은 명희궁을 없애면서 그에 소속되였던 전토와 노비들을 료물고에 소속시켰다. *2 여기서 연경원이 받은 전장이 수조지가 아니라 국유지라는것은 명백하다. 당시의 사료들에서 전장이라고 쓴것은 소유지였고 전시라고 한것은 대체로 수조지를 의미하였다. 명회궁이 가지고있던 전토도 그 궁의 소유지 즉 궁장이였다고 본다. 그것은 료물고란 국왕의 식용미곡을 관리하며 전국의 장, 처의 토지를 관할하는 기구인데 장, 처의 토지는 왕실소유지이기때문이다. 만일 장, 처의 토지가 왕실소유지가 아니라 수조지라면 명회궁의 전토도 수조지로서의 궁원전으로 될것이다.

  *¹ 《고려사》 권4 세가 현종 7년 5월
  *² 《고려사》 권34 세가 충숙왕 즉위년 9월

  1022년에 호부는 궁원들이 사주(경상남도 사천군)의 민전을 빼앗아 궁장에 소속시킴으로써 농민들이 무거운 조세부담에 견디여내지 못하고있었다고 하면서 《주안의 공전에서 그 수만큼 떼내여 보상해줄것》*을 간청하였다. 여기서 궁장은 궁의 소유지이며 민전의 보상으로 주는 공전은 국유지였다. 농민들이 자기 땅이 궁장이 된 다음 무거운 징세부담에 고통을 느끼게 되였다는것은 본래는 국가에 전조만 바치던것이 지금은 궁장토로 되였으니 소작료를 바치지 않으면 안되였기때문이다.

  * 《고려사》 권78 식화지 전제 경리

  수조지로서의 궁원전은 본래 국가가 소농민으로부터 수탈하던 전조를 궁원이 넘겨받은것이기때문에 법제상으로는 궁원과 농민사이에는 직접적인 관계가 없었다. 그러나 궁장으로서의 궁원전에서는 궁원주인들이 지주로서 행세하게 되며 농민들로부터 지대를 착취하기때문에 궁원과 농민은 소작관계로 결합되고 직접적인 지배와 예속관계로 대립하게 되며 농민은 궁원의 예속민으로 된다. 이런 농민을 장호(궁장의 농호라는 뜻)라고 불렀는데 당시의 력사적조건에서 장호들은 지주인 궁원에 경제적으로뿐아니라 인신적으로도 예속되였으며 궁원은 이런 지배와 예속관계를 리용하여 장호를 가혹하게 착취하였다. 현종왕이 《근래에 궁원소속 장호들이 요역(부역)이 번중하여 살아가기 어렵게 되였다.》*고 말한것은 이런 리면을 반영한것이였다.

  * 《고려사》 권5 세가 현종 20년 9월

  이렇듯 궁원은 수조지뿐만아니라 많은 면적의 토지를 소유하고

있었으며 궁원수가 늘어남에 따라 그 수도 팽창하였다. 이것은 그만큼 국왕일족의 사적소유지가 확대되여가는 반면에 국유지와 민전이 줄어들고 인민들의 고통이 더해갔다는것을 의미하였다. 내장전과 궁원전 등 왕실 및 왕족소유지의 무한한 팽창과 사유화는 고려토지제도 발전상의 주요특징의 하나였다.

2. 사원전의 농장화

후기신라 말기에 이미 전국의 이름난 사원들은 모두 대지주로 장성하였고 대농장을 경영하였다. 사원전의 농장화과정은 고려에 와서 더욱 촉진되였다. 그것은 불교를 국교로 선포하고 그 교리를 믿은 고려지배계급의 사상문화정책과 관련되였다.

태조 왕건은 《훈요》에서 《우리 나라의 대업은 반드시 모든 부처의 호위의 힘을 빌어야 한다.》고 하면서 사원을 많이 짓고 각종 불교의식을 성대히 할것을 강조하였다.*¹ 그의 자손들은 태조의 유언대로 도처에 사원과 불탑을 세우고 방대한 토지를 주었으며 연등회, 팔관회, 반승(중잔치)등 불교의식을 대대적으로 벌리였다. 한번 반승하는데 1만명, 지어 5만의 중을 초청한 때도 있었다.*² 공민왕은 중잔치를 3일씩이나 벌렸으며 여기에 쓴 천만도 5 000여필에 달하였다.*³ 왕과 왕족들, 관료량반들은 자기 자식들을 중으로 내보내기도 하였다.

고려지배계급의 이러한 숭불행위는 모두 고려왕실과 자기 일문일족의 《안녕》을 위한것이며 인민들에 대한 계급적지배를 영원히 보장하기 위한것이였다.

*¹ 《고려사》 권2 세가 태조 26년 4월
*² 《고려사》 권11 세가 숙종 6년 9월
*³ 《고려사》 권42 세가 공민왕 19년 2월

봉건정부는 개별적중과 사원들에 수많은 수조지와 전장을 주었으며 사원자신이 또한 방대한 면적의 토지를 사들이거나 시주들로부터 기증받았다. 이로부터 고려시기 사원전은 수조지와 소유지의 두

류형이 있게 되였다.

문종은 1058년 7월에 경창원에 소속되였던 수조지와 산판을 홍왕사에 주고 그 대신 그만한 량을 공전에서 떼주었다.*¹ 1064년 4월에는 대운사에 준 공전이 척박하고 조세수입이 적다고 하여 좋은 땅 100결을 더 주었다.*² 앞뒤 문맥으로 보아 더 준 땅은 수조지인듯 하다. 공민왕은 로국공주가 죽은 다음 그의 명복을 빈다고 하면서 운암사에 노비 46명과 토지 2 240결을 기중하였다.*³

　　*¹ 《고려사》권8 세가 문종 12년 7월
　　*² 《고려사》권8 세가 문종 18년 4월
　　*³ 《고려사》권89 후비 로국대장공주전

중들에게 주는 수조지는 1076년의 전시과 별사전에 의하여 합법적으로 보장되였다. 이 규정에 의하면 승직들인 대덕은 전 40결, 시 10결이였고 대통은 전 35결, 시 8결, 부통은 전 30결, 지리업승인은 전 17결이였다. 고려의 왕들은 사찰들에도 수많은 수조지를 주었다. 고려말에 대사헌 조준이 상소문가운데서 《전제를 바로잡기 위한 조목》으로 사사전(사원전)을 정리할것을 제기한것은 이때문이였을것이다. 그는 태조이래의 5대사, 10대사 등 이른바 국가의 비보(보호)사사들에만 전시를 주고 도선의 밀기에 지적된 이외의 신라, 백제, 고구려의 사원과 새로 세운 사원에는 주지말자고 제기하였다.* 이 사실은 국가가 사원에 준 수조지가 방대하였다는것을 말해준다.

　　* 《고려사》권78 식화지 전제 록과전 신우 14년 7월
　　국가는 사원에 수조지를 주었을뿐아니라 인민들로부터 수탈한 전조를 주는 경우도 있었다. 946년에 정종이 량곡 7만섬을 큰 사원들에 《불명경보》, 《광학보》등 명색의 고리대밑천으로 준것은 그 한 실례이다. (《고려사》권2 세가 정종 원년)

사원전의 주되는 구성은 사원소유지였다. 사원소유지는 그 소유권이 사원에 있었기때문에 토지 그자체를 사원이 마음대로 처분할수 있었다. 그러나 사원소유지는 개별적승려의 사적소유가 아니라 사원의 공유지였다. 소유지로서의 사원전의 원천은 국가에서 소유권을 희

사한것과 시주로부터 받은것 그리고 자신이 사들인것 등에 있었다.

 태조 왕건은 자기가 서경에서 사냥할 때 데리고 논 대광 행파의 두 딸이 출가 못하고 중이 된것을 가엾게 여기여 그들에게 대서원과 소서원을 지어주고 각기 토지와 민(노비)*을 주었다.

> * 일반적으로 노비는 민으로 표기하지 않았다. 그런데 전민의 민이 노비라는것은 우에 인용한 홍왕사의 례에서 알수 있다. 중서문하성이 경창원의 전시를 홍왕사에 주고《어량과 배, 노비는 모두 경창원에 돌려주라》는 왕의 명령에 반대하면서《전, 민과 어량, 배들을 옛대로 궁실에 돌려줄것》을 요청하였는데 이 민이 앞의 노비를 의미한다는것은 명백하다.

 이미 앞에서 본바와 같이 1019년 8월에 현종은《안서도(해주부근)의 둔전 1 240결을 현화사에 시납》하였는데 둔전은 그 어떤 형태로 경작되든지간에 대체로 국가소유지였다. 그러므로 현화사에 기증된 안서도의 둔전-국유지는 사적인 사원소유지로 전환되였으며 군량에 충당되던 둔전의 소출은 사원에 들어갔을것이다.

 통도사의 사원지는 둘레가 4만 7 000여 보나 되였는데 그것은 하나의 독립왕국을 방불케 하였다고 한다.

 사원들은 방대한 자기 소유지들을 어떻게 경영하였을것인가. 홍왕사나 대운사, 운암사 등 국가로부터 수조지를 받은 사원들은 자기 노비들을 시켜 수조지로부터 지정된 국가세액에 따라 전조를 받아오면 되였을것이다. 그러나 사원소유지는 자신들이 직접 경영하여 지대를 받아들여야 하였다.

 알려진바와 같이 소작인이란 신분에는 관계없이 지주의 토지를 경작하여 잉여생산물을 지대형태로 수탈당하는 소농민이다. 뒤에서 언급하겠지만 고려에서 소작제의 기본형태는 병작반수제였다. 토지가 적거나 없는 소농민들은 지주의 토지를 병작하지 않으면 살아갈수 없었으며 약간의 토지를 가진 농민들도 국가의 가혹한 부역과 병역을 피하기 위하여 권세있는자의 토지를 병작하기를 원하였다. 사원전은 이들의 좋은 피난처로 될수 있었다. 이리하여 수많은 빈농민들이 사원전의 병작농이 됨으로써 사원전은 농장으로 되여갔으며 병작농민들은 사원의 예속농민으로 전화하였다. 이러한 변화과정은 신라 말기에 이미 시작되였는데 고려때의 유명한 수원승도는 이들가운데서 발생한것으로 보인다.

《고려초부터 경기와 지방의 사원들에는 모두 수원승도들이 있는데 그들은 군현의 주민들처럼 늘 (사원의) 로역에 복무한다. 그들가운데 가산을 가지고있는자들이 수천수백에 달한다.》(《고려사》권81 병지 병제 숙종 9년 12월)

우의 자료는 1104년에 윤관이 수원승도들로써 항마군을 조직하고 제기한 상주문의 한 구절이다. 이 자료를 통하여 수원승도의 계급적처지를 리해할수 있다. 그들은 자기의 집과 토지 등 얼마간의 부동산을 가지고있지만 사원의 토지를 경작하고 사원의 《보호》를 받는 대가로 사원의 각종 로역을 지지 않으면 안되는 빈민들이였다. 수원승도는 승도라고 부르기는 하였지만 중은 아니였고 사원에 예속된 농민, 사원의 병작농민이였다고 볼수 있다. *

> * 다음 장에서 서술하겠지만 고려의 대농장은 이러한 예속농민들에 의하여 경영되였다. 또한 리조 후반기에 오면서 사원전의 소작인은 대체로 불교도인들이였다.

이렇듯 고려의 사원들은 봉건정부의 각방으로 되는 원조와 비호밑에 수조지와 전장 및 고리대기금(보)을 비롯한 각종 재물들을 수많이 축적하고 인민들을 예속농민으로 전화시켜 그들의 잉여로동을 착취하는 대지주였으며 사원전은 점차 대규모적인 농장으로 전변되여갔다.

3. 사적지주소유지에서의 병작반수, 소작제의 보편화

소작제는 우리 나라 봉건사회에서 일찍부터 발생하였다고 볼수 있다. 이것은 우리 나라 봉건사회의 주요한 특징을 이룬다.

력사적연원을 따져보면 소작제가 일찍 발생할수 있은것은 가내노예제에 기초한 우리 나라 노예사회의 특징과도 련관되여있다는것을 알수 있다. 우리 나라 노예사회에서 노예대중은 기본생산부문에 적게 참가하였으며 그 유습은 봉건사회에도 전래되였다. 봉건사회에서 노비의 기본군중은 주로 가내작업에 참가하였으며 귀족, 관료들의 사노비들은 주인의 경리를 관리하며 전조나 소작료의 징수 등의 일을 맡아하였다. 일부 왕실소유지에서 농업로동에 참가하는 재외노비들이 있었고 지주의 사유지 및 주, 현둔전들에서 농업로동에 종사하는 노비들이 있기는 하였으나 그들은 노비가운데 극히 일부였을것이며 지주사유지에서의 노비로동은 직영지에 국한되였을것이다. 이러한 사정으로 하여 지주적소유지들에서는 량인농민들의 잉여로동이 적용되지 않을수 없었으며 바로 이것이 우리 나라에서 소작제가 일찍 발생하게 된 객관적조건이였다. 다만 문헌자료의 부족으로 고려이전시기의 소작관계의 구체적양상을 찍어서 이야기할수 없을뿐이다. 그러나 황무지가 많고 소농민이 광범히 존재할수 있었던 당시의 력사적조건에서 소작제는 주로 지주적토지소유가 집결되여있고 소농민이 집중되여있는 곳에 한정되여있었을것이라는것은 확실하다.

고려시기에 소작제는 광범히 발전하여 지주적토지소유의 주되는 경영방법으로 되였다. 고려의 소작제의 기본형태는 병작제였다. 국가에서 법으로 진전의 개간경작에서 지주와 소작인의 수익분담비률을 제정한것으로 보아 병작제가 어느 정도 보편화되였다는것을 알수 있다.

소작제에는 크게 분익제와 정액제가 있었다.

분익제는 수익을 나누어가진다는 뜻에서 온 말인데 지주는 흉풍에 관계없이 수확의 절반을 지대로 수탈하였다는데 그 특징이 있다. 우리 나라에서 분익제의 주요한 소작형식은 병작반수제였다. 이 형태는 16세기까지 거의 유일한 소작형태로 있었다.

정액제는 수확량에 관계없이 계약된 일정한 량을 지대로 수탈하는 소작의 한 형태인데 우리 나라에서 이런 소작제형식을 도지라고 불렀다. 도지는 봉건사회의 분해기에 상품생산과 생산력의 일정한 발전의 결과로 발생하였다.

소작제가 농민들에게 토지를 빌려주어 경작시킨 대가로 그들의 잉여로동을 지대형태로 착취하는 봉건지주적토지경영방식의 하나였던것만큼 소작제의 발전은 빈농민의 대량적출현과 함께 지주적토지소유의 발전을 전제로 한다.

고려에서 지주적토지소유는 그 이전시기에 비하여 현저히 발전하였다. 지주적토지소유는 법적으로 토지소유권이 담보되여 토지의 매매와 이양, 상속의 자유가 일정하게 보장됨으로써 그 발전의 길이 열려져있었다. 그리고 황무지의 자유로운 개간과*1 사전(賜田)에 의한 새 지주의 출현, *2 부의 집중에 의한 대지주의 장성 등으로 지주적토지소유는 더욱 확대되였다.

> *1 《백성들의 경작에 대해서 말한다면 그들은 마음대로 개간하여 점유할수 있었으며 국가는 이에 간섭하지 않았다. 힘이 많은 사람은 넓은 땅을 개간할수 있었고 세력이 강한자는 많이 점유할수 있었다.》(《삼봉집》권7 조선경국전 상 경리)
> *2 고려 전반기의 사전(賜田)에 관한 몇개 자료를 소개하면 다음과 같다. 921년(태조 4년) 후백제인 궁창, 명권 등이 투항하여 토지와 주택을 받았다. 현종은 1012년에 지방행차때 시중을 잘 든 언효와 효질에게 좋은 땅을 주었고 1016년에는 정신용일가에게 좋은 땅 20결을 주었으며 1029년에는 왕가도에게 개경라성을 축성한 공로로 개성현의 장전을 주었다. 후기에 오면서 사전의 규모는 엄청나게 커지고 무질서해져서 사패전이라는 간판밑에 그것은 권세가들이 민전을 수탈하여 농장으로 만드는 주요한 공간으로 리용되였다.

그러나 고려에서도 지주적토지소유가 팽창하는 주되는 방법의 하나는 토지겸병이였다. 권세있는자들은 관권을 등에 업고 자기보다 약한자의 토지를 수탈하였으며 농촌의 중소지주들도 빈농민의 어려운 처지를 리용하여 그들의 토지를 겸병하였다. 정중부가 판사 렴신약의 토지를 강권으로 빼앗았다가 돌려준 사실*1과 《각처의 부유하고 세력있는 량반들이 …… 가난한 백성들의 조상전래의 정전(사유지)을 겁탈》하는 현상이 한둘이 아니였던 사실*2 등이 그 실례로 된다. 권세가들이 남의 토지와 노비를 함부로 빼앗는 현상은 고려 후반기에 와서는 하나의 사회적풍조로 되였다.

> *1 《고려사》권99 렴신약전
> *2 《고려사》권79 식화지 차대

고려의 지주들은 주로 병작반수제에 의거하여 토지를 경영하였다. 이에 대하여 정도전은 다음과 같이 썼다.

《힘이 많은 사람은 넓은 땅을 개간할수 있었고 세력이 강한자는 많이 점유할수 있었으나 힘이 없는 약한자, 강한자의 땅을 빌린자는 수확의 절반을 나누어야 하였다. 경작자는 하나인데 먹는자는 둘이므로 부자는 더욱 부유해지고 가난한자는 더욱 가난해졌다.》,《부자는 토지가 밭둑길로 련달려있는데 가난한자는 송곳을 꽂을만 한 땅도 없어 부자의 땅을 빌려 경작하였다. 한해동안 부지런히 일해도 먹을것이 오히려 부족한데 부자는 편안히 앉아서 일하지 않고 품팔아 경작하는 사람을 부려 수확의 태반을 먹는다.》(《삼봉집》 권7 조선경국전 상 경리)

정도전이 묘사한 이 토지경영방식이 곧 병작반수제이며 지주가 앉아서 먹는 수확의 절반이 곧 지주적토지소유가 경제적으로 실현한 생산물지대이다.

봉건정부는 병작제가 보편화된 이런 현실을 고려하여 소작제를 합법화하였으며 그것을 토지개간을 장려하는 수단으로 리용하였다. 973년과 1111년에 제정한 진전개간법이 곧 그것이다.

① 973년(광종 24년) 12월 제정 -《묵밭을 개간, 경작한 사람에게는 그 밭이 사전인 경우에 첫해의 수확을 모두 주며 2년째부터는 전주와 반분한다. 공전인 경우에는 3년간의 수확을 모두 주며 4년째부터 법에 따라 전조를 받는다.》(《고려사》 권78 식화지 전제 조세)

② 1111년(예종 6년) 8월 제정 -《3년이상의 묵밭을 개간, 경작하면 그 수확은 2년동안 모두 전호에게 주며 3년째 부터 전주와 반분한다. 2년 묵은 밭은 4분의 1을 전주가, 4분의 3을 전호가 가진다. 1년 묵은 밭은 3분의 1을 전주가, 3분의 2를 전호가 가진다.》(우와 같은 책)

우의 자료를 옳게 파악하기 위해서는 우선 사전과 공전, 전주와 전호에 대한 개념부터 정확히 인식하여야 한다.

973년의 진전개간규정은 976년(경종 1년)의 전시과제도 즉 사전제도가 확립되기 3년전에 제정된것이다. 따라서 묵밭으로 된 사전을 전시과제도의 사전 즉 개인에게 분급된 수조지가 아니며 공전은 국가수조지로서의 공전이 아니다. 만일 과전법실시이전에 사전을 준 일이 있었다고 하더라도 경작지를 줄것이지 당장은 경작할수 없는 묵밭부터 주었을리 만무하다. 그리고 두번째 해부터 전주와 수확의 절반을 나누기로 되였는데 수조지에서의 수조는 원칙상 국가규정대로 10분의 1이여야 하는것이다. 그러므로 진전개간법에서 지적된 사전은 개인분급수조지로서의 사전이 아니라 사적소유지를 가리키며 전주는 진전의 소유주를 의미한다. 공전도 국가수조지로서의 공전이 아니라 공유지(여기서는 국유지)로서의 공전수로 해석하여야 한다. 만일 이 공전을 수조지로서의 공전으로 해석한다면 전시과의 공전에서처럼 국가에 전조를 바치는 그 공전의 실제의 소유주(례컨대 소농민)가 있어야 할것인데 이 법에서는 공전의 소유주와 개간자와의 수확분배비률을 제시하지 않고 사전보다 현저히 유리한 조건을 주면서 국가에서 4년째부터 《법에 따라 전조를 받는다.》고만 규정하였다. 이것은 공전의 소유자가 국가라는것을 의미하여 국가가 4년째부터 받는 전조는 지대가 아니라 10분의 1세이며 따라서 공전의 개간자는 개간지의 소유자로 된다. 공전에는 국가소유의 경작지와 함께 누구나 경작할수 있고 아무에게나 자기 몫이 있는, 평소에는 방임상태에 있다가도 일단 경작한 다음에는 경작자에게 그 토지의 소유권을 인정하고 전조를 받아내는 원래의 의미에서의 공전도 있다.

그러므로 973년 진전개간법의 사전에 관한 부문은 다음과 같은 내용을 담은것이라고 해석하여야 한다. 즉 진전이 사적소유지(사전)인 경우 그것을 개간, 경작한자는 개간한 품삯으로 첫해의 수확을 전부 가질수 있다. 그러나 2년째부터는 진전소유주와 절반씩 나누어 가져야 한다.

이런 관계는 병작관계이다. 전주(즉 진전의 소유주)는 지주이고 진전개간자는 소작인이다. 2년째부터 지주에게 불로소득된 수확의 절반은 지대이며 이때부터 지주와 경작자는 소작관계에 의하여 계급적대립관계에 놓이게 된다.

첫해의 수확을 전부 가진다는것은 지주에게 소작료를 지불하지 않아도 될뿐아니라 국가에 대한 전조납부의무도 면제한다는 뜻을 담고있다. 이것은 황무지개간을 장려하는 우대조건인듯 하다. 뒤에서 언급하겠지만 당시에 전조납부의무는 전주에게 부과되여있었다. 그러므로 2년째부터 전주는 지대가운데서 그 일부를 국가에 바쳐야 하였다.

이 법은 황무지개간을 장려하려는 지배계급의 주관적의도와는 관계없이 객관적으로는 우리 나라에서 현재 남아있는 자료가운데서 소작제를 합법화한 법적문건으로 되였다.

1111년의 진전개간법은 973년의것을 개간자에게 더욱 유리하게 개정한것이다.

우선 진전이 묵은 년한, 폐경된 정도를 계산하여 3년이상 묵은 진전은 개간경작자(전호)에게 2년동안의 점유권을 허용하였다. 따라서 경작자는 973년의 법보다 1년간의 소출을 더 가질수 있는 권리를 보장받게 되였으며 전주와의 수확물반분관계도 1년간 더 연장되여 3년째부터 이루어지게 되였다.

1111년 규정에서 공전에 대한 규정이 따로 명시되지 않은것은 973년의 해당 조항이 의연히 효력을 가진다는것을 의미하며 1, 2년 묵밭도 3년째부터는 전주와 절반 나눈다고 보아야 할것이다. 전호*는 3년째부터 소작인이 되며 이때부터 전호와 전주의 관계는 소작인과 지주와의 관계로 된다.

> * 전호란 개념은 일반적으로 농사짓는 농호를 의미한다. 고려 전기까지 대체로 이런 뜻에서 많이 쓰이였지만 후기부터 우리 나라 봉건사회에서는 대체로 소작인의 뜻으로 씌였다. 전시과에서 전주와 대치하여 소농민을 전객이라고 불렀는데 이것은 토지소유에서의 주객을 전도한 잘못된 표현이다. 한문뜻으로는 전호와 전객은 다같이 소작인이다.

지주와 전호의 소작관계는 구두계약으로 성립되였을것이며 병작기간은 일반량인인 경우 해마다 갱신되였을수 있다. 지주는 봄에 병작농인-전호에게 종곡을 대주었고*1 가을이면 흉풍에 관계없이 수확의 절반을 지대로 수탈하였다. 그러나 당시 국가는 장적(토지대장)에 기초하여 토지소유자(지주 및 소농민)로부터 전조를 받아내였던것만큼 병작제에서도 전조는 원칙상 지주가 지불하였을것이다.*2 병작제의 이런 관습은 리조시기에도 계속되였는데 삼남지방에서만 19세기부터 지주가 이 부담을 소작인에게 전가시켰다.

> *1 고려 병작제에서 지주가 병작농에게 종곡을 대주었을것이라는 것은 둔전에서 관청이 둔전군(농민, 부곡민, 군인)에게 소와 종곡

을 대주었던 사실에 기초하여 추측한것이다. 또 원종때(1260년-1274년)의 시중이였던 권력자 김준의 가신들이 전라도와 충청도에 있는 농장에서 《백성들에게 벼종자 한말을 주고는 늘 가을에 쌀 10섬씩 받아냈다.》는 사실도 그 증거로 된다. (《고려사》 권130 김준전) 고려 후기에 농장주가 국가에 전조를 납부하지 않으면 비법으로 간주되였는데 이것은 전조를 원칙상 토지소유자-지주가 물기로 되여있었다는것을 말해준다. 그러나 현실적으로는 그렇게 하지 않는 경우가 더 많았을수 있다.

*2 전세를 토지소유자가 지불하기로 되여있었다는것은 다음의 자료가 말해주고있다. 1375년에 충숙왕은 《권세있는자들이 남의 전토를 빼앗아서는 토지는 자기가 가지고 세는 의연히 본래 토지주인에게 남겨두니 이것은 백성들에게 매우 큰 페단으로 되고있다.》고 개탄하였다. (《고려사》 권78 식화지 전제) 토지를 빼앗았으면 응당 전조부담은 자기가 걸머져야겠는데 의연히 본래 토지소유주인 백성들에게 넘겨씌우고있다는 뜻이다. 이것은 토지소유권과 전조의무가 붙어있었다는것을 말해준다.

병작반수의 소작제는 대지주들의 농장제가 소작제의 대표적형태로 된 고려 후기에도 개별적중소지주들에 의하여 계속 발전의 길을 걸어갔다. 병작제는 중소지주들의 주되는 토지경영방식이였다.

그 몇가지 실례를 들면 다음과 같다.

① 최치원의 후예이며 충숙왕때에 성균관 대사성이였던 최해는 한때 집이 너무 가난하여 사자갑사의 어느 한 중의 땅을 빌려 경작한 일이 있었는데 그는 이에 대하여 《평시에 부처를 즐겨하지 않았음에도 불구하고 끝내 그의 전호로 된것》은 참으로 운명의 희롱이라고 하였다. (《고려사》 권109 최해전)

이 자료는 중들가운데는 자기의 사적소유지를 가지고있는 지주도 있으며 그 반면에 량반출신의 소작인도 있었다는것을 보여주고있다. 물론 최해는 자신이 로동한것이 아니라 자기 노비를 시켜 소작하였을것이지만 지주 대 소작인의 관계에는 본질적차이가 없다.

② 명종왕대에 태부판사로 된 《렴신약은 고향인 봉성군에 토지를 가지고있었다.》 가을에 그의 《노를 시켜 수확을 거두어들이게 하

였는데 돌아오는 길에서 정중부의 가노에게 빼앗겼으며》가노와 싸운《죄》로 정중부에게 살해되였다. (《고려사》권99 렴신약전)

렴신약이 부재지주인것은 명백하다. 가을에 소작료를 거두어들이기 위하여 종을 봉성군에 보낸것인데 결국 그 땅을 노리고있던 정중부에게 몽땅 빼앗기고말았다. 렴신약의 땅을 경작한 농민은 그의 소작인이였을것이다.

당시《권세가》가 못되는 관료량반들은 대체로 교외나 자기 고향에 얼마간의 토지를 가진 중소지주였으며 병작제에 의하여 자기 토지를 경영하였다.

우의것은 사적지주소유지에서의 병작제에 관한 몇개 실례에 지나지 않는다. 이밖에 전국적으로 수많은 지주들이 자기 소유지에서 병작제를 경영하였고 대관료지주들은 농장을 경영하였으며 봉건정부도 국유지에서 소작제를 도입하여 둔전을 경영하였다.

이렇듯 고려에 와서 병작제는 보편화되여 지주적토지소유의 주되는 경영방식으로 되였다. 그러므로《고려 전기를 조선의 토지국유제가 가장 실질적인 내용을 가졌던 시대》라고 보면서《소작제의 성립이 거의 불가능하였다.》고 주장하는것은 리론적혼란이다. 이와는 반대로 사전제도의 사전을 사유지로 오인한데로부터 수조자와 농민을 지주와 소작인으로 보고 전시과제도가 정상적으로 실시되던 고려 전기에는 소작제가 발전하였으나 사전제도가 물란해진 12세기이후에는 쇠퇴하였다고 하는 견해*도 역시 력사적사실과 맞지 않는 주장이다.

*《력사학연구》(일문) 1982년 8호, 고려 전기의 소작제와 그 조건

4. 소농민적토지소유

고려에서도 사적토지소유의 다른 한 형태인 소농민적토지소유는 봉건국가의 정책에 따라 흥성하고 쇠퇴하는 순환과정을 반복하였다.

유럽에서 전제군주의 정치가 근대려명기의 농민들에게 농사에 대한 기후와 같은 작용을 하였다면 우리 나라에서는 봉건국왕과 정부의 정치가 소농민의 흥망성쇠에 그러한 작용을 미치였다. 그러나

소농민적토지소유는 국가에 대하여 반작용을 하였다. 소농민적토지소유가 흥성하면 봉건국가도 부강하였고 농민의 파산과 류리현상이 심하면 국가도 말기징조를 나타내였다.

바로 이때문에 고려왕조도 그 초기에 소농경리를 부흥, 장려하는 정책을 실시하지 않을수 없었다. 태조 왕건이 정권을 잡자 곧 옛 세제를 폐기하고 10분의 1세제를 실시한것은 그 대표적실례로 된다. 이 정책은 왕조의 전반기에 대체로 답습되였다. 973년과 1111년에 봉건정부에서 진전개간법을 제정하면서 진전개간을 통하여 소농민경리를 추켜세우려고 한것은 그러한 정책의 표현이였다. 973년의 진전개간법에서 공전개간자에게는 3년간의 전조납부의무를 면제해주고 4년째부터도 국가와 병작반수하게 한것이 아니라 사유지의 농민처럼 10분의 1세만 물게 하였다. 이것은 사전 즉 지주소유지에 비하여 매우 유리한 조건이였다. 같은 진전을 개간해도 지주의 토지를 개간한 농민은 2년째부터 그의 소작인이 되지만 국유지를 개간한 농민은 그 땅의 소유주 즉 소농민적토지소유자로 되는것이다. 이것이 바로 봉건국가의 소농육성정책이였다.

1108년(예종 3년)에 왕은 모든 주, 현의 공, 사전들가운데 홍수피해로 파묻혔거나 묵밭이 된 토지에 대하여 전호(경작농민) 및 그의 친척, 린보인들로부터 세를 징수하는 일이 없도록 할것을 명령하였으며 *[1] 1388년(우왕 14년)에 왕은 떠돌아다니는 화척과 재인들에게 황무지를 경작시켜 일반농민과 같이 만들라고 지시하였는데 *[2] 이것도 일종의 소농민육성정책이였다. 또한 고려왕조가 초기에 국방상 필요로 동, 서 량계를 개척하고 이민정책을 실시한 결과 함경도와 평안도지방에 소농민적토지소유가 광범히 발생하였으며 그곳에 사전의 설정을 허용하지 않음으로써 사적대지주들의 출현이 억제되였다. 봉건정부의 《보호》밑에 장성한 이 지방의 소농경리는 고려의 군사력을 강화하는 주요한 물질적기초로 되였다.

*[1] 《고려사》 권78 식화지 전제 조세
*[2] 《고려사》 권85 형법지 호혼

봉건정부가 이러한 소농민《보호》육성정책을 실시하는 목적은 물론 전조, 공물 및 부역원천을 확보함으로써 국가의 경제적기초를 튼튼히 하고 봉건정권을 유지하려는데 있었다. 그것은 인민적인 정책이 아니라 유교적《보민》사상에 뿌리를 두고있었으며 그나마 봉건왕권의 계급적본성으로 하여 철저히 실시될수 없었다. 고려 후기에 권세가들이 빈약한 농민의 땅을 략탈하는 현상, 민전을 농장화하고 량인을 천인으로 만드는 현상이 사회적풍조로 되였으나 걸으로는 아우성을 치면서도 그 어떤 실제적조치를 취할수 없었다. 그리하여 소농민적토지소유는 대토지소유에 병탄되여가고 또다시 쇠퇴의 길을 걷게 되였다.

소농민적토지소유가 쇠퇴하게 된 기본요인은 소농경리의 미약성, 불공고성에 있었다. 고려의 자영소농경리도 원래 1~2결정도의 자경지를 가지고있는것이 고작이요 흔히는 몇부의 땅을 경작하는 빈농민이였다. 때문에 사소한 법외착취나 병란, 재해 등 이상현상이 생겨도 인차 파산몰락하는것이 그 특징이였다. 하물며 무신정권의 전횡, 권세가들의 토지겸병의 광풍을 그들이 견디여낼수는 없었던것이다.

다음의 자료는 불공고한 소농민의 처지를 잘 보여주고있다.

고려의 학자 리색은 《백성들이 하늘처럼 의지하는것은 토지뿐이다. 몇무(부)의 토지를 가지고 한해동안 근근히 일하여도 부모처자를 양육하기 어려운데 수조자들이 땅주인처럼 달려든다. 그것도 하나뿐이면 다행이겠는데 3~4집, 지어 7~8집이나 되니》어찌 살아갈수 있겠는가고 개탄하였다. *1

소농민들의 처지는 고려 후기에 더욱 악화되였다. 경상도, 전라도, 양광도의 천수백명 농민들은 한산군으로 강제등록된탓으로 말 한필을 구하기 위해 가산은 물론 한창《김을 매고있던 밭》까지 팔지 않으면 안되였고*2 일반농민들도 불과 몇무(부)밖에 안되는 밭을 경작하였는데 가을에《절반이나 되는 조세를 물고나면 그해 식량도 모자라 이듬해 농사철에는 부자집 낟알을 꾸어야 종곡과 식량을 마련》할수 있는 가난한 처지에 있었다. *3 일부 량반출신 자영소농민들의 처지도 이와 비슷하였다. 신분이 량반이라고 하더라도 작은 규모의 자작지를 자가로동으로 경작하는 한 그들은 소농민적토지소유자로서의 일반적처지를 얼마 벗어날수 없었다. 유학자 리승휴는 고종때 (1214년-1259년)에 과거급제하였으나 집이 가난하여 두타산구동에 가서 10여년동안 농사지어 어머니를 공양하지 않으면 안되였으며

그후에는 외가로부터 물려받은 2결의 메마른 땅에 의거하여 식구를 먹여살렸다. *⁴

    *¹ 《고려사》 권115 리색전
    *² 《고려사》 권81 병지 병제 신우 3년 6월
    *³ 《고려사》 권79 식화지 차대
    *⁴ 《고려사》 권106 리승휴전, 《동안거사문집》 보광정기

이렇듯 고려 초기에는 국가의 정책과 관련하여 소농민적토지소유는 20년간의 국내전쟁의 흔적을 가시며 복구, 확대되여 중앙집권적봉건국가의 주요한 물질적, 로력적원천으로 되였다. 그러나 후반기에 관료량반들의 대토지소유가 급격히 팽창하게 되면서 그들의 토지는 대농장에 겸병되여갔고 파산된 소농민들은 농장주의 예속민으로 전락되여갔다. 이리하여 고려 말기에 이르러 소농민적토지소유는 또다시 쇠퇴몰락하였으며 그에 흠반을 대고 유지되여오던 고려 전제군주제도 붕괴의 길을 걷게 되였다.

제2장. 고려 후반기 봉건적토지제도의 문란

고려의 지배계급은 력사의 반동으로서의 정체를 더욱 뚜렷이 드러내놓았다. 국왕을 비롯한 관료량반들의 극단한 사리사욕과 부패타락, 생존을 위한 인민들의 온갖 지향에 대한 무자비한 탄압 등은 후반기 고려지배계급의 주요한 정치도덕적면모로 되였다. 그들은 공적리익보다 사리를 더 중시하였고 국가보다 자기를, 백성보다 자기 일문일족을 먼

저 생각하였다. 때문에 당시의 일부 관리들까지도 《지금 온 나라에 나라와 백성을 생각하는 관리는 하나도 없》고 《조정에는 아첨쟁이》, 사회에는 《뢰물풍조》가 차넘치고있다고 개탄하는 형편이였다.

봉건지배계급의 정치적타락은 무신정권의 출현과 왕권의 쇠퇴, 외세에 대한 투항주의, 인민탄압 등으로 표현되였으며 경제적타락은 토지 및 노비쟁탈전, 부의 대대적집중, 착취의 미증유의 강화로 나타났다.

이러한 사회적풍조는 토지제도상에서도 큰 변화를 일으켰다. 봉건적토지제도는 극도로 문란해지고 고려왕조의 토지제도의 근간을 이룬 공, 사전제도는 전면적으로 파탄되였다. 관료량반들에 의한 토지겸병의 급격한 증가, 농장경영의 성행, 량인병작농민의 신분적 및 계급적처지의 악화 등은 고려 후반기 토지제도상의 주요특징으로 되였다.

그러나 봉건지배계급의 반동적역할이 강화되였음에도 불구하고 사회는 여전히 전진하고있었다. 봉건지배계급은 사회발전에 제동기적작용을 하였지만 민족적 및 계급적예속으로부터 자주성을 지키려는 인민대중의 끊임없는 투쟁에 의하여 나라의 자주권은 고수되였으며 서서히나마 사회의 생산력은 발전해갔고 고려의 문화는 동방일각에서 꽃피였다.

제1절. 토지겸병의 급격한 증가와 공, 사전제도의 문란, 록과전제도의 실시

1. 권세가들에 의한 토지겸병의 급격한 증가

고려왕조를 내부로부터 썩게 한것은 권세가들에 의한 토지겸병이 급격히 증가된것이였다. 12세기 초중엽부터 권세가들에 의한 토지겸병은 하나의 엄중한 사회적풍조를 이루었다.

관료지주들에 의한 토지겸병은 사적토지소유에 기초한 봉건사회의 필연적현상이며 따라서 고려에서 토호와 관료량반, 서민지주들에 의한 토지집중은 왕조초기부터 끊임없이 진행되여왔다. 그러나 대관료지주들, 량반지주들의 대규모적토지점탈은 고려 후반기에 본격적으로 벌어졌다고 말할수 있다.

지주들의 토지략탈방법에는 여러가지가 있었다. 그 대표적인것은 첫째로, 중앙의 권력자들이 순전한 정치적강권에 의거하여 자신이 직접 머슴을 시켜 수탈하거나 지방관료, 향리, 토호들과 결탁하여 빼앗는 방법이였다. 이 방법은 고려 후반기에 지배적이였다.

《모든 주현들에는 각기 량반 및 군인들의 가전(가호전 즉 사유지)과 영업전(수조지)들이 있는데 간리들이 권력자들에 의탁하여 그 토지들을 황무지라는 명목으로 권력자에게 등록해버린다. (다른) 권세있는자는 또 자기 가전이라고 하면서 공문을 만들어가지고 사환군을 보낸다. 그 주의 관원들은 그 청을 피할수가 없어 사람을 보내여 전조를 징수하니 한 땅의 징세가 두세번 있게 되고 백성들은 고통을 감당할수가 없다.》(《고려사》 권78 식화지 전제 전시과 명종 18년 3월)

우의 자료는 전시과의 군인전이 점탈되는 현상을 서술한것인데 수조지는 대체로 이런 방법으로 권세가들에게 수탈되였다.

토지략탈의 다른 하나의 방법은 부자 또는 부유한 량반들이 돈을 주고 헐값으로 사거나 고리대리자로써 강매하는것이였다.

명종 18년 3월에 왕은 다음과 같이 명령하였다.

《각지의 부유하고 세력있는 량반들은 가난하고 힘없는 백성들이 진대(봄에 쌀을 꾸어먹고 가을에 변을 더해 갚는것)를 갚지 못하였다고 하여 예로부터 내려온 정전(소농민의 사유지)을 점탈함으로써 실업되거나 더욱 가난해진다. 부호들이 토지겸병을 하지 못하게 하며 그 정전은 각기 본주인에게 돌려줄것이다.》(《고려사》 권79 식화지 차대)

강매에 의한 토지겸병은 봉건사회에서 부유한 지주들이 흔히 사용하는 정상적방법이였다.

다른 하나의 방법은 사패전이라는 명목으로 규정된 면적이외의 토지를 빼앗아가지는것인데 이것은 첫번째 방법과 기본적으로 같은 류형이였으며 고려 후반기에 많이 적용된 수탈방법이였다.

아래에 고려 후반기를 대표하는 첫번째 토지수탈방법에 대하여 구체적으로 보기로 한다. 이 방법의 주범은 권세가들인 관료량반지주들이였다.

이들의 토지겸병은 관권과 신분적권력에 의한 완전한 강탈이였고 한두결씩 점차적으로가 아니라 단번에 대규모적으로 집적하였으며 소유지와 함께 수조지도 점탈하였다는데 그 특징이 있었다.

강탈적토지겸병의 앞장에는 국왕과 왕족들이 서있었다.

국왕은 봉건국가의 최고권력자이기때문에 그의 토지겸병은 그 누구도 막을수 없었으며 그 누구보다 파렴치하였다. 충혜왕은 개인창고인 보흥고를 설치해놓고 남에게서 빼앗은 토지와 노비, 재물들을 여기에 집중시켰으며 일부 사원전과 공신전, 사급전들을 몰수하여 내고와 유비창에 소속시켰다. 이 사실은 《국부》로 자처한 국왕의 사적, 대지주로서의 계급적본질을 적라라하게 폭로해주며 국왕이야말로 당시 권세가중의 대권세가였다는것을 말해준다.

대군 왕숙은 왕권을 등에 업고 1316년(충숙왕 3년)에 해주의 토지 5 000여결을 빼앗았기때문에 《서해도민들이 많이 류리되고 주, 군 가운데 빈곳이 5~6이였다.》*1고 하며 단양부원대군 왕유는 천수백호의 량인을 자기에게 비법적으로 예속시켜 부려먹었다. *2

관료들도 왕실의 본을 따서 토지와 인민의 점탈에 광분하였다. 지방의 통치자인 주, 군의 사심관들도 전, 민략탈에 나섰는데 1319년에 그들로부터 회수한 량인백성은 2 360호이고 노비는 137호, 토지는 1만 9 798결, 사전은 1 227결, 위전(수조지)은 315결이였다. 사심관은 원래 부역을 균등하게 하고 풍속을 바로잡기 위해서 설치된것인데 그들이 토지와 민점탈에 이렇듯 광란적이였으니 당시 관료들의 전, 민략탈이 어느 지경에 이르렀겠는가를 상상하고도 남음이 있다. 그런데 이런 폐해는 1318년에 사심관제도를 없앤 다음 권세있는 토호들에 의하여 더욱 커졌다. *3

관료들속에서 토지와 노비쟁탈을 위한 골육상쟁이 빈번히 일어났다. 렴흥방의 가노 리광은 백주에 있는 전 밀직부사 조반의 토지를 빼앗았으며 홍자번의 증손자 영통의 가노는 찬성사 도길부의 《전조(수조지)를 빼앗기 위해 검을 빼들고 그의 가노와 격투》를 벌렸다. *4 이것은 모두 지배계급내부에서 벌어진 추악한 토지쟁탈전의 일단이였다. 토지쟁탈자의 하수인이 되여 날치다가 처형된 악질적인 가신, 가노의 수가 1 000여명에 달하였다는 사실*5은 당시 관료량반들사이의 토지쟁탈이 얼마나 맹렬하게 벌어졌는가를 짐작할수 있게 한다.

토지쟁탈전은 중앙정부의 통치배들사이에도 혹심하게 벌어졌다.

정중부는 의종을 타도한 후 그의 3개 사택(3궁 즉 관북, 천동, 곽정동)에 축적하였던 억만으로 계산되는 재부를 리의방, 리고 등과 나누어가졌으며 그후 시중으로 된 다음 남의 토지를 빼앗아 넓은 전장을 두었다. 리의민도 마찬가지였다. *6

최충헌은 1205년에 희종으로부터 내장전 100결을 받았을뿐아니라 자신이 직접 공, 사전과 민을 점탈하여 갑부가 되였다. 그의 집과 정원은 궁궐을 릉가할 정도였고 시종과 문객들만도 3 000여명이나 되였다. *7 그의 아들 최이와 손자 최항때에도 사정은 다를바 없었는데 최항과 그의 형은 중으로 있을 때 경상도에만도 쌀 50여만섬이나 축적해놓고 고리대를 한 대부호였다. *8

*1 《고려사》 권90 평양공 기(왕숙)전
*2 《고려사》 권91 왕후전
*3 《고려사》 권34 세가 충숙왕 6년 9월, 5년 4월
*4, *5 《고려사》 권126 렴흥방전, 권105 홍자번전
*6 《고려사》 권128 정중부전, 리의민전
*7 《고려사》 권129 최충헌전
*8 《고려사》 권121 왕해전

잉어가 뛰면 망둥어도 뛴다는 식으로 대관료들의 토지겸병에 뒤질세라 지방의 모든 관리들과 서리들도 전, 민략탈에 미쳐날뛰였다.

1357년에 검교 대호군 최룡각은 전주의 량민 70여호를 비법적으로 사역하고 인민들의 토지를 략탈하였으며*1 1391년에 개성부윤 조반은 공전 수십결을 점탈하였고*2 채홍철은 5도순방계정사로 있을 때 《민전을 많이 탈취하여 거부》*3가 되였다.

이러한 토지점탈현상에 대하여 토지겸병의 괴수인 최충헌자신이 《벼슬자리에 있는자들은 모두 탐욕스럽게 공, 사전을 빼앗아 자기것으로 만들었다. 그리하여 한사람의 비옥한 땅이 주, 군에 걸쳐 있으며 국가의 수입은 줄어들고 군사는 적어졌다. …세력가의 종들은 다투어 전조를 징수한다.》*4고 고백하였다.

원래 고려법에 토지 2결을 숨기면 사형에 처하기로 되였는데*5 법대로 한다면 고려에서 관료, 서리들치고 단 한명도 살아남을자가

없었을것이다. 그들은 모두 전, 민략탈의 《명수》였기때문에 저들에게 불리한 정세가 조성되면 서로 감싸주다가도 일단 기회만 조성되면 약한자의것을 덮쳐 삼켰다. 고려의 법은 치레거리에 지나지 않았고 통치배들사이의 양육강식의 법칙이 작용하였던것이다.

*¹ 《고려사》 권39 세가 공민왕 6년 8월
*², *⁵ 《고려사》 권46 세가 공양왕 3년 10월
*³ 《고려사》 권108 채홍철전
*⁴ 《고려사》 권129 최충헌전

토지와 노비를 빼앗긴자들의 전민소송은 끊임없이 제기되여 소송사태가 빚어졌으나 소송장은 해를 거듭하여 쌓여질뿐 어느 한건도 해결된것이 없었다. 1292년 11월 충렬왕의 세자가 길에 나섰을 때 《량반들과 서민들이 길을 막아나서며 말을 둘러싸고 소송장을 제기》하였는데 《그것은 권세있는자들이 남의 토지와 백성을 빼앗은데 대하여 관청이 판결할수 없었기때문》이라고 하였다. *¹ 서민들의 소송은 자기 소유지를 빼앗겼거나 자신이 권세가들에게 노비로 전락된 억울한 처지에 대하여 하소연한것이였을것이고 량반소송은 십중팔구 소유지와 함께 수조지, 노비 등을 자기보다 더 높은 권세가들에게 빼앗긴데 대한 신소였을것이다.

정부는 전민소송을 《해결》하기 위하여 1269년(원종 10년)이래 전민변정도감이라는 관청을 6차례나 내왔다가 폐지하였으며*² 그와 비슷한 사명을 띤 기구는 무려 수십차례나 나왔다가 없애버렸다. 설립과 폐지 과정이 이렇듯 빈번히 반복되였다는 사실은 토지겸병의 급격한 증가를 보여주는 동시에 봉건정부의 무능을 증시하는것이라고 말할수 있다.

*¹ 《고려사》 권31 세가 충렬왕 21년 11월
*² 전민변정도감은 원종 10년. 충렬왕 14년과 27년 공민왕 원년, 우왕 7년과 14년에 설치되였다. (《고려사》 권77 백관지 제사도감 각색)

토지점탈의 페풍을 막을수 없은것은 정부의 모든 관료들이 대토지소유자이며 광란적인 토지겸병자였기때문이다. 이것은 다음의 자료가 웅변으로 말해주고있다.

《충선왕 2년(1310년) 11월에 재상들이 모여 채방사를 각 도에 보내여 세법을 개정할것을 의논하였다. 어떤자는 오늘 군, 현의 전야가 모두 개간되였으므로 토지를 측량하여 조세를 늘임으로써 국가수요를 보충하자고 말하였다. 그런데 재추들은 자기 전장이 국가에 들어갈것을 두려워하였으므로 일은 그것으로 끝나고말았다.》(《고려사》권78 식화지 전제 조세)

그리하여 토지겸병은 그 어떤 실제적저애를 받음이 없이 나날이 증가되여 최악의 사태를 빚어내였다. 권세가들과 《간악한 무리들은 산천을 경계로 한 토지를 모두 조업지(사유지)라고 하면서 서로 물리치고 빼앗는다. 결과 한무의 땅주인이 5~6명이 되고 한해에 전조를 8~9번이나 걷어간다. 우로는 임금으로부터 종실과 공신, 조정의 문무백관들의 땅에 이르기까지 그리고 아래로는 진, 역, 원, 관의 외역전에 이르기까지 대를 내려오면서 심어놓은 뽕나무, 지어놓은 집까지 모두 빼앗아 자기 소유로 만들었다.》* 이 현상은 곧 고려왕조의 붕괴를 알리는 뚜렷한 징조였다.

* 《고려사》권8 식화지 전제 록과전 우왕 14년 7월

2. 식읍 및 사패전의 람발

고려 후반기 식읍 및 사패전의 람발은 토지제도의 문란을 보여주는 주요한 현상이였다.

식읍 및 사전(賜田)은 원래 왕조를 위하여 특출한 공훈을 세운 몇몇 관료들과 일부 특정한 왕족들에게 제한된 면적의 수조지 또는 소유지를 표창으로 주는것이였다. 그런데 고려 후기에 오면서 국왕들은 그것을 흔들리는 자기의 지반을 유지하기 위한 방패로, 회유수단으로 리용하였으며 따라서 주는 대상자의 수와 면적은 엄청나게 많아졌다.

식읍은 후기에 와서 명예적인것과 식실봉(실질적인것)의 두 종류로 갈라놓고 주었는데 명예적인 식읍호수는 만에 달하였거니와 식실봉수도 최대로 늘어났으며 왕자신이 식읍을 가지는 전무후무한 일도 발생하였다.

충선왕이 1311년에 종전에 페지하였던 제국대장공주의 식읍을 복구하여 계림, 복주, 경산부를 자기의 식읍으로 한것은 그 한 실례로 된다.*¹ 리제현은 나라의 임금으로서 세 식읍을 설치하고 《신하들의 렴치를 기르기 위한 밑천(즉 전시과)으로써 자기 재산을 늘이니》 백관들의 록봉도 모자라게 하고 나라 웃음거리로 되였다고 비난하였다. *²

　　*¹ 《고려사》 권31 세가 충선왕 3년 8월
　　*² 《고려사》 권110 리제현전

국왕뿐아니라 그의 일가족속들도 일정한 지역을 식읍으로 받았다. 고려에서 이것을 탕목읍이라고 불렀다. 《송사》에 고려에서는 《왕도 분할지(즉 내장전)가 있어 개인용도에 쓸뿐아니라 왕모, 비주, 세자들도 모두 탕목전을 받는다.》고 하였으며 《고려도경》에도 《국모, 왕비, 세자, 왕녀이하 모두 탕목읍이 있다.》고 썼다. *¹ 이것은 왕의 직계족속들에게는 모두 탕목읍이 차례졌다는것을 말해준다. 《고려사》에는 충렬왕이 제국대장공주에게 안동 경산부(경상북도 성주군)를 탕목읍으로 주었으며 가림현의 거의 모든 촌락들을 원성전(공주의 궁)에 소속시켰다는 기사가 있는데*² 이것이 탕목읍에 대한 첫 기록이다. 그런데 충렬왕은 탕목읍가운데서 공주식읍만은 페지하고 그 수입 포백(천)을 좌창에 소속시켜 관리들의 록봉으로 충당하게 하였다. *³

　　*¹ 《송사》 권487 고려전, 《고려도경》 권23 잡속 종예
　　*² 《고려사》 권89 제국대장공주전
　　*³ 《고려사》 권122 오윤부전

사전은 고려 후반기에 사패전으로도 불리웠다. 고려에서 원래 사패전은 국가에 큰 공로를 세웠을 때만 주되 그 어떤 경우에도 100결을 넘지 못하게 된것인데 이 시기에는 《사패를 받았다는 펑게로 지나치게 많이 점유》하는 현상, * 지어는 사패를 받은것도 없이 거짓으로 토지를 점탈하는 현상이 나타났다. 그리고 무신정권의 출현과 왕권의 불안정상태로 하여 사패전이 종잡을수없이 람발되였다.

　　* 《고려사》 권115 리숭인전
　　1325년(충숙왕 12년)에 왕은 《비록 공신이라 하더라도 100결을

넘을수 없으니 식목도감은 사패를 조사하여 남는 수를 회수할것》을 명령하였다. (《고려사》 권78 식화지 전제 공음전시)

이 시기 사패전수여에서 볼수 있는 주요특징의 하나는 왕실의 시종, 《천인》들에게 많이 수여된것이였다. 이 현상은 물론 몽골의 침략의 후과이기도 하였지만 전례없는 일이였다.

《충렬왕 8년(1282년) 당시 응방의 겁령구와 내시 등 천한자들이 모두 사전을 받았는데 많은것은 수백결에 이르렀고 적어도 30~40결 이하로는 내려가지 않았다.》(《고려사》 권123 렴승익전, 《고려사절요》 권20 충렬왕 8년)

응방은 왕실의 사냥군이며 겁령구는 개인에게 예속된 시중군이다. 이런 《천인》들이 충렬왕비인 제국대장공주의 시중을 든 덕분에 사패전으로 산천을 경계로 하는 넓고 기름진 땅을 받았고 조세도 물지 않았다고 한다.[1] 제국대장공주의 시중군이였던 인후란자는 본래 아주 가난뱅이였던것이 여러차례 상을 받고 부자가 되였으며 권세에 빙자하여 많은 뢰물을 받았고 나중에는 남의 토지와 노비까지 략탈하였다.[2]

[1] 《고려사》 권28 세가 충렬왕 3년 2월
[2] 《고려사》 권123 인후전

고려 후반기 사패전수여에서 나타난 특징은 또한 토지가 량인(민)이나 노비와 함께 수여되는 경우가 많은것이였다.

1289년에 충렬왕은 서해도에 사냥갔는데 그때 그를 시중한 《환관과 권세있는 귀족들은 모두 20~30결의 토지를 받았으며 각기 량민을 점유》하게 되였다. 그들에게 점유된 량인은 각종 부역에서 면제되였다.[1]

충렬왕은 몽골방문때 수종한 공신들에게 100결의 토지와 노비들을 주었으며[2] 공민왕도 그의 본을 따서 1~4등 수종공신들에게 토지와 량민을 차등있게 주었다.[3]

[1] 《고려사》 권30 세가 충렬왕 15년 9월
[2] 《고려사》 권30 세가 충렬왕 13년 3월
[3] 《고려사》 권38 세가 공민왕 원년 6월

고려 후반기에 빈번히 벌어진 무신들사이의 살륙전에서 승리한 자들에게 국왕은 공신칭호와 함께 사패전을 주었는데 이때문에 사패전이 자주 그리고 많이 수여되었다. 이것 역시 후반기 고려 사패전제도의 특징이라고 볼수 있다.

최의를 죽이고 《왕정을 복구》한 대사성류경과 별장 김인준 등에게 고종은 1258년에 위사공신칭호와 함께 쌀과 비단, 주택, 토지를 주었으며 그들과 그밖의 공신들의 아들들에게도 벼슬등급과 50～100결의 토지, 노와 비(각각 15명) 등을 차등있게 주었다.*1 충숙왕도 란적을 진압하였다는 공로로 1326년에 김이 등에게 1등공신칭호와 함께 토지와 노비를 주었고 이듬해에는 2등공신들에게도 토지와 노비를 주었다.*2 충선왕과 충혜왕들도 각종 명색의 공신칭호와 함께 본인 및 그의 부모처자들에게 토지와 노비를 차등있게 주었다.*3 또한 공민왕은 1359년에 기철을 죽이는데 공을 세운 홍언박 등 8명에게 1등공신칭호를 그밖에 11명에게는 2등공신칭호를 주고 본인과 부모처자들에게는 토지와 량민을 차등있게 주었으며 1363년에는 원나라 주구 김용의 반란을 진압한 리성서와 류실 등에게 1, 2등공신칭호를 주고 1등공신에게는 토지 100결에 노비 10명, 2등공신에게는 토지 50결에 노비 5명을 주었다.*4 최영은 우왕때 고양현의 토지 230결과 장원정의 토지 50여결을 받았다.*5

*1 《고려사》권24 세가 고종 45년 7월, 권105 렬전 류경
*2 《고려사》권35 세가 충숙왕 13년 7월, 14년 11월
*3 《고려사》권108 김이전, 손수경전, 권109 리조년전
*4 《고려사》권40 세가 공민왕 8년 6월, 12년 윤3월
*5 《고려사》권113 최영전

고려 후반기 사패전을 이렇듯 무질서하게 많이 주었기때문에 관료들속에는 사패로 가장하거나 그것에 빙자하여 농민들의 토지를 비법적으로 점탈하는 현상이 자주 있었다. 이것 역시 고려 후반기 사패전제도의 문란을 보여주는 주요한 페풍이였다.

1275년에 밀직부사 강윤소와 대장군 김자정 등이 《사패라고 거짓 칭하고 많은 민전을 점유》한 사실이 발각되여 그 토지를 신흥창에 이관하였는데*1 이런 현상은 드물히 있은것으로 보인다. 가짜사패를

받아내서는 남의 땅을 함부로 자기의것으로 만들거나 심지어 왕실토지라고 하면서 조세의 3분의 1만 국가에 바치고 나머지는 자기가 먹어버리는가 하면 조세를 전혀 바치지 않고 사복을 채우는자들도 있었다.

때문에 충렬왕은 1285년에 다음과 같은 명령을 내려보냈다.

《여러 왕들과 재상들 및 호종대신들, 여러 궁원, 사원들이 모두 한전(황무지)을 점유할것을 원하고있는데 국가에서는 농사를 중시하는 뜻에서 사패를 주었다. 그런데 사패에 빙자하여 장적에 등록된 주인있는 땅까지 모두 빼앗으니 그 페가 막심하다. …무릇 사전이 경작지이거나 진전이거나를 물론하고 본주인에게 돌려줄것이며 본래는 한전이였다 하더라도 백성들이 이미 개간한것이라면 점탈하지 말것이다.》[2]

  [1] 《고려사》 권123 강윤소전
  [2] 《고려사》 권78 식화지 전제 경리

이렇듯 식읍과 사패전이 질서없이 람발되였기때문에 《경기 8현의 토지는 거의 모두 권세있는 귀족들의 사패전으로 점유》되였으며 지방의 토지들도 적지 않게 사패전으로 빼앗겼다. 그 직접적결과는 인민들을 더욱 빈곤에로 몰아넣었으며 중앙의 관료들이 록봉도 제대로 받을수 없는 사태를 빚어냈다.

제2절. 전시과의 조락, 록과전제도의 실시

토지제도의 문란, 토지겸병의 급격한 증가, 수조지의 병탄 등은 전시과를 유명무실한것으로 만들었을뿐아니라 관리들의 록봉도 제대로 줄수 없게 하였다. 특히 무신정권의 출현과 정치의 불안정, 계속되는 몽골침략 등으로 전야는 많이 황페화되고 조세수입이 적어졌으며 국고가 말라들게 됨으로써 300~400섬을 받기로 된 재상들의 록봉도 30섬을 넘지 못하는 형편에 이르렀다. 이것은 고려왕조가 주되는 수탈대상으로 하고있는 공전이 중앙정부의 기본경비조차 제대로

마련해줄수 없을 정도로 줄어들었다는것을 의미하였다. 이런 형편에서 규정액을 받지 못하는 관리는 물론 새로 등용된 신진관리에게 수조지 또는 록봉을 준다는것은 생각조차 할수 없는 일이였다. *

> * 고려 록봉제도는 18과의 벼슬등급에 따라 3사에서 록패를 주면 광흥창에서 록을 주기로 되여있었다. 록봉은 안으로는 비주, 종실, 백관으로부터 밖으로는 3경, 주, 부, 군, 현의 관리에 이르기까지의 모든 관료들에게 다 주었다. 잡직, 서리들과 장인들도 직, 역에 따라 모두 료를 받았는데 이것을 별사라고 불렀다. 록봉은 관리들이 재물을 탐내지 말고 《청렴하게》 살도록 장려하는 수단이라고 표방하였지만 본질은 봉건국가를 위하여 복무한 대가로 지불하는 물질적보수였다. 록봉제도는 문종왕때에 완비되였는데 그 총액은 13만 9 736섬 13말이였다. 그밖에 서경관록은 서해도에서, 외관록의 절반은 지방공수전의 전조수입에서 충당하였다. 이것은 십수만결의 전조수입이 록봉에 충당되였다는것을 말한다. 록봉액은 최고가 600섬 (국공), 400섬 (중서상서령, 문하시종), 300섬 (6부상서)으로부터 최하 2섬 10말에 이르기까지 직, 역의 높고낮은데 따라 각이하였다. (《고려사》 권80 식화지 록봉)

막다른 골목에 이른 봉건정부는 록봉제도의 파탄을 막기 위하여 1257년 (고종 44년) 6월에 열린 재상회의에서 《록봉을 대신하여 토지(수조지)를 분급》하기로 토의하고 그 집행기관으로서 급전도감을 설치하였다. 이것은 록과전제도의 시초였다. 그러나 이 재상회의의 토의는 지상공문으로 되고말았다.

그로부터 3년후인 1260년 (원종 1년) 1월에 급전도감은 《종전에 문무량반들이 받은 땅 (수조지)은 비옥한 땅과 척박한 땅이 고르롭지 못하기때문에 벼슬에 따라 다시 주자》고 제기하였으나 《좋은 땅을 독차지한 권세가》들의 반대로 실현되지 못하였다. 여기서 종전에 받은 땅을 록과전이라고 보는 견해도 있으나 사실은 아직 록과전은 분급되지 못하였다. 이것은 전해 (1259년) 9월에 《하음, 진강, 해령의 토지를 여러 왕, 재추이하 관료들에게 차이있게 분급》한것을 두고 한 보고인듯 하다. 록과전은 이보다 12년후인 1271년에 이르러서야 비로소 왕의 비준을 받았던것이다.

《도병마사는 근래에 병란이 잦고 창고가 고갈되여 백관들의 록봉을 주지 못하고있는데…경기 8현에서 벼슬등급에 따라 록과전을 주는것이 좋겠다고 청하였다. 당시 비옥한 땅을 많이 점유한 여러 왕들과 왕의 총애를 받는자들이 각방으로 훼방을 놓았기때문에 왕은 동요하였으나 우승선 허홍 등이 수차 제의하여 왕은 할수없이 동의하였다.》(《고려사》권78 식화지 전제 록과전 원종 12년 2월)

록과전제도는 이렇게 되여 겨우 확정되였으며 이듬해부터 실시된것으로 보인다.

당시 고려정부는 강화도에 들어박혀있었으므로 록과전은 주로 강화도에서 가장 가까운 경기지방의 사전을 대상으로 하지 않으면 안되였다. 경기의 토지는 이미 왕실과 대관료들에게 이런저런 형태로 점유되고있었으므로 록과전은 그들의 수조지를 조절하여 실시한 것으로 보인다.

바로 이때문에 록과전은 같은 수조지이면서도 전시과와는 다른 특징을 가지게 되였다. 그것은 전시과에 비할바없이 적은 면적의 수조지였다는것이며 대부분이 공전에서 떼낸것이 아니라 대관료귀족들이 가지고있던 일부 수조지를 조절하여 재분배한 몫이라는것이였다.

록과전제도의 실시에 가장 큰 리해관계를 가진 계층은 신진관리들을 기본으로 한 중소관리들이였다. 종실제왕과 궁원 및 대관료들은 이미 대토지소유자로 되였고 명색만 남아있는 전시과의 수조지도 가장 많이 가지고있었기때문에 록과전에서 큰 리득을 볼것이 없었으며 오히려 록과전제도가 자기 소유지를 침해하는것을 반대하였다. 권세있는자들이 각방으로 훼방한것은 바로 이때문이였다. 그러므로 록과전제도란 실제에 있어서 수조지는 물론 록봉조차 제대로 받지 못하고있는 중소관리들, 신진관료들의 생활보장을 위한 제도였으며 그들의 불만을 무마하기 위한 조치였다.

이리하여 당시 고려에는 전시과의 정식 폐지선언도 없이 또 하나의 수조지분급제도로서 록과전제도가 새로 생겨났다. 그리고 법제상으로는 록과전이 록봉을 대신하여 제정된것이라고 하였지만 록봉은 폐지된것이 아니라 국고의 형편에 따라 주는 량과 대상을 줄이기도 하고 혹은 한두해씩 공급을 중지하기도 하면서 고려왕조의 마지막시기까지 존속하였다.

록과전제도의 실시는 사실상 명색만 남은 전시과제도의 완전한 조락을 의미하였다. 경기 8현의 토지는 권세가들에 의하여 거의 점탈되였으므로 록과전으로 줄 수조지도 없는 형편인데 전시과의 사전이 존재할 여지가 있을리 없었다. 록과전을 직전이라고 부른것도 직전으로서의 전시과가 존재하지 않았기때문일것이다.

고려 후반기 토지제도상의 기본추세는 신분적대관료지주들에 의한 토지쟁탈과 사유지의 집중이였으며 토지의 사적소유의 발전은 봉건사회발전의 합법칙적과정이였다. 따라서 이 추세에 역행하거나 그것을 억제하는 제도는 존속하기 어려웠다. 전시과의 조락도 필연적이였으며 그와 류사한 록과전제도도 오래 존속할수 없다는것은 명백한 일이였다.

1279년(충렬왕 5년)에 도병마사는 경기의 토지가 모두 권세가들의 사패전으로 되였기때문에 사패전을 회수하여 직전으로 충당할것을 제기하였으나 충렬왕은 경기 8현에 있는 공신들의 사패전을 록과전에 충당하지 말것을 명령하였다.*¹ 그후 50여년이 지난 1331년(충혜왕 원년)에 이르러 왕은 경기내의 사패전을 없애고 록과전으로 할것을 명령하였다.*² 그러나 록과전은 권세있는자들에게 계속 탈취되였다. 정부는 1344년(충혜왕 후 5년) 12월에 빼앗은 경기의 록과전을 《모두 본주인에게 반환할것》을 명령하였지만 효력이 없었다. 그리하여 록과전은 1345년(충목왕 원년) 이전에 이미 《권귀들에게 빼앗기여 거의 없어》졌다.*³ 리제현은 어느때를 시초로 보았는지 알수 없으나 1344년경에 록과전제도는 《근 50년간 실시되여오고있다.》고 하였다.*⁴

*¹, *² 《고려사》 권78 식화지 전제 록과전
*³ 《고려사》 권110 왕후전
*⁴ 리제현은 《개혁을 좋아하는자는 많은데 기뻐하지 않는자는 권세있는 부호배 수십명뿐》이라고 하였다. (《고려사》 권110 리제현전)

어떻든 궁여지책으로 제정하였던 록과전제도도 파란곡절을 겪으면서 반세기가량 실시되였으나 역시 파탄의 운명을 면치 못하였다.

록봉도 록과전도 전시과도 모두 유명무실한것으로 되였으므로 중소관리들의 정상적수입원천은 완전히 막혀버리였다. 그리하여 그들은 《권력자》에게 붙어살거나 자신이 직접 인민들을 략탈하는 길을 선택하게 되였는데 이런 실정은 권세가들의 세력을 더욱 크게 하였으며 토지제도를 더욱더 혼란에 빠뜨리게 하였다. 이제 와서 고려왕조에는 실제적인 토지제도란 사실상 존재하지 않았으며 완전히 명목상의것으로 되여버리였다. 개혁파량반들에 의하여 수행된 전제개혁 이전의 상태는 바로 이러하였다.

제3절. 대농장의 출현, 농장의 경영방식과 곳한의 예속적처지

고려 후반기에 이르러 무너져가는 공, 사전제도의 페허우에서 봉건적대토지소유에 기초한 농장들이 전국도처에 출현하였다.

대농장의 출현은 13~14세기 사회경제적변화의 특징을 보여주는 주요한 현상일뿐아니라 봉건적토지소유의 변화와 조선봉건사회 발전의 특성을 보여주는 대표적현상의 하나였다.*

> * 농장은 후기신라 말기에 이미 출현하였다. 왕실소유지에서의 궁장이나 사원전의 장은 모두 농장의 한 형태였다. 장에는 장사를 지어놓고 지장을 파견하여 농장을 관리하였다는데 대해서는 이미 앞에서 언급하였다. 그러나 통합전쟁의 와중에서 신라의 농장들은 대부분 소멸되였고 통일후 고려왕조가 중앙집권을 강화하기 위한 조치를 취하게 되면서 남아있던 농장들도 대체로 거의 소멸된것으로 보인다. 1188년(명종 18년)에 왕이 《수도사람들이 향읍에 농장들을 설치하고 페단을 일으킨것》을 엄금하고 농장을 파괴할것을 명령한바 있었다. (《고려사》 권85 형법 금령) 그러나 후반기에 이르러 고려 봉건국가의 중앙집권이 약화되면서 농장이 다시 출현하였을뿐 아니라 그 규모도 비할바없이 커지고 내용도 현저히 달라졌다.

농장이란 지주적대토지소유의 경영단위를 의미하였다. 농장 역시 직접적생산자의 잉여로동을 지대형태로 착취한다는 의미에서는 일반지주적토지소유의 경영방식과 본질상 같았다. 다만 토지경영을 보다 조직화하여 관리기구를 내오고 전업적관리인을 두고 토지를 경영하며 직접적생산자에 대한 인신적지배와 예속,《투탁과 보호》관계에 기초하여 착취를 강화한다는 측면에서 일반 지주적토지소유와 구별되였다.

당시의 자료에서 농장(農庄, 農場), 전장, 전원, 장이라고 한것이 바로 봉건적농장들이였는데 이런 대농장들이 경기는 물론 서해도와 경상도, 전라도를 비롯한 온 나라의 비옥한 땅에 퍼져있었다.

농장의 규모에는 작은것도 있었으나 대체로 큰것들이여서 그중에는 몇개 고을을 포괄할 정도로 큰 규모의것들도 있었다.

아래에 그 구체적정형을 보기로 한다.

① 충렬왕때(1275년-1308년)《대신과 내료들이 전장을 많이 두었는데 그것은 인민들이 도망쳐 숨는 포도연수로 되였다. …당시 내료들은 모두 사패전을 받았다.》(《고려사》권123 리영주전)

충렬왕 8년(1282년)《응방의 시중군들과 내시의 천한자들이 모두 사패전을 받았다. 많은것은 수백결에 이르렀는데 민을 꾀여 경작시켰다. 그 근처에 있는 민전에 대해서 전조를 받았기때문에 주, 현의 부세수입은 하나도 없게 되였다.》(《고려사》권123 렴승익전)

② 충숙왕 12년(1325년) 왕은《권세있는자들이 전장을 널리 설치하고 인민들을 숨겨두어 부역에 응하지 않으니 해당 관청은 그 인민을 조사하여 공호(貢戶)로 할것을 명령》하였다. (《고려사》권79 식화지 호구)

③ 신돈은 전민변정도감의 이름으로 낸 방에서 다음과 같이 일렀다.《근래에 기강이 몹시 파괴되고 탐오가 풍조로 되였다. 권세있는 집들이 종묘, 학교, 창고, 사원전, 록전, 군수전 및 국민들의 사유지와 노비를 거의다 점탈하였다. 어떤자는 이미 판결된것도 돌려주지 않고있으며 또 어떤자는 량인을 노비로 알고있다. 역을 피해 도망친 주, 현, 역리와 관노, 백성들을 모두 숨겨두고 농장을 크게 설치하였다. …》(《고려사》권132 신돈전)

④ 우왕 14년(1388년) 8월 헌사의 상소에 의하면《근래에 따로 내온 내승, 내시의 무리들이 직권을 람용하여 …공호들을 구종(말몰이군)이라는 이름밑에 100명, 1 000명씩이나 공적에 올리지 않고 사사로이 농장을 설치하여서는 노예처럼 부려먹고있다.》(《고려사》권84 형법지 직제, 권118 조준전)

⑤ 원종왕때(1260년-1274년) 추밀원 부사, 어사대부 김준은

《농장을 많이 두었는데 가신 문성주는 전라도, 지준은 충청도의 농장을 관리하게 하였다.》(《고려사》권130 김준전)

우의 자료들은 농장을 설치한 대지주들이 주로 대신, 환관 등 권세있는자들이며 그들의 농장은 각 도들에 걸쳐있기도 한데(자료 ⑤) 많은자는 수백결의 토지를 농장으로 하고있고 (자료 ①) 적은자라고 하여도 30~40결이나 되였다는것을 보여준다.

우의 자료에 반영된 농장토지의 주요원천의 하나는 사패전인데 사패전에 농장을 설치한자가운데는 대신이나 환관들외에 사원도 있었다. 농장주들은 관권, 왕권을 등에 업고있는 권력자들이기때문에 사패전에서뿐아니라 국가, 왕실, 학교, 사원 및 평민의 토지까지 수탈하여 사유화하고는 농장을 설치하였다. 자료 ③은 고려 말기 거의 모든 류형의 토지는 많은 부분이 농장에 겸병되여 농장화되였다는것을 말해주고있다.

농장으로 된 권세가의 대표적인물은 신돈과 리인임, 림견미, 렴흥방 등이였다.

공민왕이 암살된 후 우왕을 왕위에 앉히는데 주동적역할을 한 리인임은《공신》으로 책봉되고 많은 사전을 받았을뿐아니라 뢰물로 받은 토지와 노비로 농장을 설치하였고 림견미, 렴흥방 등은 자기 졸개들을 지방에 보내여 남의 토지와 노비를 공공연히 빼앗아 사유화함으로써 그들의 농장은 전국도처에 널려있었고《산과 들을 덮었다.》좋은 땅이기만 하면 엄연히 국가에서 발급한 토지문건이 있는 사유지도 닥치는대로 빼앗았다. 그들은 민전뿐아니라 왕실소유지와 주, 현, 진, 역 등 국가의 토지까지 점탈하였고 남의 노비와 역을 피해다니는 백성들을 다 농장에 끌어들이였다.*

> * 《고려사》권126 리인임전, 림견미전
> 이들의 토지는 1388년에 그들이 처단될 때 몰수되여 원주인에게 돌려졌다. 이때에 처단된 큰 관료만도 50여명이였는데 이들도 다 대농장주였을것이다.

농장주들은 농장을 경영하기 위하여 자기의 노비, 가신들을 장주, 장두(농장관리자, 후세의 마름)로 임명하였다. (자료 ⑤) 이들은 후기신라의 지장과 비슷한 존재였는데 고려때 농장의 장두들은 주인의 권세를 대행하면서 인민들의 토지를 강탈하기도 하고 고률의 지대를 자의로 수탈하기도 하였다. 대관료들의 사병은 농장의 착취를 보장하는 폭력수단으로 리용되였다.

우의 자료는 또한 농장에 들어온 계층에는 백성(민)뿐아니라 역리, 판노들도 있었으며 그 수는 100, 1 000으로 헤아릴 정도였다. 그들이 농장의 경작자로 된것은 국가의 무거운 부역 및 공납의무로부터 벗어나기 위해서였다. 그들은 농장주의 착취를 받는 대신 국가의 공적에 등록되지 않았으며 농장주의 《보호》밑에 있게 되였다. 바로 이때문에 당시의 봉건통치배들은 농장을 포도연수(죄를 짓고 도망간 사람들이 숨어있는 곳)라고 불렀다. (자료 ④, ③)

이런 관계를 《투탁과 보호》관계라고 하였는데 이 경우 농민들은 권세있는 농장주에게 투탁하여 그의 《보호》를 받게 된 대신 비싼 대가를 치루었다. 그 대가란 《보호자에게 자기 토지의 소유권을 양도》하는것이였고 농장주의 소작인이 되여 높은 소작료를 내면서 그밖의 여러가지 공물과 부세를 바쳐야 하는것이였으며 점차 자기의 인신적자유까지 잃어버리고 농장주의 예속농민으로 되는것이였다.

우의 자료 ①에 농장주들이 자기 농장경작을 위하여 《백성을 꾀여 경작》시킨다는 구절이 있다. 경작시킨다는 전(佃)자는 소작시킨다는 뜻으로도 해석할수 있다. 그들이 백성을 유인하는 미끼가 바로 국가부역으로부터의 《보호》였다. 그러나 이 《투탁과 보호》관계는 강제적방법에 의해서도 진행되였다. 투탁시키는 방법이 유인이건 강압이건 관계없이 소농민들이 《보호》의 미끼에 걸려 일단 농장의 경작자가 되면 그는 곧 인신적으로 농장주와 주종관계에 놓인 예속농민으로 되였다.

고려 후반기에 새로 등장한 곳한(處干)이 곧 그러한 농장의 예속농민이였다.

1278년 6월에 왕이 재추들과 3품이상 관리들을 모여놓고 《백성들을 안착시킬 대책을》 의논하게 하였는데 대소관리들은 《모두 곳한(처간)을 없애고 부역을 지게 하는것이 좋겠다.》고 말하였다. 《곳한이란 남의 땅을 경작하여 조(지대)는 그 주인에게 바치고 용(부역)과 조(공물)는 국가에 바치는 전호이다. (그런데) 당시 권세있는 귀족들이 민을 많이 차지하고는 곳한이라고 부르면서 3세(조, 용, 조)도 물지 않으니 그 폐가 매우 컸다.》(《고려사》권28 세가 충

렬왕 4년 7월 을유)

　　물론 재상회의에서의 이 론의는 공담으로 되고말았다. 그것은 당시《고려의 재상들자신이 많은 민호들을 숨겨두고 부역에서 면제》시키고있는 농장주였기때문이다. 그러나 재상회의의 결과가 어떻게 되였든 이미 우리 학계의 연구성과에 의하여 밝혀진바와 같이 곳한이란 장이나 처에서 일하는 신량역천인이고 남의 땅을 경작하여 조를 그 주인에게 바치는 병작인(전호)이며 그들은 재상회의후에도 계속 존재하였다. 그들은 원래 전조(지대)만 지주에게 물고 공물과 부역의무는 국가에 지기로 되여있는데 농장에 투탁, 흡수됨으로써 국가《공민》으로부터 농장주의《사민》으로 되여버리였다. 이리하여 농장토지는 인격화되고 지주와 소작인의 관계는 지배와 예속관계로 되였다.

　　이와 같이 농민은《역을 피하여》농장에 투탁한 대가로 신분적으로 인신의 자유를 잃은 예속농민(곳한)으로 되였으며 따라서 부가장적주종관계에 기초한 인신적지배와 예속, 강한 경제외적강제에 의하여 직접적생산자를 착취하는것이 농장적대토지소유의 속성으로 되였다. 이것은 농장적대토지소유가 신분적토지소유의 전형적형태라는것을 의미한다.

　　그러나 곳한은 지주의《보호》밑에 있는 병작인이지 결코 노비는 아니였다. 곳한을 전호라고 부르면서 그들에게 예전대로 량인소농민에게 부과되는 기본세인 조, 용, 조의 3세를 부담시키자고 론의한 사실이 그것을 말해준다.

　　또한 곳한은 농노처럼 매매하거나 이양, 상속하는 대상은 아니였다. 따라서 13～14세기에 대농장이 출현하고 소농민이 곳한으로, 신량역천으로의 전화과정이 심하게 진행되였어도 그것은 유럽의 제2차 농노화와는 현저한 차이를 이루었다.

　　알려진바와 같이 유럽에서 8～9세기에 진행된 봉건화과정은 소농민의 농노화과정을 동반하였으며(제1차농노화) 13세기경에 이르러 그들의 농노적예속관계가 로동지대로부터 생산물지대로 전화할 무렵에 제2차농노화과정이 시작되였다.

　　농민들에게 닥쳐온 이러한 불행은 마치도 봉건사회발전의 일반적합법칙성인듯 하였다. 그러나 우리 나라 봉건사회농민들의 곳한으로의 전화과정은 그들의 신분계급적처지가 악화되였다는 측면에서는 유럽봉건사회에서의 제2차농노화과정과 비슷하였지만 고려의 농민은 농노의 처지에까지는 이르지 않았으며 또 이 두번째 재난은 모든 농민들이 다 겪은 불행도 아니였다. 고려농민들의 곳한으로의 전화는 역이 비록 천해졌지만 몸은 의연히 량인인 신량역천인으로의 전화로 머물었던것이다. 신량역천인으로 된 곳한은 봉건사회분해기에는 다시 순수 병작인으로서의 전호로 전화해갔다.

그러면 구체적으로 대농장은 어떻게 경영되였는가.

앞에서 본바와 같이 농장주는 관료량반적대지주이고 직접적생산자는 인신적으로 예속된 병작인이였으며 농장은 지주적토지소유의 한 류형이였다. 그러므로 농장의 경영방식은 병작제적경영방식으로 되지 않을수 없었다. 다만 신분성이 강한 병작제였을뿐이다.

농장의 수백결의 토지는 곳한들에게 분할되였으며 곳한들은 자가경리를 가진 소농민들이였기때문에 자기 도구와 로력으로 어제까지는 그들자신의 소유지였던 농장의 분할토지를 경작하였다. 그것은 일반지주의 토지를 경작하는 병작농민과 꼭 같았다. 다만 그들의 인신이 농장주에게 점유되여있기때문에 토지경작과정에 대한 간섭이 심하였을것이며 자기 분할지에서의 정상적로동외에 각종 부역로동과 경제외적착취가 강요되였을것이다. 자료 ④에서 권력자들이 《사사로이 농장을 설치하고는 노예처럼 부려먹는다.》고 한것은 곳한으로 전화된 예속농민들의 로동강도의 가혹성을 말해주고있다.

가을이 되면 어사대부 김준의 가신들처럼 장두들이 농민들에게 이리떼처럼 달려들어 소작료와 각종 공물을 수탈하였다. 병작제였던것만큼 원칙상 수확의 절반을 생산물지대로 바치면 되였으나 실제에 있어서 착취률은 절반을 훨씬 넘었을것이다. 김준의 가신들이 봄에 벼종자 1말을 주고 가을에 1섬을 빼앗아냈다는것은 그 실례로 된다.*¹ 충목왕 1년(1345년) 5월 정리도감의 보고에 의하면 《환관족속들과 권세가들이 토지가 비옥한 곳에 농장을 설치하니 간사한 서리들(농장관리인듯 하다-인용자)이 이것을 계기로 남의 토지와 말, 소들을 빼앗아가진다.》*²고 하였는데 이것도 농장주의 경제외적착취의 한 측면일것이다.

*¹ 《고려사》 권130 김준전

*² 《고려사》 권85 형법지 금령

　이상이 예속농민(곳한)의 잉여로동에 기초한 농장의 병작제적경영방식이였다. 이 방식은 농장경영의 가장 보편적이며 주되는 형식이였다.
　농장경영의 두번째방식은 일부 농장에서처럼 예속농민들에 대하여 로동지대를 착취한것이였다.
　이 방식은 주로 사원의 농장에서 통용된것으로 보인다. 수원승도들이 주로 이러한 농장의 경작자였다.
　앞에서 본바와 같이 수원승도들은 사원에 예속된 소농민이였으며 평시에는 사원의 토지를 경작하면서 각종 부역에도 동원되다가 전시에는 군대로도 되는 특수한 계층이였다. 수원승도의 기본은 사원의 병작농이였지만 일부는 사원에서 떼여준 땅뙈기를 경작하여 자기 생계수단으로 하는 대가로 사원전을 무상으로 경작하는 예속농민도 있은것으로 보인다. 이 경우 그들의 필요로동(떼여준 땅 경작)과 잉여로동(사원전 경작)은 명확히 구별되여있었으며 소작인들의 잉여로동은 로동지대형태로 사원에게 무상으로 수탈당하였다.
　14세기 통도사의 농장경영이 그 전형적형태라고 볼수 있다.
　농장경영의 세번째 방식은 노비로동에 의거한 경영이였다.
　이 방식은 노비를 수백, 수천명씩 가지고있는 대토지소유자들이 첫째 방식과 병행하여 적용하는 경영방식이였다.
　왕실농장은 셋째 방식으로 경영되는 대표적농장이였다.
　앞에서 이미 분석하였지만 《태조는 왕실노비들로 하여금 궁역에 종사하게 하는외에 교외에 나가 살면서 토지를 경작하여 세를 바치게 하였》는데 이 왕실노비는 재외노비라고 불리운 외거노비였으며 토지는 왕의 사적소유지인 내장전이였다.
　왕실노비들이 교외에 나가 살면서 (왕의)토지를 경작하였기때문에 그들이 바쳤다는 세가 지대인것은 명백하다. 그들이 농사지은 수확물전부를 왕실에 바쳤다면 세라는 말을 쓰지 않았을것이다. 자가경리를 가지고있는 외거노비들이 지대를 바쳤다면 그 경영방식은 병작제일수밖에 없었다.
　혹시 로동지대 아니겠는가고 생각할수 있지만 세가 로동지대로 되려면 내장전은 외거노비들이 부치는 땅과 로동의 열매를 몽땅 왕실에 바치는 땅이 구분되여있어야 하며 노비로동도 시, 공간적으로 엄연히 갈라져있어야 한다. 즉 노비들이 자기 땅에서 일하는 로동과 왕의 몫이 되는 땅에서 일하는 로동이 며칠간씩 나누어져야 한다. 그런데 우의 자료에는 이런 사실은 전혀 반영되여있지 않고 외거노비의 소작생활을 병작제도하의 로동처럼 기록하였을뿐이다. 또 만일 로동지대였다면 세라는 표현을 쓰지 않았을것이다.

우의 내장전에 투하된 왕실노비들의 로동은 집단적노예로동이 아니였다.

노예로동의 결과는 모두 노예주의 소유로 되기때문에 노예로동은 필요로동과 잉여로동이 구분되지 않으며 따라서 그들의 토지경작도 지대를 낳지 않는다. 그러므로 세를 바치게 한 그들의 로동이 집단적노예로동으로 될수 없다.

그러나 관료량반들의 농장에서 직영지는 가내노비들의 로동에 의거하여 경작하였을수 있다.

이와 같이 고려의 농장들은 주로 세가지 방식에 의하여 경영되였으나 어디까지나 첫째 방식이 지배적이였고 둘째, 셋째 방식은 부차적이며 례외적인것이였다고 생각된다.

농장의 대대적인 출현은 우리 나라 봉건사회발전의 합법칙적현상이였으며 봉건적토지제도발전에서 획기적인 사변이였다. 그러나 농장적대토지소유와 농장경영은 사회발전에 부정적영향을 주었다.

대농장의 출현은 대관료량반들과 관세가들이 그것을 거점으로 하여 이웃민전을 략탈하고 소농민을 파산시켜 곳한과 같은 예속농민으로 전락시킴으로써 인민들의 자주성을 유린하였으며 농민들의 창조적로동을 억제함으로써 사회적생산의 발전을 저애하였다.

대농장주들은 또한 농장적토지소유에 기초하여 인민들에 대한 착취를 강화함으로써 인민들의 생활을 도탄에 빠뜨리게 하였다.

또한 농장적대토지소유는 공전을 사유화하고 국가의 《평민》을 농장주의 《사민》으로 전환시킴으로써 봉건정부의 조세수입과 로력원천을 감소시켰으며 봉건국가의 국력을 극도로 약화시키고 중앙집권적왕권을 밑뿌리로부터 뒤흔들어놓았다.

그러나 고려의 대농장은 대관료귀족들이 중앙집권을 분권화하여 소왕국을 형성할 물질적기초로는 되지 않았다.

제4절. 봉건적착취의 강화, 농민생활의 령락

1. 전조, 공물 및 부역에 의한 봉건적착취의 강화

농민을 비롯한 근로인민대중에 대한 착취를 강화하는것은 봉건지배계급의 생존방식이였다. 그들은 농민들에 대한 봉건적수탈을 강화하지 않고서는 잠시도 살아나갈수 없었다.

봉건시대의 농민들은 력사의 자주적인 주체로 되지 못한탓으로 소수 지배계급의 착취와 압박을 받아왔으며 착취계급들은 사회적생산이 발전하는데 따라 인민들에 대한 착취를 끊임없이 강화하였다.
고려에서도 봉건착취의 기본형태는 전조와 공물, 부역이였다.

(1) 전조수탈

전조는 토지에 부과된 조세로서 원칙상 토지소유자가 국가에 납부하기로 되였다. *1 그것은 리조때의 전세나 근대의 지세에 해당하는것으로서 지대가 아니라 국가가 봉건적정치권력에 의거하여 착취하는 수익세의 일종이였다. 고려에서도 전조를 지세라고 부르는 경우가 있었으며 *2 수조권자들로부터 받는 소득세는 전세라고 불렀다.

> *1 1352년의 공민왕의 지시문에 《토지있는자들로부터 전조를 받아내고 노비있는자들로부터 용(노비신공－인용자)을 받아》파피된 사원을 수리하라는 구절이 있다. 이것은 《땅이 있으면 전조가 있다.》는 원칙을 적용한것이라고 볼수 있다. (《고려사》세가 권38 공민왕 원년 2월)

*² 리성계가 우왕에게 올린 변강안정3책에서 《북계에서 세(전조)징수는 경작지의 다소를 불문하고 호의 대소에만 의거하고 있다. 화령(영흥)은 도안에서 땅이 넓고 비옥한 곳인데 모두 서리들의 수조지로 되여있어 국가는 지세를 받을수 없다.》라고 하였다. 여기서 말한 《지세》란 전조이며 리조때의 전세에 해당한 개념이라는것을 알수 있다.(《고려사》권135 렬전 신우 9년 11월)

고려왕조는 그 성립초기에 먼저 조세제도부터 세웠다. 918년에 제정한 전조세액은 부당 3되 즉 결당 2섬이였다. 태조 왕건은 이것이 수확의 10분의 1이라고 하면서 태봉왕 궁예때의 1결 6섬의 전조를 폭렴이라고 비난하였다. 그러나 992년(성종 11년)에 그것을 개정하여 《공전의 조는 4분의 1을 받는다.》고 규정하였다. 그때에 정한 공전의 논밭 등급별전조액은 다음과 같다.

표 31 992년 당시의 전조액과 수확고

논밭	등급	결당전조액	결당수확고
논	상	섬-말-되-홉-작 3-11-2-5-5	섬-말-되 15-0-0
	중	2-11-2-5-0	11-0-0
	하	1-11-2-5	17-0-0
밭	상	(13) 1-12-1-2-5	(7-3-5) (7-7-5)
	중	(5) 1-10-6-2-5	6-12-5 (5-7-5)
	하	(0-13-1-2-5)	(3-7-5)

※ 《고려사》권78 식화지 전제 조세
  ( )의 수자는 《결부제도의 발생과 발전》의 저자가 정정한것이다. 논 상등전의 결당전조액은 《고려사》의 오기이므로 2섬을 3섬으로 고쳤다.

우에 소개된 992년의 전조액규정을 통하여 다음과 같은 몇가지 사실을 밝힐수 있다.

첫째로, 고려통치계급들이 농민들에 대한 착취를 더욱 교묘하게 강화하였다는것이다.

우의 자료에서 10분의 1세제를 74년후에 4분의 1세제로 바꾸었다는 사실이 그것을 말해준다. 그러나 물론 이 변화를 액면그대로 수확량의 10분의 1이 4분의 1로 증가하였다고 보아서는 안될것이다. 10분의 1세제는 (논)결당 수확량을 20섬으로 보고 세액을 2섬으로 정한것인데 당시 평균수확량은 사실상 20섬에 이르지 못하였다. 그것은 992년의 수확고가 상등답의 경우에도 15섬에 불과하였다는것으로 미루어 알수 있다.

992년에 개정한 세제의 교활성은 하등전의 세액(결당 11말 2되 5홉)을 태조의 10분의 1세액보다 좀 낮추 먹이고 그 대신 중등전과 상등전에서 1.5~2배나 많은 전조를 착취하였다.

둘째로, 고려의 조세제도가 당대로서는 가장 높은 수준으로 발전하였다는것이다. 당시까지 우리 나라 력사에는 지배계급들이 조세제도를 그렇게 세분한 일이 없었다. 고려 초기까지만 해도 논밭의 구별이 없이 《전 1부에 3되》라는 식으로 혹은 수확의 10분의 1세라는 식으로 조세액을 규정하였었다. 그러나 992년에 와서는 논, 밭을 구별하였을뿐아니라 각각 상, 중, 하의 3등급으로 갈라서 서로 다른 세액을 매겼으며 1050년(문종 4년)에 가서는 답험손실법을 제정하여 현지판정으로 확인한 자연재해의 피해정도에 따라 규정된 세액을 감면하는 제도를 세웠다. 통치계급들은 세제를 이렇게 발전시킴으로써 인민들에게 《공평하게》 하는척 하면서 교묘한 방법으로 더 많은 전조를 착취하였던것이다.

셋째로, 992년의 세제는 공전의 조라고 명문으로 밝혔지만 그것이 공전에만 국한되는 세액이 아니라 사전에도 적용되였다는것이다.

공전의 조라는 문구에만 매달려 사전에서는 종전의 규정(결당 2섬)이 그대로 적용되였을것이라고 보거나 혹은 973년과 1111년의 진전개간법에서 《땅임자와 절반씩 나눈다》는 규정이 곧 사전세액일 것이라고 보는것은 잘못이다.

이 견해들은 고려의 공, 사전제도의 본질을 파악하지 못한데서 나온것이다. 고려에서 공전이 공유지이거나 국유지가 아니라 국가 또는 국가기관에서 수조하는 토지이며 사전이 사유지가 아니라 수조권이 개인들에게 넘겨진 토지였다. 이에 대해서는 앞의 공, 사전론에서 언급하였다. 그렇다면 정부가 국가에서 수조하는 토지에 대해서만 전조액을 높이고 전시과의 수조지에 대해서는 《관대하게》 종전의 세액을 그대로 적용할리 없는것이다. 오히려 고려봉건정부는 공전의 농민들에 대해서 늘 《특혜》를 주려고 하였다.

그리고 《땅임자와 절반씩 나눈다》는 규정이 사전의 세액이라고 보는것은 수조지로서의 사전과 사유지, 전조와 지대를 혼동하여서 잘못 본 견해이다. 진전개간법에서의 사전세는 전조가 아니라 지대였다는데 대해서 이미 앞에서 론증하였다. 그러므로 고려정부가 공전과 사전에 대하여 각이한 세액을 적용하였다는 주장은 성립되기 어렵다.

진전개간법에서의 사유지를 사전으로 오해한 견해의 타당성을 증명하기 위하여 《사전의 농민들이 공전의 농민보다 훨씬 가혹한 착취를 받았다.》는 사실을 근거로 들고있는데 사전의 농민들이 가혹한 착취를 받은것은 국가에서 따로 고률의 사전세를 정하였기때문인것이 아니라 사전을 받은자들이 관권을 등에 업고 비법적으로 착취하였기때문이다. 고려왕조에서 사전세액을 따로 정한 일은 그 어느때에도 없었으며 2분의 1세액은 수조지로서의 사전세액이 아니라 사회적으로 통용되고 있던 병작반수제를 제도화한것이였다. 만일 사전세를 2분의 1로 정하였다면 누가 사전의 경작자가 되기를 원하였겠는가. 그렇게 되면 토지소유자와 토지없는 소작인이 같은 처지에 놓이게 되는데 착취사회에서 유산자와 무산자의 처지가 같을수 없으며 유산계급의 옹호자인 봉건정권이 이런 법을 제정한다고 생각할수 없다. 더우기 사전안에는 지주의 소유지도 들어있는데 지주계급의 정권이 지주들을 소작인의 처지에 몰아넣고 착취한다고는 생각할수 없는것이다.

그러면 공전의 조에 대한 규정은 어떻게 리해해야 하는가. 그것은 아주 단순한 리치이다. 전국의 토지소유주는 공전, 사전에 관계없이 원칙상 국가에 같은 액수의 전조를 바칠 의무를 지고있으므로 공전의 전조액을 규정하면 그것은 자연히 사전을 포함한 다른 모든 토지에도 적용되였던것이다. 법제정자도 이런 주관적리해에서 그렇게 썼을것이다. 혹은 공, 사전이라고 쓸것인데 사료에 사자가 빠졌을수도 있다. 이 법의 주관성과 불비성은 1391년(공양왕 3년) 과전법에서 《무릇 공적 및 사적전조는 논에서 1결에 현미 30말, 밭 1결에 잡곡 30말》이라고 명백히 밝힘으로써 극복되였다. *1

봉건정부에서 토지에 부과한 세에는 전조이외에 또 여러가지가 있었다. 그 하나는 모미였다. 모미란 전조를 개경창고까지 운반하는 과정에 생긴 감모를 보충하는 쌀이라는 뜻이였다. 모미는 종전부터 세미 1섬에 1되 비률로 받아낸것이였는데 1053년(문종 7년)부터 전조 1휘(10말)에 쌀 7되로 증가하였다. *2 그 량자체가 적은것이 아니지만 여기에 온갖 롱간이 따르게 됨으로써 농민들이 걸머진 부담은 무거운것으로 되였다.

*1, *2 《고려사》권78 식화지 전제 록과전, 조세

토지에 부과된 다른 하나의 세는 전세였다. 고려의 전세는 리조의 전세와는 달리 수조지를 받은자들이 전조를 받아먹는 대가로 그 일부를 국가에 바치는 세였다. 전조가 토지소유자들로부터 국가와 수조지를 받은자들이 수탈하는 지세의 일종이라면 전세는 국가가 수조지를 받은자들에게서 받아내는 전조의 재분배였다. 고려의 전세는 전조의 일부분이며 납부자는 토지소유자가 아니라 수조지를 받은자라는데 특징이 있었다.

처음에 전세는 수조지를 많이 받은 관료들에게서만 받아내였으나 후에는 조를 받아먹는 모든 사람들로부터 전세를 받았다.

1013년(현종 4년) 11월의 결정에 의하면 전시과의 수조지 30결이상을 받은 문무량반관료들과 여러 궁원은 매 1결에 5되씩의 전세를 국가에 바쳐야 하였다. 이것은 998년 개정전시과에서 15과이상의 관료전시들과 궁원전시들에 한한 규정이였다. 그런데 1069년(문종 23년)에는 매 10부에 쌀 7홉 5작씩(즉 1결에 7되 5홉)을 받기로 고쳤다. 이 규정은 무릇 10부이상 면적의 수조지를 받은자라면 군인, 서리라 하더라도 다 전세를 납부할 의무가 있다는것을 의미하였다. 이리하여 결국 1069년부터는 모든 수조자들이 전조량의 7%정도에 해당하는 량의 쌀을 국가에 바치기로 되였는데 이것이 곧 고려의 전세였다. *

* 전세미는 쌀 7되 5홉인데 하등논의 전조액은 겉곡으로 26말 (쌀

로는 약 10말 4되)이였으므로 약 7%였다.

전세액은 후기에 오면서 증가되였다. 1376년(우왕 2년) 9월에 군량이 부족하다는 헌사의 제의에 따라 공신전은 전조의 3분의 1, 사원전은 절반을 국가에 바치기로 되였다.* 그후 모든 사전들에서 전조의 절반을 전세로 국가에 바치기로 되였으나 관료들의 집요한 반대로 결국 실현되지 못하였다.

* 《고려사》권78 식화지 전제 조세

봉건정부는 실질적인 전조량을 규정하기 위하여 답험손실법이라는것을 제정하였다. 자연재해의 피해정도를 현지에서 확인하고 실지 수확고를 판정한 다음 피해정도에 따라 규정된 전조액에서 감면시킨다는것이 이 법의 요구였다.

988년(성종 7년) 2월 정부에서는 곡식이 잘되지 않은 주, 현들이 8~9월에 그 정형을 호부에 보고하면 그에 기초하여 감면해주기로 결정하였던것인데 1050년(문종 4년) 11월에는 《4푼(40%)의 손실을 입으면 전조를 면제해주고 6푼(60%)이면 전조와 포(공물)를, 7푼(70%)이면 전조와 포, 역을 모두 면제한다.》라고 구체적으로 규정하였다.* 이것을 재면제도라고 불렀다.

* 《고려사》권78 식화지 전제 답험손실

그러나 재해보고절차가 복잡하고 재해판정규정도 어수선하였다. 재해를 입었을 때 촌장이 보고하면 원이 현지에 나와 조사하여 호부에 올리며 호부는 3사에 알리고 3사는 도안찰사로 하여금 관리를 현지에 파견하여 조사하게 한 다음 그 결과에 따라 감면조치를 취하기로 되였다. 또 당시의 규정은 40%이상의 피해감면만 규정하였을뿐 10~30%피해자들에게는 조금의 감면조치도 취해주지 않았다. 손실답험의 복잡한 절차는 결국 조세감면조치를 될수록 적게 하려는것이였으며 또 여기에 관리들의 허위보고와 협잡행위가 첨가되여 사실대로 피해정도를 고려한다는것은 어려운 일이였다.

봉건사회에서는 자연재해가 정상적현상으로 되고있었던 조건에서 이렇듯 복잡한 절차를 거쳐야 하고 롱간이 뒤따르는 손실답험법은 사실상 거의 형식적인것으로 되였으며 따라서 전조수탈은 농민들에게 있어서 매우 가혹한 정액세로 되지 않을수 없었다.

(2) 공물수탈과 부역

고려에서 기본착취형태의 다른 하나는 공부라고 불리운 공물이였다. 이것은 호의 등급에 따라 차이있게 포를 수탈하는 제도였는데 이때문에 포 또는 조포라고도 하였고 조(調), 호조라고도 불렀다.

고려에서는 《인정(人丁)의 많고적음에 따라》 호를 9등급으로 나누었다. 그런데 구체적으로 등급별에 따라 어느만 한 량의 포가 부과되였는지는 알수 없다. 다만 우에 인용한 988년과 1050년의 재면규정에서 농작물의 손실이 60%이상일 때 전조와 함께 포도 면제하였다는것을 알수 있을뿐이다.

그러나 주, 현단위로 부과시킨 공부에 대해서는 다음과 같은 기록이 전해지고있다.

공부액은 949년(정종 4년)에 처음으로 제정되였으며 1041년(정종 7년) 1월에는 주, 현 세공액을 북로와 동로를 제외하고 1년에 쌀 300섬, 벼 400휘(1휘=10말), 황금 10량, 백은 2근, 베 50필, 백정동 50근, 쇠 200근, 소금 300섬, 실과 솜 40근, 기름과 꿀 1섬으로 규정하였다. [1]

주, 현 공부에는 수공업자들로부터 제정된 종류와 규정된 량의 물건을 공납하는 상공과 그렇지 않은 별공의 두가지가 있었다. 상공은 주로 농민이 부담하고 별공은 수공업장인들이 부담하였다는 설도 있다. 1066년(문종 20년) 6월에 정부는 각 주, 현의 상공을 소가죽과 힘줄, 뿔대신에 포를 바칠것을 강요하였는데 우의 상공세액과의 관계는 알수 없다. 향, 부곡 잡소의 주민들은 동, 철, 자기, 종이, 먹 등을 납부하였다. [2]

이 수량도 엄청나게 방대한것인데 인민들은 모리간상배들과 간악한 관리들의 롱간으로 정액보다 몇배나 되는 량의 공물을 수탈당하였다.

상인들과 고리대업자들, 수도에 와 사는 군현사람(기인)들은 지방에서 공물이 제때에 실려오지 않으면 선납하였다가 해당 군, 현에 내려가 2배로 받아냈으며 중앙관청들은 2~3년 혹은 4~5년씩 앞당겨 받기도 하였다. 이것을 예징이라고 하였는데 예징의 앞장에는 궁원들이 섰다. 한해의 공부를 바치기도 어려운데 3~4년분을 앞당겨 미리 받아내니 인민들에게 준 피해는 이루 헤아릴수없이 컸다. *3

지방관리들과 향리들의 중간착취는 공물부담을 더욱 과중한것으로 만들었다. 13세기말에 동경(경주)의 원은 해마다 규정액의 3배나 되는 비단을 공물로 빼앗아 사복을 채웠다. 이러한 비법적수탈행위는 동경 한곳에만 있은것이 아니였다. 때문에 통치배들도 《불법징수가 정상적인 공물보다 더 많았다.》*4고 인정하지 않을수 없었다.

*1, *2, *3 《고려사》 권78 식화지 전제 조세, 공부
*4 《고려사》 권79 식화지 호구

  1030년(현종 21년)에 여러 주, 군, 현 가운데는 3년간이나 공물을 물지 못한 단위가 많았는데 정부는 하는수없이 1028년의 공물만 면제하는 조치를 취하였다. (《고려사》 권5 세가 현종 21년 6월)

인민들은 소금을 얻기 위해서도 관청에 천을 바쳐야 하였다. 고려정부는 1309년(충선왕 원년) 2월에 각 궁원들과 사원 및 권세가들이 전용하던 사설염분들을 몰수하여 국유로 선포하고 6개 도에 616개의 염분을 설치하였으며 근 900호의 염호를 강제로 동원하여 생산한 소금 4섬에 은 1량, 2섬에 포 1필을 받고 팔았다. * 그러나 인민들로부터 천을 받고 소금을 주지 않는 때가 많았다. 이것은 완전한 강탈행위였는데 1년에 인민들로부터 수탈한 염가포는 4만필에 달하였다. *

* 《고려사》 권79 식화지 염법, 《삼봉집》 권7 조선경국전(상)

고려인민들에게 있어서 가장 무겁고도 괴로운 부담은 부역이였다. 부역은 장정수에 따라 호단위로 부과되였다. 나이 16살이상 60살까지의 량인장정은 누구나 해마다 정해진 기간의 부역에 동원되여야 하였으며 못 나가는 경우에는 그 대신 천 등을 바쳐야 하였다. 이것을 용이라고도 불렀다.

고려에서도 부역로동의 주요대상에는 삼국시기와 마찬가지로 성

과 언제쌓기, 집짓기 등이 있었다. 그러나 고려에서 이채를 띤것은 전반기에 사원건축이 많았고 후반기에는 궁궐수축이 큰 비중을 차지하였다는것이다. 그 대표적부역을 표로 작성하면 다음페지의 표와 같다.

　　표에서 보는바와 같이 부역의 거의 전부가 국왕개인의 향락을 위한것이였다. 국왕들은 자신과 왕씨일족의 번영과 향락을 위해서 장정들의 로력을 무상으로 착취하였다. 부역에 동원된 인민들은 국왕을 위해 일하지만 자기 식량은 자신이 준비해가지고 가야 하였다. 의종의 놀이터인 중미정을 지을 때 가난한 역졸의 처가 머리태를 잘라 팔아서 굶고있는 남편의 점심을 마련하였다는 유명한 이야기는 부역에 동원된 인민들의 비참한 처지를 그대로 보여준것이다. *

표 32　　　　　　　　　　주요부역정형

년월	왕년	동원인원수	공사내용
949. 3	정종 4		서경에 천도하려고 궁궐 건축
1027. 9	현종 18	농민, 수공업자	중광사 수축
1029	현종 20	농민 수십만명	왕궁, 관청 및 라성건설
1032. 3	덕종 1	농민 수십만명	봉은사, 중광사수축
1044. 11	정종 10	농민 수십만명	장주, 정주, 원흥진의 성수축
1048. 3	문종 2	농민 수십만명	대운사, 대안사수축
1051. 4	문종 5	농민 수십만명	홍왕사 준공(2 800간)
1067	문종 21	농민 수십만명	남경의 별궁건설
1068	문종 22	농민 수십만명	
1053. 8	문종 7	3 000~4 000명	제방공사를 계획했다가 가을에 진행
1101. 5	숙종 6	추역부 6 500명	홍호사수축
1101. 7	숙종 6	추역부 1 900명	국청사수축
1128. 11	인종 6		새 궁전 건설
1131	인종 9		새 궁전 건설이 3년간 계속

표계속

년월	왕년	동원인원수	공사내용
1157. 4	의종 11		50여지구의 민가를 마스고 대평정 건설
1158. 8 1164- 1167	의종 12 18-21	서해도인민	백주에 별궁(중흥전)을 건설, 공사의 토목공사 빈번 중미정 건설
1208. 7	희종 4		개경의 대시를 개축《량반방리의 역》의 시초
1277. 12	충렬왕 3	11 446명	홍주, 직산 등지에서 70일간 채금
1279. 3	충렬왕 5	4 000명	죽판동민가 300여호를 허물고 신궁건설
1280. 4	충렬왕 6		새 궁전 건설, 3년동안 하루도 휴식없이 진행
1312. 1	충선왕 4	1 000명	연경궁건설
1313. 1	충선왕 5	500명	연경궁건설
1352. 6	공민왕 1	수공업자, 승도, 6도의 농민장정	정릉, 왕륜사의 영전건설
1372. 8	공민왕 21	수공업자, 송도, 6도의 농민장정	영전궁건설 계속, 2번 개축, 수릉을 건설, 소요된 금 650냥, 은 800냥

※ 《고려사》권18 세가 의종 21년 3월

　부역로동은 매우 고되였으며 한번 시작하면 끝날 때까지 휴식을 주는 법이 없었다. 새 궁전건설에 동원된 장인들이 1280년(충렬왕 5년)에 왕에게 《부역이 3년째 계속되는데 하루도 휴식하지 못하였다.》고 하면서 농사철에 집에 돌려보내주기를 간청하였으나 왕은 그 청을 일축해버리였다. 서경의 궁궐건설에 동원되였던 인민들은 왕(정종)을 얼마나 저주하였던지 그가 죽었다는 소식을 듣자 너무 기뻐서 춤을 추었다고 한다.

13~14세기에 부역의 기본담당자인 량인농민들이 농장에 수많이 투탁하여 부역의 대상자가 줄어들었으므로 봉건통치배들은 원래 부역의 대상이 아니였던 단정(한집에 1명만 있는 장정)과 60살이상의 로인까지 부역에 징발하였다.

　　인민들은 성쌓기나 궁궐, 절간짓기에만 동원된것이 아니라 소금굽기, 조세와 공물수송, 임금의 원나라 행차와 관련한 뒤치닥거리도 하여야 하였으며 관청수공업장에 가서도 무기제조, 서적인쇄 등 일에 무상로동을 착취당하였다.

　　이렇듯 전조와 공물, 부역의 부담만도 인민들에게 있어서는 감당하기 어려운것이였다. 그것들은 모두 고려왕조를 유지, 공고화하기 위하여 강요된것으로서 인민들의 자주적이며 창조적인 생활을 억압하는 질곡이며 인민들을 빈궁에로 몰아넣는 화근이였다.

2. 농민생활의 파탄과 농민의 계급분화

　　가혹한 봉건착취로 하여 농민들의 생활은 나날이 령락되고 파산되여갔다.

　　농민들의 파산현상은 봉건착취가 있는 한 어느 시기에나 필연적으로 존재하기마련이지만 특히 봉건법자체가 유명무실해지고 중앙집권이 해이된 고려 후반기에 와서 더욱 심하게 나타났다.

　　농민파산의 기본요인은 가혹한 전조, 공물, 부역착취였다.

　　전조액은 평상시에 높지 않아보여도 관리들의 중간착취가 강화되고 재해와 흉작이 해마다 겹쳐드는 봉건사회에서는 그것이 농민파산의 주요한 요인으로 되지 않을수 없었다.

　　당시 기록에 《빈민들은 해마다 몇무(부)의 토지를 경작하는데 조세가 수확의 절반을 차지하므로 세전에 벌써 식량이 떨어진다.》[*1]고 썼다. 이것은 법에 규정된 전조량이 증가한때문이 아니라 지방관료들의 중간착취가 첨가되고 《한 땅의 주인이 2~3명씩 되여 제가끔 조세를 징수》해 가기때문이였다.

　　가난한 소농민들이 수확의 절반을 조세로 물고나면 이듬해의 량식과 종곡을 마련하기 위해서는 빚을 내여야 하였으며 빚을 갚기 위하여 자식이나 땅을 팔아야 하였다. 충렬왕이 1296년에 《빈민으로서 조세때문에 자식을 판자는 국가에서 속신해주라.》*² 고 명령한것은 조세때문에 파산된자가 적지 않았다는것을 말해준다. 파산의 직접적 요인은 고률의 고리대였다.

 *¹ 《고려사》 권79 식화지 차대
 *² 《고려사》 권31 세가 충렬왕 22년 정월
  고려에서 1047년에 제정한 자모정식법에 의하면 공, 사 고리대리자는 쌀, 천 할것없이 원금의 3분의 1이였다. 쌀 15말을 꾸면 가을에 20말(리자 5말)을 갚아야 하였다. 당시의 자료에 의하면 가을에 변돈을 물지 못하여 처자들을 팔거나 조상전래의 정전을 저당잡히는 현상이 한둘이 아니였다.

 소작농민의 경우에 생활은 더욱 파국적이였다.
 고려 후기에 관료지주들의 비법, 무법행위가 걱심해져서 소작료로 수확의 전량을 받아내는 경우가 드문히 있었다. 자료에 《공전의 세는 10분의 1인데 사세는 10분의 10》이라고 한 실례가 그것을 말해준다. * 한 땅의 임자가 5, 6명을 넘으며 1년에 전조를 8~9번씩 받아간다는 유명한 말은 비단 사전의 자경농민들에 한한 이야기가 아니였다. 소작인들도 이런 봉변을 당하기가 일쑤였다.

 * 《고려사》 권78 식화지 전제 록과전 우왕 14년 7월

 과중한 공물과 부역은 자영농민이나 소작농민의 처지를 더욱 처참하게 만들었다.
 고려왕조의 전성기라고 할수 있는 현종—예종왕때에도 길에 《굶어 죽은 사람의 해골》이 널려있는 현상이 자주 있었으며 1105년에는 굶주린 백성들이 《계속 류리도산하여 열집에 아홉은 비였다.》고 할 정도였다.
 정도전은 이러한 형편에 대하여 다음과 같이 썼다. 《…부자는 더욱 부유해지는데 가난한 사람은 더욱 가난해져서 생존할수가 없게 되여 류랑민으로 되거나 말업(상업 등)에 종사하게 되며 심한 경우에는 도적으로 된다.》*

* 《삼봉집》권7 조선경국전 상 경리

　　우의 사실을 종합하면 고려시기 파산된 자영소농민, 량인농민들에게는 주로 세가지 운명이 기다리고있었다는것을 알수 있다. 그 하나는 노비가 되거나 곳한 또는 후기의 고공과 같은 예속적농민으로 되는 하층분화의 길이였고 다른 하나는 상업, 수공업 등 말업에 종사하는 길이였으며 마지막으로 봉건적통치체제를 전복하고 자기 운명을 자신이 개척하기 위한 투쟁의 길에 나서는것이였다.

　　이가운데서 가장 보편적이고 주되는 변화는 첫번째의 하층분화였다. 파산된 적지 않은 농민은 자신과 자식을 노비로 팔거나 권력자의 농장에 투탁하여 노비적농민으로 전락하였으며 일부는 봉건국가의 강권에 의하여 압량위천민으로 되였다.

　　노비로 된 어제날의 자영농민들은 상전의 직영지를 경작하는 가내노비로도 되고 농업 또는 다른 직업에 종사하면서 노공(신공)을 물거나 상전의 소작지를 경작하면서 지대를 바치는 외거노비(고려시기에 이들을 농노라고 불렀다.)로도 되였다. 고려 후반기 노비화된 농민의 대부분은 외거노비였으며 따라서 노비의 증가는 외거노비의 증가를 의미하였고 외거노비의 증가는 농노 또는 농노적농민의 증가를 의미하였다. 그러나 이 현상은 유럽에서의 제2차 농노화과정과 같은 것은 아니였다. *

　　* 《조선전사》7권, 189~200페지

　　파산된 농민의 하층분화에서 가장 일반적인것은 곳한이 되여 권력자의 대농장에서 예속된 소작인으로 사역되는것이였다. 그러나 곳한은 노비는 아니였다.

　　파산된 량인농민의 하층분화의 다른 한길은 리조초의 고공이나 후세의 고농, 머슴군이 되는것이였다. 공민왕은 1361년에《량인으로서 먹고살수 없는자는 부자들이 먹여주고 당대만 부릴》*것을 허락하였는데 부자들에게서 얻어먹는 대가로 일생동안 사역되는 량인이 곧《고공》과 같은 존재였다. 이들은 노비가 아니였으나 일생동안 지주에게 예속되여야 하였다.

　　* 《고려사》권39 세가 공민왕 10년 5월

자기 땅을 잃고 파산된 자영농민의 다른 길은 말업 즉 장사하는 것이였다. 그러나 이것은 극히 드문 현상이였고 특수한 길이였다.

이렇듯 지주적토지소유의 발전과 봉건착취의 강화로 말미암아 소농민적토지소유는 점차 강자에게 침식되고 자영소농민들은 파산되였다. 그 필연적결과로서 노비화과정이 촉진되고 농노 또는 농노적농민의 수가 급격히 증가하였다. 자영농민으로부터 농노 또는 농노적농민으로의 전락은 그들의 출로가 아니라 살아가기 위한 일시적인 호구지책에 지나지 않았다. 봉건적착취와 억압에 시달리는 인민들에게 있어서 출로는 오직 하나 즉 봉건제도를 반대하여 투쟁하는 길이였다.

봉건적억압과 착취의 강화는 결국 인민들을 혁명투쟁에로 궐기시킨 직접적요인으로 되였다. 고려시기 각계층 인민대중은 봉건적억압과 착취를 반대하여 폭군과 악질관료들의 학정을 반대하여 그리고 지주계급의 가혹한 착취를 반대하여 끊임없는 투쟁을 벌림으로써 인간의 존엄과 자주성을 지켜나갔다.

12세기 후반기 서경과 서북농민군의 투쟁, 망이, 망소이를 비롯한 노비대중의 투쟁, 13세기 후반기부터 끊임없이 일어난 각지 인민들의 투쟁, 삼별초군의 항전, 14세기 서북지방 인민들을 비롯하여 전국도처에서 일어난 각계각층 인민들의 투쟁 등은 고려의 력사를 빛내인 대표적인 반봉건, 반침략투쟁이였다. 이 투쟁의 불길속에서 사회는 발전하고 농민들과 노비대중의 자주성이 점차적으로 확대되여갔다.

고려시기에 봉건적토지소유가 발전하면서 자영농민의 몰락과 소작인, 농노적농민, 농노에로의 전화과정이 촉진되였음에도 불구하고 자주성을 위한 근로인민대중의 투쟁은 이 각이한 신분, 계급들의 자주성을 증대시키는데서 결정적인 작용을 하였다.

그것은 우선 전 봉건적유제들인 향, 소, 부곡 등 집단적인 《천민》제도의 소멸과정을 촉진시켰으며 노비제도에서 노예제적잔재를 현저히 제거해버린데서 표현되였다.

1176년 공주 명학소의 망이가 이끈 농민폭동의 결과로 명학소를 충순현으로 승격시킴으로써(비록 일식적인 회유정책이였으나) 노비처럼 천대받던 소의 인민들은 일반량인들의 신분적지위에 올라설 수 있었으며 고려 후반기에 이르러 70개의 부곡, 향, 소가운데서 그 60%에 해당하는 42개가 현으로 승격되였다.* 이와 같이 법제상 노비와 비슷한 처지에 있던 부곡, 향, 소 인민들의 과반수가 군, 현민으로 전환하였다는 사실은 전 봉건적유제들이 현저히 소멸되고 인민들의 자주성이 증대되였음을 의미하였다.

* 《조선의 부곡제에 관한 연구》 과학원출판사, 1963년, 72페지

노비들이 끊임없이 폭동을 일으키고 반침략투쟁에도 적극 참가함으로써 그들의 자주성도 현저히 증대되였다. 군공을 세운자는 량인이 될수 있었으며 도망쳐서 량인이 된 사람도 적지 않았다. 자가경리를 가진 외거노비의 수도 증가되였는데 그들은 가내노비에 비하여 인신적자주성이 훨씬 컸다. 외거노비의 증가는 상대적으로 노비제도에서 노예제의 유제가 청산되고 봉건적관계가 증대하는 과정으로 되였다.

×　　　×　　　×

고려시기에 우리 나라 봉건제도는 발전기에 들어갔다. 정치, 경제, 문화, 군사의 모든 면에서 봉건적관계가 고도로 발전하였다. 봉건적토지제도도 가장 높은 발전단계에 이르게 되였으며 공, 사전제도로 법제화된 수조지수급제도도 량반전시과에서 이미 완비단계에 들어갔고 그후 과전법에서 완성되였다.

지주적토지소유의 주류는 관료량반들의 신분적토지소유였으며 그 속성은 대농장적토지경영방식에서 집중적으로 표현되였다. 이것은 조선봉건사회에서 봉건적토지소유의 전형적형태였다. 대농장경영은 15세기까지 발전하여가며 16세기부터는 하강선을 긋게 되여 점차 서민지주들의 토지경영방식에 의하여 밀려났다. 봉건적지주적토지소유의 이러한 발전추세는 곧 병작제의 발전추세이기도 하였다.

발해-후기신라 말기에 쇠퇴하였던 소농민적토지소유는 고려초

에 다시 부흥의 길에 들어서 중앙집권적봉건왕권의 강화에 인적, 물적원천을 제공하였으나 13~14세기부터 점차 대토지소유에 병탄되여가면서 또다시 쇠퇴의 일로를 걸었다.

고려왕조의 국가적토지소유의 발전로정과 쇠퇴운명도 소농민적토지소유와 비슷하였다.

14세기의 학자 리제현은 고려말의 사회경제형편에 대하여 다음과 같이 썼다.

《인구는 날로 늘어나고 들은 날마다 개간되여 간석지였던 곳에서 논갈이를 하게 되고 수풀더미였던 곳에서 밭김을 매게 되였으니 이 어찌 번영이 아니겠는가. 그러나 자기 밭을 가지고 부역을 하는자는 백에 한두명도 없다. 권세있는 집에서는 금그릇, 옥그릇을 늘어놓았고 장사치의 처는 비단옷을 끌고있으니 어찌 부유하다고 아니하겠는가. 그러나 입을 옷, 먹을 량식을 몽땅 털어 빚을 갚는 사람은 10에 8~9명이 보통이다.》*

* 《익재집》권7 책문 4

이 사실들은 고려시기 특히 13~14세기에 봉건적토지제도와 토지소유관계가 광범한 인민대중의 리익을 희생으로 하면서 가장 높은 단계에로 치달아오르고있었다는것을 말해 준다.

이것이 고려시기 토지제도발전사의 주되는 총화이다.

조선토지제도발달사(원시-고려편)

(개정판)

집필 원사, 교수, 박사 허종호
심사 박사 김재홍, 부교수 리순신
편집 김창호   장정 김기성
편성 리윤경   교정 김옥심

낸 곳 사 회 과 학 출 판 사
인쇄소 평 양 종 합 인 쇄 공 장
인   쇄 주체101(2012)년 4월 19일
발   행 주체101(2012)년 4월 29일

ㄱ-15979

© Korea Social Science Publishing House 2012
   D P R Korea
   ISBN 978-9946-27-986-2